当代中国行政法

第 二 卷

应松年 主编

人民出版社

第二编　行政组织法

第六章

行政组织法概述

薛刚凌 法学博士，中国政法大学法学院院长，博士研究生导师，教授。研究领域主要为行政法、军事法，任中国法学会行政法学研究会秘书长，北京市军事法学研究会会长。2007年被评为第五届"全国十大杰出青年法学家"，曾挂职最高人民法院行政审判庭副庭长等。发表论文百余篇，出版著作数部，主要有《法治国家与行政诉讼——中国行政诉讼制度基本问题研究》《中央与地方争议的法律解决机制研究》《行政主体的理论与实践》等。

第一节 研究行政组织法的思路

在行政法学中，如何对行政组织法进行研究，并没有现成的答案。在不同国家，由于其制度、背景的差异，对行政组织法的研究各有侧重。

一、西方国家对行政组织法的研究

西方国家对行政组织法的研究有两种模式，即大陆法系模式和英美法系模式。这两种模式都与其自身的行政组织法律制度及行政法学研究的范围相关。

（一）大陆法系模式

在大陆法系国家，行政法学对行政组织法的研究比较全面。在法国、德国以及日本①的行政法教科书中，行政组织法都是其重要组成部分。这些国家对行政组织法的研究主要集中在以下几个方面。

第一，行政主体理论。行政主体制度作为行政分权，行政自治的一种手段，在这些国家普遍存在。行政法学对行政主体的研究关注于行政主体的内涵、本质，行政主体的类型，以及行政主体与行政行为、行政救济的关系等。②

第二，国家行政组织法。主要研究如何对国家（特殊的行政主体）的行政组织进行规范。包括国家行政组织的结构、规模，国家行政机关的设置、权限，以及委任立法理论等。③

---

① 从法律体系上说，日本虽不是严格意义的大陆法系国家，但对行政组织法的研究与大陆法系国家一脉相传，因而将其归入大陆法系国家一类。

② 李洪雷：《德国行政法学中行政主体概念的探讨》，《行政法学研究》2000 年第 4 期，第 76—95 页；王名扬：《法国行政法》，中国政法大学出版社 1989 年版，第 38—40 页；［日］盐野宏：《行政法》，杨建顺译，法律出版社 1999 年版，第 527—529 页。

③ 姜明安主编：《外国行政法教材》，法律出版社 1993 年版，第 101—102 页。

第三，地方行政组织法。研究对地方团体（行政主体的一种）的组织的规范。包括有关地方自治的权限，地方团体组织的构成，地方行政机关的设置、权限，以及国家对地方团体的法律控制等。①

第四，其他行政主体。研究其他行政主体的资格要件，种类，以及对这些行政主体的规范和控制等。

此外，对行政组织法的研究还涉及行政组织的一般原理②和具体制度等，如委托、代理等。

（二）英美法系模式

在英美法系国家，行政法学对行政组织法的研究比较零散，缺乏系统性。如在美国，行政法学对行政组织法的研究主要包括独立管制机构和委任授权理论。③ 另外，地方政府法单列，但也可归入广义行政组织法的范畴。至于联邦政府与州政府的关系在宪法学中论及，而政府间的关系与公务员制度则在行政学中探讨。在英国，行政法学对行政组织法的研究比较简单，主要限于行政机关及其职能，另外也有对非政府组织（类似于公务法人）的讨论。

二、我国对行政组织法的研究

我国对行政组织法的研究始于20世纪80年代中期，第一次对行政组织法进行全面研究的是应松年、朱维究编著的《行政法学总论》。④ 该书讨论了行政组织法的界定和内容，并着重分析了行政机关的相互关系、行政机关的类型以及行政机关的职责权限等。此后的行政法教科书延续了这一研究。但到80年代末期，行政主体概念在我国出现，并逐渐取代

---

① 　[日] 盐野宏：《行政法》，杨建顺译，法律出版社1999年版，第601—682页。

② 　[日] 稻叶馨：《行政组织的法理论》，转引自[日] 盐野宏：《行政法》，杨建顺译，法律出版社1999年版，第541页。

③ 　William F.Fox, Jr: Understanding Administrative Law Matthew & Bender 1997, pp.31-50.

④ 　应松年、朱维究：《行政法学总论》，工人出版社1985年版，第115—178页。

了对行政组织法的研究。① 应当说，行政主体也是行政组织法理论中不可忽略的部分，但由于其特定的出发点——以取代对行政组织法的研究——和其内在的不足，② 在很大程度上影响了对行政组织法的深入探讨。令人欣慰的是，近年来学者们开始反省以往的研究思路，并开始走出误区，以求从一个新的角度对行政组织法进行全面研究。

关于行政组织法研究的内容，主要包含三部分：第一，行政组织法的基本理论。如行政组织法存在的基础，行政组织法的基本原则，行政组织法的价值、结构、功能，行政组织法在行政法体系中的地位等。第二，行政组织法的基本内容。如行政组织法所涉及的基本术语的界定，行政主体制度，行政权的设定，中央和地方的关系，行政机关的设置与人员编制，社会中介组织的地位和作用，行政授权、行政委托和行政协助等。从其内容看，行政组织法研究包含对行政组织过程的规制和对行政组织结果的规制两部分。第三，行政组织法的实务。如行政组织法的立法模式，包括载体模式、行政组织法的基本框架和层次，行政组织法规体系等。

关于行政组织法的研究特点，可做以下归纳。

第一，整体性。如果说行政主体理论主要关注行政组织中谁有权管理，谁能承担责任这一外部法律问题，那么，行政组织法研究则是从行政组织的整体着手，研究如何在行政组织的构建、管理中注入民主精神，满足公正、理性和效率的要求，以及如何运用法律手段对其进行控制。行政组织作为行政机关的集合体，决定了对其系统研究的必要。

第二，全面性。行政组织法研究涉及行政组织的所有法律问题。既包括宏观性的问题，如行政权的范围，行政权纵向和横向的划分，行政组织的结构、规模；也包含许多微观问题，如行政机关的设置、权限、地位，行政协助、代理等。既涉及外部法律问题，如行政机关与相对人

---

① 张树义、方彦主编：《中国行政法学》，中国政法大学出版社 1989 年版，第 44—69 页；张焕光、胡建淼：《行政法学原理》，劳动人事出版社 1989 年版。

② 我国行政主体理论的不足，将在本章下一部分分析。

的关系；① 也有内部法律问题，如行政机关之间的关系等。从这一角度说，行政主体理论，无论是普遍存在于西方的行政主体制度还是我国现行的行政主体理论，都属于行政组织法的研究范畴。

第三，动态性。随着社会的变迁，行政的组织模式以及相应的行政组织法律制度也要不断发展，这就需要从动态的角度研究行政组织法。例如，20 世纪以来，无论是在联邦制的美国、德国，还是在单一制的英国、法国、日本，地方自治都有了很大发展，以地方自治为核心的行政主体制度在这些国家普遍建立。因而，对行政组织法的研究需要考虑行政组织制度的发展，考虑地方自治，公务分权的需要，为我国能否借鉴这一制度作理论上的探讨。

三、行政主体理论及评述

20 世纪最后的 10 年，我国行政法学界对行政组织法的研究是以行政主体理论为中心。② 但我国的行政主体理论和盛行于西方国家的行政主体制度则有本质区别。因此，有必要对行政主体理论进行比较分析和讨论。

（一）西方国家行政主体制度

从整体上说，西方国家的行政主体制度以行政分权为核心，是对行政利益多元化的认可以及对个人在行政中主体地位的肯定。由特定的历史、社会背景所决定，各国行政主体制度的内容不尽相同，这里只就共同的地方作大致归纳。

1. 行政主体的界定与创设。在西方国家，法律通常并不直接界定行政主体，换句话说，行政主体不是法律用语，而是法学术语。进一步说，有些国家采用行政主体的概念，如法国、德国、日本等，有的国家则不使用该概念，如英国、美国等。在法国，行政主体是指实施行政职能的组织，即享有实施行政职务的权力，并负担由于实施行政职务而产生的

---

① 如行政机关是否必须对自己的行为负责。发生争议时，谁可作为行政诉讼的被告。
② 罗豪才主编：《行政法学》，中国政法大学出版社 1996 年版，第 66—92 页；胡建淼：《行政法学》，法律出版社 1998 年版，第 142—175 页。

权利、义务和责任的主体。① 在德国，行政主体是指在行政法上享有权利、承担义务，具有统治权并可设置机关以便行使、借此实现行政任务的组织体。② 日本的行政法学者们则将行政主体界定为行政权的归属者。③ 上述界定虽表述不一，但实质是一致的，行政主体是行政权的担当者，并且是独立的权利义务主体。行政主体只能由法律创设。一般来说，行政主体分为三类：第一类是国家。国家由国民组成，国家的权力来自于国民的委托。国家是原始的行政主体。第二类是地方团体。地方团体是以一定的地区及在那里居住的居民为基础，以在该地区实施有关公共服务目的而设置的、对该地区居民具有支配权的公共团体。第三类是其他行政主体。如法国的公务法人、英国的公法人等。这类行政主体的一个共同特点是组织特定的公务，而不以地域为基础。如国立大学，国立图书馆等。值得注意的是，在联邦制国家，组成联邦的州也是一类行政主体。和地方团体不同，州除了享有行政上的自治权外，还享有部分自主的立法权和司法权。

2. 行政主体的地位。行政主体具有法人地位。这种法律地位通常来自法律的授予或依法取得。如法国的行政主体是由宪法与行政组织法规定的。美国的行政主体，部分来自法律的直接设定，如州政府，政府公司等；部分则依法律程序取得，如各市、镇的成立与合并等。行政主体具有相当的独立性，主要表现在：

第一，行政主体相对于个人独立。虽然行政主体由个人组成，但一旦行政主体成立，即拥有独立于个人的利益。个人可以通过法定的程序向行政主体施加影响，使其行为符合自己的意愿和利益，但行政主体的决定，不管与个人的利益一致与否，个人都必须服从。对行政主体的行为不服，只能通过法律的途径解决。

第二，行政主体与其他行政主体相对独立。行政主体与其他行政主

---

① 王名扬：《英国行政法》，中国政法大学出版社 1987 年版，第 38 页。

② 转引自吴庚：《行政法的理论与实用》，第 151 页。

③ 王名扬：《英国行政法》，中国政法大学出版社 1987 年版，第 12 页。

体之间的关系在一定程度上就像法人与法人之间的关系一样。他们各自独立，但为了工作的需要，可以进行合作，共享利益和共同承担责任。需要说明的是，国家是一类特殊的行政主体。其他行政主体存在于国家之中，但又相对独立于国家。其他行政主体在法定范围内对所管辖的事务有自主的决定权。除了服从法律外，行政主体的事务不受国家的领导。

由于行政主体相互独立，因而它们之间的行政纠纷只能通过法律途径解决，也就是通过法院的裁判解决。

需要说明的是，在单一制的国家，行政主体的独立仅指行政上的独立，不包括司法上的独立。司法制度涉及国家的稳定、秩序；关系公民的安全、自由和生活的安定；承载着公平、公正等价值理念，需要统一的标准，因而，国家需要建立统一的司法制度，行政主体不能设立自己独立的司法制度。

3. 行政主体的公务。在不同的国家，由于行政分权和自治的程度不同，因而各类行政主体所承担的公务范围各不相同。一般来说，国家作为一类特殊的行政主体，其承担的公务主要是涉及全国性的事务或地方难以独立处理的事务，如国防、外交、货币、邮政、知识产权等；地方团体组织的公务主要涉及地方事务，如道路、公共秩序、环境卫生、城乡计划、公用事业和福利服务等。① 而且，由于其区域、规模和任务的不同，地方公共团体负责的公务范围也不相同。如美国地方的消防部门是一独立的行政主体，其职能就是管理消防事务。在许多国家，国家和地方公共团体还共同承担某些公务。至于其他行政主体，其公务范围大都单一，如国立大学的公务就是高等教育。

4. 行政主体的权力。一般来说，行政主体具有四类权力。

第一，行政组织设置权。行政主体作为行政权的归属者，独立地享有权利义务，独立地承担责任。但行政主体需要设置相应的行政组织去运作，以实现其行政利益。通常，法律对行政主体的组织设置作原则规定，由行政主体通过民主的方式自行产生。不同的行政主体由于性质不

---

① 王名扬：《英国行政法》，中国政法大学出版社 1987 年版，第 69—71 页。

同，有不同的组织机构。国家和在联邦制国家的州不仅是一个行政实体，同时还是一个政治实体，设有立法机关、行政机关和司法机关。地方团体的组织机构有两部分：议事机构和执行机构。议事机构由民主选举产生；执行机构或者由选举产生或者由议事机构任命。至于议事机构和执行机构的组成及具体设置，可由行政主体根据需要自行决定。其他行政主体的组织也包括议事机构和执行机构，但议事机构不完全由选举产生，有的为设置该行政主体的主体任命。从其组织形态上看，其他行政主体的机构与作为民事主体的法人机构相类似。

第二，公务组织权。行政主体可以依法对承担的公务进行组织和管理。如公共教育、城市规划、开发地方公益事业等。

第三，财政收支权。行政主体拥有自己独立的财政。行政主体财政收入的多少决定了其自治的程度，也决定了其与中央的关系。行政主体的财政收入由税收、国家补助金、杂项收入和借款组成。通常法律对行政主体的财政收入有严格规定，但对其财政支出则没有严格的限制。

第四，财产管理权。行政主体可以在法定范围内自由地支配自己的财产以及决定对其财产的管理方式。

此外，根据国家的委托，地方行政主体和其他行政主体还可代表国家行使一定的行政权力，此时行为的后果及责任归属于国家。

行政主体制度在西方国家的产生与发展，有长期的实践基础和理论依据。从理论上说，行政主体制度是人的主体意识在行政领域的发展，它提供给公民较多地直接参与行政的机会。可以说，行政主体制度承载行政分权与自治的价值理念，符合直接民主的宪政原则；从实践上看，行政主体制度是社会发展的需要。首先，现代国家的行政职能日益扩展，行政事务增多并日趋复杂，完全由中央政府承担无论在能力、精力和时间上都不可能，所以行政事务分别由中央、地方和其他公务组织承担也就顺理成章。其次，现代行政变化迅速，需要及时对其作出反应，如果事无巨细都由中央政府处理，则无法满足行政的需要。最后，法人制度的完备为行政主体的出现创造了条件。19世纪时法律技术取得较大发展，法人的观念广泛应用，开始扩张到行政方面，出现了公法人机构。①

（二）我国现行的行政主体理论

1. 我国行政主体理论的形成。在我国，行政主体理论是一舶来品。最早使用行政主体概念的是《行政法学原理》②《中国行政法学》③。20世纪90年代后，绝大多数行政法教科书都采用了行政主体概念，并用较大篇幅阐述行政主体的定义、种类和资格要件等，形成了独特的行政主体理论。④

20世纪80年代末，行政主体理论在我国的出现主要有三方面的原因：第一，行政法学界研究行政组织角度的变化。自80年代初行政法学恢复研究以来，许多学者从组织学、管理学的角度研究行政组织，或者仅对行政组织法的规定作事实性的描述。这一状况逐渐引起不满。学者们着意求新，寻找研究行政组织的新的角度。行政主体理论正是在这一需求下出现的。有学者论证说，对行政组织的研究应当是从行政主体的角度出发，因为行政法学对行政组织的研究应从法律的角度，主要是研究行政组织在法律上的地位，而行政组织的法律地位即在于其作为行政上的主体。⑤

第二，国外行政主体制度及理论的传入。80年代末期，随着对国外行政法制度的了解，法国、日本等国的行政主体制度及理论被介绍、引入中国。⑥ 学者们在行政组织之外接触到行政主体这一崭新概念，将其引进到我国的行政法学研究自在情理之中。

---

① 王名扬：《英国行政法》，中国政法大学出版社1987年版，第88页。
② 张焕光、胡建淼：《行政法学原理》，劳动人事出版社1989年版。
③ 张树义、方彦主编：《中国行政法学》，中国政法大学出版社1989年版。
④ 罗豪才主编：《行政法学》，中国政法大学出版社1996年版，第66页。
⑤ 张尚鹭主编：《走出低谷的中国行政法学》，中国政法大学出版社1991年版，第700页。
⑥ 王名扬：《法国行政法》，中国政法大学出版社1989年版，第38页；［日］南博方：《日本行政法》，杨建顺、周作彩译，中国人民大学出版社1988年版，第13页。

第三，行政诉讼实践的需要。1989年4月4日我国制定颁布了《行政诉讼法》，并于1990年10月1日生效，至此，行政诉讼制度全面建立。行政诉讼面对的问题之一是如何设定被告制度。虽然行政诉讼法对此作了规定，但需要从理论上予以论证。不久，有学者从行政主体的角度解释行政诉讼被告制度，并逐步获得学术界的认同。

2. 行政主体理论的基本内容。一般认为，行政主体理论包括四部分内容：第一，行政主体的界定。对行政主体的界定，学者们在表述上大同小异，基本一致。有的学者认为，行政主体是享有实施行政活动的权力，能以自己的名义从事行政活动，因此而承担实施行政活动所产生的责任的组织，并认为，行政机关在行政法上的地位就是行政主体。① 有的学者把行政主体定义为能以自己的名义实施国家行政权（表现为行政管理活动），并对行政效果承担责任的组织。可见，学术界一般将行政主体界定为依法承担行政权的单个行政机关和法律法规授权的组织。

第二，行政主体的范围。按照行政主体的界定，行政主体整体可分为行政机关和法律法规授权组织两部分。具体可归纳为以下10类。②

①国务院；

②国务院的组成部门；

③国务院直属机构；

④经法律法规授权的国务院办事机构；

⑤国务院部委管理的国家局；

⑥地方各级人民政府；

⑦地方各级人民政府的职能部门；

⑧经法律法规授权的派出机关和派出机构；③

---

① 张尚鷟主编：《走出低谷的中国行政法学》，中国政法大学出版社1991年版，第80页。

② 该十类行政主体是按照行政主体的界定，对实际分析所得。

③ 派出机关指一级政府设立的派出组织，如行政公署、区公所和街道办事处。派出机构指政府职能部门设立的派出组织，如公安派出所、工商所等。

⑨经法律法规授权的行政机关内部机构；

⑩法律法规授权的其他组织。行政机关内部的机构、公务员以及受行政机关委托实施管理的组织都不是行政主体。

对于规章授权组织行政主体资格问题，学界有不同认识。2014年新修正的《行政诉讼法》第二条第二款把行政行为的主体扩展到了规章授权组织，这是否意味着规章授权从此获得了立法认可？有两种不同观点：一种观点认为，《行政诉讼法》的规定只解决被告资格，不能认为规章授权具有实体法上的合法性和正当性；另一种观点认为，随着《行政诉讼法》的实施，规章授权已经被认可，即不仅是对规章授权组织程序法上被告资格的认可，也包含实体法上授权制度的扩张。我们赞同第一种观点。《行政诉讼法》作为一种程序法，主要解决的是程序问题，原则上不涉及立法秩序，后者应该由《立法法》规范。另外，按照依法行政的要求，行政机关的职权法定，规章不得在没有法律依据的情况下自行授权。这一认识已经成为实务界的共识，这也有利于对行政机关权力运行的规范。

3. 行政主体的职权与职责。关于行政主体的职权与职责，学者常从不同的角度加以归纳。一般认为行政主体的职权可分为抽象的权力和具体的权力。前者如制定规章和一般规范性文件，后者如对具体的人或事做出处理。还有学者强调行政主体具有优越的地位，享有行政优益权。另外。学者们认为行政主体的职权与职责具有统一性。行政主体有义务合法公正地行使职权，否则，将承担不利的法律后果。

4. 行政主体的资格及确认。一般认为，作为行政主体必须具备一定的法律资格要件和组织要件。法律资格要件有三项：第一，行政主体必须是依法享有行政职权的组织。第二，行政主体必须是能以自己的名义实施行政活动的组织。第三，行政主体必须是能够独立承担行政责任的组织。关于行政主体的组织要件说法不一，有的认为需要经过正式的批准成立手续，也有的认为行政主体必须有独立的经费和办公场所等。

对行政主体资格的确认，主要从资格要件入手。任何一个组织，符合行政主体资格要件的就是行政主体；不符合的，当然不是。

概括而言，行政主体理论研究注重于三个方面。

一是谁有权进行管理。我国存在着庞大的行政组织系统，在这一系统中，究竟哪些行政机关有权对外进行管理，需要澄清。由于长期以来行政组织缺乏法律的严格规制，行政机关的设置随意性较大，行政机关之间的关系比较复杂，而且行政机关以外的法律法规规章授权组织行使行政权的现象又很普遍，因而有必要从理论上弄清管理者的基本特征、资格要件和主要类型等。

二是谁承担行政活动的责任。行为者应当对自己的行为负责，这是法治社会的基本要求。行政主体理论十分强调行政活动的责任归属问题，并认为行政主体就是能独立承担其行为责任的组织体。

三是谁做行政诉讼的被告。如前所述，行政主体概念的提出与行政诉讼的被告有关。因为行政诉讼的被告并不限于行政机关，非行政机关的法律法规规章授权组织也能成为行政诉讼的被告①。另外，行政机关并非在所有的情况下都能成为行政诉讼的被告。

（三）我国和西方行政主体理论的比较

我国的行政主体理论从西方国家移植而来，② 但却与西方的行政主体理论大相径庭。准确地说，我们仅引进了行政主体概念，对其内容却作了实质性改造。在西方国家，行政主体是一种法律制度，是地方或公务分权的法律技术。行政主体间相互独立，依法行使权利并负担义务，并独自承担法律责任。各行政主体都设有自己的行政组织，独自开展活动。国家对地方团体及公务法人的控制只能依法进行。行政主体间的行政争议只能通过法律手段解决。而我国的行政主体则仅仅停留在概念上，是

---

① 2014 年新修正的《行政诉讼法》第二条第二款将享有被告资格的授权组织扩张到了规章授权组织。

② 主要是法国和日本。对德国行政主体制度的了解和研究是以后的事情。在英国、美国，虽然存在行政主体制度，但由于这些国家的行政法学不直接对此进行研究，而在独立的地方政府法中讨论，因此，我国行政法学界对这些国家的行政主体制度缺乏全面了解。

对具有法定权力，能够独立对外管理的行政机关或法律法规授权组织的概括。

将我国的行政主体理论和西方的相比较，不难得出它们的区别：第一，西方的行政主体理论是对具体的行政主体制度的研究，而具体的行政主体制度又与行政的民主化、地方分权、公务分权不可分离。在法国，行政主体是作为行政分权的法律技术出现的。国家通过立法设立地方团体和公务法人，其目的就是为了实现地方分权和公务分权。德国、日本的行政主体制度也与地方自治相联系。在我国，行政主体理论是一种理论抽象，没有相对应的行政主体制度。按照行政主体论者的观点，行政主体理论在行政法学上的意义是，解决谁有权进行管理，具备何种资格才能成为管理主体。行政主体理论侧重于解决行政机关在对外管理中的地位。具有行政主体资格者，才能对外管理。

第二，西方的行政主体理论强调行政组织的统一和协调。作为行政组织基础单位的行政机关以行政主体的名义活动，统一在行政主体之下。我国的行政主体理论则强调单个行政机关的独立性。行政主体在通常情况下指依法享有行政权的单个行政机关，而不论该机关是否隶属于其他行政机关。

第三，西方的行政主体理论否定行政机关在法律上的独立人格。认为行政机关仅是行政主体的代表，不是独立的权利义务主体。我国行政主体理论则肯定行政机关以及法律法规授权组织的独立人格。认为行政机关及法律法规授权组织在法定权限范围内，可以自己的名义进行管理，并独立承担行为的后果。

第四，西方行政主体理论中的责任是指实质上的责任，即行为后果的最终归属，并与财产责任相联系。凡不承担行政上的独立财产责任者，不是行政主体。我国的行政主体理论则强调形式上的责任。认为作为行政诉讼被告就是承担行为后果的具体表现。

第五，西方行政主体理论与行政诉讼被告的确定没有必然联系。由实施有争议的行为的行政机关做行政诉讼被告，主要是出于诉讼的方便，与责任的归属无关。当然，行政诉讼的后果要由行政机关所在的行政主体承担。如在美国，对联邦行政机关的行为不服请求司法审查的，既可以该联邦行政机关为被告，也可以实施该行为的官员或美利坚合众国做被告，还可以他们为共同被告。无论谁为被告，该联邦行政机关的行为后果都由国家承受。我国的行政主体理论则与行政诉讼被告制度紧密相连。只有具备行政主体资格者，才能成为行政诉讼的被告。行政主体理论的出现在很大程度是为了论证行政诉讼被告制度的合理性并对行政诉讼被告的有关规定加以阐释。

第六，西方行政主体理论强调行政主体间的相对独立。行政主体间的相互监督只能依法进行，通常可通过行政诉讼解决，国家不得直接干预地方团体或其他行政主体的内部事务。我国的行政主体理论不强调行政主体间的相对独立。事实上，我国行政主体间的关系极为复杂。有的是隶属关系——如省政府是行政主体，省政府下的农业厅也是行政主体，而农业厅当然隶属于所在的省政府；也有的为部分与整体的关系，如行政机关的内部机构因法律授权而成为行政主体。严格地说，在我国的行政主体中，只有各级人民政府有相对独立地位。其他行政主体受所属的人民政府以及其他行政机关的节制。

第七，西方行政主体理论是行政组织法理论的组成部分。因而，在探讨行政主体理论的同时，不排除对行政组织其他法律问题的研究。如日本十分强调行政组织法定原则，注重通过立法来建构行政组织体系，通过立法设置行政机关和控制公务员的规模。我国的行政主体理论是从行政法学研究行政组织的角度提出的，导致对行政组织其他法律问题的忽视。例如有学者认为，凡是在法律上能够作为一个主体存在的，它就具有法律意义。至于该组织的规模，人员多少，内部结构都可为法律所忽略不计。因此，行政法学要研究的是一个行政组织能否成为行政主体，成为行政主体所应具备的标准和条件，以及作为社会存在的具体组织中哪些具有行政主体资格。①

---

① 张尚鷟主编：《走出低谷的中国行政法学》，中国政法大学出版社 1991 年版，第 700 页。

（四）我国行政主体理论评述

行政主体理论自 20 世纪 80 年代末期出现至今，已近三十年。无疑，行政主体理论从产生到为人们接受，并成为行政法学研究行政组织法的主流，并不是毫无道理。首先，行政主体理论顺应了行政诉讼的需要。行政主体理论在确认行政诉讼被告方面有一定程度的实用性，很容易为人们接受；其次，行政主体理论强调行政主体独自承担责任，这比过去行政管理的无序化，有权无责、有责无权的状态前进了一大步，自然会得到学者的响应；最后，行政主体作为一个便宜的、技术性的法学术语，能够避免表述上的累赘，自然能获得学者青睐。

其实，上述作用都是表面上的。如果仔细推敲，除了表述的便宜外，其他作用并不存在。学者认为行政主体的提出，最直接的根源是来自行政诉讼这一实践的需要。① 即行政诉讼以行政主体为被告。实际上，行政主体理论在行政诉讼被告的确认上，作用极为有限。按照行政诉讼法的规定，有对外管理权限的行政机关和法律法规规章授权组织可以作为行政诉讼的被告。在这里，行政主体理论的唯一作用仍然是一种术语的简化，即将有对外管理权限的行政机关和法律法规授权组织统称为行政主体，而非其他。当法律规范不明确时，行政主体理论在确定行政被告方面同样无能为力。例如，新修订的行政诉讼法赋予"规章授权的组织"被告资格，但其作为一个程序规则与"规章的授权边界"这一实体规则如何衔接，机关的内设机构和派出机构能否作被告等等，这些问题最终还只能由法律或司法解释加以规定，而无法直接依据行政主体理论确定。另外，行政主体理论并没有真正厘清行政活动的责任。②

行政主体论者认为行政主体概念的采用可以避免行政机关和行政组织概念的局限性，能够较好地概括具有对外管理权限的组织。③ 这一说法无可非议。对一些复杂现象在术语上作相应的技术处理本是学术研究的

---

① 张树义、方彦主编：《中国行政法学》，中国政法大学出版社 1989 年版，第 48 页。
② 见关于现行行政主体理论弊端的说明。
③ 张树义：《论行政主体》，《政法论坛》2000 年第 4 期。

基本方法，问题在于采用的术语需要贴切地反映事物的本质，而不能想当然地借用术语。如果采用的术语不符合甚至扭曲了客观事实，则极易对实践造成误导。我们不妨分析一下行政机关能否成为行政主体。

的确，按照法律的授权，行政机关可以在其权限范围内活动。但行政机关是否因此就成为行政主体？行政机关为什么具有行政主体的资格？行政主体的本质特征究竟是什么？在将行政机关界定为行政主体之前，需要首先回答这些问题。虽然，由于法律法规的授权，行政机关可以独立表示自己的意思，独立对其主管事务进行处理，但并不因此就成为行政主体。笔者认为，行政机关不具有行政主体资格，不是实质意义上的行政主体。

首先，行政机关没有自己独立的利益。在我国，行政机关存在的目的是为了服务于特定的主体，即国家，不是为了自身的利益。① 行政机关也不应该有任何自身的利益。② 准确地说，行政机关只能代表国家进行管理，而不是自足的主体。国家与行政机关的关系类似于民事活动中的代理关系。民事活动虽常有代理人的介入，但代理人决不是民事活动的主体。只有当民事代理人作为民事活动的当事人时，才以民事主体的身份出现。在行政活动中，行政机关基于人民的委托而进行管理。行政机关没有自己的利益，也就意味着其不具备行政权力能力，不可能作为主体而存在。

其次，行政机关不具有独立的地位。独立性是主体的本质属性之一。缺乏独立性，也就不是实质意义的主体。在我国，除特别行政区行政机关外，其他行政机关都是在国务院统一领导下的国家行政机关。国务院作为中央人民政府，有独立的地位，但其他行政机关，包括地方各级人民政府都没有独立的地位。行政机关必须服从上级行政机关的领导，受上级行政机关的节制。虽然行政机关在法定权限内有对外管理的权力，但这仅是一种代理权，并不意味着其具有独立地位、是独立的主体。

---

① 我国的地方行政机关也是国家在地方的代表。
② 实践中部门利益的存在是其权力带来的结果，是权力的一种副产品。

再次，行政机关不独立承担责任。在法律上，行政机关的管理行为全部归属于创设它的主体，而不归属于行政机关自身。虽然行政诉讼法规定行政机关可作为行政诉讼的被告，但成为行政诉讼被告，并不意味着其承担与此所产生的责任。被告可以有形式上的被告与实质上的被告之分，行政机关作为行政诉讼的被告只具有形式意义，而责任的真正承受者是国家。国家作为责任的承受者主要表现在两个方面：其一，行政诉讼的成本由国家负担。对被告来说，行政诉讼的一切消耗，包括人力、物力的消耗由国家承担。其二，行政诉讼的后果由国家承担。如果行政机关在行政诉讼中败诉，则无论是行政机关行为违法所产生的负面社会影响，或行政机关重新行为所需的费用都是国家承担。此外，行政机关行为违法给相对人造成实际损害的，也由国家承担赔偿责任。[1] 从国外的情况看，行政诉讼被告制度的设定主要是从技术上考虑，即方便当事人起诉和应诉，而不意味着谁作被告，谁就承担责任。

可见，我国的行政机关是没有"主体性"的"行政主体"，而非真正的主体。也许有学者会争辩，我国的行政主体有自己的特色，只强调行政主体者必须有法定的职权，而不管它是否真正具有主体性。如真有此种辩解，则只能说明我国行政主体理论的肤浅。因为任何学术概念都必须是能够经得起推敲和论证的。将没有"主体性"的组织称为主体，难以自圆其说。当然，如果这里仅仅只是概念的误用，也还无妨，问题是这一术语的误用带来了许多弊端。

弊端一：混淆了行政机关和个人在行政领域的地位。按照主权在民的原理，国家由人民组成。人民之所以组成国家，是因为人民"要寻找出一种结合的形式，使它能以全部共同的力量来护卫和保障每个结合者的人身和财富，并且由于这一结合而使每一个与全体相联系的个人只不

---

[1]　我国《国家赔偿法》第二条第一款规定："国家机关和国家机关工作人员违法行使职权侵害公民、法人和其他组织的合法权益造成损害的，受害人有依照本法取得国家赔偿的权利。"

过是在服从自己本人，并且仍然像以往一样的自由。"① 我国《宪法》第二条第一款也明确规定："中华人民共和国的一切权力属于人民。"国家的存在就是为了确保公民个人的安全、利益和发展。因而，所有的法律制度，包括行政法律制度应以公民个人为核心建立。国家之所以通过法律设置行政机关，授予行政机关权力，也是为了服务于个人。在个人与行政机关的关系上，个人始终处在主人的地位，而行政机关则为了服务于个人而存在。行政主体、个人和行政机关三者正确的关系应当为：行政主体由个人组成，行政机关作为行政主体的机关存在。但我国现行的行政主体理论正好颠倒了个人与行政机关的关系，把行政主体定位为享有法定职权的行政机关和法律法规规章授权组织，从而使个人在行政中的地位变得模糊。

需要指出的是，在一些具体的管理关系中，行政机关往往以管理者的身份出现，而个人则处在被管理者的地位。这种状况仍然是基于权力的委托才得以发生，并不意味着行政机关因此就从代理人的身份而变成了行政主体。

弊端二：不利于我国对西方国家行政主体制度的吸纳。西方国家行政主体制度的主要精神有两个方面：一是对人的主体性的充分肯定。行政主体由个人组成，是个人的延伸。通过范围、层级不同的行政主体，公民可以实现对公务的间接或直接的参与，从而参与决定与自己相关的事情以及自己的命运；二是行政分权，② 即地方分权和公务分权。除了国家这一特殊的行政主体外，还存在许多地域行政主体和公务行政主体。虽然在不同的西方国家，行政分权与自治的程度不同，但都视行政分权为直接民主的必要组成部分。我国现行的行政主体理论既不强调个人在行政管理中的主体地位，也不涉及行政分权，仅关注哪些组织有权对外管理。由于行政主体一词取自于西方，容易使人忽视西方行政主体制度与我国行政主体概念的本质区别。即使意识到这种区别，为坚持自己的

---

① 卢梭：《社会契约论》，何兆武译，商务印书馆1996年版，第22页。

② 关于西方行政主体制度的内容，详见下一部分的说明。

特色，也难以理性地进行自我反省，而对西方的行政主体制度采取排斥的态度。这不利于对西方行政主体制度的真正理解与吸纳。

弊端三：忽视行政管理统一协调的内在要求。现代行政事务由不同的行政机关承担，为防止政出多门，减少管理成本，保持管理的高效，必须统一协调。所以，行政机关大多实行层级节制，并且行政机关要在各级人民政府的统一领导下作为整体发挥功能。遗憾的是，我国现行的行政主体理论则强调各个行政机关的独立性，不仅在政府统一领导下的行政机关是独立的主体，甚至于行政机关的内设机构，派出机构都是独立的主体，从而与行政管理统一协调的内在要求相左。如果行政机关、行政机构作为独立的主体，在行政诉讼中独立做被告，可以独立承担责任，则意味着负有监督控制职责的上级行政机关以及各级人民政府无须承担任何责任。现行行政主体理论对法律责任的分散化处理虽然可以减轻行政诉讼的压力，① 但这既违背了管理的规律，也不利于有限政府、责任政府的发展，最终不利于行政组织的法治化进程。

弊端四：掩饰了我国行政组织无序的现状。这也是我国行政主体理论带来的最大的负面影响。从表面上看，我国的行政主体有多种类型，既有行政机关，也包括法律法规授权组织。在作为行政主体的行政机关中，既有中央行政机关，也有地方行政机关。而行政主体理论又强调主体的独立性，因而很容易把我国的行政主体理论看成对体制改革中出现的利益多元化的肯定。然而，仔细分析就会发现我国的行政主体理论不是以行政分权为出发点和归属点，也没有对地方利益和公务自治②予以充分肯定，相反，它为行政组织的无序穿上了合理的外衣。众所周知，我

---

① 由于传统文化的影响，行政机关都不愿做被告，负有全面行政管理职责的各级人民政府也不例外。由于行政诉讼的压力大，人民法院也不愿受理以政府为行政被告的案件。

② 在实际中，确有一些事业单位需要肯定其行政主体地位，以便于其独立的组织公务，如国立大学等。从目前的情况看，国立大学根据法律法规的授权从事部分与高等教育相关的管理，如计划内大学生的录取等，但它们隶属于行政机关，没有独立地位。

国现行的行政组织系统远不能适应市场经济的需要，行政机构林立，设置既不规范，也不合理。而现行的行政主体理论则肯定了这些行政机构的主体地位。只要法律法规授权，这些行政机构，不管是行政机关的内部机构，还是派出机构，不管是政府的办事机构，还是议事协调机构、联合执法机构，统统变成了行政主体。此外，现行行政主体理论不加区别地肯定法律法规授权组织的法律地位。在实践中，法律法规授权组织大多是仅有行政管理职能的事业单位，如国家专利局等。这些授权组织就是实质意义的行政机关，它们往往隶属于某一行政机关，没有独立的地位。只是出于机构改革，裁减人员的需要，把它们划入了事业单位的序列。这些授权组织的出现具有极大的不合理性。遗憾的是，现行的行政主体理论则对其予以肯定。在这种行政主体理论的导引下，人们很难用一种批判的、理性的眼光去审视行政组织系统的非理性化的现实。

第二节　行政组织法的概念、地位和功能

对行政组织法的研究始于行政组织。因而在分析行政组织法的概念之前，有必要先来探讨行政组织的含义。

一、行政组织的含义

对行政组织，可从静态和动态两方面理解。从静态上看，行政组织是一种组织形态，由行政机关、公务员和公物组成；从动态上看，行政组织就是对行政的组织，即通过何种形式，设置何种机关，建立什么样的公务员制度和公物制度来进行管理，和行政的对外运作相对应。行政组织又有狭义与广义之分。狭义的行政组织仅指行政机关的集合体，广义的行政组织除狭义的内容外，还包括公务员的集合体和公物的总和。①

在实际生活中，由于人们习惯于从静态的角度把握行政组织，所以

---

① 本书中的行政组织有时取狭义，有时用广义，视具体情况而定。

我们先从静态行政组织开始分析。

（一）静态行政组织

关于静态行政组织，个别国家对其有明文规定。日本在其《国家行政组织法》第二条规定："国家行政组织必须在内阁的领导下，由职责和权限明确的行政机关全体有系统地构成。"根据该界定，国家行政组织由国家行政机关整体构成。我国目前对静态行政组织没有明确界定，学术界常在不同角度使用这一概念。有学者认为行政组织是行政机关的综合体。无论是中央行政机关还是地方行政机关，都属于行政组织的范畴。也有学者认为行政组织就是行政机关，是行政机关的替代词。在国外，行政组织通常被认为是行政主体的组织。① 我国台湾学者也持相同观点，认为行政组织指行政主体为发挥行政权作用，执行各种行政业务，以行政职位与人员为基础，结合而成的层级节制行政机构系统。行政组织是"政府行政"与"组织形态"之结合体。②

从理论上说，将行政组织界定为行政主体的组织较为理想。这是因为：首先，行政主体作为行政上的实体，需要设置许多行政机关开展工作，而这些行政机关又必须统一到行政主体之下，作为一个整体运作。把各个行政机关组成的整体作为一个系统对待，能够在法律上予以合理的设置、规范和控制。其次，各类行政主体有不同的职能和目标，因而其行政机关的设置和构成也有不同要求，以行政主体为基础来界定行政组织有利于各类行政组织的完善和发展。最后，各行政主体之间相互独立，各行政组织也具有独立性和特殊性，因而不宜把行政组织界定为所有行政机关构成的组合体。

---

① 这里的行政主体指德国、法国、日本等国法律创设的主体。主要包括三类：国家、地方团体和公务法人。行政主体制度普遍存在于西方国家，是一种以公务分权、地方自治为核心，以法律规范，法院救济为保障的行政组织法律制度。在我国，不存在西方国家的行政主体制度，学术界将行政主体界定为能够独立对外行使职权的行政机关。

② 乔育彬：《行政组织法》，公共行政学会发行，1994年版，第60页。

但在实践中，由于我国不存在严格意义上的行政主体制度，各级人民政府又具有双重性质，既是国家在地方的代表，又是地方利益的代表，因而将行政组织界定为国家行政机关的集合体较为适宜。基于上述分析，我们认为行政组织是担当行政事务，行使行政权的各级人民政府及下属行政机关的综合体。既包括国务院及所属行政机关，也包括各级地方人民政府及所属行政机关。

从不同的角度分析，行政组织具有不同的构成要素。从基本构成要素上看，行政组织包括人的要素（行政人员）和物的要素（公物）两部分。这是行政组织得以建立的基础。从结构构成要素上看，行政组织由机关、层级以及机关相互关系等构成。从系统功能要素上看，行政组织包含目标、功能和权力等。

在实际生活中，行政组织常和其他概念混用，因而有必要加以区分。

1. 行政组织与行政机关。我国法律已经运用"行政机关"一词，但对行政机关的含义同样没有明确规定。我们认为行政机关是指为实现行政目的而依法设置，承担行政事务并能独立进行管理的基本组织体。从《行政诉讼法》中运用行政机关一词看，行政机关泛指下起基层行政单位，上至国务院各级、各类依法设置的能够对外独立行使权力、履行职责的基本的管理单位。

行政组织与行政机关是一种包容关系，行政组织由行政机关组成。虽然两者都担当行政事务，享有行政权力，但有明显区别。行政组织是一集合概念，偏重"学理性"，而行政机关是一实际用语，具有"实用性"。

2. 行政组织与行政机构。行政机构一词与行政组织、行政机关一样缺乏法律的统一规定。人们常从不同角度使用这一术语。有的认为行政机构是指各级人民政府以外的行政机关之和。也有的主张行政机构与行政机关同义。还有观点认为行政机构是指行政机关的内部机构。国务院三定方案中的"定机构"就是取此含义。我们赞成后一种观点。

按照上述理解，行政组织与行政机构的区别主要表现在：行政组织是行政机关的集合体，而行政机构是行政机关的组成部分。行政机构作为行政机关的一部分而存在，可以代表所在的行政机关对外管理，但不能独立行使职权。

3. 行政组织与公务员。公务员是在政府部门任职的工作人员，是行政组织的基本构成要素之一，但公务员不是行政组织。在法律上，公务员代表所在行政机关行使权力，其管理行为的后果归属于国家。

在现代行政中，行政组织具有突出地位。无论是行政之开展、行政目标之达成，还是行政价值之实现都与行政组织相关。

1. 现代行政之开展依赖于行政组织。行政组织作为行政权的承担者，负责所有行政活动的推行。离开了行政组织，行政就无法进行。行政之开展，必须借助于行政组织系统才能完成。此外，随着科技的发展，行政管理的专业化、技术化程度加强。技术性的问题越来越多，如产品质量鉴定、环境监测、公共工程验收以及信息资料处理等。行政专业化、技术化程度的提高，行政管理的日益复杂要求行政组织发挥更多的功能。

2. 现代行政目标之达成依赖于行政组织。现代的行政事务日益宽泛，涉及国民生活的方方面面，经济调控、城市规划、道路建设、文化保障、环境保护以及经济和社会秩序等都已进入行政的范畴。现代行政不仅要为国民提供基本的安全保障，而且还承担着发展经济，提高国民素质、创造优美环境、提供社会救助等职责。行政目标能否实现，取决于行政权的范围是否合理明确，行政组织的整体设置是否简洁、协调和统一，也取决于公务员整体的素质和工作效率。

当然，行政目标与行政组织的关系相辅相成。随着行政事务的增多，行政目标的多样化，行政权也在不断扩大。并且，行政权已渗入立法、司法领域，严格的三权分立已被打破，行政立法与行政司法挤占在立法与司法的空间。行政权的扩展必然导致行政组织的发展，也从而对行政组织的自身管理提出了更高的要求。

3. 现代行政价值之实现依赖于行政组织。民主、公正和效率是现代行政的主要价值追求，这些价值的实现取决于行政法律制度是否完备，其中行政组织法律制度尤为重要。行政组织作为行政权力的载体，既可以作为集权统治的工具，也能成为公民追求自由、自治和发展的手段。

较之以往，现代社会的国民有了更多参与行政的机会。一方面，科学技术的进步，通信条件的改善为国民直接参与行政提供了便利条件；另一方面，人类社会追求自由、独立和个性发展的大趋势为行政的民主化奠定了基础。国民对行政的参与表现在各个方面，有直接参与，如地方自治，参与行政立法和政策的制定；也有间接参与，如通过选举和监督等。因而，行政组织制度中需要注入民主精神，行政组织的设置应当以民意为基础，为公民直接参与行政提供条件。另外，公正、效率价值也需要在行政组织的建构上得到充分体现。

（二）动态行政组织

从动态上看，行政组织相当于对行政的组织，即行政组织过程。与行政的对外运作一样，对行政的组织也需要一个过程。对这个过程同样需要法律的规范。从一定程度上说，对行政组织过程的规范更具有意义，因而它直接影响到行政组织结果的合理与否。以往人们常从静态的角度理解行政组织，结果造成对组织过程的忽略。动态的行政组织一般包括以下内容。

1. 行政主体的建立。国家作为行政主体无需组建程序，但地方团体、其他的公法人作为行政主体需要经过法定的组建程序。例如，在美国，许多州宪法和法律规定，自治市的成立需要所在区域居民的签名申请，需要制定章程，并由所在区域公民投票公决，然后经有权机关批准。根据需要和自愿，行政主体也可和别的行政主体合并，或者并入别的行政主体。

2. 行政机关的设置。行政组织是行政机关的集合体，因而，对行政的组织以行政机关的设置为基础。凡国家重要行政机关的设立应通过立法程序，规定其管辖的行政事务、职权、工作制度等。当然还需要具体的研究论证。行政机关内部机构的设置和职权分配可通过行政程序进行。地方行政机关的设置可通过地方代议机关决定。公务法人行政机关的设立也要经有权机关批准。

从广义上说，行政改革也是对行政的重新组织。较之单个行政机关的设置，行政改革往往具有整体性。这里包括对行政权的重新界定和重新分配，对行政组织结构①的改变，行政组织规模的调整等。行政改革是一系统工程，需要设计改革方案，确定实施措施以及逐步推行，往往持续许多年才能完成。

3. 公务员制度的建立和完善。对行政的组织需要一支高素质的公务员队伍。选拔优秀的人员进入公务员队伍，对公务员进行分类管理，建立有效的公务员激励和奖惩机制，保障公务员的合法权益，充分发挥公务员的创造性与积极性，都是组织公共行政中不可缺少的重要内容。

4. 公物制度的建立与完善。公物制度与服务行政相联系，是为了满足现代社会人们的各种需求，如教育、文化、卫生、娱乐等。随着社会的发展和物质精神财富的积累，人们对公物的需求也越来越多。公物的建立和管理都在现代公共行政中占有重要地位。

（三）行政机关

在行政组织中，最重要的构成要素是行政机关。如前所述，行政机关是指为实现行政目的而依法设置的，承担行政事务并能独立进行管理的基本组织体。这一概念可以从以下几个方面加以分析。

第一，行政机关是两人以上的组织体，不是指某一职位。比如说，国务院作为最高行政机关，由总理、副总理、国务委员等人组成。将行政机关界定为组织体符合我国的实际情况，符合我国的传统。另外，现代管理靠多人协作完成，是以组织体而不是个人的形式进行的。

第二，行政机关是行政组织中的基础单位。行政组织是一组织系统，行政机关是组织系统中最基础的单位。行政机关可以在行政组织中独立存在，如各级人民政府；也可以从属于行政组织中的其他行政机关，如省政府下的工作部门，行政机关之间有多种关系。

第三，行政机关是为实现行政目的而设置。这里有两层含义：首先，行政机关为实现行政目的而设置。其次，行政机关应当依组织法而设立。虽然我国现行的行政机关组织法不很完备，但从依法行政的要求出发，行政机关的设置应当有法律依据，因为只有人民才有权决定设置哪些、

---

① 包含横向结构和纵向结构两方面。

设置多少行政机关。

第四，行政机关是担当一定行政事务，享有一定行政权限的组织。担当行政事务，享有行政权限是行政机关的本质特征。这里的行政事务既包括行政机关对外管理的事务，如治安管理，工商管理，也包括行政机关内部事务。按照依法行政的原则，行政机关承担的事务及权限应当由法律法规严格规定。

第五，行政机关是能独立进行管理的组织。行政机关的事务是通过其内部机构完成的，但内部机构只能以行政机关的名义活动，不是行政组织中的基本组织体，不能独立对外开展活动。只有行政机关才能代表国家或地方独立进行管理。

第六，行政机关管理行为的结果归属于国家。在行政机关管理中，行政机关代表的是国家，因而其管理行为的后果由国家承担。

为准确把握行政机关的含义，需要把它和相关概念加以区别。

1. 行政机关与行政机构。行政机构一词，人们常从不同的角度使用。有的认为行政机构是指各级人民政府以外的行政机关之和。也有的主张行政机构与行政机关同义。还有观点认为行政机构是指行政机关的内部机构。国务院三定方案中的定机构就是取此含义。我们赞成后一种观点。

按照上述理解，行政组织与行政机构的区别主要表现在：行政组织是行政机关的集合体，而行政机构只是行政机关的组成部分。行政机构作为行政机关的一部分而存在，可以代表所在的行政机关对外管理，但不能独立行使职权。

2. 行政机关与公务员。公务员是在行政机关任职的工作人员。公务员是行政机关的基本构成要素之一，但公务员不是行政机关。在法律上，公务员代表行政机关进行管理，其管理行为的后果归属于所在行政机关，当然最终归属于国家。

从行政法的角度，行政机关可作以下分类。

1. 领导指挥机关和一般行政机关。这是以行政机关在行政组织中的地位为标准所作的划分。领导指挥机关是指在行政组织中负有领导职责，担负全面行政事务，并保证行政组织统一、协调运转的行政机关。如中央和地方各级人民政府。一般行政机关是指在行政组织中担当一定行政事务，不负有领导职责的行政机关。如各级人民政府下属的职能部门，参谋咨询机关等。

区分领导指挥机关和一般行政机关的意义在于：便于明确行政机关在行政组织中的地位或隶属关系，促使行政机关自觉履行职责，并确保行政的统一、协调与高效。

2. 决策机关、执行机关、监督机关与辅助参谋机关。这是以行政机关承担任务的性质为标准所进行的划分。决策机关是指有权对管理中的重大事项作出判断、选择和决定的机关。如前面所说的领导指挥机关大多都是决策机关。执行机关是指将行政决策付诸实施的行政机关。该类机关的最大特点是与相对人发生经常的、直接的联系，将法律、法规及规章的规定直接适用于相对人。监督机关是指对行政组织内部进行监督的机关。该类机关一般不直接对外进行管理，并且为保证其内部监督职能的实现，其地位应相对独立。辅助参谋机关是指辅助决策，为之提供信息、咨询和参谋的机关。辅助参谋机关的最大特点是一般不具有直接对外管理的职权。

对行政机关作上述分类的目的是为行政组织立法提供依据。各类行政机关的性质不同，工作内容有很大差异，因而应在组织法上确立各类行政机关不同的法律地位，赋予其不同的行政管理手段和职责。

3. 中央行政机关和地方行政机关。这是以行政机关管辖的地域范围为标准所作的划分。中央行政机关的管辖范围遍及于全国，地方行政机关的管辖范围限于某一地区。在我国，无论是中央行政机关还是地方行政机关都是国家行政机关。地方行政机关是国家在地方的代表，但地方行政机关同时也是地方权力机关的执行机关。当地方行政机关执行本地权力机关的决议时，代表的是地方的利益。划分中央行政机关和地方行政机关的意义是明确各自的权限范围。

除上述分类外，还可根据行政机关存续时间的长短，将其分为常设行政机关和临时行政机关。还可根据行使职权的方式和程序，将行政机关分为首长制机关和委员制机关。在国外，行政机关还常以其构成为标准分为独任职机关和合议制机关。前者由一个自然人构成，后者由两个以上的自然人构成。至于行政机关的设置，详见本编后面部分的说明。

二、行政组织法的概念

何谓行政组织法，学术界并没有一致的认识。日本学者认为，行政组织法是指关于国家、地方公共团体及其他公共团体等行政主体的组织及构成行政主体的一切人的要素（公务员）和物的要素（公物）的法的总称。① 我国台湾学者认为，行政组织法为行政法之主要部分，不仅涉及政府机关的组织、职权、体制与相互关系，且涉及行政作用与行政救济之功能，更与人民权益有关。我国有学者认为行政组织法就是关于行政机关和行政工作人员的法律规范的总称，是管理管理者的法。② 也有观点认为行政组织法是规范和调整行政组织关系的法律规范的总和。③

我们认为，行政组织法可界定为规范行政的组织过程和控制行政组织的法。该界定可从以下几方面理解。

第一，行政组织法是规范公共行政组织过程的法。公共行政是国家管理不可缺少的重要组成部分，如何来组织公共行政，是统一管理还是分散行政，将哪些事务纳入行政管理的范畴，设置哪种类型的行政机关进行管理等，建立什么样的公务员制度和公物制度，都是组织公共行政过程中不可回避的问题。另外，对公共行政的组织是由立法机关控制，还是交由行政机关负责，如何保证行政组织过程中的民主、理性和公正，如何进行行政改革，这些问题都需要从法律上解决，属于行政组织法的范畴。

第二，行政组织法是控制行政组织的法。这是行政组织法最核心的内容之一。行政组织一旦为有权机关设定，就要受到法律的严格制约。

---

① 田中二郎：《简明行政法》（新版），弘文堂1983年版，第43页；转引自杨建顺：《日本行政法通论》，中国法制出版社1998年版，第213页。

② 应松年、朱维究：《行政法总论》，工人出版社1985年版，第115—257页。

③ 张焕光、胡建淼：《行政法学原理》，劳动人事出版社1989年版，第151页。

如行政组织的规模不得随意扩大，行政组织的结构不得随意改变，行政机关的职能不能随意增减。另外，公务员的管理也必须建立在平等、民主和理性的基础上，通过法律予以规范。公物制度也需要遵循公法精神，需要法律保障。规范行政组织和规范行政的组织过程同样重要，只不过对行政组织的规范具有静态意义，而对行政的组织过程的规范呈现出动态性。

第三，行政组织法是与组织行政和行政组织有关的法律规范的总称。我国对行政组织加以规定的有宪法、法律和法规等。如《国务院组织法》《地方各级人民代表大会和地方各级人民政府组织法》等。行政组织法不是指单一的法律，而是有关行政组织的法律法规的集合。

三、行政组织法的渊源

行政组织法的渊源，是指行政组织法的表现形式。就现有的规定看，行政组织法的渊源有如下几个方面。

（一）宪法的规定

宪法中多处对行政组织作了规定。如《宪法》第三条规定："中华人民共和国的国家机构实行民主集中制的原则。……中央和地方的国家机构职权的划分，遵循在中央的统一领导下，充分发挥地方的主动性、积极性的原则。"《宪法》第三章第三节、第五节更是直接规定国务院和地方各级人民政府的组成、任期和职权。

（二）法律的规定

法律作为行政组织法的渊源有两种表现形式。第一种是整个法律具有行政组织法的性质，如《国务院组织法》《地方各级人民代表大会和地方各级人民政府法》；第二种是部分具有行政组织法的性质，如《行政处罚法》和《行政许可法》中关于行政处罚机关和行政许可机关的规定。

（三）行政法规的规定

国务院的行政法规中也有大量关于行政组织的规定。如《国务院行政机构设置和编制管理条例》《地方各级人民政府机构设置和编制管理条例》等。

（四）地方性法规的规定

地方性法规中也经常对行政组织作出规定，如《北京市市容环境卫生条例》第四条第一款规定北京市环境卫生管理局为北京市市容环境卫生工作的主管部门。

（五）规章的规定

无论是中央部门的规章还是地方政府规章都可能涉及对行政组织的规定。如北京市就立法规定城市基础设施可以通过 BOT 的方式由项目公司特许经营。

在行政组织法治比较发达的国家，都有一套完备的行政组织法规体系，如美国、日本等。我国台湾地区也十分重视行政组织法的制定和体系化。比较而言，我国的行政组织法体系尚不完备。虽然在不同国家和地区，行政组织法的载体有很大差异，但行政组织法的内容却基本一致。在法国、日本，行政组织法主要包括对行政主体制度的肯定和对三类行政组织（指国家行政组织、地方公共团体的行政组织和公务法人的行政组织）的规范，此外，还有对公务员管理的规范和对公物制度的规定等。在美国，行政组织法包括对各类、各级行政机关的设置及权限的规定，对公务员的法律规定，也包括地方政府法。

总的来说，行政组织法包括七项内容：第一，行政的基本组织制度（行政主体制度）；第二，行政权的设置与分配；第三，中央行政组织的设置；第四，地方行政组织的设置；第五，公务员制度；第六，公物制度；第七，其他行政组织法律制度等。

四、行政组织法的性质

关于行政组织法的性质，可作三点分析：第一，行政组织法融实体法与程序法为一体。在行政组织法中，大量的规范属于实体法性质。如行政主体制度的设定、行政组织的结构、行政机关的设置标准、行政机关享有权力的范围、公务员的分类、公物的形式等。但也有许多程序性的规定，如组建行政主体的程序、行政机关的设置程序、行政机关权限的设定程序、公务员的考试录用程序、公物的建立程序等。当然，与行政活动的程序法相比，行政组织法整体又具有实体法的性质。因为公共行政的组织过程完成在前，行政机关对外行使职权在后。

第二，行政组织法是宪法的延伸。在行政法中，行政组织法与宪法的关系最为密切。宪法的核心内容之一是规定国家的权力结构，一般将国家权力分为立法权、行政权和司法权三部分。通常，宪法对行政权的规定比较原则。由于行政权自身比较复杂，需要借助于庞大的行政组织系统才能有效运作，因而需要通过行政组织立法对其予以具体规定。因此，行政组织法是宪法的直接延伸，是宪法的补充。

第三，行政组织法具有组织行政和控制行政的双重特性。行政组织法是一种组织公共行政的法。组织公共行政是行政管理的第一个环节，也是一个基础环节。如何使对行政的组织过程和组织结果民主、理性和公正，并满足效率的要求，是行政组织法的核心任务。和行政机关行使权力，对外管理的过程不同，表面上，组织行政和相对人并没有直接联系，但对个人的权益却产生实质影响。组织行政涉及国家、地方团体、其他公务组织和个人之间权力的分配。如个人在多大范围拥有自由空间，地方团体、其他公务组织在多大程度上可以实行自治，国家如何对地方团体和其他公务组织进行监控等，都影响到个人的利益。组织行政也涉及行政组织规模的确定，从而影响到个人的负担。此外，对公共行政的组织好坏，直接关系到行政权的运作，影响到相对人的权益。

除组织公共行政外，行政组织法也具有控制行政组织的特点。和行政权的运作一样，对公共行政的组织同样需要法律规范。否则，公共行政的组织就会处于一种无序状态，行政组织权变成少数人的特权，行政组织过程中的专制、任性，反复无常以及非理性现象也就无法杜绝。可见，对组织行政过程的控制具有重要意义。在法治比较完备的国家，除了强调对行政运作的控制外，也十分重视对组织公共行政的规范和控制。

五、行政组织法的地位

行政组织法的地位，可从多个角度分析。

（一）行政组织法在行政法体系中的地位

行政组织法是行政法的组成部分之一，在行政法体系中占有重要地位。首先，行政组织法是行政法的基本组成部分。行政法是规范和控制行政的法。从行政的过程看，行政可分为对行政的组织阶段和行政权的运作阶段两部分，行政组织法则是对行政组织阶段的直接规范，如由谁设定行政权，设定行政组织，如何设定行政权以及行政组织，如何建立和完善公务员制度，等等。对行政的组织阶段和行政权的运作阶段同等重要。它们都影响到公民的权益，因而都需要法律的规范。另外，如果行政机关在行使行政权力的过程中，违反了行政组织法或行政运作法的规定，要有相应的法律制度救济。因此，行政法通常包含三大部门，即行政组织法、行政运作法和行政救济法。行政组织法是行政法的主要组成部分。

其次，行政组织法是行政运作法的基础。行政的运作包含管理机关、公务员、权限和程序等要素。这里，管理机关的形式及权限、公务员等都需要行政组织法规范。缺乏行政组织立法，行政运作将会处于无序状态。目前，我国由于行政组织立法的欠缺，在行政管理中，管理机关及其职能十分混乱，因此，不得不在行政运作的有关法律中就行政组织法的问题进行规定。

再次，行政组织法推动行政救济法的完善。在我国，行政救济制度包括行政复议制度、行政诉讼制度和行政赔偿制度等。行政救济法是解决行政争议，确保行政机关依法行政的法律规范，在控制行政权方面，与行政组织法一样具有十分重要的作用。所不同的是，行政救济法通过规范行政救济制度，解决个别的具体的争议来纠正行政机关的违法行为，达到控权的目的，而行政组织法则通过合理界定行政权，规范行政组织的设置来达到控权的目的。行政组织无序虽然表面上不直接侵害公民的法定权利，实际上损害的是公民整体的利益，容易引起全社会的不满，导致政府威信下降，其产生的危害远比个别违法侵权更为严重。

此外，行政组织法对行政救济制度的发展有积极的促进作用。行政组织法对行政主体制度的规定，为行政诉讼被告的确认、行政行为责任的承担提供法律依据。行政组织法为行政机关的设置、权限的规定、行政案件的审理提供标准，如主体是否违法、行政行为是否越权等。

（二）行政组织法在公共行政中的地位

行政组织法是公共行政合理有效组织的法律基础。现代公共行政正朝着民主化、分权化和多元化的方向发展，需要法律的支撑和保障。如分权化需要确认地方团体的独立法律地位，需要明确地方团体的权利义务和责任，离不开法律的规范。再如随着公共行政民营化和市场化的改革，民间团体、民间资本可以广泛进入公共基础设施建设等服务领域，BOT 的模式被广泛采用，自然需要通过行政组织立法对政府、行政受委托人以及相对人的权利义务予以规定。在一定程度上，行政组织法为公共行政的多元化发展提供了法律技术。当然，公共行政的发展也需要行政运作法与行政救济法的支持和促进。

（三）行政组织法在行政法治实践中的地位

在行政法治中，行政组织法同样处于重要地位。行政组织法规范行政组织自身，没有完备的行政组织法，就不可能有成熟的行政组织法律制度。这不仅会使行政组织自身处于混乱状态，行政机关的对外管理也会杂乱无序，行政法治也就无以真正实现。行政组织法不仅是政府机构改革的强大推动力，也是巩固机构改革成果的有力保障。

六、行政组织法的功能

行政组织法的功能是指行政组织法可以发挥的作用。在很大程度上，行政组织法的功能是由其基本内容和法律固有的规范性、强制性等特点决定的。行政组织法的功能可分析如下。

（一）保障行政组织的民主、理性和公正

对行政的组织，涉及行政的基本组织形式，行政权的范围，行政组

织的规模等重大问题，关涉到广大民众的自由、权利和义务。因而行政的组织过程需要公民的参与，并应建立在理性和公正的基础上。行政组织法在这方面起着重要的保障功能。

首先，行政组织法可以保障公民对行政组织过程的直接参与。如规定行政的基本组织制度由立法机关确定，规定地方的行政组织由地方代议机关设置，规定公民有权对行政机关的设置和行政机关的权限提出自己的意见等。在实践中，我国公民很少参与行政组织过程，这方面的行政组织立法几乎空白。可见，我国的行政组织法还十分薄弱，亟待完善。

其次，行政组织法可以保障行政组织过程的理性和公正。行政组织结果的合理是以行政组织过程的合理为基础的。在行政组织的过程中，采用何种组织管理形式，设定哪些行政权，设置哪些行政机关，确定多大的行政组织规模等，都需要反复调查、研究、论证，需要在程序上予以规范和保障。行政组织法正是通过对行政组织的合理设定，来确保行政组织结果的合理和公正。

再次，行政组织法可以保障行政组织结果的理性和公正。一些合理的行政组织法律制度，如以行政自治为核心的行政主体制度，行政组织的合理结构和规模，行政机关的合理设置和权限分配等，行政组织法可以直接予以规定，以保障其在实践中的运作。

（二）合理设定行政权

这里对行政权的设定包括创设、分配和调整行政权力。合理设定行政权的功能具体表现在以下几个方面。

第一，合理创设行政权力。从法治的角度看，行政机关的权力来自人民的授予，并通过法律规定。法律没有授予的权力，行政机关不得擅自行使。因此，行政组织权限的创设决不是一个事实问题，而是法律问题。规定行政权的首先是宪法，如我国《宪法》第八十九条规定国务院享有18项行政职权，但宪法的规定往往比较原则和抽象，需要行政组织法加以具体化。一方面，行政组织法可以对行政组织的权限作出统一明确的规定；另一方面，行政组织法可以根据社会的发展，创设新的行政权力或对宪法的规定作出新的阐释。

　　第二，合理分配行政权力。这里的权力分配既包括纵向的中央和地方权力的分配，也包括横向的行政机关之间的权力分配。目前，我国在行政权的分配上基本处于无法可依的状态，无论是中央和地方的权力分配，还是国务院各部门之间及地方政府的各部门之间的权力分工，都不是靠法律推行和保障。行政组织法在行政权的分配上具有独特的优越性。一方面，行政组织立法会比任何形式的决定慎重得多，它需要详细的论证，民众的广泛参与，因而在权力分配的合理性上较有保障；另一方面，涉及权力分配的组织法一旦制定出来，就具有相对稳定性，可防止因人设事，减少人为因素的影响。

　　第三，合理调整行政权力。行政组织法可以根据社会发展的需要，政府职能的转变，适时对行政组织的权力进行调整。这里包括赋予行政组织新的权力，也包括取消原有的权力，还可以对行政权力重新进行分配。调整权力和创设权力、分配权力有相通的一面，但又有独特的意义，尤其表现在取消权力方面，因为行政机关一旦享有某种权力就很难自动放弃，对行政权的调整必须借助于法律手段。

（三）规范行政组织的设置

　　行政组织法在这方面的功能尤为突出。其具体表现在：首先，行政组织法可以确定行政组织的合理结构。行政组织由不同性质、地位和层级的行政机关有机构成，其结构如何直接影响到行政管理的质量和效率，进而影响到相对人的利益。在这方面，国外有许多成功的经验可以借鉴，也有许多管理学的研究成果，都可以通过行政组织法将其肯定下来。

　　其次，行政组织法可以明确行政机关的设置标准。在行政机关的设置方面有许多规律可循，如设置独任制机关或合议制机关的条件，行政机关副职的职数，行政机关的层次和管理幅度等。另外，谁有权设定哪种类型的行政机关也需要明确。行政机关的设置标准一旦为行政组织法规定，可将行政机关的设置纳入理性的轨道，防止其设置的随意和非理性。

　　再次，行政组织法可以明确行政机关的设置程序。不同地位、性质的行政机关，其设置程序也不相同。重要的行政机关原则上都需要通过立法程序，由立法机关设置。其他行政机关的设置、调整可由行政机关决定，但都需要经过严格的论证程序，以保障其设置的科学合理。

（四）控制行政组织的规模

由于现代社会行政事务日增，而行政组织又缺乏内在的自我约束机制，因此，在整体规模上，行政组织有自我膨胀的趋势。行政组织整体规模的失控将造成两大弊端：一是大量消耗国家财力，使国民不堪重负，因为维持庞大的行政组织的运转完全靠税收负担。机关、人员越多，公民的负担就越重；二是导致人浮于事，行政效率低下。过去我们虽常强调精简人员，但都没有达到预期目的，公务员的总数不但没有减少，反而不断增长，这足以说明对行政组织整体规模控制之必要。行政组织法可以从实体和程序两个方面对行政组织的规模进行控制。

（五）保障公务员队伍的高素质

高素质的公务员队伍是公共行政有效运行的基础，而公务员制度的健全需要公务员法律体系的保障。公务员制度的一般原则，公务员的分类管理，公务员的地位和权利义务，公务员的考试录用和奖惩制度等，都需要法律的规定。没有完备的公务员法体系，没有完备的公务员制度，就不可能建立高素质的公务员队伍。在法治比较发达的国家，通常对公务员管理的各个环节和各个方面都通过立法规定。公务员法是行政组织法的重要组成部分，虽有很大的独立性，但在组织公共行政和对外行政运作中具有重要地位。

（六）促进公物制度的发展

公物制度是伴随服务行政的出现而发展起来的。公物的种类和形式，公物的建立、管理和使用等都需要法律的规范和保障。我国目前对公物制度发展滞后，既缺乏相关的法律规定，也缺乏相应的理论研究。

第三节　行政组织法的基本原则

行政组织法的基本原则是对行政组织法基本精神的概括。我国学界以往对行政组织法不够重视，对行政组织法基本原则的研究尤为匮乏。实践中行政组织设置的随意和非理性化，机构改革的频繁与封闭性，公务员分类管理的欠缺，公物制度的不发达，都足以说明我国行政组织法律制度缺乏基本精神导向。因此，在理论上对行政组织法基本原则进行探讨具有重要意义。既可推动对行政组织法的深入认识和全面研究，也可以服务于实践，促进行政组织法治的发展。

一、基本原则的确立标准

要归纳、提炼行政组织法的基本原则，首先需要明确基本原则的确立标准。这些标准应当揭示出行政组织法基本原则存在的目的，反映行政组织法基本原则的特点，同时能对行政组织法基本原则的确立提供明确、具体的指导。有鉴于此，我们认为其确立标准有以下四项。

（一）反映现代宪政精神

行政组织法与宪法的关系十分密切。行政组织法具有宪法性，是宪法的直接延伸。虽然宪法规定行政权以及行政组织，但往往比较原则，行政组织法的任务就是将这些规定具体化，使之具有可操作性。行政组织法除了要将宪法条文具体化外，还需反映宪法条文背后的宪政精神。宪政主要包含三方面的内容：一是个体自由；二是民主政体；三是法治主义。① 因此，行政组织法的基本原则要充分尊重个体自由，并符合民主、法治的要求。

（二）遵循行政法的基本原则

行政组织法作为行政法的重要组成部分，其基本原则应当是行政法

---

① 薛刚凌：《行政诉权研究》，华文出版社 1999 年版，第 131—132 页。

基本原则在行政组织法领域的具体化。关于行政法的基本原则，法律尚无明文规定，学术界观点纷呈，但依法行政原则却为大多数学者所认可。依法行政原则包括五项内容：第一，职权法定；第二，法律优位或称法律优先；第三，法律保留；第四，依据法律；第五，职权与职责统一等。① 依法行政原则在行政组织法中的具体化就是行政组织活动必须依法进行。除依法行政原则外，我们认为行政法的基本原则还应包括保障公民自由和权利原则以及行政效益原则等。行政组织法的基本原则也应体现相应的精神。

（三）符合行政管理的规律

行政组织法是对行政组织过程与结果的规范。如何组织行政、确定行政的基本组织形式，如何设置行政组织及行政机关，如何建立和完善公务员制度等在行政学、组织学、心理学中都有研究，并有相当的研究成果。如在一个组织中，管理幅度不宜过宽，否则超出个人的控制能力，从而导致管理层次的增加。管理层次越多，效率越低，信息失真度越高等。再如，现代管理门类繁多，性质各异，因此公务员应实行分类管理。这些研究成果为行政组织法的制定和实施提供了科学依据。按照行政管理的规律来组织行政，符合人类的理性，也是法治的精神所在。因而，在确定行政组织法的基本原则时，必须考虑行政管理的规律因素。

（四）作为行政组织法中最高层次的规则

行政组织法的基本原则应该具有普遍性、统率性，应位于行政组织法规范的最高层次，从而为行政组织法的制定和实施指明方向。需要注意的是，这种最高层次的规则要体现行政组织活动的个性和特殊性，使其在实践中能真正发挥作用，而不流于空泛。

鉴于上述四项标准，我们认为行政组织法的基本原则可提炼为三项：依法组织原则、行政分权原则和组织效率原则。

---

① 应松年主编：《行政法学新论》，中国方正出版社 1998 年版，第 43—50 页。

二、依法组织原则

国家对行政的组织，或说行政组织权的行使、行政组织的形成，公务员的管理以及公物的设立和运行都必须受到法律的约束，这是依法组织原则的核心所在。依法组织原则是现代西方国家行政组织活动中奉行的一项最基本的原则。为此，有必要先来考察该原则的历史渊源，进而论证其存在的正当性与合理性，并探讨其对行政组织制度的具体要求。

（一）依法组织原则的历史渊源

行政组织作为国家与个人之间的中介，与国家并存。为确保行政组织的稳定，在古代就有对行政组织的明确规定。我国古代最早规定行政组织的是《周礼》，对行政组织作比较完善规定的是《唐六典》，该法典对行政组织的设置及职权作了较全面的规定。[1] 古代对行政组织的规定虽然也有规范行政组织之功能，但主要是出于维护封建统治的需要，而且君主帝王不受其约束。这与建立在现代民主、法治理念上的依法组织的要求相去甚远。

依法组织原则生成于旨在破除专制主义的西方近代资产阶级革命，因其同人类进步的要求相契合，而为现代多数国家所遵循。[2] 最早确立依法组织原则的是英国。英国资产阶级取得政权后，实行议会至上。议会掌握着立法权和财政控制权，直接决定行政的基本组织形式，行政组织的设置、职权和规模，决定公务员制度和公物制度的建立。政府必须服从议会。只不过英国崇尚习惯法，政府的设置与职权大多来自于宪法惯例，而不是法律的明文规定。

继英国之后，美国、法国、德国等西方国家都建立起三权分立的政治体制，行政组织的设置、职权和规模原则由代议机关控制。在美国，任何联邦行政机关的设置都属于立法事项。在法国和德国，虽然中央政府各部的设置不属于法律规定的事项，但行政组织的职权和规模受国会

---

[1]　蒲坚：《中国古代行政立法》，北京大学出版社1990年版。

[2]　姜明安、沈岿：《法治原则与公共行政组织》，《行政法学研究》1998年第4期。

或议会控制。① 从 19 世纪下半叶以后，这些国家还普遍建立起公务员制度和公物制度。

日本二战后也十分强调依法组织原则，主张用法律和条例规范行政组织和公务员，要求行政组织服从国会的法律，以确保行政组织的客观公正与公开。② 按照依法组织的原则，日本制定了一套完整的行政组织法规体系，其中包括比较完备的公务员法规体系。

（二）依法组织原则的基础

虽然依法组织原则在不同的国家其具体表现形式不同，但其内含的精神则完全一致。依法组织原则是人民主权的直接要求，也是确保行政组织合理、稳定的需要。当然，依法组织还有利于责任政府的形成。具体地说，依法组织原则的正当性与合理性可从以下几方面论证。

首先是人民主权的要求。按照人民主权原理，国家的一切权力来自于人民。人民有权创造和选择基本的行政组织形式，包括公物的形式；有权根据自身的需要设定行政权，设置行政机关；也有权决定如何对公务员进行管理。非经人民的同意行政机关不得自行设置；非经人民的授权行政机关不得自行享有职权，非经人民的确认不得随意改变对公务员的管理机制。而人民的意志是通过国家权力机关（代议机关）以立法的形式体现，因此，对行政的组织要建立在法律的基础上，即通过立法予以规范。当然，除重要行政组织事项必须经过立法程序外，也不排除立法授权行政机关制定行政法规或规章对行政组织予以规范。

其次是依法行政原则的要求。依法行政原则要求所有的行政活动都要受法律的约束。具体在行政组织法中，依法行政原则转化为依法组织原则。无论是行政组织的过程，还是行政组织本身都要受法律的约束。尤其是行政组织法律制度中重要的内容，如行政组织的基本形式，行政权的设定，重要行政机关的设立，公务员的管理以及公务制度的发展等

---

① 翁岳生主编：《行政法》，第 303 页。

② 室井力主编：《日本现代行政法》，吴微译，中国政法大学出版社 1995 年版，第 270 页。

应由立法部门制定法律。

依法行政原则是法治原则（宪法原则）对行政活动的具体要求。它可以确保行政活动建立在理性的法律规则之上，免受个人意志的干预。依法组织原则具有同样的功能，即在于通过民主的、理性的方式来确保行政组织的合理，使其不再为个人或少数人操纵。

再次是保障公民权益的需要。行政组织制度与公民权益的关联主要有四个方面：其一，行政的基本组织形态（是采用集中式的管理还是分散式的管理）直接影响到公民的行政参与权。集中式管理意味着公民较少有机会直接参与行政；而分散式管理则能提供更多的参与机会。其二，行政权与公民权的界分，直接影响公民的自由空间。例如在经济活动中，政府管理越多越细，意味着公民的经济自由就越小，从而会影响到公民的积极性和创造性。其三，行政组织的规模直接影响到公民的负担。维持行政组织运转的所有费用都靠公民的税收负担，行政组织的规模越大，则意味着公民的负担就越重。其四，行政组织的结构，包括行政机关的设置、职能分配等影响到行政效率，从而直接对公民的权益产生影响。其五，公务员制度的完备与否直接影响公共管理的效率。其六，公物制度是否健全直接影响相对人的利益。为切实保障公民的权益，必须依法组织公共行政，并将行政组织真正纳入法治轨道。

最后是形成责任政府的需要。任何人都必须对自己的行为负责，这是法治社会的基本要求。政府更是如此。政府的权力来自人民，政府的运转靠人民税收负担，因而政府除对其具体管理行为承担法律责任外，还需要就其整体的管理直接对人民负责。政府承担责任的前提是依法组织，即行政主体明确，行政机关的管理事项、权限和责任清楚，行政授权、行政委托、行政代理以及行政机关的内部工作制度等都有规则可循。而这都需要行政组织法的规范。没有法律制度的保障，责任政府就只能永远停留在愿望上。当然，所有的行政法律制度都旨在建立一个责任政府，行政组织法律制度则是其中不可或缺的重要组成部分。

（三）依法组织原则的具体要求

依法组织原则具有丰富的内涵，其具体要求如下。

1. 重要的行政组织问题要由宪法和法律加以规范。首先，行政组织设置中的重要问题属于法律保留事项。如对行政的基本组织形式——行政主体制度——的选择，行政权的设定，中央行政机关的设置、职权，地方行政组织的结构，其他公法人的设置，公务员的管理等都要由宪法或法律规定。这些事项不能授权行政机关决定，行政机关更不得自行其是。但对法律保留原则的应用到何种程度而不妨碍行政的灵活性，需要研究。① 其次，行政组织法规范可通过行政立法加以具体化。如中央政府根据有关行政机关设置法的规定，可通过行政法规具体分配内部机构的职权。再次，在特定情况需要赋予行政机关一定的行政机关设置权时，要有法律的特别授权并规定相应的设置标准。最后，对行政的组织过程必须由法律规范。从内容来看，行政组织法规范有两类：一类是对行政的直接组织，如行政机关设置法中规定行政机关的主管事务，职权，行政机关内部一级机构的设置等。另一类是规定组织基准，具体的组织仍需要行政机关或社会组织协助完成。如规定国家或地方设置公法人的类型和标准，公法人的设置仍需要一个过程。这种具体的组织过程也要为法律所规范。

2. 行政组织法必须公开、明确、稳定行政组织法公开意味着所有的行政组织法律规范，包括行政立法制定的行政组织规范都要正式予以公布，让人民知晓。公开是对公民人格的尊重，便于人民对行政组织活动的监督。行政组织法明确要求行政组织法律条文具体、意思清楚、具有可操作性，真正起到对行政组织的规范和控制，而不是模棱两可，无法把握。我国目前行政组织法的条文非常原则，明确性欠缺。行政组织法稳定要求行政组织法律制定后，需要保持相对稳定，而不能频繁变动。否则容易引起社会的动荡和不安定。当然，行政组织需要根据政治、经济、社会的发展而调整，行政组织法也同样要满足发展的需要，这里的稳定仅是相对的。

3. 行政组织法必须切实保障公民的自由和权利依法组织并不仅意味

---

① 翁岳生主编：《行政法》，第303页。

着对行政的组织仅为法律规范，而可以忽视对公民自由和权利的保障。依法组织的直接宗旨是规范行政组织及其形成过程，但最根本的目的则是保障公民的自由和权利。一方面要在行政组织过程中确保公民的参与；另一方面要合理界定行政权与公民权。如果行政权的范围过宽，则会限制个人的自由。

4. 违反行政组织法要承担法律责任对行政的组织要依法进行。无论是行政组织的过程还是行政组织的结果，都需要法律规定。行政机关在法律之外的行政组织行为无效。另外，违反行政组织法的责任人员必须承担相应的法律责任。当然，如果责任人员是政府组成人员的，还需承担相应的政治责任。

（四）确立依法组织原则的意义

在西方国家，依法组织已成为法治的应有之义，并反映在实践中。西方国家制定了大量的行政组织法规范，对行政的组织几乎都受到法律的严格约束。

目前，我国对行政的组织仍基本处在法律控制之外。在观念上，组织行政向来被认为是行政机关自己的事情，所以宪法将行政组织权的大部分赋予了行政机关。如《宪法》第八十九条第三项规定国务院"有权规定各部和各委员会的任务和职责，……"第四项授权国务院"规定中央和省、自治区、直辖市的国家行政机关的职权的具体划分。"另外，《国务院组织法》也将部分行政机关的设置权赋予了国务院。至于国务院如何行使行政组织权，没有具体规定。

依法组织原则要求我们对现实的法律规定进行反省与检讨，也要求学界对传统的观念进行反思和批判。当然，确立这一原则最大的意义在于制度的构建。依法组织，意味着将整个的行政组织制度纳入法治轨道，需要重新分配国家权力机关与最高行政机关在组织行政方面的权限，也需要对宪法的规定予以修改或作出新的解释。

三、行政分权原则

在以往的行政法研究中很少使用行政分权的概念。笔者引入此概念，是因为其在现代行政组织法律制度中具有重要意义。

(一) 行政分权原则的含义

行政分权原则是指采用分散的方式组织行政，行政权分别由不同组织体或不同行政机关承担。行政分权有两类。

第一类是在不同主体间的分权。即将行政事务分由多个组织体承担，与集权式管理相对应。这类行政分权的特点是：第一，国家的行政事务由两个以上的组织体承担。除国家这一原始的行政主体外，还存在其他行政主体。其中，一定形式的公物也可成为独立的行政主体。第二，在各个组织体之间按照一定的标准划分行政事务。第三，各个组织体相对独立，其相互关系由法律调整。第二类是在同一主体内的分权。即在同一组织体设置不同的机关予以分权，包括纵向分权，如在中央统一行政之下的地方分治；也包括横向分权，如美国独立管制机构，它们大多独立或相对独立总统，和总统一起分享行政权。

行政分权源于英国中古世纪的"自治市"。[1] 进入近代社会，尤其是20世纪以来，行政分权已为许多国家所采用。在联邦制的美国、德国，联邦与州实行分权，在州内又实行地方自治；在单一制的英国、法国、日本，也都实行地方自治。除地方分权外，这些国家还都实行公务分权。尤其是近些年来，对行政的组织形态还出现了私有化的趋势，如将监狱、社会保障系统私有化，实际上这也是行政分权的一种形式。另外，公物制度在一定程度上也是公务分权的产物。

我国自秦始皇统一后二千多年来，一直实行高度中央集权。新中国建立后，我们仍主要采用集中的方式组织和管理公共行政事务。但随着经济体制改革的深入，地方分权也初见端倪。1994年国务院关于中央与地方事权与税权的划分，中央将工商、技术监督改为省以下垂直管理，都体现了行政分权的思想。

(二) 确立行政分权原则的理由

行政分权在近现代社会的迅速发展及其强大生命力，足以说明其存

---

[1] 王名扬：《英国行政法》，中国政法大学出版社1987年版，第53页。

在的合理性。因而有必要在我国行政组织制度中确认这一原则。其具体理由在于：

第一，使政府更好地接近人民。行政分权能使政府更好地接近人民。一方面，公民能有机会参与到与他们生活工作很近的分散的政府中去。公民在这种参与中能有效地培养其自主精神和自我管理的能力，并能使其聪明才智得到充分的发挥。另一方面，实行地方分权，地方政府的主要官员直接由地方居民选举产生，可便于地方居民对地方官员的有效控制。地方政府的官员也将更关注地方居民的利益以及更好地代表他们。以上说明，行政分权原则蕴含民主的精神，是民主政治的需要。

第二，防止权力集中带来的专制。将行政权分散由不同的组织体行使，把一些与地方切身利益相关的行政事务留给地方管理，可以防止权力集中而带来的专制。中央与地方的分权和在国家横向部门的权力分配（立法、行政与司法）一样，可通过防止权力在任何一级政府的过分集中来保护个人的利益。正是基于这种认识，美国学者在论及联邦制时，[①] 认为防止权力集中，保护个人自由，是美国联邦制的最大优点之一。[②]

第三，减少集中管理的风险和创新管理模式。行政权力分散，管理的风险也会随之分散。过于集中的经营风险大，因而现代大企业往往分散经营。行政管理同样如此。在集中式的管理体制中，如果中央决策错误，则会导致全面失误的代价。如果分散管理，则一个组织体的错误只会导致一个组织体的失误，成为其他组织体的前车之鉴。另外，行政分权还有利于管理模式的创新。各个组织体可以在自主的管理中，发挥创造力和聪明才智，进行管理创新，从而推动整个行政管理的发展。

第四，提高行政效率。在现代社会，随着科技、经济的发展，个人对政府的依赖加深，国家管理的行政事务也日益增多。如果采用集中式的组织形态，由国家统一管理，则难以迅速作出决策，也不可能及时地

---

① 联邦制是一种典型的行政分权方式。

② Daan Braveman, William C. Banks, Rodney A. Smolla：Constitutional Law：Structureand Rightsin Our Federal System(ThirdEdition) ,Matthew Bender 1996,p.22.

将决策付诸于实施。一方面，重大的行政决策都要等待中央作出，不仅决策的周期长，而且信息传递层次多，容易失真，从而导致决策的不科学；另一方面，国家的政策要通过地方层层落实，容易走样。为增进行政效率，需要行政分权。宜由国家统一管理的行政事务，如外交、军事、货币、邮政等应交由国家负责，而一些宜由地方管理的行政事务，如经济、教育、卫生、道路建设等交由地方承担。以分权的方式组织行政，可以快速地处理行政事务。

第五，满足特定公务管理的需要。对行政的组织在传统上采用科层式的模式，下级从属于上级，实行层级节制。这种组织模式不适应于特定公务的管理，如公立大学、公立图书馆等。在文化教育领域，要有学术创新，鼓励学术研究，就需要宽松的环境，避免行政干预。因而，公立大学可实行公务分权。赋予公立大学独立公法人的地位，由其依法组织和管理。大学校长可依法选举产生，大学的机构依法自主设置，政府仅负责监督和控制。再如对律师等行业的管理，可授权律师协会等实行自主管理，以利于行业的发展，同时可减少政府的工作负担。另外，政府直接管理的工商业也是比较特殊的公务，可以采用公务分权的方式进行管理。

（三）行政分权的方式

在现代行政中，行政分权的方式有多种：第一，采用联邦制的形式分权。严格地说，联邦制分权不仅限于行政分权，还包含了立法权和司法权在联邦与州之间的分配。州与联邦一样也是政治实体，只不过州不能像一个主权国家那样拥有独立的军事、外交等方面的权力。联邦制分权往往由特定的历史原因形成，如美国、德国等，难以人为地采用。

第二，采用地方自治的形式分权。在单一制国家，如英国、法国和日本都采用了地方自治的形式，在国家与地方之间实现行政分权。在联邦制的美国、德国，州与地方政府也实现行政分权。地方自治一词，导源于英国。英国人素有自治思想，认为凡公共事务之与人民有利害关系者，并不由国家专任官吏之支配，而由人民亲自处理，或由其代表出而参加者，谓之地方自治。① 和联邦制国家的州不同，地方自治体不如州的地位独立，也没有相应的司法权。但地方自治体可在法律规定的范围内自主管理。

第三，采用公务自治的形式分权。将一些特殊性质的公务独立出来，组建公法人或委托某种行会进行管理，而不受行政机关的直接指挥。公务自治的形式又有两种：一种是组建各种类型的公法人，如非营利性质的公立大学、营利性质的政府公司等；另一种是委托同业行会进行管理，甚至于委托私人进行管理等。西方国家的行政管理私有化趋势是公务分权的一种新的发展。

第四，采用权力下放的形式分权。这是指在同一个组织体内设有中心管理机关和分支机构，中心管理机关将一些权力下放给分支机构行使。实现权力下放主要是为了提高行政效率。我国目前主要是采用权力下放的形式在中央和地方之间实行分权。

第五，采用设置特殊机构的形式分权。如美国联邦政府设置的独立管制机构是对总统权力的限制，也是一种分权形式。

（四）确立行政分权原则的意义

在西方国家的行政组织法律制度中，行政分权占有重要地位。由于历史传统的影响，我国却习惯于集中式的管理。时至今日，这种集中的观念仍然影响着我们的行为方式和制度架构。因而，确立行政分权原则具有重要意义。

首先，有利于传统观念的改变。无可置疑，集中式的行政组织方式之所以能在我国存续两千多年，自有它的可取之处。即使在现代社会，集中的管理也有它的优越性。它可以迅速动员人力、物力完成某一项行政任务。但集中式的管理也有很大局限，而且与民主、法治的精神不相容。自主管理是直接民主的需要，只能通过行政分权的方式实现。

其次，有利于行政分权制度的发展。我国长期采用集中式管理，行政分权制度很不发达，已制约了行政的发展。尤其随着经济体制改革的

---

① 管欧：《地方自治》，三民书局1995年版，第2页。

深入，社会利益多元化格局的形成，行政分权已成为时代的需要。对行政分权原则的肯定，意味着我们将在行政组织制度上逐渐采用分权这一现代的行政组织技术，建立相应的制度。

再次，推动民主和法治的发展。行政分权建立在民主和法治的基础上，其基本原理是通过分权，使公民有更多的机会参与管理，从而实现直接民主。此外，行政分权，尤其是不同组织体之间的分权，必须借助于法律技术才能完成。这是因为：第一，只有通过立法才能在各组织体中进行分权；第二，通过立法才能明确各组织体的权利义务和责任；第三，各组织体之间的争议只有通过法律手段才能解决。

四、组织效率原则

行政组织以能发挥效率、成效及效能为其目标，故行政组织之设置、调整、改组、废止等均应符合行政效率原则，否则行政组织必趋于腐化、僵化而无存在之必要，此为现代行政组织之立法趋势。① 在现代行政组织法律制度中，组织效率原则具有重要地位。

（一）组织效率原则的含义

组织效率原则是指对行政的组织，要以提高效率为宗旨。即组织行政，要以最小的投入获取最大的效益。效率问题自古与组织管理并存，凡是有政府组织存在的地方，就有效率的要求。在现代社会，由于行政事务繁多，行政组织系统庞大，因而效率问题变得尤为突出。二战以后在西方国家以及我国进行的多次行政改革，其目标之一就是为了提高效率。

效率原则建立在合理的基础上。可以说现代国家的行政组织制度是人类社会不断探索，寻求合理组织的结果。我国古代行政组织及其官制的演变，西方国家行政组织制度的发展，都体现了对合理组织，对效率的要求。

组织效率原则源远流长。这主要是因为统治的需要。无论是封建的专制统治，还是现代的民主政体，合理高效的行政组织都是维持其运转

---

① 管欧：《地方自治》，三民书局1995年版，第48页。

的基础。当然，不同的国家形式对行政组织的效率有不同理解，也有不同目标。在君主制下，行政组织的合理高效在于保障君主的绝对控制权；而在民主制下，行政组织的合理高效性则表现为尽可能地满足现代行政的需要和保障对行政权的控制。

（二）组织效率原则存在的理由

确立组织效率原则，是一种客观需要。该原则存在理由如下。

第一，是实现行政目标的需要。现代行政涉及人们生活的各个方面，其职能也是多方面的。有学者认为在社会主义市场经济条件下政府应具有五大职能：即政治职能、经济职能、社会职能、文化职能和法制职能。[①] 就对国家、社会及个人承担的责任来看，行政组织应具有以下四项职能：即安全保障职能、经济发展职能、文化建设职能和社会保障职能。为充分履行这些职能，保障行政目标的实现，需要确立组织效率原则。

另外，随着经济全球化的到来，各国之间的经济、技术竞争日趋强烈，在这样一个充满竞争，充满机会，充满挑战的时代，对各国政府都提出了较高的要求。面对纷乱、变幻莫测的世界，各国政府必须反应迅速，运转高效，否则将会处于被动状态。而这无疑是以高效的行政组织系统为基础的。在国内同样如此。在市场经济体制下，各级政府同样要迅速把握时机，提供优质服务，吸收优秀人才和资本，以增进、提升本地的经济、科技势力。这也同样需要一个高效的行政组织系统。

第二，是有效利用管理资源的需要。行政组织的存在与运转需要消耗人力、物力和财力等管理资源。由于管理资源有限，而现代社会的行政职能又日益增长，因而对管理资源必须有效利用，而且使有限的资源发挥最大的效能。从这一角度看，确立组织效率原则十分必要。

第三，是行政效益原则的要求。行政效益原则为行政法的基本原则之一，是指行政法律制度要以较小的经济消耗获取最大的社会效果。该原则是市场经济下行政法发展的需要。市场经济体制作为一种对社会资

---

① 刘作翔：《市场经济条件下政府职能的几个问题——兼议政府职能的法制化》，《政法论坛》1994 年第 1 期。

源进行高效、合理配置的一种模式，客观上要求与之相匹配的法律制度能保持一定的运行效率，从而促进社会的全面发展。① 具体在行政组织法律制度中，该原则要求对行政的组织简洁、高效。即要确立组织效率原则。不仅对行政的组织过程要符合效率精神，而且行政组织形成后的系统整体要能进行高效运作。

第四，是保护公民权益的需要。虽然在表面上，组织效率原则和公民权益没有直接关联，实际上却直接影响到公民的权益。组织效率低，意味着管理成本高，即投入大、社会效益小，公民的利益受到损失。另外，如果组织效率低，面对变化的形式政府不能迅速形成决策并付诸于实施，将会错过许多发展机会，从而影响公民的利益。可见，在行政管理中，高效本身就是利益。确立组织效率原则，就是对公民权益的保护。

（三）组织效率原则的具体要求

在行政组织法律制度中，组织效率原则有如下要求。

一是行政组织精简化。行政组织的精干是其高效的前提。机构臃肿，人浮于事，结果必然就是效率低下。为保证行政组织的精干，通常有三种做法：第一种是通过立法明确规定行政组织的定员。如日本早在20世纪60年代就制定有《总定员法》，任何人不得突破。这种控制行政组织规模的方法比较严格，效果也比较理想。第二种是通过控制行政组织预算的方法来限制行政组织的规模。预算数额一定，人员与经费成反比，人员越多，经费越少。在美国、德国等西方国家大多采此办法。第三种是通过大规模的机构改革，通过精简机构、人员来控制行政组织的规模。我国常采用此种方法。三种控制模式相比，前两种主要是法律控制，而第三种则主要由人为因素决定。为满足效率要求，应运用法律手段，即通过行政组织法的规定来确保行政组织的精干。

二是行政组织系统化。对行政的组织按系统方式进行，也为组织效率原则所要求。系统组织包含的内容：第一，确保国家行政一体性。一般而言，行政一体性是指称国家行政整个为一体，由最高行政首长指挥、

---

① 章剑生：《论司法审查有限原则》，《行政法学研究》1998年第2期。

监督，并以此总体向选民与议会负责。① 这一观念在当今作为一个多元化行政之协调、统御问题的上位概念，其意味着：不同之公共任务尽管有其专业性（从而分属于不同部门与机关完成），但仍然有一种紧密之关联性存在并且经由最上位之行政首长加以协调并且履行。② 行政一体性与行政分权并不矛盾。行政一体性并不排除在国家之外其他公法人的存在，但所有的行政组织体又有分工与协调。第二，确保各组织体（公法人）的一体性。国家行政作为一个整体，需要遵循一体化的原理，各组织体（公法人）也同样有一体化的要求。各组织体的机关设置既要强调合理分工，又要考虑工作协调、相互沟通，即作为一个整体发挥功能。第三，确保各行政机关自身的一体性。行政机关作为行政主体的组成部分，也有一体化的需要。尤其是当行政机关规模庞大，内部机构和分支机构众多时，需要强调其系统性和一体性。

三是行政组织合理化。我国古代虽重视对行政组织的建构，行政组织制度也有许多经验之处，但由其封建性质所决定，加之过去行政管理学的不发达，因而其合理性有很大局限。新中国建立以来，我国同样重视行政组织建设，并进行了八次大的机构改革。③ 但行政组织法律制度远没有建立在合理科学的基础上。我们认为行政组织的合理化有以下要求。

首先，行政组织形态合理。采用最先进的具有民主、法治、效率精神的行政组织形态进行管理，是时代的需要，也是社会发展的必然。固然，各个国家由于其历史、文化以及制度的差异，选择的行政组织形态有很大区别，但仍有许多共同规律可循。如盛行于西方的地方自治的组织形式，以及公法人的广泛运用，都表明这些组织形态具有内在的合理

---

① 翁岳生：《行政法》，第 311 页。

② 翁岳生：《行政法》，第 312 页。

③ 前 7 次改革分别于 1953—1954 年，1957—1958 年，1961—1963 年，1970—1971 年，1982—1983 年，1988 年，1993—1994 年，2003 年，2008 年，2013 年等进行。

性。另外，近年来西方国家公共管理私有化的组织发展趋势，也说明其具有合理的内涵。什么样的行政组织形态是最合理的，不能简单回答，而必须将其放到特定国家的政治、经济和社会背景中去分析探讨。但可以肯定地说，除了集权式的行政组织形态外，还存在着多种其他组织形态，可以在分析论证的基础上加以借鉴。

其次，行政组织标准合理。行政组织标准合理包含多重内容：第一，组织法规标准合理。行政机关虽有不同种类与等级之别，但同类同级机关或单位之设置，应具有共同标准。另外，哪些行政机关的设置需由法律保留，哪些可为行政法规确定，都需要定明标准。第二，行政组织结构合理。行政组织的结构设计不能违背管理的规律。从管理过程来看，行政管理可分为决策指挥、执行、咨询和监督几个环节，因而一个结构完整的行政组织系统应包括四类机关：即责任明确、精干的决策和中心指挥机关；统一高效的执行机关；对内服务的咨询辅助机关；地位独立的监督机关。第三，行政机关结构合理。行政机关内应有适当的层次与管理幅度。另外还要符合指挥一致原则、梯阶原则和均衡原则等。指挥一致原则指首长与主管之领导或监督宜有其专责系统，不宜有双头或多元监督隶属体系。梯阶原则指行政机关应有明确之层级（即梯阶）体系，厘清权责与隶属关系，以免权位或职责混淆，而影响组织效能。均衡原则指机关之部门与其能力力求均衡，以免权责与工作之分配过于悬殊。①

再次，行政组织程序合理。行政组织程序包含公法人的成立程序，行政机关的设置、变更程序，行政组织系统的整体调整程序等。合理的行政组织程序至少应包括两个环节：一是论证环节。这种论证工作主要由社会各界代表和专家学者完成。二是民主参与环节。与行政组织事项利益相关者都有权参与到组织过程中，参与决定自己的命运。当然，不同的行政组织事项，影响范围不同，需要的程序也不尽相同。

---

① 乔育彬：《行政组织法》，第47页。

（四）确立组织效率原则的意义

组织效率原则对理论界或实务界都不陌生，我国多次的机构改革，其目的就是为了提高组织效率。遗憾的是，以往对组织效率原则的理解比较片面，认为只要精简就有效率，因此，机构改革往往注重机构、人员的裁减，而忽略行政组织的职能、形态、结构等方面的问题。在行政组织法中确立这一原则，需要我们对其重新予以检讨和认识。尤其要重视效率与行政组织合理性之间的逻辑关系。效率建立在合理的基础上。行政组织形态、结构、规模等的合理会导致行政的高效率；相反，则会影响效率。没有合理的行政组织系统，也就不可能有真正的高效率。

上述三项原则从不同角度反映了现代行政组织法治的要求，都有重要意义。这三项原则相辅相成，互为保障。比如，行政分权和组织效率需要依法组织原则的保障，而依法组织原则又以行政分权和组织效率为其实质内涵。当然，这三项原则也可能在特定情况下发生冲突。如依法组织原则与组织效率原则由于价值取向不同而产生矛盾。在上述三项原则中，依法组织原则与行政分权原则是第一层次的原则，而组织效率原则则是第二层次的原则。因而如果产生矛盾，首先要考虑前两项原则，其次才是效率原则。

第四节　行政组织法的基本内容

行政组织法究竟应包含哪些内容，涉及哪些基本行政组织制度，直接影响到行政组织法整体功能的发挥。我国目前的行政组织法很不完善，内容也不齐全，从应然的角度考虑，行政组织法应包含狭义的行政组织法、公务员法和公物法三大部分内容。

一、狭义的行政组织法

对公共行政的组织，除公务员管理和公物制度外，其他组织事项都属于狭义行政组织法的内容范畴。

（一）现行规定

从我国现性法律来看，行政组织法的内容主要为：

第一，法律依据。这里主要指宪法依据。包括行政机关组织法根据什么法律制定，由谁制定，遵循什么程序制定等。如《国务院组织法》第一条规定："根据中华人民共和国宪法有关国务院的规定，制定本组织法。"指明制定行政机关组织法的法律依据，是行政机关组织法产生的合法性和具有法律效力的重要因素，因此，一般都列为行政机关组织法的第一条。①

第二，行政机关的组成。如《国务院组织法》第二条规定："国务院由总理、副总理、国务委员、各部部长、各委员会主任、审计长、秘书长组成。"《地方组织法》第五十六条规定："省、自治区、直辖市、自治州、设区的市的人民政府分别由省长、副省长，自治区主席、副主席，市长、副市长，州长、副州长和秘书长、厅长、局长、委员会主任等组成……"

第三，行政机关的设置。我国行政组织法对行政机关设置的规定有两种方式：一种是列举规定。如1954年《国务院组织法》第二条全部列举了国务院下设部、各委员会的名称。列举规定的优点是行政机关的设置由法律明确规定，因而其变化需经过立法程序，有利于控制行政机关的整体规模。另一种是概括式规定。现行《国务院组织法》规定国务院设部和委员会，但究竟设置哪些部和委员会并不明确。概括式规定的优点是便于行政机关的灵活设置，但不具有稳定性，也不利于对行政机关整体的控制。②

第四，行政机关的地位、性质和相互关系。如《地方组织法》第五十四条规定："地方各级人民政府是地方各级人民代表大会的执行机关，是地方各级国家行政机关。"再如，《国务院组织法》第十一条规定，国务院办事机构为一内部机构，主要协助总理办理专门事项。关于

---

① 应松年、朱维究：《行政法学总论》，工人出版社1985年版，第123页。
② 熊先觉、皮纯协主编：《中国组织法学》，山西教育出版社1993年版，第125页。

行政机关之间的关系，《地方组织法》第五十五条规定："地方各级人民政府对本级人民代表大会和上一级国家行政机关负责并报告工作。……"

第五，行政机关的职权职责。这是行政组织法最重要的内容之一。如《宪法》第八十九条列举了国务院的 18 项职权。明确划分职权职责，是行政管理最基本的要求。从目前的情况看，权责不清、职能交叉是我国行政管理机构臃肿、效率不高的主要原因。

第六，行政机关的活动原则。如现行《国务院组织法》规定国务院实行总理负责制，并实行会议制度。"国务院会议分为国务院全体会议和国务院常务会议。……国务院工作中的重大问题，必须经国务院常务会议或者国务院全体会议讨论通过。"

第七，副职设置。行政机关设置副职的目的是为了协助或在特定情况下代替行政首长管理行政工作。我国在 1982 年以前对副职设置没有数量规定，因而副职数量很多。现行《国务院组织法》第一次明确限制了副职数量。该法第九条规定："各部设部长一人，副部长二至四人。各委员会设主任一人，副主任二至四人，委员五至十人。"

第八，行政机关设立、变更和撤销的程序。现行《国务院组织法》第八条规定："国务院各部、各委员会的设立、撤销或者合并，经总理提出，由全国人民代表大会决定；在全国人民代表大会闭会期间，由全国人民代表大会常务委员会决定。"

此外，行政组织法还就每届政府的任职期限，行政机关的内部机构等作了规定。

（二）存在问题及原因分析

总的来说，现行行政组织法是从管理的角度，而不是从合理设定和规范行政权、行政组织、行政机关的角度来加以规定的，存在的问题十分明显。

1. 遗漏了许多重大事项。现行规定主要着眼于中央与地方行政机关的设置，没有从总体上把握行政组织法律制度的建构，许多重要的内容被忽略。

一是缺乏对行政组织法基本原则的规定。行政组织法的基本原则是行政组织法律制度的基本精神所在，对行政组织形态的确立、行政组织的设置具有指导意义。但行政组织法对此没有规定。法律既没有直接规定行政组织法的基本原则，也没有在其条文中充分体现行政组织法的基本精神。如我国行政组织法没有确立依法组织原则、行政分权原则，没有明确行政机关的设置和权限应依法确定，从而真正将行政组织纳入法治的轨道。而在西方国家，如美国、日本都确立了行政组织法治原则。①

二是缺乏对行政组织形态（行政主体制度）的规定。究竟应采用何种组织形态来组织管理公共事务，没有明确思路。我国宪法及行政组织法仅肯定了一种组织形式，就是国家管理。地方管理具有从属性质，或者说，是国家管理在地方的展开。地方行政机关是国家在地方的代表。无可置疑，国家统一管理是一种重要的组织形态，但难以满足现代行政多元化发展的需要。

三是缺乏对行政权（包括行政组织权）范围的界定。行政权的内涵与外延是一个非常复杂的问题，涉及行政权与公民权的关系，也涉及行政权与立法权、司法权的关系。虽然宪法和《地方组织法》对国务院及地方各级人民政府的权力作了规定，但十分原则，缺乏明晰性和可操作性。

四是缺乏对行政机关设置标准的规定。行政机关具有哪几种类型，其设置要遵循哪些原则，符合哪些标准、哪些条件，没有法律的规定。实践中，行政机关的设置非常混乱，随意性大，缺乏科学论证。

---

① 在日本，自 1949 年以来，行政机关组织就确立了法治原则，无论是省府厅的设立，还是其内部机构的调整，都必须由法律规定。这种依法管理行政组织的机制，通过以国民主权为背景的国会的审议权，国会对行政的参与权，发挥了抑制行政机构膨胀的功能。随着时代潮流的发展，出现了需要组织管理灵活性的趋势，以达到高效行政，顺应行政需要的变化。80 年代修改后的日本行政组织法规定可以通过政令来实现对部、局（相当于我国的司、局）的设立、改组。但国会对行政组织仍可以进行干预，从而避免行政组织的膨胀。[日] 增岛俊之：《日本的行政改革》，熊达云等译，天津社会科学院出版社 1998 年版，第 75 页。

五是缺乏对中央与地方关系的明确规定。按照《地方组织法》的规定，地方各级人民政府具有双重性质，既是中央在地方的代表，又是地方利益的代言人。地方行政机关究竟在什么情况下代表中央行使职权，在什么情况下代表地方行使职权，法律没有规定。另外，地方行政机关代表中央行使权力时如何受中央的监督，以及地方行政机关代表地方行使权力时如何受地方权力机关的监督，都不明确。

应当说，现行的规定有自相矛盾之处。一方面，设有地方各级权力机关，意味着其有一定的自治权；另一方面，地方各级人民政府都是国务院统一领导下的国家行政机关，都服从国务院。这里的服从是指所有管理事务的服从。我国地方政府到底有没有一定范围的自治权，现行规定不清楚。如果完全是集中管理，则地方政府就是中央在地方的代表。地方权力机关的存在似乎就没有必要，或者说，地方权力机关也是中央在地方的代表。如果说我国法律在肯定国家管理的同时，又肯定地方分权，这种说法也不准确。因为《宪法》第八十九条规定国务院有权决定中央与地方行政权的划分，意味着中央政府可以对地方实行全面控制。

六是缺乏对行政组织规模的规定。《宪法》第八十九条规定国务院设定行政机构的编制。这里是否指行政组织的规模，不是十分清楚。如果回答是肯定的，则由行政机关来控制自己的规模，显然不符合民主、公正的要求。现实中行政组织的规模是由政府决定。如果回答是否定的，则行政组织的规模由谁确定，按照何种标准，通过何种程序确定，都缺乏依据。

七是缺乏对行政组织程序的规定。如何组织行政，如何设置行政组织及行政机关，没有详细的程序规定。实践中，对行政的组织，尤其是大规模的机构改革（行政组织的重组）往往是由行政机关暗箱操作，既没有外部的、公开的公民参与程序，也没有法定的论证程序。其结果是机构改革成为一种短期行为，成本高，收效小。

2. 现实生活中存在的国家资产管理委员会、部委归口管理的国家局，国务院议事协调机构以及承担行政职能的事业单位等都没有法律依据。广泛存在的行政授权和行政委托等，也缺乏统一规定。

行政组织法之所以会遗漏这些重大的组织事项，其原因主要有几个方面。

1. 民主精神欠缺。传统认为行政组织法规范的是行政组织，与公民没有直接的关联，因而不需要民主的参与。民主精神欠缺主要表现为：

第一，行政组织权由行政机关行使。《宪法》第八十九条第三款授权国务院"规定各部和各委员会的任务和职责，……"第四款授权国务院"统一领导全国地方各级国家行政机关的工作，规定中央和省、自治区、直辖市的国家行政机关的职权的具体划分。"第十五款、第十七款规定国务院有权"批准省、自治区、直辖市的区域划分，批准自治州、县、市的建制和区域划分""审定行政机构的编制，……"《国务院组织法》第八条规定："国务院各部、各委员会的设立、撤销或者合并，经总理提出，由全国人民代表大会决定；在全国人民代表大会闭会期间，由全国人民代表大会常务委员会决定。"第十一条规定："国务院可以根据工作需要和精简的原则，设立若干直属机构主管各项专门业务，设立若干办事机构协助总理办理专门事项。……"现行《地方组织法》第六十八条规定："省、自治区的人民政府在必要的时候，经国务院批准，可以设立若干派出机关。县、自治县的人民政府在必要的时候，经省、自治区、直辖市的人民政府批准，可以设立若干区公所，作为它的派出机关。市辖区、不设区的市的人民政府，经上一级人民政府批准，可以设立若干街道办事处，作为它的派出机关。"可见，《宪法》《国务院组织法》和《地方组织法》把行政组织权主要授予了国务院。国家最高权力机关虽在国务院部、委的设置上有最终决定权，但主要取决于国务院的组织方案，国家最高权力机关的参与有限。从而难以通过民主的方式控制行政组织整体。虽然国务院是最高国家行政机关，是最高权力机关的执行机关，但该机关不是直接民选产生。①

---

① 现行《宪法》第六十二条第五项规定全国人民代表大会有权"根据中华人民共和国主席的提名，决定国务院总理的人选；根据国务院总理的提名，决定国务院副总理、国务委员、各部部长、各委员会主任、审计长、秘书长的人选。"可见，国务院总理不是通过选民直接选举产生。

地方各级政府除自身设置受法律规范外，地方政府的行政组织权也大多为行政机关掌握，地方权力机关对其参与监督有限。

第二，行政组织过程缺乏民众的参与。行政组织权被授予行政机关，这已与民主的理念相左，更值得注意的是，行政机关在行使行政组织权的过程中，基本没有公民的参与。公民没有渠道了解行政组织的过程，更谈不上直接参与。我国传统观念认为对行政的组织是行政机关自己的事情，因而行政组织法没有公民参与行政组织过程的任何规定，显然这与民主的要求不相适应。

另外，现行行政组织法缺乏保障公民权利的条款。行政机关的权限职责直接关涉公民的权利义务，如果行政组织法只是笼统地规定各个行政机关的管理权范围，势必给一些行政机关在其管理领域任意限制公民权利和任意设定公民义务留下余地。[1] 因此，有必要在行政组织法中规定保障公民权利的条款。如《日本国内阁法》第十一条规定："无法律委任，政令[2]不得制订赋予义务或限制权利的规定。"我国现行行政组织法没有此类规定。

行政组织法欠缺民主精神的主要原因是传统文化和传统体制的影响。我国有着两千多年的集权统治历史，行政权一向十分强大，行政组织权也被归到了行政权的范畴。另外，在计划经济体制下，国家、社会利益一元化，民主精神自然受到限制。

2. 规定不科学。现行行政组织法存在许多不合理的地方。

第一，行政组织的整体设计没有建立在理性的基础上，行政组织制度应当遵循组织规律。从应然的角度考虑，行政组织的设置要注意以下要素。

一是行政职能。行政组织要履行哪些职能，决定了设置哪些机构。哪些职能由政府直接承担；哪些职能由公务法人承担；哪些职能由社会

---

① 姜明安、沈岿：《法治原则与公共行政组织——论加强和完善我国行政组织法的意义和途径》，《行政法学研究》1998 年第 4 期。

② 日本内阁制定的规范性文件。

中介组织承担，需要在行政组织法中明确。另外，需要明确哪些职能由中央承担，哪些由地方承担。二是管理环节。行政管理通常由多个环节构成，如决策环节、执行环节、监督环节和咨询及信息反馈环节等，不同管理环节的工作要由不同机关承担，各个机关的地位和性质也要有所区别。三是分工与协作。有两种管理思想支配着行政机关的分工与协作。一种是专业化管理思想，强调按专业分工，简化工作程序，以提高工作效率；另一种是综合管理思想，主张将相近的工作集中由一个部门承担。综合管理有利于工作协调，也有利于调动工作人员的积极性。[1] 1970 年英国希思政府设置的"大"部就是综合管理思想的具体实践。[2] 四是控制幅度和层次。从管理学的角度看，行政机关的控制幅度不宜太宽，否则会导致管理层次的增加。另外，管理层次也不宜太多，否则容易引起信息失真，管理效率低下。

我国目前的行政组织制度并没有全面考虑上述要素。行政职能没有合理分解，而是统一由国家承担。此外，国家还管理许多不该管，也管不了的事情。行政机关的地位和性质也没有与其承担的工作相适应，如监督机关地位不独立。在管理的分工与协调方面，我国中央政府虽然也在向"大部"的方向发展，但仍很不到位。在控制幅度和层次上，也超出了合理的界限。

第二，规定过于原则。现行行政组织法虽然文字简练，但原则笼统，缺乏具体性和可操作性。例如，《国务院组织法》规定国务院设置副总理，但可以设置多少副总理、副总理与总理的关系，副总理的职权等都不明确。又如《国务院组织法》规定国务院行使《宪法》第八十九条规定的职权，但宪法的规定非常原则，而该组织法没有对国务院的职权作进一步的界定。再如《地方组织法》第七条第一款规定县级以上的地方

---

[1] 陈兆纲、李兆光：《组织论——组织科学与组织管理》，宁夏人民出版社1987年版，第134—138页。

[2] 谢林、方晓编：《外国政府机构设置与职能》，中国经济出版社1986年版，第246—255页。

316

各级人民代表大会有权"在本行政区域内，保证宪法、法律、政策、法令、政令和上级人民代表大会决议的遵守和执行，保证国家计划和国家预算的执行。"至于如何保证，采取何种手段保证，法律没有规定。还如，《宪法》第八十九条第六款、第七款、第八款规定国务院"领导和管理经济工作和城乡建设"；"领导和管理教育、科学、文化、卫生、体育和计划生育工作"；"领导和管理民政、公安、司法行政和监察等工作。"《地方组织法》第五十九条也规定县级以上各级人民政府行使职权包括执行国民经济计划、预算，管理本行政区域内经济文化建设和民政、公安等工作……按照上述规定，国务院和县级以上政府都有权管理经济、文化等事务，究竟如何分工，并不清楚。

第三，规定不合理。一是法律条文相互冲突。例如《国务院组织法》规定国务院实行总理负责制，同时又确立国务院会议制度，国务院工作中的重大问题，必须经国务院常务会议或者全体会议讨论决定。这两种规定相互冲突。总理负责制意味着总理在重大问题上有最后的决定权，而国务院会议讨论也意味着对重大问题有实质性的处理权。重大问题的决定权究竟归属于总理还是国务院，法律表述不清。又如，我国《地方组织法》规定建立各级地方人民代表大会，作为地方国家权力机关。对这种地方国家权力机关如何理解，比较含混。这种国家权力机关究竟代表国家还是代表地方，是与国家相对独立还是作为国家在地方的分支机构，都不清楚。二是条文内容缺乏明确性。如《国务院组织法》规定各部、各委员会的设立、撤销或者合并，经总理提出，由国家权力机关决定。同时又规定国务院可以根据工作需要和精简的原则，设立若干直属机构管理各项专门业务，设立若干办事机构协助总理办理专门事项。究竟哪些事项需由国家权力机关设置部委承担，哪些事项宜由国务院设置直属机构负责，没有明确界限，实践中难于把握。

存在上述问题的原因有多种，既有制度的因素，也有观念的影响。

第一，法律精神缺失。对公共行政的组织涉及公权力的设定和公共行政的组织形态，直接影响国家、个人与社会的关系，因而需要法律尤其是行政组织法的调整，需要遵循民主、公正、理性和效率等公法精神。

但由于我国法治本土资源匮乏，公共行政的法治化程度较低，人们对法律的精神缺乏深刻把握，所以在对公共行政的组织上，习惯于人治而不是法治，法律精神难于融入具体的制度。

第二，公共管理观念滞后。我国现行的基本组织制度是在 20 世纪 80 年代初形成的，强调管理的集中统一，表现在组织形态上就是国家统一管理。改革开放三十年来我国的社会结构已发生了巨大变化，一个利益多元化的社会正在形成，相应的也需要公共管理理念的发展。另外，近二十年来，西方国家的公共行政变革剧烈，发生了重大变化，公共管理早已从政治层面发展到技术层面，进而发展到经营层面。分权的理念也早已落实在制度上。令人遗憾的是，我们对公共事务的管理仅停留在国家管理层面，这在很大程度上限制了行政组织法律制度的发展。

第三，《宪法》规定的局限。我国《宪法》把公共行政的组织权大部分赋予了国务院，不重视行政组织立法，甚至于认为行政机关的设置、权限设定和职能调整不属于立法事项。我国行政组织法的两个基本法律，即《国务院组织法》和《地方组织法》是在 20 世纪 80 年代初期制定的，以后虽然又对《地方组织法》作了一些修补，但总的说来，没有对行政组织立法给予应有的重视。不仅表现在有关行政组织的法律文件数量少，其质量也有很大问题。由于对行政组织立法的认识错位，自然影响到制度建设。

第四，对行政组织法律制度研究匮缺。我国自行政法学恢复研究以来，虽在 80 年代中期曾有一些研究行政组织法的著作问世，[1] 但自 80 年代末期后学者们对行政主体的兴趣超过对行政组织法的重视。行政组织法律制度应具有哪些基本精神，应包含哪些内容，其发展走向如何等，缺乏系统研究。这种研究的欠缺影响到行政组织法律制度的发展与完善。

（三）行政组织法的内容构想

从应然的角度考虑，行政组织法应包括以下内容。

1. 行政组织法的基本问题。具体又分为：

---

① 如应松年、朱维究编：《行政法学总论》，工人出版社 1985 年版，第 115—178 页。

第一，基本术语。行政组织法涉及的术语很多，如行政组织、行政机关、行政机构、行政主体、行政编制、行政授权、行政委托等。这些术语不仅在立法中频繁出现，在行政管理实践中以及在行政法学研究中也经常使用。然而，这些基本概念的含义并不清楚。因此，对行政组织法涉及的基本概念作出明确界定实属必要。统一界定有利于立法的统一。实践中，由于缺乏对行政组织等基本术语的统一界定，导致了立法用语的随意性。例如，对行政组织中基本组织体的表达，《行政诉讼法》中用的是行政机关，而《国务院行政机构设置和编制管理条例》① 中则用行政机构。统一界定术语，无疑将规制立法用语，确保立法的统一。也有利于人们对行政组织等概念的正确把握和统一认识，尤其是从性质上把握。从而便于对行政组织的管理和控制。

第二，基本原则。行政组织法的基本原则的分析已如前述。以法律形式对行政组织法基本原则作出规定是出于以下考虑：首先是为了明确行政组织法的发展方向。对行政的组织究竟按照何种思路进行，要贯彻哪些基本精神，需要有一个清醒的认识。我国以往对行政组织法存在许多片面观点。如认为对行政的组织仅是行政机关内部的事情，法律不过是对已有的事实加以固定而已。法律仅是行政改革的保障，而与行政改革的过程无关。再如，认为我国是单一制国家，用不着地方分权等。这些片面认识严重制约了我国行政组织制度的发展。其次为行政组织立法指明方向。我国的行政组织法如何完善，是在现有的《国务院组织法》和《地方组织法》的基础上进行修补，维持原有法律的基本框架不变，还是超越现实，站在理性的高度，按照行政组织法的基本精神来重新予以制定，需要深入研究。但不论何种方式的修订，都要符合行政组织法的基本原则，贯彻民主、法治、理性的精神，使我国的行政组织制度真正具有现代精神，以满足现代行政的需要。再次，为公共行政的组织实践提供指导。行政组织实践涉及行政权的设定与划分，涉及行政组织的设置和调整，涉及公法人的组建和对社会中介组织的授权等。这些活动

---

① 于1997年8月3日由国务院发布。

都要依法进行，而且要符合法律条文背后的基本精神。在法律规定不健全的情况下，要按照行政组织法的基本原则来组织行政。

第三，行政主体制度（行政组织形态）。行政主体制度主要解决国家的行政组织形态问题。国家的行政是采用集中式的管理，还是分散式的管理，即是否肯定地方自治和公务自治，需要在行政组织法中明确。除了国家这一当然的行政主体外，是否还需要肯定其他类型的行政主体。在行政组织法中，行政的基本组织制度至关重要，直接决定了行政组织的其他法律制度。例如，若肯定地方公共团体是一类独立的行政主体，则地方公共团体组织的设置应由地方公共团体依法自行决定，而不是由上一级政府批准。若肯定公立大学为一类独立的公法人，则公立大学可以依法进行自主管理，决定自己的机构设置，规模等。行政主体制度是从法律上对利益多元化、管理多元化的肯定。

在行政组织法中规定行政主体，一方面有利于相关制度的建设，如确立地方分权制度、公务自治制度等；另一方面也有利于人们对管理形式及行政组织形态的重视和把握。随着社会的发展，更多的行政组织形式将会被创造出来。如西方国家日益发展的公私法融合趋势，即公共事务管理私有化。重视行政组织形态的发展，将有利于我们学习国外的先进经验，并结合我国的实际，创造出符合我国发展的新的行政组织形态。

2. 中央行政组织法。在行政组织法律制度中，中央行政组织的设置至关重要。因为中央行政组织代表国家进行管理，而国家作为一个原始的最重要的行政主体，管理重要的行政事务，其行政组织的规模相对庞大，其权力行使影响全体国民的利益，影响国家和社会的发展，因此，中央行政组织需要严格立法设置，以确保其民主、公正、理性和效率。我国目前仅制定有《国务院组织法》，该法规定了国务院的组成，工作制度，行为方式，国务委员、秘书长的设置与职权，国务院部、委的设置程序等。中央行政组织的其他问题，如中央行政组织的结构、规模，中央行政机关的类型和设置标准，中央各行政机关的权限，行政机关的内部机构设置，中央行政机关在地方的分支机构，以及中央行政机关与其地方分支机构之间的关系等都缺乏相应规定。

3. 地方组织法。和中央行政组织的设置相比，地方组织的设置较为复杂。这里首先需要确定地方团体的法律性质，然后才能决定地方组织的结构、规模、设置程序等。关于地方团体的法律性质，这里有三种可供选择的方案：第一，肯定地方团体为独立的行政主体，即地方自治体；第二，否认地方团体的独立地位，确认地方组织为中央政府在地方的代表；第三，既肯定地方团体的独立主体地位，又确认地方组织为中央在地方的代表。如果肯定地方团体的独立地位，则应赋予地方团体对地方组织的自主设置权。

地方组织的设置包括各级地方组织的结构，规模，地方行政机关的类型和设置标准，地方行政机关的设置程序、行政机关的地位、权限，国家如何对地方组织进行法律监控等。法律应当对地方组织的设置规定一定的标准和程序，允许地方立法加以补充和具体化。

4. 其他公法人制度。这里主要规范公共行政的其他承担者，如行业协会、社会中介组织、其他非政府团体和私人组织体等。采用行会团体、社会中介组织进行管理在西方已有很长的历史。比较典型的是行会组织的管理，如律师协会、医师协会等，经立法机关的授权对律师、医师的执业情况进行监督，并对违法失职者实施制裁。利用行会团体、社会中介组织进行管理的理由是：第一，维持小政府规模，节省国家财源；第二，实行行业自律，促进行业的发展；第三，适应现代行政管理的需要。有些行政事务专业性较强，如税务审核、财务审计等，由行政机关承担有很大困难，故需要社会中介组织协助完成。

关于行会团体、社会中介组织等非政府组织或其他公法人的职权，因法律授权而定，当然，究竟哪些行政权力可以授予行业团体、社会中介组织等非政府组织，需要进一步研究。其他公法人在授权范围内行使行政职权时，适用行政法规则，并独立承担其行为的责任。行政组织法应当鼓励其他公法人的发展，明确规定其承担的公共事务、权利义务和法律责任等。

5. 行政授权与行政委托。行政授权与行政委托在我国主要由单行法律法规规定。如《行政处罚法》第十七条、第十八条、第十九条①明确规定行政处罚中的授权和委托问题。但就整体而言，缺乏法律的全面规范。行政组织法有必要对行政授权和行政委托进行全面规定。其原因在于：首先是规范行政授权和行政委托的需要。目前的法律规定比较零散，缺乏统一标准。另外也有一些不合理的授权和委托。比如说，授权企业单位进行管理等。这些不合理的现象只能通过严格行政授权与行政委托的标准才能消除。其次是明确行政授权与行政委托法律责任的需要。被授权组织和受委托组织实施管理行为的法律责任由谁承担，需要行政组织法的明确规定。再次是满足行政诉讼的需要。因授权或委托管理行为发生争议的案件很多，并且常涉及行政授权与行政委托本身是否有效。由于法律对此没有全面规定，致使法院审查缺乏法律依据，增加了审判的难度。

行政授权制度的完善需要从五个方面着手：第一，行政授权的性质。从性质上说，行政授权是行政分权的形式之一。即将一些行政权力分散由某些社会组织承担。行政授权与国家职能向社会转移，行政民主化的发展趋势相一致。无论从分权、民主、效率的精神考虑，还是从管理的实际需要出发，都决定了行政授权的必要。

第二，行政授权的范围。关于行政授权的范围，法律没有规定。从理论上说，行政授权应有一定的范围限制。什么样的权力可以授出、什么样的权力不可以授出，要有一个标准。我们认为，对行政授权的范围

---

① 《行政处罚法》第十七条规定："法律、法规授权的具有管理公共事务的组织可以在法定授权范围内实施行政处罚。"第十八条规定："行政机关依照法律、法规或者规章的规定，可以在其法定权限内委托符合本法第十九条规定条件的组织实施行政处罚。行政机关不得委托其他组织或者个人实施行政处罚。委托行政机关对受委托的组织实施行政处罚的行为应当负责监督，并对该行为的后果承担法律责任。受委托组织在委托范围内，以委托行政机关名义实施行政处罚；不得再委托其他任何组织或个人实施行政处罚。"第十九条规定："受委托组织必须符合以下条件：（一）依法成立的管理公共事务的组织；（二）具有熟悉有关法律、法规、规章和业务的工作人员；（三）对违法行为需要进行技术检查或者技术鉴定的，应当有条件组织相应的技术检查或者技术鉴定。"

要确立 3 个规则：一是必要授权。行政授权必须是出于管理的实际需要。如有些行政事务专业性、技术性较强，由行政组织以外的机关承担更便捷。如授权公立大学行使招生权、派遣权以及对学生的管理权比由教育行政机关行使此类权力要方便得多。二是有限授权。鉴于被授权组织有相当的独立性，受控制的程度较弱，所以涉及国计民生的重大的行政立法权和决策权不能授出。三是法律授权。从严格意义上说，是否予以行政授权只能由国家权力机关决定。只有国家权力机关才能根据管理的需要，将部分行政权授予行政机关以外的组织承担。

第三，行政授权的标准。行政授权的标准是针对授权者而言的，即在授权时应遵循的准则。我们认为行政授权应确立四个标准：一是被授权者适格。即被授权者应是行政机关以外的具有法人地位的组织等。二是符合行政授权的范围。如前所述，行政授权要受到一定的范围限制，超出范围的授权无效。三是授权内容明确。所授权力应明确、具体，具有可操作性。四是授权期限确定。

第四，被授权者的条件。被授权者应具备何种条件？法律没有规定。有学者从行政法的基本原则出发，认为被授权组织应具备四个条件：其一，相应组织应与所授权行使的行政职能无利害关系。其二，相应组织应具备了解和掌握与所授权行政职能有关的法律、法规和技术知识的人员。其三，相应组织应具备授权行政职能行使所需要的基本设备和条件。其四，对于某些特别行政职能，被授权组织还应具备某些特别的条件，如保密、安全、技术、经验以及工作人员的特殊素质等。[①]　我们认为，除上述四个条件外，还应补充两个条件：一是该授权组织不是实质意义上的行政机关。如果该组织为实质意义上的行政机关，则应将其纳入行政组织的序列，以便于统一管理和控制。二是该授权组织应具有独立的法人地位，能够独立承担其行为的法律责任。

第五，行政授权的责任。被授权者管理行为产生的法律责任，由被

---

① 姜明安主编：《行政法与行政诉讼法》，北京大学出版社、高等教育出版社 1999 年版，第 111 页。

授权者自己承担，这在《行政诉讼法》以及《国家赔偿法》中已有明确规定。

总的来说，我国目前的行政授权制度是一种不完全意义上的公务分权。既有合理的一面，又有许多不完善的地方，需要行政组织法作出进一步的规范。委托行政的出现是基于经济社会发展的需要。在西方国家，委托行政已经成为公共行政的重要组成部分。一方面，随着政府决策功能和执行功能的分离，以及公共行政的民营化，大量的执行性任务由政府委托给民间组织或企业承担；另一方面，随着公共行政的市场化，特许经营大量出现，其中以 BOT 项目最为典型。① 特许经营意味着政府对公共事业或公益性事业垄断的打破，政府可以广泛利用社会资本和技术资源来提升政府的服务能力，以满足日益增长的社会需求。虽然提供公共产品是政府的职责，但并不意味着政府必须事必躬亲，亲自提供，政府的主要任务是决策，确定目标，负责监督，而具体任务的执行则可以放手委托民间企业、社会组织去完成。公共行政不再由政府垄断，而可以由全社会广泛参与。这既减轻了政府的财政压力，又为民间组织或个人参与公共行政提供了机会，符合公共行政民主化、多元化的发展要求。

关于行政委托，需要解决以下问题。

第一，行政委托的范围。在行政委托制度中，首先要解决的是可委托事务的范围。哪些行政事务适合于委托，需要一定的标准。我们认为可确立两条标准：一是技术性的事务可以委托。如税务审查，审计，质量鉴定等事务专业技术性强，如果全部由政府承担，则意味着政府要维

---

① BOT 模式的具体运作过程是：项目所在地政府授予一家或几家私人企业组建的项目公司一定期限的特许经营权利，即由项目公司对某项特定基础设施项目进行筹资建设，在约定的期限内经营管理，并通过项目经营收入偿还债务和获取投资回报；约定期满后，项目设施无偿转让给所在地政府。由于基础设施种类、项目财产权利形态和投融资回报方式多样，因而在实践中，BOT 已出现了许多变异模式。如 POT（Purchase-Operate-Transfer），即政府出售已建成的、基本完好的基础设施并授予特许经营权，由投资者购买基础设施项目的股权和特许经营权，在一定的期限里经营管理，约定期限届满后，再移交给政府。

持庞大的技术人员队伍，难以控制行政组织的规模。另外，这些技术性机构一旦成为政府的组成部分，很难保证其独立性，不利于其公正地开展工作。二是执行性的事务可以委托。如税款的代缴，公路的维护管理等。这类事务工作量大，多属执行性，实行委托比较便捷。随着公共行政民营化、市场化的改革，行政委托已成为改革的重要手段。行政委托是原则，西方国家现在关注的是哪些公共行政领域不能委托。一般认为国防、外交等必须由国家垄断的领域不能进行委托，其他领域都可以充分让民间参与。

第二，行政委托的形式。行政委托应采用委托合同的方式进行。行政委托合同应载明委托的法律依据，委托的事项及权限范围，委托行政机关及受委托人各自的权力（利）义务及责任，委托的期限等。行政委托合同中涉及委托事项及权限范围的部分应对相对人公开。通过行政委托合同的形式实施委托，可以明确委托行政机关与受委托人之间的关系，避免在责任承担问题上的相互推诿。也有利于相对人对受委托人权限的了解。

至于委托行政机关与受委托组织各自的权利义务，需要行政组织法作一般规定。在权利方面，如委托行政机关有权对受委托组织的管理行为进行监督；如果受委托组织实施违法行为，或违反委托合同，委托行政机关有权单方面解除合同。对受委托一方来说，则享有取得履行职责所应有的权力、手段和条件；取得履行职责的报酬；请求委托行政机关排除履行职责中的障碍等。在义务方面，委托行政机关必须依法实施委托，提供行使职权所需的条件，给付应有的报酬等。而受委托的组织则必须在委托的范围内行使职权等。

第三，行政委托的条件。行政委托需要满足哪些条件，我国法律对此没有全面规定。《行政处罚法》第十八条规定："行政机关依照法律、法规或者规章的规定，可以在其法定权限内委托符合本法第十九条规定条件的组织实施行政处罚……"第十九条规定："受委托组织必须符合以下条件：（一）依法成立的管理公共事务的事业组织；（二）具有熟悉有关法律、法规、规章和业务的工作人员；（三）对违法行为需要进行技术检查或者技术鉴定的，应当有条件组织进行相应的技术检查或者技术鉴定。"从理论上说，行政委托应具备以下条件。

其一，必须为法律法规所规定。哪些行政事务可以委托行政机关以外的组织管理，只有人民自己才能决定。人民行使权力的机关是国家权力机关，并通过立法的形式决定。考虑到我国目前的立法缺口比较大，在只有行政法规、地方性法规的情况下，法规也可就某方面管理中的委托问题作出规定。至于规章，不宜由其决定行政委托事项。当然，规章以下的其他规范性文件更不得规定行政委托事项。

其二，委托管理确有必要。虽然行政委托要有法律法规的规定，但法律法规的规定并不必然引起行政委托，是否委托取决于行政机关的决定。如果行政委托的管理成本低，更有效率，则应采用行政委托；如果管理成本高，没有成效，则不宜委托管理。

其三，受委托组织具备行使权力的必备条件。受委托组织应具有相应的组织资格，相应的人员和技术设备等。如果受委托的组织不具备相应的完成行政任务的条件，则不能委托，因为在此情况下不能保证管理的质量。

第四，行政委托的法律效果。在我国，一般认为行政委托相当于民事上的代理，即受委托组织以委托行政机关的名义实施管理，其行为的法律后果归属于委托的行政机关。《行政处罚法》从立法上肯定了这一观点。该法第十八条规定："……委托行政机关对受委托的组织实施行政处罚的行为应当负责监督，并对该行为的后果承担法律责任。受委托组织在委托范围内，以委托行政机关名义实施行政处罚；……"但在日本则不承认这种严格的代理关系。虽然在委任行政中，受委任者实施的行为或者对委任者进行的私人行为，视为委任者国家实施的行为或者对国家进行的行为，但在这种法律关系中仍由受委托者作不服申诉的被告。①

如果受委托组织超越代理权限，其实施的行为由受委托组织负责还

---

① 姜明安主编：《行政法与行政诉讼法》，北京大学出版社、高等教育出版社版，第599页。

是由委托的行政机关负责，没有法律规定。按照《民法通则》的规定，超越代理权或者代理权终止后的行为，只有经过被代理人的追认，被代理人才承担相应的民事责任。笔者认为在法律对行政委托问题没有作出明确规定前，可适用《民法通则》的规定。但必须就委托的权限范围通过有效的方式告知相对人。

在实践中，行政机关外的组织不愿接受行政机关委托的，应当如何处理，法律同样没有规定。我们认为可确立一个规则：如果委托是普遍的、无例外的，如单位发工资时代征个人所得税，则受委托一方不得拒绝，否则要承担不利法律后果；如果委托是个别的，可选择的，则受委托人有权在其不具备管理条件时，拒绝委托，但需书面说明理由。

6. 行政组织程序制度。在对行政的组织中，程序问题十分重要。组织程序是行政组织权的运行程序。一方面，组织程序的合理与否直接决定了组织结果的好坏；另一方面，组织程序需要承载民主、公正等价值追求，因此有必要在行政组织法中对此予以规范。我国以往对组织程序不重视，法律也很少就组织程序问题进行规定，结果造成了组织过程的随意和非理性。鉴于行政组织程序的重要性以及实践中行政组织程序的无序，需要在行政组织法中全面规定。

行政组织程序有三种模式①：一是创建式。这种模式出现在一个国家成立之时，如美国建国时创建联邦政府的情形。二是重组式。这主要表现为大规模的重新组织，常在行政改革中完成。如 20 世纪以来，为适应社会发展的需要，美国、日本等国进行了多次行政改革，实行行政组织的重组。三是微调式。即根据管理的需要，政府对行政机关的内部机构的设置和职能进行调整等。由于创建式仅存在于国家成立之时，有特定的条件限制，因而常见的行政组织程序有两种：即重组式和微调式。以下分别说明。

第一，重组式的程序（行政改革的程序）。行政组织大规模的重组发

---

① 这是从行政组织程序产生的结果所进行的划分。如果从公民参与的程序划分，则可分为立法模式、行政模式、社会参与与立法并重模式等。

生在行政改革之时。行政改革虽然在不同时期，有不同目标，但都面临一个根本问题，即如何最合理地组织行政。行政改革涉及对行政职能及行政权的重新确定，行政组织形态的更新，行政组织的结构、规模的调整，行政机关的重新设置等。

在西方，政府十分重视行政改革的程序，这不仅是因为该程序与民主、公正、效率等价值相连，而且有许多实际的功能。程序可以帮助人们作出预测、保持秩序、有效地处理业务。而且，通过对程序的认知，可以把直接或间接从事该项工作的当事人的主观偏向降到最低限度。有助于更有效地达到工作或组织的目标。另外，即使是看上去十分复杂的业务，也可以通过程序将其分成几个阶段，使各个阶段的责任所在十分明确，或有利于人们去推断责任之所在。① 在日本，行政改革主要由以下四步组成。

第一步，组成行政改革研究审议机关。该机关的职能是以咨询报告的方式制定改革方案。该机关由被认为是代表了国民各个阶层的人员组成。组成人员经国会两院同意，总理大臣任命。如1981年3月16日成立的日本第二届临时行政调查会由9名委员组成。这9位委员大体上可分成财界3人，劳动界2人，学术界1人，新闻记者1人，官员2人（其中地方官员1人）。该临时行政调查委员会存续时间两年。在该委员会下有21名专家成员，大约50名顾问和大约70名行使不同职责的行政办公室工作人员。② 由于临时行政调查委员会的组成人员来自社会各界，因而能够赢得广大公众的支持。也由于这一原因，政府机构无法直接抵制该委员会的提案和建议。专家成员和顾问的主要工作是从事研究，探讨行政改革问题，并向第二临时行政改革委员会提交研究和讨论成果，由其进行审议。③

---

① ［日］增岛俊之：《日本的行政改革》，熊达云等译，天津社会科学院出版社1998年版。

② ［日］金滢基、村松岐夫等编：《日本公务员制度与经济发展》，中国对外翻译出版公司1997年版，第246页。

③ ［日］金滢基、村松岐夫等编：《日本公务员制度与经济发展》，中国对外翻译出版公司1997年版，第246页。

　　第二步，组成行政改革推动本部。与行政改革研究审议机关相对应，政府还成立行政改革推动本部。如1994年1月21日内阁会议决定成立新的"行政改革推动本部"。行政改革推动本部由政府和执政党要人组成。并设有常任干事会。行政改革推动本部的职能是对行政改革咨询报告作出反应，具体落实咨询报告。需要立法的事项，交由国会立法；不需要立法的事项，通过政令规定推行。一般来说，行政改革推行本部最大限度地尊重咨询报告，并积极推动其实施。

　　第三步，国会审议有关的改革法律草案。国会为满足行政改革、行政组织重组的需要，专门设立了行政（财政）改革特别委员会，负责审议政府提交的改革法案。国会重视可行性分析，采用质疑听证的方式分析论证，通过和修正有关的改革方案和法律案。

　　第四步，监督行政改革方案的实施。为确保行政改革的推行，设立专门的机关负责监督。如日本在1983年6月设立了行政改革推动审议会，审议会由7名委员组成。审议会的主要任务有两项：第一，经常检查落实情况，通过公开监督报告的方式，推动行政改革方案的落实。第二，对行政改革中需要进一步探讨的有关事项，提出更具体的改革方案。由于行政改革推动审议会的存在，保障了行政改革的推行。

　　日本的行政改革程序是在学习美国模式的基础上建立的，既有美国的经验，也有自己的创新。新中国成立以来，进行过7次大的机构改革（行政改革），分别在1953—1954年，1957—1958年，1961—1963年，1970—1971年，1982—1983年，1988年，1993—1994年进行。如果加上1998年开始、尚未结束的这一次改革，则有8次。总的来说，机构改革由政府自行设计，并依靠运动式的行政手段推行。改革的设计者也是改革的推行者。虽然政府的部分改革方案需要权力机关的批准，但权力机关对机构改革的介入十分有限。这种模式的机构改革能立竿见影，迅速便捷，但也存在许多内在缺陷。由于缺乏社会各界的广泛参与，所以改革阻力大，改革方案有时难以得到社会的认同和支持。改革也存在诸多风险。改革者主观随意性大，自由裁量权过宽，改革方案往往缺乏严格细致的论证。机构改革能否成功在很大程度上取决于改革者的魄力和智慧。另外，机构改革的成果也难以巩固。每届政府在改革之初都决心很大，也取得了一些成果，但这些成果没有及时通过立法固定下来，改革风一过，又复归以往，机构人员又迅速增长。

从国外和我国机构改革的经验来看，我们认为重组式的程序至少应包含三个步骤。

第一步，重组方案的制定和论证。重组方案需要成立专门委员会研究、论证和决定。专门委员会要有代表性，由社会各界代表组成，专门委员会还要广泛吸收专家学者，听取各方面的意见。当然也包括国家行政机关和地方团体的意见。专门委员会还要具有中立性，独立于行政机关，也独立于任何一种利益。重组方案的制定要实行合议制，不宜个人决定。

第二步，重大组织事项的立法程序。对于重组中重要的组织事项，需要通过立法程序决定。如果说重组方案的制定和论证强调的是重组方案的科学性，那么重大事项的立法程序强调的是重组过程的民主性。当然，也有一些事项可由中央政府直接规定。

第三步，重组方案的推行。这也是重组式程序中的一个重要环节，要有专门的机构负责。一方面，要赋予该推进机构一定的手段，如评价、公布推行情况等；另一方面，对推行过程中反映出来的问题要及时予以解决。

第二，微调式的程序。微调式一般不涉及大的组织事项，在部、委内部各司局、处室的设置及职能的调整等均属于微调的范围。由于行政组织的微调对整个行政组织制度影响不大，因而其程序相对简便。为确保管理的灵活性，微调式的程序大多由行政机关完成，当然行政机关也可以在经过咨询论证后完成。为保证微调式程序的公正和微调结果的合理，对微调式程序也要设置一定的监督机制。如日本行政组织法规定，政府可以在法定最高限额内调整行政机关的内部机构，但政府至少每年在官报上公布一次国家行政机关的组织一览表。

二、公务员法

公务员制度也是行政组织制度的基本内容之一，在公共行政中占有重要地位。公务员的文化素质、专业知识和道德品质决定了公共行政的质量高低。《中华人民共和国公务员法》自 2006 年 1 月 1 日实施以来，它在加强公务员队伍管理，提高公务员素质，增强机关工作效能，促进勤政廉政建设等方面起到了很大作用，是一部较为有效的法律。

（一）公务员管理的基本问题

主要包括公务员的范围界定，公务员管理的基本精神，公务员的法律地位、权利义务和责任，公务员的分类管理等。现代公共行政的复杂性和日益细化的专业分工要求对公务员进行分类管理。分类管理有多种，如政务类公务员与业务类公务员的分类管理。政务类公务员强调其政治属性，选举产生，实行任期制。在一定程度上，从政不是一门职业，不由个人的爱好而是由人民的选择决定。业务类公务员强调其行政属性，考试产生，无过错长期任职，但也不排除在特别情况下的身份终止。再如，管理类公务员与技术类公务员的分类管理。管理类公务员强调组织、协调和政策把握能力，而技术类公务员则强调其专业能力。

虽然现代公务员制度借鉴了我国科举制的经验，但与科举制不可同日而语。现代公务员制度是行政独立于政治的标志，融入了民主、平等、公正、理性、效率等公法精神。对公务员管理基本问题的规定，决定了对我国公务员制度的定位。

（二）职位分类与品位分类

职位分类和品位分类是公务员管理的基础。职位分类强调职位设置的合理性，注重专才培养、专业技术和科学分工，对事不对人，避免职位交叉，利于效率提高，因而为美国、法国和日本所推崇；品位分类注重通才培养，强调公务员的综合素质，对人不对事，有利于公务员的交流。英国对公务员的管理主要采用品位分类。职位分类和品位分类各有千秋，因而在许多国家这两种分类有合融的趋势。我国《国家公务员暂行条例》虽然规定了职位分类，但仅有其名，实质上是品位分类，而且品位分类也十分粗糙。因此，在实践中，职能不清，职位交叉的情况相当普遍。从公共管理的理性角度考虑，需要对通过立法规定职位分类和品位分类。

（三）公务员管理的具体制度

这里包括公务员的考试录用制度、培训交流制度、考核晋升制度、奖惩制度、工资福利制度、辞职退休制度以及申诉制度等。每一项制度都涉及许多具体内容，都需要确立以人为本的管理思想，以确保公务员管理的科学化和高效化。

（四）公务员的管理机关及体制

公务员管理机关的设置、地位及权限，公务员管理在横向和纵向上的分工，都是公务员制度中的重大问题，需要公务员法加以明确规定。

三、公物法

公物制度是公共行政的重要组成部分，与公务自治相联系。公物的种类，公物的设立、管理、使用等制度都与广大相对人的生活相联系，需要纳入行政组织法的范畴。

第五节　行政组织法的制定

行政组织法的制定也就是采用何种思路、运用何种程序和载体进行行政组织立法。与行政组织法的内容一样，行政组织法的创制也是一个极为重要的问题。完备的行政组织法律制度不仅取决于其内容是否合理、是否符合时代精神，也取决于其制定是否科学完整。

一、行政组织法的制定模式

行政组织法的制定模式包括目标模式、主体模式、程序模式、载体模式等多种，这些模式的选择，都不同程度地决定着行政组织法的质量。

（一）目标模式

目标模式就是制定行政组织法所要实现的价值追求。在立法模式中，目标模式占有重要地位。其不仅决定了行政组织法的制度构架和主要内容，也决定了行政组织立法权的分配、立法程序及立法载体的选择。

从要实现的主要价值来看，行政组织法的目标模式有三种。

1. 民主目标模式。这一模式强调行政组织法要确保公民对行政的最大参与。该模式要求：第一，行政组织制度的设计要合理界定公民和国家各自的活动空间。凡是公民自己能够承担或通过市场可以解决的问题，不必设置行政权介入。第二，实行行政分权，创立多种行政组织形态，使公民有较多的机会直接参与管理。第三，行政组织法要尽可能的由权力机关制定。第四，行政组织立法程序要民主、公开。

美国是采用民主目标模式的代表。在美国联邦一级，行政组织制度由国会确立，行政机关由国会设置，行政机关只有在国会特别授权的情况下才能对行政组织进行改组。在州一级，州行政机关大都由州宪法或法律规定，地方政府的行政机关由州或地方议会决定。美国也是贯彻行政分权比较彻底的国家，不仅联邦和州实行分治，而且州以下的地方政府实行自治。此外，美国的行政组织形态还呈现出多样化的特征，除了联邦、州、地方政府这种传统的行政组织形态外，还存在着公法人、社会中介组织以及私行政组织等多种形态。行政组织形态的多样化确保了公民对行政的广泛参与。

2. 效率目标模式。这一模式强调行政组织法的最大价值是实现行政管理的高效。该模式要求：第一，行政组织制度要符合管理原理。无论是行政组织的领导机制还是行政组织的内部结构等都要遵循管理的规律。第二，行政机关的规模不宜过大。第三，行政组织制度的设计本身要考虑效率的要求。无论是制定主体还是制定程序都要体现效率。效率目标模式的代表是日本。日本以行政组织的简洁、高效而著称于世。日本的行政组织制度系统性强，按照管理原理设计，效率高。另外，行政组织立法主要集中于国家，立法程序强调科学论证。

3. 民主与效率并重模式。即行政组织法既要实现民主价值，又要兼顾效率要求。该模式除要考虑上述两种模式的具体内容以外，还要考虑如何在民主和效率冲突时进行取舍。应当说，社会发展至今，单纯的民主目标模式和效率目标模式都已不再存在，但由于历史的惯性，每个国家行政组织法的目标模式并不一致。有的更倾向民主价值，有的则更重视效率。

（二）主体模式

主体模式解决的是行政组织立法权的分配问题。从实践来看，主体模式有两种。

1. 集权模式。即行政组织立法权集中于中央。这里又具体分两种：一种是完全由立法机关制定行政组织立法；另一种是在立法机关和行政机关之间分配行政组织立法权，主要的行政组织事项，如行政组织形态、地方组织制度等由立法机关立法规定，其他的行政组织事项则由行政机关规定。

2. 分权模式。即行政组织立法分别由中央和地方承担。中央的行政组织制度由中央立法，地方的行政组织制度，则由地方自己决定，但不排除中央制定基本的行政组织制度基准。如德国基本法规定地方实行自治，至于地方如何自治，如何设置行政组织，则取决于各州的选择。

（三）程序模式

程序模式是指采用何种类型的程序制定行政组织法。在一定程度上，程序模式依赖于目标模式、主体模式，但又有特殊的意义。程序模式的合理与否直接决定了行政组织立法过程能否民主、科学，也决定了行政组织制度能否合理。在实践中，行政组织立法的程序模式有三种。

1. 立法模式。即行政组织法的制定主要适用于立法机关的立法程序。除立法程序外，没有其他程序。美国的行政组织立法大多采用立法程序。

2. 行政模式。即行政组织规范的制定主要采用行政程序，在行政机关内部完成。这类程序模式大多存在于行政组织权主要归属于行政机关的国家。和立法模式相比，这类程序模式的民主程度不高，并缺乏系统的科学论证。

3. 社会参与和立法并重模式。即在立法程序之外，还有广泛的社会参与程序。如在日本，行政组织制度的改革往往要有社会各界大量的讨论、专家学者的论证,① 这些都超出了单纯的立法程序。当然,立法程序也是确立行政组织制度最关键而且是最终的一环。

上述三种模式中,第三种模式由于集科学论证与民主立法于一体,因而普遍受到现代国家的重视。

(四) 载体模式

载体模式是指以何种形式承载行政组织法的具体内容。除《宪法》对行政组织制度的规定外,行政组织法的载体模式有两种:即单一立法模式和多元立法模式。

1. 单一立法模式(法典式)。此种模式是指国家制定单一的行政组织法典,来设定行政组织制度,规范行政组织。这里也包括对中央行政组织问题和地方制度分别立法。单一立法模式便于对行政组织制度统一设计,也有利于行政机关设置的整齐划一,避免行政机关职能重叠,但存在两项明显不足:第一,行政组织制度涉及的问题很多,很难用一部或两部法律全面加以规定。单一立法往往导致大量疏漏。第二,行政组织制度要随着社会的发展不断调整,而法律则需要相对稳定。如果制定统一的行政组织法,则会造成修订上的困难。单一立法模式的局限使得很少有国家完全采用此种模式立法。

2. 多元立法模式(法规体系式)。此种模式是指国家制定多个行政组织法律文件,彼此相关但又相互独立,组成一个行政组织法规体系。目前,西方国家大多采用多元立法模式。因为该种模式能够适用行政组织制度复杂性的需要。按照不同标准,多元立法模式又可进一步划分。

第一,平级立法模式与多级立法模式。这是以行政组织法是否由不同等级法律文件构成进行的划分。平级立法模式是指行政组织法由效力等级相同的多个法律文件组成。美国联邦行政组织法采用此种模式。多级立法模式是指行政组织法由效力等级不同的多个法律文件组成。日本的行政组织法采此模式。平级立法模式意味着行政组织权主要归属于国家立法机关,而多级立法模式则意味着行政组织权在国家立法机关和行

---

① 见本书第四章的说明。

政机关之间分配。

第二，系统立法模式和分散立法模式。这是以是否对行政组织问题系统立法为标准进行的划分。系统立法模式是对行政组织制度进行整体设计，先制定一个行政组织基本法，在此基础上，分别就单个行政机关进行立法。分散立法模式是根据管理的需要，当新的管理职能出现时，通过立法设置行政机关，明确其职责权限。分散立法往往也构成行政组织法规体系，但这不是有意制定的结果，而是自然形成。

第三，单独立法模式和一并立法模式。这是以行政组织法是否涉及其他行政问题为标准进行的划分。单独立法模式是指行政组织法与其他行政管理方面的法律相并列，行政组织法独立于其他行政管理法规之外，仅规定行政组织方面的问题。而一并立法模式是指行政组织问题和其他管理问题规定在同一法律之中。美国行政组织法大多采用后一模式。

二、国外行政组织法的制定模式

应当说，不同的国家，行政组织法的制定模式各不相同，但又有一些共同特征。从典型意义上说，行政组织法的制定模式有三种。

（一）日本模式

如前所述，日本行政组织法的价值目标是效率。日本的行政组织制度基本由中央制定，而且行政组织权在立法机关和行政机关之间分配。程度模式是社会参与与立法并重。从载体上说，日本的行政组织法可归纳为多元、多级、系统、单独立法的模式。

日本自二战以来，十分重视行政组织立法。除宪法对内阁和地方自治等重大行政组织法问题进行规定外，还制定了几十部行政组织方面的法律。这些法律分为三个层次。

第一层次是《内阁法》《国家行政组织法》和《地方自治法》。《内阁法》主要规定内阁的组成、职权，内阁总理大臣的职权，总理代理制度以及内阁辅助机构的设置等。《国家行政组织法》规定国家行政组织的设置标准、内部结构、主管大臣及次官（副职）的权限等。《地方自治法》作为地方制度的基本法，对地方公共团体的设置、地位、组织机构、专属事项及其权限等作了规定。第一层次的行政组织法律主要规范重要的行政机关，以及对国家或地方行政组织的重要问题作了规定。

第二层次是国家各行政机关设置的《总定员法》《地方税法》和《地方财政法》等。这一层次的法律是根据上述行政组织基本法律制定的。如《法务省设置法》《外务省设置法》等。这些设置法规定设置行政机关的任务、主管事项、权限、特别的机构设置等。《总定员法》规定国家行政组织的总定员。国家行政组织的规模一旦确定，任何人不得突破。

第三层次是内阁关于行政组织的政令、省令，地方公共团体制定的条例和规则等。如《法务省组织令》（政令）、《法务省定员规则》（法务省令）等。这一层次的法律文件是第二层次法律的进一步细化。

此外，日本的行政改革，地方分权改革都受法律的规制，如制定《地方分权推进法》，建立地方分权推进委员会，推动地方分权法案的实施。

日本模式有两个特点：第一，制定有一套完整的行政组织法规体系。这套法规体系既包含对国家行政组织的规范，也有对地方自治的认可和控制，还涉及对其他行政主体的规范。既有实体规范，也有程序规范。第二，行政组织法规体系存在于一般的行政管理法之外。也就是行政组织法规与具体的管理法规相并列。行政机关实施管理时，其权限首先要遵循具体法律的规定。在没有一般管理法规依据的情况下，也必须在组织规范所规定的权限范围内。①

日本模式的长处在于：第一，奉行行政组织法定原则。行政组织的设置、规模等重要的行政组织问题都要经过立法程序。第二，行政组织立法系统性强。即把行政组织问题作为一个独立的系统加以规范，这样便于整体设计、合理建构和全面控制。也便于将民主、公正、理性、效率等公法精神融入行政组织法律制度之中。

由于日本重视对行政组织的规范和控制，因而行政组织精干、整齐、稳定、高效，对战后日本经济的发展作出了巨大贡献。

---

① ［日］盐野宏：《行政法》，杨建顺译，法律出版社1999年版，第549页。

（二）美国模式

和日本不同，美国行政组织法采用的价值目标是民主。联邦、州以及地方政府之间实现分权。三级政府各有一定的制定行政组织法的权力，而且，行政组织的立法权由联邦国会或州、地方议会掌握。在行政组织立法程序上，主要适用一般的立法程序。行政组织法的载体是多元平级模式。

美国的行政组织立法比较分散。在联邦政府，总统的行政权以及联邦和各州的权力划分由宪法规定。联邦各部、独立机构的设置等都属于立法事项。随着社会发展，新的行政职能不断出现，国会往往设置新的行政机关来承担这些职能，或将一些行政职能交由原已存在的行政机关承担。因而，美国联邦行政机关设置法在不同时期制定，缺乏统一规划。虽然在行政改革中常有一揽子立法，而且在国会的授权和监督之下，总统有权合并旧的部和设置新的部，① 但行政组织法律仍呈分散状态。

在州一级，对行政组织立法也很重视。有的州在宪法中规定州的行政组织设置和地方制度，有的则在法律中规定。在地方组织法中，各州一般有《市章》《县章》《村庄法》等法律规定。

美国模式的特点在于：第一，在联邦政府不存在系统的行政组织立法。联邦行政组织法由宪法和若干个行政机关设置法构成，整体性不强。而在州一级，比较而言，行政组织法较为独立，尤其是地方自治制度，有专门的法律规定。第二，联邦政府的行政机关设置法以行政职能为核心制定。根据行政职能，来决定设置哪些行政机关和何种形式的行政机关，并赋予其实现管理目标的手段和权限。

美国模式强调行政职能在行政组织立法中的核心地位。行政机关的设置是围绕着行政职能进行的。如果说日本模式可归纳为整体立法模式的话，那么美国模式可概括为职能立法模式。这一模式的优越之处在于行政机关的设置目标明确，而且行政机关的分工清楚，不会造成太多的职能冲突。其不足在于对行政组织缺乏整体设计，难以按照行政组织的

---

① 从 20 世纪 80 年代后，授权总统改革，国会保留否决权的做法已经废除。

结构要求来设置各类行政机关，容易造成机构臃肿。

当然，与日本一样，美国也奉行行政组织法定原则，只不过具体立法模式不同而已。

（三）法国模式

与日本和美国不同，法国行政组织立法的目标模式并不十分清晰。行政组织立法权主要集中在中央，但由立法机关和行政机关共同享有。重要的行政组织问题由宪法、法律规定，其他的行政组织问题由中央政府以条例等形式自行决定。在法国，总统、总理的职权由宪法规定，国家的行政组织体制及地方组织制度由法律规范，但中央政府各部的设置属于自主条例规定的事项，中央政府可在咨询最高行政法院后确定。另外，法国制定有比较整齐的地方组织法。在程序上，法国采用的是立法程序和行政程序。

英国和德国也属此类模式。在英国，行政权的范围以及首相的地位和权力源于宪法惯例，地方制度由法律规定。另外，一个原来不存在的部的设立也要由法律规定，因为新部的成立会加重公民的负担，或者妨碍公民的自由，但是已经存在的部的合并、废除或变动不需要立法程序，可由政府决定。在德国，行政组织的重要问题都规定在《基本法》中，联邦法律和行政法规也规定行政组织，但联邦各部的设置及职权分配由总理组阁时决定。在英国和德国，都制定有地方组织法。

法国模式的特点是不严格奉行行政组织法定原则，但实行法律保留，重要的行政组织事项要经过立法程序。如在德国，行政主体的设置在任何情况下都应当由法律规定或者根据法律规定进行。这种事务涉及国家行政组织的成员，属于国家事务的重要决定。[1] 同时行政机关也享有较大的行政组织立法权。即行政机关可以通过行政条例规定行政机关的设置和权限。

法国模式的优点在于行政机关可以根据行政的需要及时对行政组织

---

① ［德］哈特穆特·毛雷尔：《行政法学总论》，高家伟译，法律出版社2000年版，第519页。

进行调整，其不足是许多行政组织事项由行政机关自行决定，难以保证行政组织的规模适当，结构合理。尤其是行政组织立法中欠缺民主精神。

三、我国行政组织法制定模式的选择

(一) 行政组织法沿革及模式

新中国成立以来，我国行政组织法的制定分三个阶段，在制定模式上也有相当变化：第一阶段：新中国成立至 1954 年。这一阶段为我国行政组织法的创立阶段。1949 年 9 月 27 日，中国人民政治协商会议第一届全体会议通过制定了《中华人民共和国人民政府组织法》（以下简称《人民政府组织法》）。该法对政务院的组成人员、职权、领导体制、会议制度、组成部门等作了具体规定，① 只不过这里所说的人民政府外延较宽，除政务院外，还包括中央人民政府委员会（相当于国家权力机关）、人民军事委员会、最高人民法院和最高人民检察院等。在 1949 年至 1950 年间，中央人民政府委员会根据《共同纲领》② 和《人民政府组织法》，制定了《中央人民政府政务院及所属各机关组织通则》③，政务院先后制定了《大行政区人民政府委员会组织通则》④《省人民政府组织通则》⑤《市人民政府组织通则》⑥《县人民政府组织通则》⑦ 以及区和乡人民政府组织通则等。

在此阶段，立法由中国人民政治协商会议和政务院共同承担，采用

---

① 劳动人事部编制局编：《中华人民共和国组织法选编》，经济科学出版社 1985 年版，第 49—55 页。

② 《共同纲领》于 1949 年 9 月 29 日由中国人民政治协商会议第一届全体会议通过。

③ 该《组织通则》于 1949 年 12 月 2 日由中央人民政府委员会第 4 次会议批准。

④ 该《组织通则》于 1949 年 12 月 2 日由政务院第 11 次会议通过。

⑤ 该《组织通则》于 1950 年 1 月 6 日由政务院第 14 次会议通过。

⑥ 该《组织通则》于 1950 年 1 月 6 日由政务院第 14 次会议通过。

⑦ 该《组织通则》于 1950 年 1 月 6 日由政务院第 14 次会议通过。

立法及行政程序，并采用多元、系统的载体模式。《中央人民政府组织法》及各组织通则的规范对象覆盖从基层人民政府直至中央人民政府的整个行政系统，建立了当时比较配套的行政组织法体系。① 这些组织规范虽以规范行政组织为主，但也涉及对地方其他国家机关的规定。

第二阶段：1954 年至 1979 年。1954 年第一届全国人大经普选产生。第一届全国人大根据《宪法》制定了《国务院组织法》② 和《地方各级人民代表大会和地方各级人民委员会组织法》③。全国人大常委制定了《城市街道办事处组织条例》④ 和《公安派出所组织条例》⑤ 等行政组织法令。⑥ 根据《国务院组织法》，国务院先后制定了《中华人民共和国监察部组织简则》⑦《国务院秘书局组织简则》⑧ 和《国务院法制局组织简则》⑨ 等。

在此阶段，行政组织权集中在中央，并为国家权力机关和国务院共同享有。在载体上，采用的是法典式，即制定统一的《国务院组织法》和《地方组织法》等法典，并由国务院制定一系列行政机关组织简则加以补充。

第三阶段：1979 年至今。1979 年，全国人大重新制定了《地方各级人民代表大会和地方各级人民政府组织法》，以后又进行过四次修正（1982 年、1986 年、1995 年和 2004 年）。1982 年新宪法颁布后，全国人大又重新制定了《国务院组织法》。2005 年全国人大常委会制定颁布了

① 姜明安、沈岿：《法治原则与公共行政组织》，《行政法学研究》1998 年第 4 期。
② 该法于 1954 年 9 月 21 日第一届全国人大第一次会议通过。
③ 该法于 1954 年 9 月 21 日第一届全国人大第一次会议通过。
④ 该《组织条例》于 1954 年 12 月 31 日全国人大常委会第 4 次会议通过。
⑤ 该《组织条例》于 1954 年 12 月 31 日全国人大常委会第 4 次会议通过。
⑥ 此时的全国人大常委会没有制定法律的权力，它所通过的规范性文件称为"法令"。
⑦ 该《组织简则》于 1955 年 11 月 2 日由国务院常务会议批准。
⑧ 该《组织简则》于 1955 年 11 月 19 日由国务院常务会议批准。
⑨ 该《组织简则》于 1955 年 11 月 19 日由国务院常务会议批准。

《公务员法》。目前，我国行政组织法的主要渊源就是这三部法律。除此外，还有一些法律性的文件。如第十二届全国人大第一次会议（2013年）通过的《关于国务院机构改革和职能转变方案的决定》，国务院历次《关于议事协调机构和临时机构设置的通知》《国务院行政机构和编制条例》《地方各级人民政府机构设置和编制管理条例》等。

我国此阶段的行政组织立法模式主要沿袭以往，但载体模式更倾向于法典式。新中国成立初期配套的从中央到地方的行政组织法规体系已不复存在。许多部门的内部组织规则（三定方案）并不为公众所知晓。

我国应采用何种模式进行行政组织立法，是研究行政组织法不可回避的问题。从行政组织法的基本精神来看，在立法模式上可做以下选择。

1. 民主与效率并重的目标模式在现代行政组织制度中，民主与效率都非常重要。民主，尤其是直接民主，是现代宪政的基本要求。与以往相比，现代社会更强调对个人的尊重，对个人主体地位的肯定。这就意味着国家有义务提供更多的机会和渠道，让个人参与行政管理。因而，无论是行政组织的形态，还是地方组织制度，都要考虑公民对公共行政参与的需要。效率在现代社会也已变得日益重要。和以往相比，现代政府的职能更为宽泛，行政管理更为开放，也面临更多的挑战和机遇。如果行政组织制度不能保障行政机关的高效运转，则难以实现行政目标，更不可能在激烈的竞争中立于不败之地。

采用民主与效率并重的目标模式，则意味着在架构行政组织制度时既要考虑民主的需要，也要考虑效率的要求。民主和效率在很多情况下相辅相成，但也存在一定的冲突。当民主与效率不可兼顾时，民主应放在首位。与效率相比，民主价值更为基础。

2. 分权的主体模式中央行政组织法与地方组织法分别由中央和地方制定。当然，这里不排除中央立法规定地方组织法的基本原则和制度框架，而具体的地方组织事项则由地方自行决定。采用分权的主体模式，是民主的需要，也有利于地方行政组织制度的创新。

3. 社会参与和立法并重的程序模式行政组织法的制定，除了需要经过立法程序外，还需要更广泛的社会参与。这种程序模式的选择是由行政组织制度的重要性和复杂性所决定的。行政组织制度涉及国家、社会中介组织与个人各自活动空间的界定，也涉及中央与地方权力的分配，还决定着行政组织的形态，与全民利益相关，因而需要全民的参与。在行政组织立法的程序模式上，我们可以借鉴日本的经验，① 在正式的立法程序之外，还要吸收社会各界参与，并通过严格的专家论证。

4. 多元立法的载体模式在载体上，我国宜制定多元多级的行政组织法规体系。其理由是：

第一，行政组织制度范围很广，很难用一部或两部法律加以规定。如果制定统一的法典，其困难很大。行政组织制度既有许多宏观上的问题，如行政组织形态、行政主体制度、地方法律分权等，又有大量微观上的问题，如某一个行政机关具体的职能、权限等。将不同层次的问题在一部法律中全部加以规定，从立法技术上看，有很大难度。

第二，行政组织之间差异较大。不同类型的行政组织形态、行政主体，性质不同，职权不同，其需要解决的法律问题也不相同，因而需要多种法律分别规定。

第三，行政组织制度变化迅速。行政组织要随着行政职能的发展而不断调整。如果所有的行政组织事项都规定在一部法典中，则行政组织的调整必须通过立法才能完成。而法律的修订又相对困难，而且周期较长，无法满足行政需要。正是基于此种原因，日本已将中央行政机关内部机构的调整权由国会转给了内阁，由内阁制定政令对行政机关的内部机构适时调整。

第四，符合世界行政组织立法的趋势。从美国、德国、日本等西方国家行政组织法的载体情况看，大多采用多元多级的行政组织法规体系。该载体模式能较好地适应现实的需要，并且实践也已证明这种模式切实可行。

---

① 见本书第四章关于日本行政组织法制定程序的说明。

采用多元立法载体模式，意味着要制定一套完整的行政组织法规体系。由于此问题意义重大，故另作特别说明。

（二）行政组织法体系

我国现有的行政组织法除宪法关于行政权与行政组织的规定外，主要由三部分构成。第一部分是《国务院组织法》① 与《地方各级人民代表大会和地方各级人民政府组织法》（以下简称《地方组织法》）②。这两部法律是我国行政组织法的主要渊源。第二部分是单行法律中关于行政权与行政组织的规定。如《立法法》③ 第六十五条规定："国务院根据宪法和法律，制定行政法规。行政法规可以就下列事项作出规定：（一）为执行法律的规定需要制定行政法规的事项；（二）《宪法》第八十九条规定的国务院行政管理职权的事项……"再如《行政处罚法》第十二条规定："国务院部、委员会制定的规章可以在法律、行政法规规定的给予行政处罚的行为、种类和幅度的范围内作出具体规定。尚未制定法律、行政法规的，前款规定的国务院部、委员会制定的规章对违反行政管理秩序的行为，可以设定警告或者一定数量罚款的行政处罚。罚款的限额由国务院规定。……"第三部分是有关行政组织的法律性与法规性文件。如第十二届全国人大第一次会议（2013 年）通过的《关于国务院机构改革和职能转变方案的决定》，国务院通过的《国务院行政机构设置和编制管理条例》《关于议事协调机构和临时机构设置的通知》等。至于国务院制定的"三定方案"，法律地位不清。"三定方案"既不是行政法规，也不是规章，而是一种内部文件。

完整的行政组织法规体系应包括上述全部行政组织法内容。我们认为，这一法规体系应包含以下四个层次。

---

① 该法于 1982 年 12 月 10 日第五届全国人民代表大会第五次会议通过。

② 该法于 1979 年 7 月 1 日第五届全国人民代表大会第二次会议通过，并于 1982 年、1986 年、1995 年和 2004 年四次修改。

③ 该法于 2000 年 3 月 15 日第九届全国人民代表大会第三次会议通过，并于 2015 年 3 月 15 日第十二届全国人民代表大会第三次会议修正。

第一层次：制定"行政组织基本法"，规定行政组织法的基本原则、行政组织形态、行政主体制度、地方法律分权、行政组织程序、违反行政组织法的责任等基本问题。制定"公务员基本法"，规定公务员管理的主要精神、基本问题和基本制度。制定"公物基本法"，规定公物制度的一般问题和公物管理的基本制度。

第二层次：在该层次，需要制定"国务院组织法"和"中央行政机关设置标准法"。前者具体规定国务院的地位、职权，国务院总理的权限等；后者规定中央各行政机关的设置基准，中央行政组织的结构和规模等。制定《地方基本法》，规定地方的基本问题，如地方的法律地位、地方行政建置、固有事项、权限、中央与地方的关系等。制定"公法人法"对国家、地方以外的公共行政承担者的共同问题作出原则规定。

第三层次：在上述法律之下，进一步立法。如在"中央行政机关设置标准法"下制定各中央行政机关设置法。具体规定各中央行政机关的地位、主管事项、权限、内部结构框架及人员定额等。在《地方基本法》之下制定"省组织法""市组织法""县组织法""乡镇组织法"以及"地方财政法"等法律，分别规定各类地方的地位、设置标准、设置程序、必设的机关和各类地方的财政权限。在"公法人法"之下制定"行业组织法""社会团体法"等，对各类非政府组织作出进一步规定。在"公务员基本法"之下，制定"职位分类与品位分类法"，规范职位分类或品位分类管理。制定"公务员考试录用法""公务员惩戒法""公务员工资福利法"等，规范对公务员的管理。制定"公物设置法"，对公物的创设、合并、终止作出规定。

第四层次：在第三层次下，由国务院以及地方根据具体情况作进一步的规定。如国务院可根据各行政机关设置法，制定各行政机关的设置法规，具体规定各行政机关的内部构成，各内部机构的主管事项，权限，人员定额等。省、市等地方各级根据法律制定"××省组织条例""××市组织条例""××县组织条例""××省公务员考试录用条例""××市公务员考试录用条例"等。

第七章

中央行政组织法

薛刚凌　　　　法学博士，中国政法大学法学院院长，博士研究生导师，教授。研究领域主要为行政法、军事法，任中国法学会行政法学研究会秘书长，北京市军事法学研究会会长。2007 年被评为第五届"全国十大杰出青年法学家"，曾挂职最高人民法院行政审判庭副庭长等。发表论文百余篇，出版著作数部，主要有《法治国家与行政诉讼——中国行政诉讼制度基本问题研究》《中央与地方争议的法律解决机制研究》《行政主体的理论与实践》等。

第一节　中央行政组织的界定与设置

一、中央行政组织的界定

中央行政组织，是指国家设置的担当中央行政事务，行使行政权的中央人民政府及下属行政机关的集合体。在我国，中央行政组织与地方行政组织相对应，都属于国家行政组织的范畴。对中央行政组织，可进一步分析。

第一，中央行政组织是承担中央行政事务的组织。至于哪些事务属于中央行政事务的范畴，在法律上尚没有严格界定。按照我国《宪法》第八十九条的规定，行政权集中于中央。国务院有权规定各部和各委员会的任务和职责，统一领导各部和各委员会的工作，并且领导不属于各部和各委员会的全国性的行政工作。统一领导全国地方各级国家行政机关的工作，规定中央和省、自治区、直辖市的国家行政机关的职权的具体划分。换言之，国务院有权自行决定具体管理哪些行政事务。虽然随着改革开放的深化，中央行政与地方行政有逐步分化的趋势，但在法律上仍缺乏相应的规定。①

需要说明的是，在我国，军事指挥权由中央军事委员会行使，不属于中央行政组织的权限范围。

第二，中央行政组织由承担国家行政事务的所有中央行政机关构成。行政组织是行政机关的集合体。中央行政组织是中央行政机关构成的组织系统。在此系统中，各行政机关职责权限明确，在国务院的领导下，作为一个整体发挥行政效能。需要说明的是，这里的中央行政机关不仅指行政序列内的行政机关，也包括承担行政职能的事业单位，证券

---

① 关于中央行政组织应当承担哪些职能，详见下一部分的说明。

监督管理委员会、银行业监督管理委员会，还包括承担行政职能的特设机构，如国有资产监督管理委员会。此外，还有议事协调机构和临时机构等。

第三，中央行政组织作为国家的代表进行管理。当然，中央行政组织的管理必须依法进行，即在法定范围内行使职权。由于中央行政组织代表的是国家，因而其管理行为的一切后果都由国家承担。

二、我国中央行政组织的设置

按照《宪法》和《国务院组织法》的规定，中央行政组织由国务院、国务院的组成部门、国务院直属机构、国务院办事机构以及部、委管理的国家局等构成。

（一）国务院

这里的国务院从狭义上理解，指由国务院总理、副总理、各部部长、各委员会主任、审计长和秘书长构成的组织体。按照《宪法》的规定，国务院即中央人民政府，是最高国家权力机关的执行机关，是最高国家行政机关。在行政组织系统中，国务院处于最高地位，能够领导、组织、指挥、协调全国的行政管理工作，能够在内政、外交上代表中国政府活动。国务院实行总理负责制，但重大问题需经国务院全体会议或常务会议讨论。

（二）国务院组成部门

国务院组成部门包括各部、各委员会、人民银行和审计署。根据 2013 年 3 月 14 日第十二届全国人民代表大会第一次会议通过的《国务院机构改革和职能转变方案》规定，国务院现有 25 个部、委、行、署。① 按其职能，

---

① 国务院 25 个组成部门分别是：外交部、国防部、国家发展和改革委员会、教育部、科学技术部、工业和信息化部、国家民族事务委员会、公安部、国家安全部、监察部、民政部、司法部、财政部、人力资源和社会保障部、国土资源部、环境保护部、住房和城乡建设部、交通运输部、水利部、农业部、商务部、文化部、国家卫生和计划生育委员会、中国人民银行、审计署。

国务院组成部门可分为：（1）宏观调控部门，（2）专业经济管理部门，（3）教育科技文化、社会保障和资源管理部门，（4）国家政务部门。①

按照《国务院组织法》的规定，国务院组成部门的设置，由全国人民代表大会决定；在全国人民代表大会闭会期间，由全国人民代表大会常务委员会决定。国务院组成部门实行首长负责制。国务院组成部门承担的职能由国务院"三定方案"②确定。国务院组成部门对外管理中的具体权限由《国务院组织法》和单行法律、法规规定。

（三）国务院直属机构

国务院直属机构是指国务院设立的主办各项专门业务的行政管理部门。按照 2013 年国务院机构改革的决定，国务院现设有中华人民共和国海关总署等 16 个直属机构。③ 和国务院组成部门相比，直属机构有以下特点：其一，直属机构的规格除总局和总署外，低于国务院组成部门，其负责人不是国务院的组成人员。其二，直属机构由国务院自行设置，无须国家权力机关的批准。其三，直属机构的主管业务单一，不具综合性。

（四）国务院办事机构

国务院办事机构是指国务院设立的协助总理办理专门事项的辅助性机构。按照 2013 年国务院机构改革的决定，国务院设有国务院法制办公室等 4 个办事机构。④ 和国务院的组成部门以及直属机构不同，办事机构

---

① 见罗干于 1998 年 3 月 6 日在第九届全国人民代表大会第一次会议上作的《关于国务院机构改革方案的说明》。
② 又称"三定"规定。
③ 国务院 16 个直属机构分别是：海关总署、国家税务总局、国家工商行政管理总局、国家质量监督检验检疫总局、国家广播电影电视总局、国家新闻出版总署（国家版权局）、国家体育总局、国家安全生产监督管理总局、国家统计局、国家林业局、国家知识产权局、国家旅游局、国家宗教事务局、国务院参事室、国务院机关事务管理局、国家预防腐败局列入国务院直属机构序列，在监察部加挂牌子。
④ 国务院 4 个办事机构分别是：国务院侨务办公室、国务港澳事务办公室、国务院法制办公室和国务院研究室。

的主要职能是协助总理办理具体事务，一般不享有独立对外管理的权限。

（五）国务院特设机构

国务院直属特设机构为国务院国有资产监督管理委员会。根据《企业国有资产法》（2008），国务院国有资产监督管理委员会根据国务院的授权，代表国务院对国家出资企业履行出资人职责。

（六）国务院部委管理的国家局

部委管理的国家局是指国务院设置的主管专门业务，由部委归口管理但又具有相对独立性的行政机关。根据《国务院关于部委管理的国家局设置的通知》（国发〔2013〕15号），国务院设有19个部委管理的国家局。① 国家局与受其管理的部委的关系尚无法律规定。根据国务院有关文件的精神，国家局的业务受所在部委领导。

凡重要的事项，如政策的制定，行政规范的起草、修改以及重大业务问题要经部长、委员会主任批准才能上报国务院。国家局的人事、编制和行政事业经费等由国家局自己负责。

（七）承担行政职能的直属事业单位

国务院直属事业单位中承担行政职能的有中国证券监督管理委员会、保险监督管理委员会、银行业监督管理委员会、全国社会保障基金

---

① 国务院19个国家局分别为：国家信访局（由国务院办公厅管理）、国家粮食局（由国家发展和改革委员会管理）、国家能源局（由国家发展和改革委员会管理）、国家国防科技工业局（由工业和信息化部管理）、国家烟草专卖局（由工业和信息化部管理）、国家外国专家局（由人力资源和社会保障部管理）、国家公务员局（由人力资源和社会保障部管理）、国家海洋局（由国土资源部管理）、国家测绘地理信息局（由国土资源部管理）、国家铁路局（由交通运输部管理）、中国民用航空局（由交通运输部管理）、国家邮政局（由交通运输部管理）、国家文物局（由文化部管理）、国家中医药管理局（由国家卫生和计划生育委员会管理）、国家外汇管理局（由中国人民银行管理）、国家煤矿安全监察局（由国家安全生产监督管理总局管理）等部委管理的国家局；国家档案局与中央档案馆、国家保密局与中央保密委员会办公室、国家密码管理局与中央密码工作领导小组办公室，一个机构两个牌子，列入中共中央直属机关的下属机构序列。

理事会。① 这四大直属事业单位都是正部级建制，负责证券、保险、银行和社会保障市场的监管。

（八）国务院议事协调机构和临时机构

国务院还设有 36 个议事协调机构和临时机构，负责涉及几个部门的工作协调或一些临时性的工作。② 议事协调机构一般不设实体办事机构，议定事项由有关职能部门分别负责办理。

---

① 证监会成立于 1992 年 10 月 26 日，保监会成立于 1998 年 11 月 18 日，银监会成立于 2003 年 4 月 25 日，电监会成立于 2003 年 3 月 20 日，2013 年电监会被整合到国家能源局（由发改委管理），全国社会保障基金理事会成立于 2000 年 8 月。

② 国务院 36 个议事协调机构和临时机构分别是：国家国防动员委员会，具体工作由国家发展和改革委员会、总参谋部、总后勤部承担；国家边海防委员会，具体工作由总参谋部承担；国务院中央军委空中交通管制委员会，具体工作由总参谋部承担；全国爱国卫生运动委员会，具体工作由卫生和计划生育委员会承担；全国绿化委员会，具体工作由国家林业局承担；国务院学位委员会，在教育部单设办事机构；国家防汛抗旱总指挥部，在水利部单设办事机构；国务院妇女儿童工作委员会，具体工作由全国妇联承担；全国拥军优属拥政爱民工作领导小组，具体工作由民政部、总政治部承担；国务院残疾人工作委员会，具体工作由中残联承担；国务院扶贫开发领导小组，在农业部单设办事机构；国务院关税税则委员会，具体工作由财政部承担；国家减灾委员会，具体工作由民政部承担；国家科技教育领导小组，具体工作由国务院办公厅承担；国务院军队转业干部安置工作小组，具体工作由人力资源和社会保障部承担；国家禁毒委员会，具体工作由公安部负责；全国老龄工作委员会，具体工作由民政部承担；国务院西部地区开发领导小组，具体工作由国家发展和改革委员会负责；国务院振兴东北地区等老工业基地领导小组，具体工作由国家发展和改革委员会负责；国务院抗震救灾指挥部，具体工作由中国地震局负责；国家信息化领导小组，具体工作由工业和信息化部承担；国家应对气候变化及节能减排工作领导小组，具体工作由发改委承担；国家能源委员会，具体工作由国家能源局承担；国务院安全生产委员会，具体工作由国家安全生产监督管理总局承担；国务院防治艾滋病工作委员会，具体工作由卫生和计划生育委员会承担；国家森林防火指挥部，具体工作由国家林业局承担；国务院三峡工程建设委员会；国务院南水北调工程建设委员会；国务院纠正行业不正之风办公室，具体工作由监察部负责；国务院防范和处理邪教问题办公室，具体工作由公安部反邪教局负责；国务院反垄断委员会，具体工作由商务部负责；国务院食品安全委员会；国务院深化医药卫生体制改革领导小组，具体工作由发改委承担；国务院新型农村社会养老保险试点工作领导小组；国务院促进中小企业发展工作领导小组，具体工作由工业和信息化部负责；中央机构编制委员会；国家海洋委员会，具体工作由国家海洋局承担。

（九）中央行政组织在地方的分支机关

严格地说，中央在地方的分支机关也属于中央行政组织的范畴。但和中央行政机关不同，它们的管辖仅涉及一定行政区域，而不及于全国。这些地方分支机关靠中央财政负担，是国家在地方的直接代表。地方分支机关的人事、业务由中央主管部门负责，和地方政府没有直接关系。目前，我国在地方建立垂直分支机关的国家行政机关有海关、国税、人民银行、边检等。从发展的角度看，中央在地方直接设置分支机关的范围有扩大的趋势。

三、西方国家中央行政组织的设置

为比较分析的方便，对西方国家中央行政组织的设置情况也一并简单介绍。

（一）英国中央政府的设置

在英国，行政权集中于内阁和首相手中，但形式上，英王和枢密院仍为最高统治者和最高行政机关。因而，在说明中央政府的设置时，有必要一并说明英王和枢密院。

1. 英王和枢密院。英国是君主立宪制国家。英国《宪法》规定，英王是英国世袭的国家元首，立法机关的组成部分，法院的首领，联合王国全部武装部队的总司令和英国国教的世俗领袖。英王被看作"一切权力的源泉""国家的化身"。从法律上看，英王大权独揽。英王有权任免首相、各部大臣、高级法官和各属地总督，有权召集、停止和解散议会，有权批准法律，有权进行审判，有权统率军队等。而实质上，英王的权力虚有其表。英王的一切活动，服从于内阁的安排，受制于内阁。英王的实质权力仅为被咨询权、鼓励权和警告权。即英王能对首相、大臣起某种影响作用，而不能起决定作用。

枢密院产生于13、14世纪，原是国王的顾问机构，辅助国王行使行政权，后取得最高行政机关的地位。17世纪后，枢密院的权力开始削弱。到18世纪，随着内阁制度的发展，枢密院日益丧失原有的地位和作用。

目前，枢密院仍是形式上的最高行政机关。枢密院由枢密院顾问组成，枢密院顾问任期终身，为荣誉职。枢密院的主要职权是发布皇家公告和枢密院令。公告用于宣布需要全国周知的事项，如议会的召集、解散、宣战、媾和等。枢密院令主要用于宣布委任立法或者根据英王特权制定的条例。

2. 内阁和首相。英国的内阁始于 17 世纪初期，最初是国王的秘密议事机构，后发展成为实质上的最高行政机关。在 1717 年乔治一世统治时期，因乔治一世不懂英语而停止参加会议，由此形成了英王不参加内阁会议的惯例。一般认为，英国第一个正规的内阁于 1721 年在乔治一世时成立。第一任首相是罗伯特·沃波尔爵士。① 随着资产阶级的发展和壮大，内阁逐渐独立，取得最高行政权，并对国王、议会以及法院形成制约。

内阁的组织没有制定法的明文规定。按照宪法惯例，英国内阁由下议院中席位最多的政党组成。每次大选以后，英王照例授权下议院选举获胜的执政党领袖组阁，并根据他提出的名单任命内阁和政府成员。内阁的人数不定，一般在 20 人左右。内阁的成员主要包括执政党的重要领导人物。内阁会议不定期召开，由首相召集。参加内阁政府的官员，称阁员大臣，与内阁共进退。内阁全体成员对议会集体负责。

内阁的职权同样没有制定法的明文规定。根据宪法惯例，内阁的职权主要有三方面：第一，制定各部政策并提交议会讨论；第二，在议会通过政策后负责监督和贯彻执行；第三，协调和确定政府各部的职权范围。此外，内阁除行使上述"通常权力"外，还可在紧急情况下行使"非常权力"。

内阁下设办公厅和委员会。内阁办公厅为内阁办事机构，负责准备内阁议程，记录内阁和委员会的决定，沟通内阁和各部的联系。办公厅下属机构有中央统计局、史料组、中央政策审查处等。内阁委员会分为常设委员会和临时委员会，为决策性机构。在内阁之下，设有政府各部。

---

① 龚祥瑞：《英国行政机构和文官制度》，人民出版社 1983 年版，第 23 页。

内阁由首相领导。按照宪法惯例，首相由下议院多数党领袖担任。首相享有的职权是，代表政府向英王汇报全部情况；代表政府在议会中为政府的重大政策进行辩护；向英王提出任命内阁成员和其他部长名单，也可要求他们辞职或变更他们的职务；主持内阁会议，决定内阁议事日程；向英王推荐高级法官、主教和对某些其他官员的任命；决定各部职权的划分，决定部的合并和废除；对各部业务进行总的指导，解决各部之间的争议。

3. 中央政府各部。英国中央政府各部为内阁下设的职能部门，统一由内阁领导。部的设置，有的由行使王权的大臣发展而来，有的是以后根据统治的需要由议会立法新建或合并而成。部的数目没有法律限制，一般保持在 21 个以内。部的规模、性质以及组织形式不尽相同。部的工作人员包括政务官和常任文官两类。部由大臣、司局和处三级机构构成。部一级通常有 4 至 6 名负责人，即大臣、国务大臣、政务次长和常务次长等。从性质来看，部可分为五大类：即政治类、经济管理类、教科文管理类、社会事务管理类和地区性事务管理类。英国中央政府各部的职权来源有两部分：一为制定法的授权；二为英王的传统特权。其中，制定法的授权是各部职权的主要组成部分。这里的制定法既包括议会的立法，也包括委任立法。中央政府各部的职权涉及行政管理的各个方面。法定权力的范围，除法律明确规定的权力外，还包括合理的附属权力在内。英王的传统特权是在制定法以外，根据普通法而享有的特别权力。例如，英王不需要议会授权可以制定文官管理规则等。由于英王的大部分行为必须有大臣的副署，由大臣负责，因而英王传统的特权成为政府在制定法外享有的权力。

中央政府各部由大臣领导。按照《国王大臣法》规定，英国大臣分阁员大臣和非阁员大臣两类。前者为入阁大臣，除负责本部门的工作外，还参与决定国家的大政方针。后者不入阁，仅负责本部门的行政事务。非阁员大臣又分为主管大臣、国务大臣和下级大臣三类。此外，大臣还有部门大臣和非部门大臣之分。部门大臣负责特定部门的管理，非部门大臣，如枢密院大臣、掌玺大臣、主计大臣和兰开斯特郡大臣往往担任内阁委员会主席，或受首相指派负责特定事务。

英国除正常意义的部以外，还有一种非部长的部。如内地税委员会、关税和消费税委员会等，这些机构名义上隶属于部长，但在业务方面相对独立。此外，20世纪以来，法律和条例还常规定设置一些咨询机构，为部长提供咨询。

（二）美国联邦行政组织的设置

美国联邦行政组织分为总统、总统办事机构、政府各部和独立机构四部分。

1. 总统。总统是联邦政府的行政首脑，行政组织的核心。总统的地位和作用远超出行政法的范畴，这里仅就其在行政法上的地位和权限予以说明。

联邦总统由各州选民投票选出。总统在联邦行政组织中具有最高地位。总统不对国会负责，但国会有权对行政进行监督，有权弹劾总统。

关于美国总统的职权，美国《宪法》只作了原则规定。《宪法》第2条第1节规定行政权属于总统，但没有明确行政权的内涵和外延。第2节和第3节授予总统任命官员权、缔结条约权、军队统率权、保障法律执行权、领导部属权、减刑权和赦免权。至于美国总统的权力是否只限于宪法列举的范围，联邦最高法院享有解释权。但解释有时严格，有时宽泛。总的来说，总统拥有的权力在不断扩大。具体在行政法上，美国总统的职权主要有四方面：第一，提出立法计划和法律草案，发布行政命令。行政命令可用于各种管理目的，其对象通常为政府机关和官员，也可为公众。一般认为发布行政命令是法律默示的权力，当然，也可根据授权法而取得。第二，编制预算和扣留预算支出。第三，任免联邦政府高级官员，指导下级行政机关的工作。总统对高级官员的任命需得到参议院的批准，而免职则有权单独决定。第四，保障法律的执行。包括在紧急情况下采取强制措施。

2. 总统办事机构。总统办事机构正式创建于1939年，以后多有变动，现设有白宫办公厅、管理和预算局、经济顾问委员会以及国家安全委员会等十几个机构。总统办事机构的设置，有的为法律所规定，也有的由总统向国会提出的改组计划以及行政命令设定。此外，美国的内阁也具有办事机构的性质。内阁由总统比较信任的十几位部长组成。但内阁的存在没有法律依据，也不受国会控制，只是作为总统的顾问班子而发挥作用。总统办事机构辅助总统工作，具有参谋、协调、监督和控制等功能。总统办事机构不是总统和其他行政机关的中间层次。在法律上，它们没有独立的权力，自己不作决定，也不独立对外发布命令。

3. 政府各部。部是总统之下最重要的行政机关，具有执行性质。联邦宪法虽然肯定了部的存在，但并没有明确部的设置权属于哪个机关。根据《联邦宪法》第1条有关国会立法权的概括性规定①，国会认为创设行政组织的权力属于国会。目前美国设有农业部等14个部。政府各部都是独任制机关，由部长负责。部长由总统提名，经参议院同意后任命。

部的组织和职权由法律规定，在国会授权时，总统也可以用行政命令规定。根据法律和行政命令的规定，部长有权制定补充性法规，提出立法建议，领导本部工作，任免低级职员以及受理行政争议。部长受法律和总统的节制，部长要为忠实执行法律向总统负责，但是总统不能改变或减少部长的法定责任。此外，总统没有权力去控制或行使法律赋予部长的权力，就像部长没有权力去控制总统履行他的职责一样。②

4. 独立机构。除上述行政机关以外，联邦政府还设有六十多个独立机构。在法律地位上，独立机构分为三类：第一，部内的独立机构。法律赋予这类机构较大的独立权力，在一定的范围内可以单独地决定政策。第二，隶属于总统的独立机构。这类机构与部完全独立，具有跨部的性质，受总统直接领导。第三，独立的控制委员会。如联邦贸易委员会等。这类机构对总统相对独立。总统对其人员有任命权，但没有自由免职权。

---

① 美国《宪法》第1条第1节第18项规定：为了行使以上权力和宪法授予美国政府和其他官员的权力，国会有权制定一切必要的和适当的法律。

② 查尔斯·A.比尔德：《美国政府与政治》（上），朱曾汶译，商务印书馆1987年版，第266页。

独立机构，尤其是第三类独立机构，是行政分权的技术，是对总统权力的限制。独立机构由国会设置，大多具有立法和准司法的性质。为确保其自由、公正地行使权力，国会在成立这些机构时，赋予其独立地位，以摆脱总统的控制。独立机构一般实行委员会制，由 5 至 7 名委员组成。独立机构的职权由法律规定，一般具有立法权、执行权和准司法权。

此外，联邦政府还设有政府公司从事企业活动。如美国进出口银行和邮政公司等。政府公司的组织由法律规定，政府公司的董事由总统提名，参议院批准。政府公司的权力分为一般权力和特别权力。一般权力为普通法人享有的权力，如以自己的名义签订合同，参加诉讼等。特别权力由法律规定。

（三）法国国家行政组织的设置

法国国家行政组织分为中央行政机关和地方国家行政机关两个层次。中央行政机关包括总统、总理、政府各部和咨询机构等，其管辖范围及于全国。

1. 总统。共和国总统是国家元首、武装部队的统帅，是国家权力的中心。总统由国民普选产生，任期 7 年。按照第五共和国宪法，总统不对议会负责，议会不能直接强迫总统辞职，除非被指控犯了叛国罪。总统同时承担政治方面和行政方面的领导责任，享有广泛的权力。其中，属于行政方面的权力主要有：第一，签署部长会议决定的法令和命令。第二，任命政府成员和其他国家高级文武官员。第三，指导政府活动。现行宪法规定政府的活动由总理领导，但同时又赋予总统广泛的行政权，如主持部长会议、任命总理等。尤其在军事和外交方面，总统握有最终决定权。第四，在紧急情况下有权采取必要的措施。

总统下设总统府，作为总统的幕僚，协助总统行使职权。总统府的机构设置和人员编制依据惯例和总统个人的意见决定，法律对此没有明确规定。总统府有工作人员 500 人左右，设有总统发言人、总统特派员、总统特别顾问、秘书处、总统府办公厅、总统私人秘书处和总统私人军事参谋部。

2. 总理。法国中央政府由总理、国务部长、部长级代表和国务秘书组成。中央政府在法律上是一集体机构，对议会负责。总理由总统任命，是中央政府首脑。总理的职权也涉及政治和行政两个方面。其中，总理的行政权力主要有：第一，行政条例制定权。宪法规定总理确保法律的执行，行使制定条例的权力。中央政府的条例，除宪法规定由总统签署的部长会议决定的法令和命令以及紧急情况条例外，原则上都由总理制定。总理制定的条例包括法律的执行条例和自主条例两类。第二，文武官员任命权。第三，领导政府工作的权力。总理对各部门的工作行使领导权、协调权和监督权。认为各部门制定的命令不当，有权要求部长变更或撤销。第四，监督预算编制权。第五，特别行政权。如根据总统的授权主持部长会议等。

在总理之下，设有总理辅助机关。包括总理府和总理直属机构。总理府设有办公厅、政治总秘书处和军事办公室，具有参谋、协调和监督等性质。总理直属机构是为协助总理主管某项专门业务的，由总理直接领导，主要行使研究、管理、协调和监督等职能。现设有行政和公制总局、政府公报局等十几个直属机构。

3. 政府各部。政府各部是中央专门行政机关，具有执行性质，负责对一种或几种事务的管理。在法国，政府的组织完全独立于立法权以外。没有任何宪法和法律条款对政府部的设置数目及名称作出确切的规定。政府部的设置与名称，完全由共和国总统和总理根据需要自由审定，不受任何限制。虽然法国在过去很长一个时期曾多次努力，试图用法律对部的设置数目和职责分配作出规定，但由于政治方面的原因，始终未获成功。① 现政府设有 20 个部。部的设置受两个原则支配：一是协调原则，主张把互相联系的公务集中在一个部管理。二是专门原则，即根据地域或公务的性质单独组成一部管理。部的组织结构为部长、部长办公厅、司局、处、科和室六级。

政府各部由部长负责。部长由总理提名，总统任命，并随政府的改组而进退。法国的部长包括国务部长、部长、部长级代表和国务秘书。

---

① 潘小娟：《法国行政体制》，中国法制出版社 1997 年版，第 39 页。

其中，国务部长的政治地位最高，大多由政党领袖或重要政治人物充任，受总统或总理的重视。国务部长原来不管部务，现都负责对重要部门的管理。在国务部长之下的是部长。部长是中央政府的主要成员，主管中央各部。至于部长级代表和国务秘书，地位又次于部长。他们中间有的主管一个部，有的隶属于总理，有的隶属于部长。

部长的权力主要属于行政方面，具体包括：第一，部门的组织和领导权。在行政条例对本部的组织规定得不完备时，部长可制定规章补充规定。此外，部长有权对所属公务人员进行管理，有权代表国家签订合同，管理财产，进行诉讼等。第二，主管业务的决定权。第三，对公务法人的监督权。第四，根据法律的授权制定条例。

4. 咨询机构。在法国中央行政机关中，咨询机构占有重要地位。第二次世界大战以后，尤其是七八十年代，咨询机构有了较大发展。据统计，到1986年，咨询机构已达4700个。咨询机构的主要任务是根据行政管理的需要，对各自涉及领域发生的问题进行客观公正的研究，提出意见和建议，供决策者参考。法国咨询机构的组织和活动形式差别很大，按其地位和作用的不同，分别由宪法、法律和法令规定。咨询机构中有些由共和国总统直接领导；有些直属于总理；有些则由各部管辖。几乎每个部都设有自己的专业咨询机构。目前，比较重要的咨询机构有国家行政法院、经济和社会委员会等。

地方国家行政机关是中央行政机关在地方的派驻机构，是中央在地方的代表。地方国家行政机关的设置是国家实施公务的一种组织技术，其目的在于提高工作效率。地方国家行政机关可分为一般权限的行政机关和专门权限的行政机关。一般权限的行政机关包括大区派驻机构和省派驻机构两种。它们是国家和中央政府在一定地域的代表，管理综合性的国家公务。专门权限的地方国家行政机关是中央各部的分支机构，执行中央各部在地方上的公务。

1. 大区派驻机构。包括大区行政长官及其附属机构。大区行政长官是国家在大区的代表，负责执行大区中的国家事务。大区行政长官由大区首府所在地的省长兼任。大区没有设立专门机构，大区省府所在地的省级地方行政机关同时也是大区地方行政机关。确切地说，就是一套机构两块牌子，行使两种不同的职能。① 这种组织方式表明大区行政长官并不是省长的上级领导，他虽然负责协调辖区内省长的活动，作出有些与省有关的决定，但他不能向省长发布指示。按照 1982 年 5 月 10 日法令的规定，大区行政长官的职权为：代表国家管理本区域的事务；负责经济和社会发展及大区国土整治政策的贯彻执行，协调本区域内各省在这方面的活动；领导大区内的国家派驻机构以及对大区的机构和公务法人实施行政监督。

大区行政长官的辅助机构有大区事务总秘书局、大区行政协商会、大区国库主计官等。辅助机构的人员编制由内政部根据大区区域的大小，人口的多少提出，交总理审定。一般为 70 至 80 人。

2. 省派驻机构。省的建制始于大革命时期，在拿破仑第一执政期间确定。省是法国最主要的国家行政区域，其重要性超过其作为地方团体的意义。20 世纪 60 年代以来，大区得到发展，但大区不是省的领导，也不具有同省一样的广泛的权力。因而，大区的存在并没有改变省的重要地位。省派驻机构有省长、副省长和辅助机构。省长是国家和中央政府在省内的代表，掌握省内的全部国家行政权力。省长由内政部长和总理提名，经部长会议讨论通过，总统颁布法令任命。省长的地位不具保障，政府可随时任免。省长的职权规定在 1982 年 5 月 10 日的法令中。其权力主要为：代表国家进行活动；执行法律和政府的决定；管理治安、经济；领导中央各部在省内设立的分支机构，以及对地方团体和地方公务法人进行行政监督。

除省长外，各省还设有若干名副省长协助省长工作。副省长的法律地位和省长相同，由内政部长和总理提名，总统任命。副省长可任专区的行政长官，负责专区的行政管理工作，也可担任省政府秘书长、省长办公厅主任等职务或承担其他使命。省长的辅助机构包括省长办公厅、省府秘书处及若干工作部门，一般为 200 人左右。

---

① 潘小娟：《法国行政体制》，中国法制出版社 1997 年版，第 61 页。

省以下的国家派驻机构有专区和市镇机构。专区是省下的一级行政区划，是省的派出机构，不是一级地方自治团体。国家在市镇的代表是市镇长。市镇长具有双重身份，既是国家在市镇的代表，又是市镇的最高行政长官。

3. 中央各部在地方的派驻机构。中央各部在大区和省都设有派驻机构，负责该区域特定事务的管理。目前，中央各部在大区设置的派驻机构有 30 个左右，在省设置的派驻机构更多。这些派驻机构受到双重领导：既受所属部的领导和指挥，又必须服从所在大区行政长官或省长的管辖。中央各部在地方设立派出机构的目的有两个：一是在全国各地执行中央各部的决定。二是实行权力下放，由派驻机构根据当地的具体情况进行决策。法国的权力下放制度从 20 世纪 60 年代以来有了很大发展。不仅把许多决策权下放给地方派驻机构，而且权力下放的方式也发生了变化。原来实行纵向下放，即中央各部直接将部分权力下放给在地方的派驻机构。其结果造成地方国家行政的不统一和效率低下。目前，纵向下放已为横向下放所代替。即各部首先要将权力下放给大区行政长官或省长，再由后者将权力分配给专门权限的行政机关。

（四）德国中央行政组织的设置

德国也是一联邦制国家，现有 16 个州。与美国的联邦制度相比，德国的联邦制具有特色。如行政权由联邦总理行使，不由联邦总统掌握；联邦政府对议会负责；联邦与州的权力不是按照事权，而是按权力运作过程来划分的。国家的立法权主要由联邦行使，行政权和司法权由各州行使。行政组织法的渊源德国联邦行政组织由联邦总理、联邦各部和联邦其他行政机构三部分组成。

1. 联邦总理。联邦总理是行政首脑，联邦行政组织的核心。联邦总理由联邦总统提名，经联邦议院选举产生。联邦总理需对联邦议院负责。按照《基本法》的规定，联邦总理主要具有 3 项权力：第一，领导联邦政府工作。联邦总理有权决定政府的政策、方针，统管全国的军事、经济、外交、文化和社会等各项工作。第二，领导联邦政府机构。联邦总理有权改组政府、设置部级机构，提名各部部长由联邦总统任免。联邦总理和联邦各部部长组成联邦内阁。内阁会议所作决定，对全体成员都有约束力。第三，军事指挥权。在国家处于"紧急状态"时，有权直接取代国防部长，接管国防军的全部指挥权，为三军统帅。

联邦总理的办事机构为总理府。总理府下设办公厅，法律行政司，内部关系和外部安全司，经济、财政和政策司等机构。总理府主要具有辅助、协调和监督等职能。此外，联邦新闻局也直属总理府领导。

2. 联邦各部。联邦各部为联邦最高行政机关，具有决策和执行性质。联邦各部的设置及其总的规模，《基本法》没有统一规定，由联邦总理组阁时决定，一般为 15 个到 20 来个。部的结构为部长、国务秘书（即副部长）、司长、分管司长和处长五级。

联邦各部由部长领导。各部部长作为内阁成员，参与政府的决策，但在既定方针内，可独立行使职权，领导本部门的工作，并对有关的直属机构行使监督权。为协助部长工作，各部还设有若干辅助机构和私人秘书。

3. 联邦其他行政机构。在联邦行政组织中，除联邦总理外，行政机关可分为四类。其中，联邦各部为最高机关，此外还存在联邦高级机关、联邦中级机关和联邦下级机关。第一，联邦高级机关是联邦各部的直属机构，在业务方面对联邦负责。如联邦管理局、联邦宪法保护局、联邦刑事警察局等。第二，联邦中级机关设在各州，由联邦各部垂直领导。如财政总监、邮政总监和联邦铁路总监等。它们位于联邦最高机关和联邦下级机关之间，履行监督职能。第三，联邦下级机关设在地方政府，也由联邦垂直领导。如海关总署、水与航海署、邮政署等。它们主要具有执行性质，通常为执行某项具体业务而设立。

上述机关的设置，《基本法》第 86 条、第 87 条规定可由法律以及联邦政府颁布的行政法规规定。另外，如果在联邦立法权限内承担新的任务，在紧急需要的情况下，经联邦参议院和联邦议院多数议员的赞同，可以设立联邦中级和下级机关。

在德国，由于联邦法律的实施和执行主要由各州负责，联邦政府仅管理外交、联邦财政、联邦铁路、联邦邮政、联邦水路与航运及航空、军事和国防等，因而联邦行政组织的设置比较简单，规模较小。

（五）日本国家行政组织的设置

日本国家行政组织由内阁、内阁辅助机构、总理府及行政省和审计机关四部分组成。

1. 内阁。日本的第一届内阁于 1885 年 12 月成立。在旧的政治体制下，内阁向天皇负责。第二次世界大战后，《日本国宪法》确立了议会内阁制，内阁由此取得最高行政地位。内阁是行使国家行政权的中枢机关和最高机关。内阁由总理大臣和二十名以内的国务大臣组成，集体对议会负责。如果内阁得不到众议院的信任，则需总辞职。内阁由国会的多数党组成。

按照《日本国宪法》及《内阁法》的规定，内阁行使的职权有：第一，诚实执行法律，总理国务。实际上，内阁不仅参与法律制定，而且有权决定重大国策，国会所通过的法律绝大多数是由内阁提出的。总理国务，就是在内阁总理大臣的主持下，保持国家政务的统一，统辖一切行政机关。第二，处理外交关系。凡重大的外交事务，须经内阁会议作出决定。第三，按照法律规定的准则，掌管有关官吏的事务。第四，编造并向国会提出预算。第五，制定政令。政令不受国会的约束，但原则上以实施宪法和法律的规定为限。第六，决定大赦、特赦、减刑、刑法执行的免除及恢复权利。此外，内阁还享有裁定主管大臣之间发生的争议等其他职权。

内阁行使权力的方式是内阁会议。内阁会议决定的事项，有些是必需的，有些则是任意的。必须由内阁会议决定的事项须以决定的方式作出。

内阁由总理大臣领导。总理大臣由国会中的多数党领袖出任，国会选举后，由天皇任命。根据宪法和法律的规定，内阁总理大臣行使的权力有：第一，主持内阁会议。第二，代表内阁向国会提出法案、预算和其他议案，向国会报告一般国务工作和外交关系。第三，根据法律规定任免国务大臣。第四，根据内阁会议决定的方针，指挥、监督各行政部门。第五，有权中止各行政部门的处分和命令，以待内阁重新作出处理。

2. 内阁的辅助机构。内阁辅助机构的设置是为了协助内阁工作。按照《内阁法》和有关组织法的规定，内阁设有内阁官房、内阁法制局、内阁人事院和安全保障会议等机构。

内阁官房根据《内阁法》设置，其主要职权是：组织和安排内阁会议事项；掌管内阁日常事务；综合调整有关内阁会议的重要事项，对其他行政部门的政策进行必要的综合调整，以保持政令的统一；收集和调查有关内阁重要政策的执行情况。内阁官房设内阁官房长官一人，由内阁总理大臣任命，由国务大臣担任，为内阁成员之一。内阁官房下设内阁参事官室、内阁审议室和内阁调查室。

内阁法制局是内阁的一个重要辅助机构。其职权是：负责审查提交内阁审议的法律案、政令案和条约案；就有关法律问题，向内阁总理大臣和各省大臣申述意见；调查研究有关法制问题以及法制运行情况和其他一般法制问题。

内阁人事院主要管理人事工作。

安全保障会议是审议有关国防重要事项和处理紧急事项的机关。它由内阁总理大臣、副总理、外务大臣、大藏大臣、防卫厅长官、经济计划厅长官、内阁官房长官以及国家公安委员会委员长构成。此外，政务次官会议和事务次官会议也是事实上的重要的辅助机构。

3. 总理府与行政省。在内阁之下，日本设有总理府和 12 个行政省。这是日本国家行政组织的主干部分。总理府和行政省根据相应的《设置法》而设立，在内阁的领导下作为一个整体发挥作用。

总理府由总理大臣担任首长，是统一政府各部政策的重要官厅。根据《总理府设置法》的规定，总理府的职权是：综合调整政府各部门的政策和措施，掌握不属于其他政府机关的行政工作，并负责荣典、统计等项事务。总理府分总理本府和下属机构。总理本府由总务长官领导，负责恩给、统计、荣典等事项。下属机构是 3 个行政委员会和 9 个厅。这些机构为外局，实质上起到行政省的作用。

日本各行政省分管各项事务，其任务和职权由法律规定。在 12 个行政省中，外务省、大藏省和通商产业省的地位最为重要。行政省的结构为省—局—课三级。有些省还设有作为外局的委员会或厅。其中委员会是合议制机关，而厅则为独任制机关。各行政省由各省大臣负责。各省大臣由总理任命，有权领导本机关的工作；参与制定与其职权有关的法律及政令，制定省令；并在主管范围内，有权指挥、监督地方政府首长。各行政省还设有大臣官房辅助大臣工作。

按照日本《国家行政组织法》第九条的规定，府、省、委员会、厅都有权根据法律设置地方分支部局，但其设置、运行的经费由国家负担。为最大可能地实行地方自治，地方分支部局受到严格的限制。府、省、委员会和厅还可依据法律设置审议会、协议会等。

4. 会计检察院。会计检察院根据《日本国宪法》及《会计检察院法》设立，对内阁相对独立。该院由三名检察官组成的检察官会议和事务总局构成。会计检察院有权制定会计检察规则。除书面检察外，会计检察院还有权进行实地检察，还可要求被检察者提供账簿、文书或报告，还可询问有关人员。会计检察的标准为合法性标准、经济性标准、效率性标准和有效性标准等。

第二节　中央行政组织的地位和职能

虽然中央行政组织的存在和国家的存在一样久远，但中央行政组织存在的理由却不相同。在现代国家，中央行政组织建立在人民主权基础之上，基于人民的同意才能存在。人民通过立法来设置行政组织，并委之于行政权力。因此，首先需要探讨中央行政组织的法律地位和职能。

一、中央行政组织的地位

根据我国《宪法》的规定，中央行政组织由全国人民代表大会产生，向全国人民代表大会负责，在全国人民代表大会闭幕期间向全国人大常务委员会负责。和全国人大的地位不同，全国人大是国家权力机关，是民意机关，全国人大代表通过立法来形成国家的意志，而中央行政组织则负责法律的执行、管理全国的行政事务，接受全国人大的监督。因此，中央行政组织主要是法律执行机关，按照依法行政的要求，中央行政组织必须在法律规定的权限范围内活动。

在实践中，由于全国人民代表大会的体制不完善，全国人大立法和决策的范围过窄，决策形式原则，因而，中央行政组织获得大量立法权和决策权，尤其是国务院每年都在制定大量的行政法规，制定大量的政策，而且还直接控制财权。在一定程度上，中央行政组织在实践中的地位高于法律上的地位。

二、中央行政组织的职能

各国宪法对中央行政组织的职能都有规定，但有相当差异。如美国《宪法》第2条第1节规定行政权属于总统，但对行政权的意义没有说明，第2节、第3节列举总统具有任命官员权、缔结条约权、军队统率权、保障法律执行权、要求各部行政长官就其主管事项提出书面意见权、减刑权和赦免权等。应当说，美国《宪法》规定的是美国总统的权力，而非完整意义上的政府职能。再如日本《宪法》第六十五条规定行政权属于内阁，第七十三条规定内阁除执行一般行政事务外，执行下列事务：（1）诚实执行法律，总理国务；（2）处理外交事务；（3）缔结条约，但须在事前或根据情况在事后经国会之承认；（4）依法律所定标准掌管关于官吏之事务；（5）编制预算向国会提出；（6）为实施本宪法及法律之规定而制定政令，但政令中除有法律特别规定授权者外，不得制定罚则；（7）决定大赦、特赦、减刑、免除刑法执行及恢复权利。第六十八条还规定内阁总理大臣有权任免国务大臣。

从理论上说，国家管辖的行政事务或承担的职能可归为以下四个部分。

（一）安全保障

这主要包括对外和对内两个方面。对外，国家应行使国家主权，参与国际政治事务，抵御外来侵略和侵害国家主权的行为，保护我国侨民。对内，国家应确保国家统一，防止分裂，确保公民的人身安全和财产安全，维护经济秩序和社会生活秩序，保护社会公共利益。安全保障是现代国家最基本的职能，也是最基本的行政事务。

国家在安全保障方面的职能主要有：外交职能、军事职能、紧急权力的运用等。其中，各项职能又可分解为具体的管理事项。如外交职能包括制定外交政策的权力，缔结条约和行政协定的权力，承认外国新政府的权力，派遣和接受外交代表的权力等。

需要指出的是，我国国务院只具有部分国防职能，不具有军事指挥权。军事指挥权由国家中央军事委员会承担。

（二）发展经济

现代国家肩负着发展经济、开发资源、发展社会生产力、提高人民生活水平、提升国家综合国力的重任。在经济全球化的今天，不发展就没有任何出路。因而，发展经济已成为现代国家最主要的行政职能。发展经济，既要在宏观上保持经济总量平衡、产业结构优化、健全宏观调控体系和调控手段，又要在微观上制定可行的行业规划和行业政策，维护行业平等竞争等。当然，经济的发展有赖于科学技术的发展。

经济方面的职能又可按多个标准分解。如以行业管理为标准，可将经济管理职能分解为农业、工业、运输业、金融业等方面的管理职能。再如以经济管理过程为标准，可将经济管理权分解为经济政策制定权，市场秩序维护权等。在确定经济方面的职能时，要注意和个人（包括个人的延伸体）经营自主权的界分。国家既要对经济实行宏观调控，又不能侵害个人的经营自主权。究竟哪些事项需要国家干预，哪些事项由市场调节为宜，需要全面研究。

（三）文化建设

文化的内涵非常丰富，不仅限于文学、艺术、音乐，还包括人们的思维方式、思想观念、道德意识、法律传统和生活习惯等。文化建设并不是要对传统文化全盘否定，但必须去其糟粕，并按照现代社会的理念对传统文化加以改造。文化建设和发展经济相辅相成，市场经济的发展需要现代文化的支持；而现代文化的形成又有赖于经济的发展和社会生产力的提高。和发展经济相比，文化的惯性更大，发展也更为艰难。国家承担文化建设职能，意味着国家有义务通过教育提高全民的文化水平和道德意识水准，促进个人的独立和发展。

国家在文化建设方面的职能主要为教育组织职能和文化发展职能等。值得注意的是，文化的发展应当是开放式的，而不是封闭的，应鼓励多向思维，不能用统一的思维模式来禁锢人们的思想。

（四）社会保障

社会保障作为国家行政事务的重要组成部分，是在 19 世纪末叶逐渐发展起来的，主要包括发展社会公益事业、提供社会服务和救助等。社会保障既是对经济发展的支持，也是社会共同发展的需要。国家在社会保障方面的职能主要是环境保护职能、失业救助职能和福利保障职能等。

对中央行政组织的职能，有必要在法律上作出明确规定。这是因为，第一，从人民主权的角度考虑，中央行政组织的职能来自人民的委托，究竟人民赋予中央行政组织多大的职能，需要法律的严格界定。这里涉及国家权力与个人自由的关系，法律必须明确。当然，在设定中央行政组织的职能时，要考虑到国家、社会组织与个人权利的分配。属于个人自治范围内的事情，或者宜由个人自己经营、自我管理的事情，国家不应干预。凡是可由社会组织承担的公共事务，尽可能地交由社会组织完成，如行业管理等。国家承担的应当是不能不承担的基础性的职能。

第二，从依法行政的要求看，中央行政组织的活动要有法律依据。任何行政机关都必须在法定权限范围内活动，中央行政机关也不例外。因此，中央行政组织的职能需要法律的明确规定。

第三，从保护地方的利益出发，需要限定中央行政组织的职能范围。改革开放 30 年来，地方的利益得到了相对肯定。因而从法律上明确中央与地方的各自的职能范围，将有利于地方的发展。究竟应赋予中央行政组织哪些职能，需要系统深入研究。一般来说，中央行政组织的主管事项有三类：第一类是中央行政组织的专属事项，即由中央行政组织决策并直接执行的事项；第二类是中央和地方的共管事项，即由中央行政组织决策，由地方执行的事项；第三类是中央行政组织的监督事项，即由地方行政组织决策并执行的事项，但受中央行政组织监督。

确立中央行政组织专属事项的标准是：一是涉及国家重大利益的事项，如外交、国防、货币、度量衡、邮政、行政区划调整、海关、对外贸易政策、国债等，要由中央行政组织统一负责。二是适宜于有国家承担的事项。如在西方国家，农业的管理原则由中央政府或联邦政府承担。因为和其他产业相比，农业具有弱质性的特点，投资周期长、收益低、风险大、可变因素多，需要财政的大力支持，因而由中央专属管辖比较合理。中央行政组织的专属事项由中央行政组织与其在地方的分支机关承担，与地方各级人民政府及职能部门无关。

确立中央与地方共管事项的标准是：涉及全国性的比较重要的行政事务，如公安、民政、民族事务、计划生育、城乡建设等，可由中央和地方共同承担。对于中央和地方的共管事项，要在中央行政组织与地方行政组织之间进行合理分配。一般来说，这些事务由中央决策并提供一定的财政支持，由地方执行。

至于中央行政组织进行监督的事项，主要是地方专属事项。对这些事项，中央行政组织不能直接干预，但可以依法进行监督，以确保行政目标的实现。

当然，以上仅是列举式的说明。中央行政组织的专属事项、共管事项以及监督事项的确定，是一个庞大的工程，需要对目前中央行政组织管理的事项逐项进行分析论证。

至于中央各行政机关的职能，规定在国务院各行政机关的"三定"规定中。虽然"三定"规定对中央各行政机关的职能配置和权力规范发挥了一定的作用，但存在许多问题。第一，"三定"规定规定了各行政机关的职能，可是"三定"规定由行政机关自行设计而成，缺乏民众参与和科学论证。第二，"三定"规定并没有从根本上解决职能重复、交叉问题，中央行政机关仍存在一定程度的职能交叉。第三，"三定"规定的法律性质不明确。既不是行政法规，也不是规章。在性质上接近于行政机关的内部规定，所以更改起来容易，对行政机关缺乏刚性约束。

三、中央行政组织的权力

中央行政组织的权力应与其承担的职能相匹配，否则职能的履行就会发生困难。中央行政组织的权力包含两个层次：一是中央行政组织的整体权力。通常规定在宪法中，并由具体的部门组织法予以细化。二是中央行政组织中各个行政机关的权力，通常由部门组织法规定。

（一）中央行政组织的整体权力

我国《宪法》第八十九条对中央行政组织的整体权力作了原则规定①，但并不明确。虽然《国务院关于实行分税制财政管理体制的决定》根据财权与事权相一致的原则，但中央财政负担的费用与中央行政组织的权力并不完全一致。中央对一些由地方财政负担的行政事项，仍有行政立法权、决策权和决定权。

对不同职能事项，中央行政组织需要采用不同的权力形式。对专属职能事项，中央行政组织应享有制定行政法规、规章和决策的抽象权力和作出处理决定的具体权力。对共管事项，中央行政组织应具有制定行政法规、规章的权力，但具体处理权应归属于地方。对监督事项，中央行政组织既没有制定抽象的行政法规、规章的权力，也没有具体的处理权力，但可以依法行使监督权。

就管理职能事项而言，中央行政组织在整体上享有行政立法权、行政决策权、行政计划权、行政调查权、行政许可权、行政处理权、行政处罚权、行政强制权、行政合同权和行政指导权等。

1. 行政立法权。我国《立法法》规定了必须由国家权力机关立法的专属事项，但没有就法律规范的事项和行政立法规范的事项作出明确分工，因而行政立法权的界限不清。根据《宪法》和《立法法》的授权，中央行政组织中国务院、国务院组成部门和国务院直属机构都享有行政立法权。② 中央行政组织制定行政法规、规章时，能否为相对人创设权利

---

① 参见我国《宪法》第八十九条规定。

② 关于行政立法权，详见本书的说明。

义务，在《立法法》《行政处罚法》《行政许可法》中已有部分规定，但并不完整，需要在中央行政组织法中予以明确。

2. 行政决策权。行政立法也是行政决策的一种类型，除此之外，行政决策还包括重大项目的决定，如机场建设，体制改革的试点以及紧急措施的采取等。由于我国仍然采用比较集中的管理模式，因而中央行政组织享有大量决策权。

3. 行政计划权。行政计划权是指有权机关确定在未来一定时期内所要实现的规划蓝图的权力。现代行政对经济的积极干预、行政给付及社会保障功能的加强决定了行政计划的必要。行政计划有多种，如城市发展规划、产业规划等。从法律效力角度划分，行政计划分为拘束性的计划和非拘束性的计划。由于行政计划涉及多人利益，因而需要民众的广泛参与。应当指出的是，中央行政组织享有广泛的行政计划权，但重大的行政计划需要立法决定。至于哪些行政计划需要经过立法程序，哪些行政计划可由中央行政组织决定，尚需研究，并可由单行法律法规规定。

4. 行政调查权。行政调查权的主要目的是获得信息，因而是行使其他行政权力的基础。在美国，大多数行政机构有四种调查权：第一，要求相对一方制作记录，包括文件和档案；第二，要求相对一方定期提出报告；第三，签发传票，要求被调查者出席作证，或提供账簿、文件和档案；第四，对当事人的生活住宅和企业宅地进行检查。[1] 我国目前中央行政组织也行使行政调查权，但行政调查的范围、手段以及程序都没有全面规定。

5. 行政许可权。行政许可权是行政机关准许相对人从事有关活动或授予某种资格的权力。中央行政组织握有大量的行政许可权。在国务院清理出的 4195 项许可事项中，由中央行政部门直接许可的就占有一半以上。

---

[1]　William F. Fox, Jr.: Understanding Administrative Law, Matthew Bender 1997, pp. 110 - 111.

6. 行政处理权。行政处理权是指行政机关就具体的事件作出处理的权力。行政处理权的范围很宽，包括前述行政许可权，此外还包括类型化的行政确认权、行政给付权、行政征收权等；也包括非类型化的对特定事项的处理权，如根据教育改革的需要，将某些原来由部委管理的高校划归地方政府管理。

7. 行政处罚权。行政处罚权是行政机关对违反行政法律规范者给予行政制裁的权力，如给予罚款、限制行为能力。和行政处理权相比，行政处罚权具有制裁性，其行使将使相对人处于不利地位。行政处罚权主要由地方政府及职能部门行使，我国中央行政组织也行使部分行政处罚权。

8. 行政强制权。行政强制权是指行政机关为预防、纠正违法和确保行政法上义务的履行而采取强制措施的权力。可分为即时强制权和强制执行权。与行政处罚权同样，行政强制权所具有的强制性、暴力性，将使相对人处于极为不利的地位。中央行政组织行使即时强制权较多，主要为应对危机情况而采取，而强制执行权则主要由地方政府及职能部门采取。

9. 行政合同权。以合同的方式管理行政事务，在当代已不是新鲜的事情，如政府采购合同、公共工程承包合同。和其他行政权的形式相比，行政合同权尊重当事人的意愿，只有在当事人参与的情况下才能实现。中央行政组织也经常采用行政合同的方式来采购物资，建造大型工程。

10. 行政指导权。通过非强制的方式为相对人提供各种指导，是行政权发展的一种新的形式。和其他行政权形式相比，行政指导权不以强制力为后盾，但同样为现代管理所必需。尤其在市场经济体制下，由于市场调节的局限和政府直接干预的不足，决定了行政指导存在的必要。

上述行政权力的行使必须借助于物质手段才能完成，因而国家必须拥有相应的财权。财权具体又可分为三部分，即财政收入权、财政支出权和财产管理权。

1. 财政收入权。财政收入主要包括税收、借款和其他杂项收入。其中，税收是主要的财政来源。由于税收涉及国民的负担，也影响国家经济的发展，因而，税种与税率的设定属于立法权的范畴，在财政收入方面的行政权主要是依法核定税款和征收税款。另外，国家举债借款也直接影响国民的利益和经济建设，因而大额度的借款也需要国家权力机关决定。杂项收入主要是指服务收费、国有企业收入等。自 1994 年国家和地方分税制改革以来，中央集中了税收收入的绝大部分。

2. 财政支出权。财政支出主要有两部分，即固定资产投资和经常性费用。1994 年《国务院关于实行分税制财政管理体制的决定》规定中央财政承担以下费用：国防费，武警经费，外交和援外支出，中央级行政管理费，中央统管的基本建设投资，中央直属企业的技术改造和新产品试制费，地质勘探费，由中央财政安排的支农支出，由中央负担的国内外债务和还本付息支出，以及中央本级负担的公检法支出和文化、教育、卫生、科学等各项事业费支出。①

3. 财产管理权。这里是指决定公共财产的管理形态，履行国有资产出资人的职责。我国已成立国有资产管理委员会负责国有财产的管理。

国家对行政事务的管理必须由具体的机关和人员完成，因而中央行政组织的权力中还必然包含行政组织权和人事管理权。

1. 行政组织权。行政组织权主要由国务院承担。国务院需要按照行政组织法的规定设置行政组织、行政机关；决定行政机关内部机构主管事项、职能的调整；批准公法人的成立、合并和撤销；实施委托管理等。

2. 人事管理权。这也是中央行政组织行政权中最重要的组成部分。行政权运作过程和结果的好坏直接取决于公务员整体素质的高低。人事管理权包括公务员的考试权、录用权、培训权、晋升权、奖励制裁权、退休退职权等。另外还包括对人事争议的裁决权。

（二）中央各行政机关的权力

我国目前对中央各行政机关的权力尚无法律统一规定，其规定散见于单行法律法规中，并且单行法律法规对中央行政机关权力的规定比较原则，缺乏具体性和可操作性。如《农业法》第九条规定国务院农业行

---

① 该《决定》于 1993 年 12 月 15 日制定、1994 年 1 月 1 日起施行。

政主管部门主管全国农业和农村经济发展工作，国务院林业行政主管部门和其他有关部门在各自的职责范围内，负责有关的农业和农村经济发展工作。至于国务院农业主管部门具体享有哪些权力和手段，并不清楚。

第三节　中央行政组织的结构和规模

如果中央行政组织的职能和权力涉及国家对经济、社会的干预程度，影响市民社会的发展和个人的自由，那么中央行政组织的结构和规模将影响到中央行政组织的建构。中央行政组织结构的合理与否，直接决定了中央行政组织的权力能否受到有效制约，能否合理行使，也决定了管理的效率。

一、中央行政组织的结构

中央行政组织的结构，是指中央行政组织由哪些类型的行政机关组成、组织层次和管理幅度。中央行政组织结构中需要解决两个实际问题：一是中央行政机关的类型，二是中央行政组织的组织层次和管理幅度。

（一）中央行政机关的类型

中央行政机关的类型，与中央行政组织的职能相关。一般来说，中央行政组织的职能分为决策、执行、监督、咨询四种。这四种不同性质的职能，要求建立与之相适应的四种不同性质的行政机关。[①]

第一种是决策领导机关。即隶属于行政首长统率下的首脑机关，承担决策和指挥职能，是整个行政管理过程的领导中枢和指挥中心。从国外的情况看，决策领导机关有三种模式：其一是美国式的"总统制"。即由总统个人行使决策领导权并承担全部责任。其二是法国式的"半总统制"。即由总统和总理共同作为决策领导机关，但两者又有职能分工。总统和总理的权限由宪法规定。其三是日本的"内阁制"。这是一种由内阁

---

① 邹钧主编：《日本行政管理概论》，吉林人民出版社 1986 年版，第 71 页。

集体履行决策和领导指挥职能的模式。日本内阁的权限由宪法规定。决策领导机关在法律上的要求是权限明确，责任清楚，并要赋予其足够的控制手段。

由于现代行政事务繁杂，为保障决策领导机关的有效运作，在决策领导机关之下一般都设有辅助性的机关。如美国的白宫办公厅。辅助性机关一般只对所辅助的机关负责，不对外进行管理，也不享有对外管理的职权。

第二种是执行机关。主要承担业务性或事务性工作，组织实施决策领导机关的决议、命令和行政措施。执行机关也有两类：第一类直接受决策领导机关控制，如美国联邦政府的各部，日本的中央各省。第二类独立于决策领导机关，如美国的独立管制机构。这些独立管制机构主要具有执行性质，但同时又具有制定规章和裁决纠纷的权力。

执行机关为实施国家在地方的事务，往往在地方设置垂直的分支机关或派出机关，或者将行政事务委托给地方自治团体完成。

第三种是监督机关。主要承担监督检查职能，以纠正政策执行中的偏差。如日本总务厅下设的行政监察局，美国的行政和预算局都属于此类机关。为保障中央行政组织的合理运转，在许多国家还设立了独立于政府的监督机关，如美国的总审计署，日本的会计院等。这些机关虽然行使的是行政监督职能，但附属于国会，独立于行政机关。

第四种是咨询机关。其主要任务是通过调查研究和分析论证，为决策机关和执行机关提供咨询意见。在现代社会，由于行政机关数量扩大，行政决策技术性加强，以及行政民主趋势的发展，许多国家都非常重视专家智囊的参谋作用，成立了许多咨询机关。如美国在1982年时联邦政府的咨询委员会就达到878个。[①] 日本在二战后也设立了数百个审议会和具有很大权威性的临时行政调查会等咨询机关。在这些咨询机关中，集中了几千名专家、学者和各界的知名人士，他们用科学的方法，承担政

① 王名扬：《美国行政法》，中国法制出版社1995年版，第1051页。

府交给的咨询任务，向政府提供解决问题的各种方案。① 为保证咨询意见不受政府的控制，咨询机关大多相对独立于政府。

此外，决策机关和执行机关的设置还要符合市场经济的规律，遵循"大部制"的原则，不能多环节管理，以避免管理的高成本和资源的浪费。

在西方国家，中央行政组织大都包含上述四类行政机关。

我国中央行政组织也由决策领导机关、执行机关、监督机关和咨询机关四类机关构成。其中，执行机关又分为各部委和直属机构。从这些机关的性质分析，现行设置存在很大不足。一是中央行政监督机关和咨询机关都没有独立的法律地位。国务院监察部和审计署都服从于国务院的领导，而且这些机关在国务院各部门的派出机构受监督机关和所在派驻单位的双重领导，因而很难独立行使监督职能。同样，咨询机关存在于政府内部，缺乏独立性，因而也很难真正行使其咨询职能。二是咨询机关很不发达。这表现在咨询机关的数量极少，而且咨询机关不是按照委员会的形式，由社会各界杰出人士及专家组成，而是按照首长负责制的模式建立，难以真正发挥智囊团的作用。

至于我国目前采用的国务院组成部门、直属机构、办事机构和特设机构的分类标准是否科学，也值得检讨。按照《国务院行政机构设置和编制管理条例》的规定，国务院组成部门履行国务院基本的行政管理职能；国务院直属机构主管国务院的某项专门业务，具有独立的行政管理职能；国务院办事机构协助国务院总理办理专门事项，不具有独立的行政管理职能；国务院特设机构负责国务院的特别事务；国务院部委管理的国家局主管特定业务；国务院议事协调机构承担国务院行政机构的重要业务工作的组织协调任务。遗憾的是，学术界对这种分类标准很少讨论。为什么一些行政机关被设置成国务院的组成部门，而另一些被设置成直属机关或办事机关，国务院组成部门、直属机关和办事机关在法律地位上有何区别，受国务院的控制程度有何不同，特设机构具有何种法律地位，这些问

---

① 王名扬：《美国行政法》，中国法制出版社1995年版，第320页。

题都缺乏深入研究。笔者认为有必要按照行政管理学的基本原理，来构筑新的中央行政机关的分类标准。即在决策领导机关之下，按照辅助机关、执行机关、监督机关和咨询机关的思路来设置中央行政组织。

（二）组织层次与管理幅度

组织层次和管理幅度，是中央行政组织结构中两个重要的因素。层次的设置必须适当，过多过少都会影响行政效率。层次过多，会导致人员、费用、设备的增加，公文旅行，手续繁多；层次过少，事务集中于上层领导，他们精力有限，容易顾此失彼，苦于应付。因此，在组织层次上，必须遵循层次均衡化的原则。即组织体的层次要尽量减少，命令系统的连锁式的关系要尽量缩短。管理幅度是指一级行政组织直接领导和监督的下级组织数目，或者一个领导人直接领导和监督的下级人员数目。管理幅度必须适当，超过一定的限度，就会影响组织的作用和管理的质量。要使组织层次均衡化，组织层次和管理幅度需要保持一定的比例关系。组织层次少，管理幅度就大，组织层次多，管理幅度就小。①

我国中央行政组织在组织层次和管理幅度上存在以下问题：第一，管理幅度过大。表现在两个方面：一是国务院管理的执行机关幅度过大。目前，执行机关的设置过于分散。国务院各部、各委员会中除监察部、审计署外，其他都具有执行机关的性质。另外，国务院的直属机构也可归于执行机关的范畴。这两部分行政机关总和达四十多个，远超出总理个人的直接控制能力，从而需要设置副总理这一管理层次。二是中央行政机关的管理幅度过大。有的部、委设置的司局多在 10 个以上，有的达20 个。第二，组织层次过多。中央行政组织的组织层次为：总理—副总理—部长—副部长—局长—处长—科员等。和国外相比，我国中央行政组织的层次多两个，一是副总理，二是副部长。他们处在总理和部长之间，或部长与司局长之间，分管某一方面或几方面的工作。

组织层次过多，与我国的副职制度有关。在西方国家，副职的设置多是虚职，主要辅助正职负责人的工作，而不是一个组织层次。只有当

---

① 邹钧主编：《日本行政管理概论》，吉林人民出版社 1986 年版，第 72—73 页。

正职负责人缺位时，副职代理正职工作，才真正发挥作用。如日本的次官制度。日本的次官分政务次官和事务次官，政务次官负责执行带有政治性的任务，其主要职责是协助大臣处理一般政务，参与制定政策和实施计划。在大臣出访或不在时，代理大臣职务。而事务次官则由一般的公务员充任，辅助大臣处理省内的事务，监督一切所属部局和机关的工作。①

与西方国家相反，我国的副职多为实职，而且人数较多。由于副职的产生不完全基于正职领导人的意愿，并且大部分行政事务由多个副职分管，因而在一定情况下，副职的存在成为正职管理的牵制力量，在协助的同时，又常常妨碍正职领导人的工作，从而导致内耗和行政效率的降低。因此，对我国的副职制度进行检讨是很必要的。

和副职比较而言，国务委员不是一个严格的组织层次。国务委员通常接受总理的委托，办理特定行政事务。而不像副总理那样，分管几个部门的行政工作。

中央行政组织的组织层次和管理幅度究竟设置多大为宜，尚需进一步研究。从国外的经验和行政学的研究来看，组织层次可为四级：即总理—部长—司局长—处长；管理幅度以6至8人为宜。

二、中央行政组织的规模

行政组织的规模涉及两项内容：一是行政机关的数量以及行政机关内设机构的数量；二是公务员的总定额。在中央行政组织法中，规模问题至关重要。因为它不仅与中央财政的负担有关，而且直接影响管理的质量与效率。中央行政组织的规模应当与其承担的职能相适应。规模过大，机构林立，人浮于事，效率低下；规模过小，人员缺乏，难以胜任和完成所承担的任务。

在现代社会，行政事务剧增，政府的规模有自然膨胀的趋势，所以维持中央行政组织的适当规模已成为当今政府的重要任务。新中国成立

① 邹钧主编：《日本行政管理概论》，吉林人民出版社1986年版，第89—90页。

后进行的 8 次大的机构改革，其主要目的之一就是为了精减机构和人员。中央行政组织规模一再失控的主要原因是缺乏有效的控制手段。从国外的情况看，控制政府规模的手段有两种。

第一种是立法控制。即通过立法来设置行政机关和限制公务员的定员。在这方面比较成功的是日本。在日本，无论是中央行政组织中的府、省、厅、委员会的设置，还是地方垂直分支机关的设置都要通过立法进行。另外，国家行政组织的总定员由法律规定，各行政机关的定员由法令规定，任何人不得突破。由于法律具有刚性约束的特点，因此对控制政府的规模起到了很好的作用。

第二种是预算控制。即通过控制行政机关的行政经费来控制行政机关的人员总额。如在美国，专设总统办事机构行政和预算管理局，负责确定各联邦政府部门和政府机构的活动经费预算，报国会批准。这样，每个机构的活动经费基本上是固定的，人员编制与人均占有的活动经费成反比，人员庞杂则必然导致经费短缺，效率低下。

在我国，对政府规模的控制主要通过行政手段进行。无论是行政机关的设置，还是行政机关的人员定额主要由政府决定，唯一的例外是国务院组成部门的设置要经过国家权力机关批准。如果行政机关需要扩编，则需要征得编制管理部门的同意。和国外的情况不同，我国的中央政府规模既缺乏法律控制，也缺乏预算制约。相反，我国的行政经费从属于人员定额。各行政机关的行政经费与人员定额成正比，致使各部门争相扩大其机构、人员规模，机构、人员的恶性增长得不到有效控制。

我国自 2008 年以来，中央行政组织进行了大规模的改革，围绕转变政府职能和理顺部门职责关系，探索实行职能有机统一的大部门体制。但从目前中央行政组织的设置实际情况来看，中央行政机关的数量仍然过多。国务院除办公厅外，设有 25 个部、委，16 个直属机构，4 个办事机构，19 个部、委归口管理的国家局以及 36 个议事协调机构和临时机构。行政机关设置过多，必然导致职能分散，需要花费大量的时间、精力在各部门之间进行协调，而且极易导致职能交叉，相互扯皮，影响行政效率。从国外的经验和管理的合理性角度看，国务院直接领导的行政机关宜在 20 个以内。此外，可设置一些有相对独立性的归口管理机关，负责大宗事务及特定事务的管理。

中央行政机关内部机构（司局）的设置虽然在 1998 年的机构改革中被压缩 25%，但总量仍然过大。有的行政机关下设 20 个司局，如国家经济贸易委员会。从国外的情况和有效控制的角度看，行政机关的下设司局宜控制在 10 个以下。个别工作任务重的行政机关，下设司局可适当增加，但不得超过 12 个。

至于中央行政组织的人员定额多少合理，值得研究。规模过大，国家财力难以承受，而且容易人浮于事，但也不宜过小。国家每年要出台大量的政策，制定大量的行政法规和部门规章，监督地方的行政管理工作和处理许多突发事件，人员过少无法完成如此大量的工作。实践中，中央政府人员过少造成的弊端是：第一，决策的科学性受到影响。由于人员少，政策研究工作不可能做得十分精细，许多应该履行的程序无法履行，如政策制定过程中的公告程序、听证程序、意见采集说明程序往往被省略。因而，一些政策、行政法规、规章是在没有充分论证的情况下出台的，其科学性、合理性没有保障，结果执行起来困难。第二，对地方缺乏有力监督。按照我国现有的管理体制，地方行政机关是国家在地方的代表，地方行政机关的工作，应受到中央行政机关的严格监督，以保证中央政策的执行。而事实上，由于人员缺乏，中央行政机关很少有能力对地方行政机关的政策执行情况进行实质性的监督。第三，影响公务员的积极性和创造性。由于人员过少，公务员不得不超负荷运转，穷于应付，久之就会影响其工作的积极性和创造性。

从国外的情况看，英国在 20 世纪 80 年代中期中央政府的总编制就为 434000 余人，日本约为 50 万人，美国约为 173 万人①，其人数相对合理。

① 谭健主编：《外国政府管理体制评介》，上海人民出版社 1987 年版，第 50、61、70 页。美国联邦政府的总编制包括在总部的人员，也包括在全国各地的垂直机构。

第四节　中央行政组织的运行机制

这里主要指中央行政系统的职能定位、权力配置、组织结构、控制机制等。如果说前面几部分是从静态的角度分析中央行政组织，这里则是从动态的角度探讨中央行政组织的运行。在中央行政组织的运行机制中，中央对地方的管理体制占有突出地位，因而有必要专门讨论。

一、中央对地方的管理体制

在不同国家，由于国家结构不同，各国中央行政组织的主管事项不同，因而中央对地方的管理体制也有很大差异。

从国外情况看，中央对地方的管理体制主要有如下四种。

（一）美国式的联邦垂直管理体制

在美国，联邦和州的分权主要是行政事务的划分。联邦政府有专属事务，也有共管事务。由于美国是联邦制国家，因而联邦政府对州政府没有行政上的监督权，但可以依法通过司法途径对各州实施法律监督。

联邦政府无论是管理专属事项还是共管事项，都由联邦设置行政机关承担。如美国联邦环保总署除了在华盛顿设有总部外，还设有 11 个办公室分布于美国各地。美国联邦政府的分支机构直接隶属于政府总部，其人、财、物受总部管辖，受总部节制。从严格意义上说，联邦政府在各地的分支机构都属于联邦行政组织的范畴。

这种垂直领导体制的优点在于能迅速忠实执行上级决策，不受地方干预，其不足在于难以取得地方的合作。

（二）德国式的分级管理体制

德国虽然也是联邦制国家，但联邦与州的分权主要不是行政事务的分权，而是管理环节的分权。一般来说，法律、政策的制定在联邦一级，而法律的执行则属于各州的事务。各州可根据具体情况设置行政机关负责法律的执行。对于例外的必须由联邦自行执行的事项，则要设置联邦行政机关执行。如根据《德国基本法》第 87 条、第 89 条的规定，联邦外交事务、联邦财政、联邦水路和航运由联邦行政机关和下属行政机构予以管理。

州对联邦法律的执行分两种情况：一种是作为州自己事务的执行。即各州通过其行政机关或者行政主体将联邦法律作为自己的法律执行。[1] 当法律没有特别规定时，适用此种执行。按此种方式执行时，各州占主导地位。各州的执行权是主要的，但联邦有权参与设置行政机关，制定程序规则，发布一般行政规定，以及监督执行行为的合法性。执行费用由各州支出。[2] 另一种是作为联邦委托事务的执行。和上一种执行方式相比，在此种执行中，联邦有更大的参与权。联邦不仅有权制定有关执行方式和一般行政规定，而且有权审查执行的合目的性，并且发布相应的指令。此外，该种执行的费用支出由联邦负担。[3]

德国的分级管理体制一方面能充分利用各州的机关、人事资源，避免在州政府外设置第二套机关而导致资源的浪费；另一方面能发挥各州的积极性和创造性，从而有利于行政效率的提高。其不足在于联邦行政依赖于各州的配合，缺乏直接实施行政的手段。

（三）法国式的国家垂直管理体制

法国是单一制国家，但国家行政与地方行政分立。地方行政由地方自治团体担任，不受国家的直接干预。国家行政分为中央与地方两部分，相应的，国家行政组织包括中央行政组织和地方国家行政组织两部分。中央行政组织包括总统、总理、部长和一些咨询机关，其管辖范围及于全国。地方国家行政组织作为国家在地方的代表，在一定区域内执行中

---

① ［德］哈特穆特·毛雷尔：《行政法学总论》，高家伟译，法律出版社 2000 年版，第 525 页。

② 见《德国基本法》第 84 条的规定。

③ 见《德国基本法》第 85 条的规定。

央行政机关的事务和行使中央行政机关下放的权力。① 地方国家行政组织管辖的区域，在很多情况下和地方自治团体的区域相同，但与地方自治机关分别设立。地方国家行政组织的设置是国家公务实施的一种组织技术，目的在于实行权力下放制度，提高行政效率。② 地方国家行政组织设有省和大区两个层次。在省之下还设有专区，是省政府的派出机关。

和中央行政机关一样，地方国家行政机关也分为一般权限的行政机关和专门权限的行政机关。前者管理综合性和全面性的国家公务，是最重要的地方国家行政机关，后者是中央各部设在地方上的行政机关。各部在地方上设立分支机构，一方面为了在全国各地执行中央各部的决定，另一方面为了把一部分公务的决定权力，下放到地方机构，根据当地的情况作出决定。在20世纪60年代以前，中央各部把部分决定权直接下放到地方分支机构，但以后进行了改革，各部的权力必须首先下放到一般权限的地方国家行政机关，再由后者分配到专门权限的地方国家行政机关。

从一定程度上说，法国的国家管理体制类似于美国的联邦管理，即在地方设置垂直分支机关实施联邦或国家公务，但又有两方面的差异。一是美国是联邦制，各州的权力较大，并为美国宪法规定；而法国是单一制国家，地方团体的权限相对较小，国家行政的范围较宽。二是美国不设有综合性的地方分支机关，其地方分支机关的管辖区域也常与各州的辖区不相一致，而法国则在地方设有综合性的地方国家行政机关和专门权限的地方国家行政机关，并由综合性的行政机关负责国家行政在地方的实施。

法国模式的特点是国家行政与地方行政分立，国家行政与地方行政分别由两套行政组织系统承担，而且地方国家行政机关的设置比较整齐。

---

① 王名扬：《法国行政法》，中国政法大学出版社1989年版，第58页。

② 王名扬：《法国行政法》，中国政法大学出版社1989年版，第66页。

（四）日本式的国家行政管理体制

日本的国家行政管理体制是法国与德国模式的混合。一方面，和法国类似，日本也是单一制国家，也实行国家行政与地方行政的分立；另一方面，和德国一样，国家行政的决策权集中在中央国家行政组织，国家行政在地方的实施主要委托地方公共团体完成。在少数情况下，国家也设置地方分支机关来直接履行国家行政职能。

和上述国家相比，我国与日本的模式比较接近。首先，行政决策权由中央行政机关行使，地方国家行政机关则负责决策的执行。其次，国家行政在地方的推行，绝大多数情况下依赖地方行政机关，仅在极少数领域实行垂直管理。和日本不同的是：其一，我国不存在国家行政与地方行政的严格划分，所有的公共事务都归属于国家。其二，地方行政机关大多接受双重领导，即受同级人民政府的领导和国务院主管部门的领导。

在我国中央和地方的关系上，存在两个必须解决的问题：一是有无必要实行国家行政与地方行政的分立。二是有无必要维持目前的双重领导体制。关于第一个问题，将在下一章中研究，这里仅讨论第二个问题。当然，这两个问题有密切联系，对第二个问题的回答，在很大程度上取决于对第一个问题的认识。

我国中央对地方的双重领导体制形成于新中国成立初期。1954年制定的《地方各级人民代表大会和地方各级人民政府法》第四十条就已明确规定："省、直辖市人民委员会的各工作部门受人民委员会的统一领导，并且受国务院主管部门的领导……"1979年制定的《地方各级人民代表大会和地方各级人民政府法》继续肯定了该制度。该法第四十条规定："省、自治区、直辖市的人民政府的各工作部门受人民政府统一领导，并且受国务院主管部门的领导或者业务指导……"其中，地方政府的领导主要是在机关设置、人事管理、经费使用和管理行为的控制方面；而国务院主管部门的领导则主要体现在政策上的领导，以及项目批准和管理上，但对地方行政机关没有直接的控制权。

目前实践中的这种管理体制存在三方面问题：第一，难于保证国务院主管部门政策的执行。由于国务院主管部门对地方行政机关没有直接指挥权，更缺乏对地方政府的直接控制，因而，当地方行政机关不执行国务院主管部门的政策时，没有相应的机制纠正。第二，难于保证地方行政管理的统一与协调。由于在主管事务上，地方各行政机关分别受国务院主管部门领导，因而不利于地方政府的统一管理，容易造成各自为政，有些领域的管理还难于得到地方政府的支持，如环境保护管理等。第三，难于控制地方政府的规模。政府对政府，部门对部门的管理思路，极易造成机构林立，规模失控。目前我国地方政府的规模庞大在很大程度上就是这种双重领导体制的直接产物。

鉴于双重领导的上述弊端，有必要改革。我们认为可借鉴国外经验，建立单一领导体制，即国务院和其职能部门直接控制地方政府，但职能部门的控制主要是在政策和执行手段上。

二、中央行政运行机制

我国中央行政运行机制正处于剧烈变革的历史时期。[①] 1978 年以前，适应高强度的计划经济，我国中央行政运行机制的特点为：中央高度集权，中央政府对生产、流通、分配和消费实行全面计划、组织、协调和监控；政企不分，政府直接参与企业的生产经营活动；政事不分、政社不分，所有事业单位、社会和个人都是政府的附属品；在管理方式上，政府过多地使用行政手段而不是经济和法律手段。1978 年以后，中国社会发生了巨大变迁。由于经济市场化程度的迅速提高、社会利益结构多元化的初步形成以及公民主体意识的日益觉醒，我国中央行政组织的运行机制已做过多次调整。如深化国有资产管理体制改革，实行政企分开，政府不再直接经营管理企业；向社会放权，培育社会中介组织；政府加强宏观调控职能，强化服务意识；推行大部制改革，精简机构，紧缩编制等等。通过这些调整，政府管理正从微观走向宏观，从封闭走向开放，基本符合经济发展的要求。

---

① 郎佩娟：《公共管理模式研究》，《政法论坛》2002 年第 2 期。

　　但是，由于我国正处于社会转轨时期，适应计划经济的运行机制余温仍在，而适应市场经济的运行机制尚未完全建立起来，因而，我国现有中央行政运行机制兼有计划和市场双重属性。这种运行机制与市场经济以及社会发展的要求仍有很大差距，在实践中也暴露出许多问题。

　　第一，政府职能过宽。受计划体制的影响，我国政府一向事无巨细，包揽一切。虽然改革开放以来，政府职能几经调整，但离建立有限政府的目标仍相距甚远。表现为：一是政企仍未彻底分开。设立国资委后，国资委能否真正以出资人身份来实现对国有资产的监管，而不是通过行政审批等传统方式加以规制，成为国有企业的"老板加婆婆"，现在下结论还为时尚早。二是政事不分。和政企分立的改革步伐相比，事业体制的改革缓慢。中央行政组织统辖大量事业单位，庞大的事业组织不仅消耗掉国家大量的物力、财力，还因为和行政机关的近亲关系而滋生出许多腐败。事业单位由于长期依赖政府，缺乏相对独立，缺乏竞争意识和淘汰机制，因而得不到快速发展。政府还没有完成从自己办事业到促进社会办事业的转轨。三是行政规制、行政审批过多，极大限制了企业的生产经营和公民的自由活动空间。四是公共管理国家垄断，许多可以由社会自我管理和服务的事情，政府大包大揽，如行业的管理等。

　　第二，权力过分集中。政府的权威来自行政权力，政府适度集权是管理的必要，问题是现有体制下政府集权超过了应有程度。除了前述职能过宽而带来的权力集中外，还体现在政府权力过于集中于中央。法律没有对中央和地方进行严格的事权划分，凡是中央认为适宜于自己决定的事情，都可以自主决定。实践中，行政事务的决策权主要集中在中央。虽然地方有部分立法权，但范围不清，中央可以随时用自己的立法取代地方立法。另外，地方的行政组织设置权、人事权也有相当部分集中于中央。政府的高度集权导致整个行政缺乏活力，还容易引发信息失真，决策失误，效率低下，也不符合民主发展的要求。

　　第三，组织结构不合理。行政组织的结构设计不能违背管理规律，一个结构合理完整的行政组织系统应包含四类机关：即精干的决策指挥机关、相对集中的执行机关、地位独立的监督机关和地位超然、结构扁平化的咨询机关。然而，我国目前中央行政组织不是按照决策机关、执行机关、监督机关、咨询机关的结构设置的。不仅决策、执行和监督缺乏相对分立，而且执行过于分散。另外，国务院分为组成部门、直属机构、办事机构和特设机构，这种分类标准的科学性也值得检讨。

在我国，政府组织结构不合理还表现在部门职能的配置上，许多部门仍然是按照计划经济的要求设置的，条块分割，职能严重交叉。如国务院农业、农村管理职能分散，缺乏对农业、农村的整体管理和农业产前、产中和产后的配套管理。在农业产前、产中、产后的管理上，则涉及 14 个部委（局）。[①] 另外，政府的管理幅度过宽，管理层次过多。

第四，指挥和控制机制不健全。指挥和控制机制在中央行政组织的运行机制中具有重要地位。缺乏有效的指挥和控制机制，容易造成整个体制运行失灵。在我国现行中央体制中，指挥和控制机制是薄弱环节。在纵向上，中央对地方指挥监控不力，导致有令不行，有禁不止；在横向上，政府对职能部门的指挥控制不到位，形成了"弱政府，强部门"的状况。从指挥控制手段看，倚重传统的人事控制，忽略法律控制手段；重视的是事前的工作布置、会议号召、对外宣传，轻视事后的监控。

第五，运行机制缺乏应变能力。我国现有的中央运行机制只是适用于常规情况，在紧急情况或突发事件下如何运行，缺乏法律规定，也缺乏可操作的经验。2003 年"非典"事件就充分反映了我国行政应急体制的欠缺。

从总体上说，现行的中央行政运行机制与社会发展不相适应，一方面权力高度集中，另一方面又存在管理失控。整个运行机制比较僵化，缺乏合理性、协调性和应变性。这里既有中央行政运行机制的问题，也有环境原因。运行机制不是孤立存在的，它植根于一定的社会土壤中，与历史传统、政治状况、经济文化等因素有着千丝万缕的联系。中央行

---

① 杜青林主编：《中国农业和农村经济结构战略性调整》，中国农业出版社 2003 年版，第 443 页。

政运行机制不合理的原因有以下几个方面。

第一，法治传统的缺乏。中国缺乏法治的土壤，几千年的自然经济和封建等级制造就了独特的人治文化，权力本位和特权思想的巨大惰性始终影响着人们的思维，在"集体本位"法律观的支配下，个人从没真正获得过独立地位，以民主为内涵的法治观念一直无以萌生。即便是现在，法律工具主义、义务本位等观念仍影响着人们的思维和行为；相反，民主意识、权利本位、法律信仰、理性精神等却迟迟培养不起来。法治传统的缺乏对我国中央行政运行体制影响至深。例如，政府习惯用高高在上的思维去管理社会，缺乏民主和理性精神。

第二，经济体制的影响。1949 年以后我国实行高度集权的计划经济体制。政府包揽一切，统一配置社会资源，直接经营管理企业。个人、企业和社会团体都被纳入行政组织系统，建立与政府的行政隶属关系，成为政府的附庸。这样，游离在政治国家之外并对政府权力起到分担、协调、监督作用的市民社会，就失去了生长的空间，更无从形成社会权力与国家权力的对峙，中国社会始终保持着一元化的格局。目前，我国正处于由计划经济向市场经济的转型期，一方面，计划经济体制的影响仍将长期存在。部门分立、条块分割、权力集中以及对行政手段的依赖仍是当今中央行政运行机制的特征。另一方面，随着市场经济的发展，社会利益多元化，地方利益、部门利益凸显，传统的控制手段如计划分配、人事控制已在逐渐弱化，而新的法律控制手段还没有真正建立。其结果导致了一方面权力过于集中，另一方面又控制不力。

第三，研究匮乏。我国究竟应建立什么样的中央行政运行机制，既缺乏实证调查，也缺乏深入的理论探讨。中央行政运行机制的研究，尤其是实证研究是一项复杂的系统工程，需要集中人力、物力完成，既需要管理学、经济学、社会学、法学等各方面的理论界人士参与，也需要行政管理部门（包括中央和地方）和广大相对人的参与。我国虽然自新中国成立以来进行过多次机构和行政体制的改革调整，但从没有进行过系统的、开放式的调查研究，也没有全社会的直接参与。另外，对国外行政体制的比较研究也很欠缺。近一个多世纪以来，随着时代的变迁，西方国家的行政体制也适时进行了巨大变革，有许多经验值得参考。但由于了解研究不到位，很少得到有效借鉴。

第四，立法滞后。规定中央行政运行机制的立法落后于社会发展。中央行政组织的一些重要问题如职能、权限、中央对地方的管理体制等都没有见诸法律条文。现有法律是在计划经济体制下制定的，没有反映市场经济对运行机制的要求。① 立法滞后严重影响到中央行政运行机制的建构。

第五节　中央行政组织法的完善

中央行政组织的许多重要问题需要立法解决，即通过行政组织法予以明确和规范。令人遗憾的是，我国目前的中央行政组织法远不能满足现实的需要。

一、立法现状

目前，我国中央行政组织法主要由三部分组成：第一，《宪法》中的规定。如《宪法》第三章第三节规定了国务院的性质、组成、任期、职权以及总理负责制和各部门首长负责制等。此外，《宪法》总纲中的部分条文也适用于国务院。如《宪法》第三条第一款规定："中华人民共和国的国家机构实行民主集中制的原则。"

第二，法律的规定。具体有三种形式，一是完整的行政组织法典，如《国务院组织法》②。该法仅有 11 项条文，在宪法之外规定了国务院的会议制度、行为方式，国务委员的职责，国务院秘书长的设置，国务院部委的设置程序，国务院直属机构与办事机构的设置以及国务院各部门的领导副职制度等。二是单行法律中有关中央政府及各部门的规定，如

①　关于中央行政组织法方面的问题，详见下部分的说明。

②　该法于 1982 年 12 月 10 日由第五届全国人民代表大会第五次会议通过。

《立法法》① 对国务院立法权限的规定等。三是法律性文件。如《第十二届全国人民代表大会第一次会议关于〈国务院机构改革和职能转变方案〉的决定》②。

第三，行政法规的规定。如《国务院行政机构设置和编制管理条例》③。该条例根据《国务院组织法》的规定，进一步明确了国务院行政机关的设置程序，并对编制管理作了规定。

除上述法律条文外，还有国务院的"三定"规定。"三定"规定分别对国务院各行政机关的职能、内部机构和人员编制作了规定。

二、对现行法律的评述

虽然现行中央行政组织法对国务院的运作起到了一定的规范作用，如《国务院组织法》对各部委设置程序的规定有利于对国务院组成部门规模的控制，但现行规定的欠缺、不足之处十分突出。具体表现如下：

第一，内容不完整。现行中央行政组织法对许多重要的问题没有涉及。如对国务院特设机构、国家局、议事协调机构与临时机构、各部门的职能、管理手段和权限等，现行中央行政组织法根本没有规定，或者仅有简略规定，很不全面。

第二，规定过于原则。如《宪法》规定国务院设置副总理和国务委员，但可以设置多少副总理和国务委员，《国务院组织法》没有进一步予以明确。另外，总理和副总理的关系，副总理的权限都不清楚。再如，《国务院组织法》规定国务院行使《宪法》第八十九条规定的职权。但《宪法》的规定非常原则，《国务院组织法》对国务院的职权没有作进一步的界定。

---

① 该法于 2000 年 3 月 15 日第九届全国人民代表大会第三次会议通过，于 2000 年 7 月 1 日起施行，2015 年 3 月 15 日第十二届全国人民代表大会第三次会议进行第一次修订。

② 该《决定》于 2013 年 3 月 14 日由第十二届全国人民代表大会第一次会议通过。

③ 该《条例》由国务院制定，于 1997 年 8 月 3 日发布生效。

第三，形式欠缺。在形式上，主要的问题是没有对国务院①和国务院各部门分别加以规定。国务院和国务院各部门的性质、地位不同，需要解决的法律问题不同，需要分别规定。尤其是国务院各部门的设置标准、结构、规模、运行机制等需要全面规定。而现行的《国务院组织法》以规定国务院为主，仅有四个条文涉及国务院各部门。四个条文显然无法解决与国务院各部门有关的大量组织法律问题。

我国中央行政组织法欠缺的主要原因有4个：第一，依法组织的理念没有形成。由于两千多年中央集权的影响，人们太习惯于运用行政手段解决中央行政组织的设置、权限等问题。改革开放以来，我国已进行了6次大的政府机构改革，都是通过纯行政手段完成的。这种习惯定式影响着人们的思维，也影响着人们的工作方式。在这样一种文化背景下，中央行政组织法的缺失不可避免。

第二，《宪法》规定的不足。如《宪法》第八十九条规定国务院各部委的权力划分、中央和地方的权力划分以及行政编制的审定由国务院决定。这意味着上述问题不必经过权力机关的立法程序，可由国务院自行决定。

第三，管理体制不定型。新中国成立以来，我国一直在探索中央与地方的关系以及中央行政组织的运行机制，加之近三十年来我国处在市场经济的转型时期，经济、行政管理体制尚不完全定型，还处在不断调整之中，这些因素都导致了机构变化的频繁，也决定了对中央行政组织法律调控的困难。

第四，缺乏对中央行政组织法的全面研究。中央行政组织法涉及国家的政治体制、经济体制和行政管理体制，远比其他行政法问题复杂，不仅是行政法学的研究课题，同样还是宪法学、行政管理学等学科的研究内容。遗憾的是，到目前，无论行政法学、宪法学，还是行政管理学，

① 这里所说的国务院从狭义上理解。国务院通常有狭义和广义两种解释。狭义的国务院仅指由总理、副总理、国务委员、各部部长、各委员会主任、审计长、秘书长组成的领导集体。广义的国务院包括狭义的国务院，还包括国务院各部门。

对中央行政组织法都缺乏系统深入研究。理论研究的滞后自然影响了中央行政组织法的发展。

三、西方国家中央行政组织立法的经验

（一）英国中央政府组织法

英国中央政府组织法的第一种表现形式是宪法惯例。这也是最主要的表现形式。涉及中央政府组织的宪法惯例包括英王的法律地位和权限；枢密院的组织和权限；内阁的法律地位、组成、职权和责任；首相的法律地位和职权等。例如，按照宪法惯例，英国国王"统而不治"，只能根据大臣的建议和内阁的忠告而行动，对上述建议和忠告没有否决权。再如，内阁的决议以国王认可作为原则，内阁的议事记录，需尽快呈报国王，首相一切重要政务和国务，都必须向国王报告。在涉及中央政府组织的宪法惯例中，有的已为制定法所规定。如1937年通过的《国王大臣法》对内阁、首相和大臣等都作了明确规定。

中央政府组织法的第二种表现形式是制定法。这主要涉及政府各部的组建以及行政裁判所的设置。在英国，一个原来不存在的部在设立时要由法律规定。因为新部的成立会加重公民的负担，或者妨碍公民的自由。至于已经存在的部的合并、废除或变动不需要立法程序。1975年《英王大臣法》规定政府可用枢密院令把一个部的职能转移到另外一个部，或者取消不再需要的部。前一种命令要报议会备查，如果议会通过决议反对时不能生效，后一种命令需要议会批准。政府也可用枢密院令把某些职权划分由两个或两个以上的部同时行使。①

在英国，行政裁判所是20世纪的产物，一般作为某些行政运作的组成部分而设立。目前，英国设有行政裁判所两千多个，主要解决与行政管理相关的行政上的争端及民事纠纷。在性质上，行政裁判所具有半行政、半司法的特点。行政裁判所通常根据议会法的规定设置，但有时议会法也可能将设立某个裁判所的权力授予一个大臣。制定法可以授权有

---

① 王名扬：《英国行政法》，中国政法大学出版社1987年版，第30页。

关大臣任命裁判所的成员、书记员和其他人员，提供各种设施，通常还授权其为该裁判所制定程序规则。

（二）美国联邦行政组织法

美国联邦行政组织法主要为制定法，包括宪法的规定，国会的法律以及总统命令。美国宪法对行政组织的规定，主要涉及联邦政府的行政权力，联邦总统的选举方法、总统的任期、资格、酬劳和就职宣誓等。宪法也笼统规定了联邦总统的职权。如《宪法》第 2 条第 1 款规定："行政权属于美利坚合众国总统。"《宪法》第 2 条第 2 款规定："总统可以要求每部的主要官员就其主管事务的任何问题提出书面意见。"同条还规定："对于低级官员，法律可以授权总统、法院或部长任命。"

按照美国宪法的要求，行政机关全由立法机关创建。行政机关不能自我设立，也不能为法院所设立。只有当立法机关给予其行政权时，行政机关才能运作。[1] 虽然美国宪法没有明文规定行政组织的创设权属于国会，但《宪法》第 1 条第 8 项第 19 款规定："为了行使以上权力和宪法授予美国政府或任何部或其官员的其他权力，国会有权制定一切必要的和适当的法律。"[2] 美国国会根据这项规定，认为创设行政组织的权力属于国会。当一项新的政府任务出现时，立法机关必须制定法律创设行政机关负责或将该任务规定给已经存在的行政机关执行。这种法律有时称为行政机关组织法，更多的时候称为行政机关设置法。当在国会授权的情况下，总统可以总统令的形式变更国会创设的行政机关。

至于总统的执行机构，其设立的依据既可能是法律的规定、总统根据授权法制定的改组命令，也可为总统发布的行政命令。后者不需要国会的批准。

除联邦总统和各部外，美国还设有大量的独立管制委员会。这些委员会大多独立于总统。它们的组织和职权主要由法律规定。

---

[1]　William F.Fox,Jr.：Understanding Administrative Law Matthew & Bender 1997,p.4.

[2]　《宪法资料选编》第四辑，北京大学出版社 1981 年版，第 229 页。

（三）法国国家行政组织法

法国国家行政组织法采取制定法的形式，主要包括宪法、法律和行政条例。《法兰西第五共和国宪法》规定了共和国总统的法律地位、选举和职权。同时还原则规定了中央政府和总理的法律地位和权限范围。如《法兰西第五共和国宪法》第 20 条、第 21 条规定政府决定并执行国家的政策，总理领导政府的活动，确保法律的执行。法律对行政组织的规定主要涉及行政组织中比较重要的问题，包括总理的权限、政府各部的设置程序，以及适用于巴黎、海外省等地的特殊组织制度等内容。如 1959 年 1 月 2 日关于财政法律的《组织法》第 37 条规定："财政部长在总理的监督下准备提交部长会议讨论的财政法草案。"该规定意味着总理对财政法草案有最后决定权。再如 1945 年 11 月 24 日的法律规定部的设立、废除和职务分配由政府咨询最高行政法院后以行政条例规定。

行政条例对行政组织的规定涉及许多方面的内容。其中重要的有政府各部的设置和职权划分，地方国家行政机关的职权范围等。例如现行的省长职权是由 1982 年 5 月 10 日第 82—39 号关于共和国专员的权力和省内国家公共机构和组织的行动的法令确定的。①

（四）德国联邦行政组织法

德国联邦行政组织法的渊源主要是《德意志联邦共和国基本法》（以下简称《基本法》）的规定。《基本法》不仅明确了联邦与州的权力划分，还规定了联邦共和国总统，联邦政府、行政机关的类型以及行使权力的依据。如《基本法》第 62 条规定："联邦政府由联邦总理和联邦各部部长组成。"第 80 条第 1 款规定："联邦政府、联邦部长……根据法律有权颁布命令。对此，法律必须规定他们的权力内容、目的和范围……"除《基本法》外，联邦法律以及联邦政府颁布的行政法规也可规定行政机关的设置和权限。

---

① 《宪法资料选编》第四辑，北京大学出版社 1981 年版，第 66 页。

（五）日本国家行政组织法

日本奉行行政组织法定原则①，所有的国家行政机关都由法律明确规定。从法律渊源来看，日本的国家行政组织法包括宪法的有关规定，如《内阁法》《国家行政组织法》，府、省、委员会和厅设置法和《行政机关定员法》，各种审议会设置法或设置令以及有关国家行政组织的省令、府令等。

日本宪法设专章规定了内阁的地位及职权。如《日本宪法》第六十五条规定："行政权属于内阁。"《内阁法》进一步明确了内阁的组成，并对内阁总理的地位及权限、内阁行使权力的方式以及内阁官方的设置等都作了具体规定。如《内阁法》第二条规定："内阁由内阁总理大臣和二十名以内的国务大臣组成。内阁行使行政权，共同对国会负责。"第十一条规定："无法律委任，政令不得制订赋予义务或限制权利的规定。"

为规范国家行政组织的设置，日本制定了《国家行政组织法》。该法规定了行政机关设置的基准，还明确规定中央行政机关及地方分支部局的设置需经过立法程序。根据《国家行政组织法》的规定，日本制定了总理府、各行政省、委员会和厅的设置法。如《法务省设置法》《公安调查厅设置法》等。这些设置法一般规定该行政机关的任务、职权、内部机构及其事务分工、附属机关以及地方分支部局的设置等。对行政机关内部机构具体课室的设置与分工，则由政令规定，并由省令、府令等予以补充。如《法务省组织令》《法务省组织规程》等。

此外，为控制国家行政组织的整体规模，日本还制定了《行政机关定员法》，并由府令、省令具体加以实施。

（六）西方国家中央行政组织立法的特点

上述五个西方国家中央行政组织法的状况表明，行政组织法在西方国家颇受重视。尽管每个国家的中央行政组织法律制度各不相同，并且各有千秋，但又有一些共同的特点。具体可归纳如下。

---

① ［日］室井力主编：《日本现代行政法》，吴微译，中国政法大学出版社1995年版，第270页。

1. 各国宪法都规定了行政组织的基本设置与权限。无论是遵循宪法惯例的英国，还是采用成文宪法的美国、法国等，宪法惯例或成文宪法中都涉及行政组织的设置及权限。从某种意义上说，行政组织法是一个宪法问题。近现代的宪政建立在国家权力分工的基础之上，行政组织作为行政权的承担者，自然不能为宪法回避。宪法通常规定行政权的归属，中央政府的设置和职权以及联邦制国家联邦和州权力的划分、单一制国家中央和地方的关系等问题。当然，宪法的规定有很大局限，无法穷尽行政组织的所有问题。行政组织的其他问题只能通过一般的立法加以规定。

2. 实行行政组织法定原则。无论是行政主体制度，行政组织的权限，行政机关的设置、职能和编制，以及中央和地方的关系等都要依法或依法令、政令设定，其他任何机关和个人都无权决定。行政组织法定原则在西方国家已成为行政法治的应有之义。

从以上五个国家的情况看，行政组织立法的载体模式主要有两种：①

第一种模式是制定一套完整的行政组织法规。日本是这一模式②的典型代表。在日本，除宪法对内阁和地方自治等重大行政组织法问题进行规定外，还有《内阁法》《国家行政组织法》和《地方自治法》等一系列规范行政组织的法律、法令。即在一般的行政管理法之外单独存在一套行政组织法体系。该体系对行政权的范围，行政机关的设立标准，各个行政机关的具体任务，主管事项、权限以及内部机构的设置和编制都有明确规定。由于日本重视对行政组织的规范和控制，因而行政组织精干、整齐、稳定、高效，对战后日本经济的发展做出了巨大贡献。在美国，行政组织法规体系虽不如日本那样整齐划一，但行政组织的设置原则由法律规定。联邦总统的行政权以及联邦和各州的权力划分由宪法规定，另外，联邦各部的设置、独立机构的设置等都属于立法事项。当然，在国会的授权和监督之下，总统有权合并旧的部和设置新的部。

---

① 关于西方国家行政组织法的立法模式，见本书第十章的说明。

② 这一载体模式具体又可分为两种，即日本模式和美国模式，见本书第十章的说明。

第二种模式为重要的行政组织问题由宪法、法律规定，其他的行政组织问题由中央政府以条例等形式自行决定。英国、法国和德国都属此类模式。在英国，行政权的范围以及首相的地位和权力源于宪法惯例，地方制度由法律规定。另外，一个原来不存在的部的设立也要由法律规定，因为新部的成立会加重公民的负担，或者妨碍公民的自由，但是已经存在的部的合并、废除或变动不需要立法程序，可由政府决定。在法国，总统、总理的职权由宪法规定，国家的行政组织体制及地方组织制度由法律规范，但中央政府各部的设置属于自主条例规定的事项，中央政府可在咨询最高行政法院后确定。在德国，行政组织的重要问题都规定在《基本法》中，联邦法律和行政法规也规定行政组织，但联邦各部的设置及职权分配由总理组阁时决定。

3. 强调行政组织的结构符合行政管理规律。国家的行政管理活动是一整体，有规律可循。从功能上看，行政管理可分为决策、执行、监督三项主要功能和信息、参谋、承办具体事务等辅助功能。为保障行政活动的有效、统一，不同的职能要由不同的行政机关承担，并赋予这些行政机关不同的法律地位和职权。上述五国行政组织的设置大多反映了行政管理的要求。如各国中央政府设置的行政机关都有四类：第一类是决策和中枢指挥机关。如总统、总理等，具有最高行政权。第二类是参谋和辅助机关。如美国总统的办事机构，法国的行政法院，日本的各种审议会等。这类机关具有中立或内部性质，不独立对外。第三类是执行机关。如中央政府各部等。这类机关承担部分行政事务，在总统、总理的统辖下独立行使职权。第四类是监督机关。如美国的联邦审计局、日本的会计检察院等。这类机关的地位相对独立，负责对政府工作进行监督。

此外，各国中央行政组织的设置都强调简洁、分工明确，管理层次和幅度适中，并力求将行政组织的整体控制在一定的规模内。这都反映了行政管理的规律。

4. 强调中央对地方的监督和控制。无论在联邦制国家还是在单一制国家，中央对地方的监督和控制都普遍受到重视。这一方面是因为国家的许多行政事务要靠地方政府完成；另一方面，国家要保证各地的均衡发展，保障公民的发展机会平等。从中央控制地方的方式来看，主要有四种：即立法控制、财政控制、行政控制和司法控制等。在中央与地方的关系上，地方自治是民主政治的必然要求，已成为现代国家发展的主旋律。但同时，通过法律手段保障国家法律的实施，政令的统一也变得格外重要。当代国家的这一发展已充分体现在各国的行政组织法律制度之中。

四、完善中央行政组织法的思路

我国中央行政组织法的完善需要从体系与内容两方面着手。在体系上，除宪法规定外，中央行政组织法可由三个层次的法律规范性文件构成。第一层次的法律包括"国务院组织法"和"中央行政机关设置标准法"。前者具体规定国务院的地位、职权，国务院总理的权限等；后者规定中央各行政机关的设置基准，中央行政组织的结构和规模等。第二层次的法律为各"中央行政机关设置法"。具体规定各个中央行政机关的地位、主管事项、权限、内部结构框架及人员定额等。第三层次的法律为各行政机关的设置法规，具体规定各行政机关的内部构成，各内部机构的主管事项、权限、人员定额等。

在内容上，需要将中央行政组织的重要问题纳入法治的范畴。上述各个法律的内容具体探讨如下。

（一）"国务院组织法"的基本内容

由于国务院（决策领导机关）的地位重要，性质特殊，因而需要专门规定。"国务院组织法"可考虑规定以下内容。

1. 国务院的组成、地位和性质。国务院作为中央行政组织的决策领导机关，显然要由中央行政组织中承担重要行政职务的人员组成。如总理、副总理、重要部委的负责人等组成。至于组成人员是否需要设定限额，尚需研究。从国务院承担的任务性质看，国务院是决策领导机关，因而人数不宜过多，否则难以形成一致意见，影响决策效率。从国外的经验看，凡是实行内阁制的国家，其内阁人员总数一般限于25人以内。如《日本国内阁法》第二条规定："内阁由内阁总理大臣和二十名以内的国务大臣组成……"我国的国务院组成人员一般都超过40人，有必要减少。

国务院的地位和性质在宪法中已有规定，如《宪法》第八十五条规定："中华人民共和国国务院，即中央人民政府，是最高国家权力机关的执行机关，是最高国家行政机关。"第九十二条规定："国务院对全国人民代表大会负责并报告工作；在全国人民代表大会闭会期间，对全国人民代表大会常务委员会负责并报告工作。"为保证"国务院组织法"的完整性，可在该法中重申宪法的有关规定，并将有关规定具体化。

2. 国务院的职权、工作制度。宪法虽对国务院的职权作了规定，但非常原则。因此，"国务院组织法"有必要对国务院的事权以及行使权力的方式作进一步规定。如明确规定可以制定行政法规的行政事项。

至于国务院的工作制度，应当明确究竟由总理负责还是由国务院集体负责。对重大问题的决策权是属于总理还是国务院组成人员组成的领导集体。

3. 国务院总理的权限。现行"国务院组织法"虽规定总理领导国务院的工作，召集和主持国务院全体会议和常务会议，以及签署有关的决定、命令和行政法规等，但对国务院总理职权的规定并不完整。如总理能否直接中止行政机关的决定和命令，总理能否裁决各部门的权限争议等，都不明确。"国务院组织法"需要对国务院总理的权限作出全面规定。此外，"国务院组织法"还应规定代理制度。当总理外出、因病或其他原因不能行使权力时，由副总理代行其职务，其责任由代理人承担。

4. 国务院副总理的设置。前揭所述，副总理的设置，不宜过多，否则会导致管理层次增加，不符合管理规律，也不利于效率的提高。我国可借鉴国外的经验，设置一名副总理，协助总理工作。

至于国务委员的设置，应当取消，以减少组织层次。如果因为外交或处理突发事件的需要，可设置临时性的总理特别助理。此种职位也应有数量限制。

(二)"中央行政机关设置标准法"的基本内容

制定"中央行政机关设置标准法",是为了对中央行政组织的许多重大问题作出规定,以规范中央行政机关的设置。该法适用于除国务院以外的所有中央行政机关,包括中央行政机关在地方的垂直分支机关。该法应规定的具体内容为:

1. 中央行政组织的设置原则。如依法设置、结构合理、协调统一等。

2. 中央行政机关的设置基准。需要规定设置哪些类型的中央行政机关,各类中央行政机关的规格、性质、地位、内部结构等。目前使用的中央行政机关分类标准,即国务院组成部门、直属机构、办事机构的分类标准需要重新考虑。

3. 中央行政机关的设置程序。如本书第四章所述,现行行政组织的设置程序大多为行政机关的内部程序,其民主性、合理性都很欠缺。因此,在确定中央行政机关的设置程序时,要考虑民主、公正、公开等要求,以确保中央行政机关的设置符合管理的需要。

4. 中央行政组织的规模。包括中央行政机关的规模、各行政机关内部机构的规模和中央行政组织人员总定额。

5. 中央行政机关负责人的权限、副职设置等。

(三)中央行政机关设置法的基本内容

目前,我国对中央行政机关的职能、内部机构和人员定额的控制是通过"三定"规定实现的。"三定"规定属于行政机关的内部规定,不具有法律属性。为进一步明确中央各行政机关的职责权限,实现组织行政过程中的民主与公正的价值追求,需要在"三定"规定的基础上,制定各"中央行政机关设置法"。该类法律应根据上一层级的"中央行政机关设置标准法"制定,以定职能、定机构和定人员为主要内容。具体包括:

1. 行政机关的职能和权限。对中央各行政机关的职能和权限,"三定"规定只作了笼统规定,为明确具体起见,对上述两项内容有必要分别规定。对行政机关职能的规定需要科学论证。一是要合理确定国家与个人、社会中介组织各自的活动空间；二是要注意中央各行政机关职能的合理配置，避免职能分散和交叉。

2. 行政机关的机构设置。这里包括内部机构、地方垂直分支机关以及对外派驻机构等。中央行政机关设置法可对各行政机关的机构及职能作原则规定，如是否设置地方垂直分支机关。至于具体如何设置各内部机构，可由国务院以行政法规的形式规定。国务院可根据变化了的情况及时对各行政机关的内部机构及职能进行调整。

3. 行政机关的人员编制。这里主要包括人员定额和领导职数等。

4. 行政机关的工作制度。该行政机关是实行首长负责制还是委员会负责制，需要根据行政机关的性质予以明确规定。

（四）中央行政机关设置法规的基本内容

根据各中央行政机关设置法的精神和原则，国务院可采用行政法规作进一步的规定。包括规定各内部机构的主管事项、权限以及处室的设置。中央行政机关设置法与中央行政机关设置法规虽然规范的对象相同，但各自的侧重面不同。这里涉及中央行政机关设置权的分工问题。从原则上说，设置一个中央行政机关并委于其行政权限，应属于立法机关的权力范围；而中央行政机关行政权限在内部机构之间如何分配，如何设置更小的机构来承担具体事务则属于国务院及中央各行政机关的权限。

中央行政组织法的体系和内容大致如上。有两个问题需要说明：一是上述内容涉及对现有宪法的修订。如将中央各行政机关的职权划分、中央行政组织的编制审定等原来由国务院行使的职权，改为由国家立法机关行使。从依法行政、确保行政组织合理和管理高效的角度出发，对现行宪法的规定作适当修订是十分必要的。二是中央行政组织对地方的管理体制涉及中央与地方，政府与社会的关系，应在"行政组织基本法"中规定。

| 第八章 |
地方行政组织法

石佑启　　北京大学法学博士，广东外语外贸大学党委副书记，教授，博士生导师。主要研究方向为行政法与行政诉讼法、公务员法和区域法治问题。发表论文 100 余篇，出版专著数部，主要有《论公共行政与行政法学范式转换》《私有财产权公法保护研究》《论部门行政职权相对集中》。入选教育部新世纪优秀人才支持计划，入选国家百千万人才工程，被授予"有突出贡献中青年专家"荣誉称号，享受国务院政府特殊津贴。

第一节　地方行政组织法概述

一、地方行政组织的概念、特征与构成

(一) 地方行政组织的概念与特征

在人类社会中，组织就是将一定的社会群体组合成一个整体。美国社会学家帕森斯主张以功能和目标为标准将组织分为经济生产组织、政治目标组织、整合组织和模式维持组织。① 其中，政治目标组织是指为了保证整个社会达到自己的目标而进行权力分配的组织，行政组织属于政治目标组织的一种形态。

地方行政组织是我国行政组织体系的组成部分，有广义和狭义之分：狭义的地方行政组织仅指地方政府各级行政组织按一定方式结合而成的整体，也即地方政府组织。在传统的行政法理论下，地方行政组织是指享有国家行政权、管理行政事务，通过权责分配、结构安排、人员配备而构成的地方行政机关的完整体系，是相对中央政府组织而言的。我国是单一制国家，只有中央政府能代表国家行使主权，地方政府组织依法统一设置，对中央政府负责。广义的地方行政组织除了上述地方政府组织外，还包括政府以外的承担公共行政职能的社会公共行政组织。随着经济社会的发展，政府不可能也无必要承担所有的公共行政职能，社会公共行政组织对公共行政职能的承担成为必然，地方行政组织的内涵与外延因此会发生变化，不仅地方政府组织，承担公共行政职能的社会公共行政组织也是地方行政组织的组成部分。本章采用广义的地方行政组织的概念。

我国地方行政组织具有下列特征。

---

① 参见郑杭生主编：《社会学概论新修》，中国人民大学出版社 1994 年版，第 248 页。

1. 职能的广泛性。地方行政组织承担的是地方公共行政职能，包括经济、文化、教育、体育、卫生、交通、邮电、社会保障、国土环境等诸多方面，呈现出广泛性特征，其根本任务在于组织相关的人力、物力、财力为本区域提供行政管理与服务，维护一定层次公共利益与个体利益的平衡。

2. 履责的服务性。首先，地方政府组织是履行公共行政职能、提供公共服务的组织，服务性是其本质属性，它应履行法定职责，保护公民的合法权益；其次，在市场经济快速发展和经济全球化的背景下，地方政府组织应当转变职能，积极向社会放权，形成政府与社会的有机衔接，有效提供公共服务，更好地实现公共行政的目的。

3. 地方政府组织具有地域性、国家性和执行性的特征。首先，地方政府组织是设在地方（省、市、县、乡）的国家行政组织，与中央行政组织相比，具有地域性特征；其次，地方政府组织是国家在一定区域范围内设立的行政组织，代表国家行使国家行政权；最后，地方政府组织既是国家整体利益在一定行政区域内的贯彻者和落实者，也是一定行政区域内地方局部利益的代表者和执行者；它既要向中央人民政府负责，又要向地方人民代表大会负责。

4. 社会公共行政组织独立承担公共行政职能，与地方政府组织并无行政上的隶属关系。社会公共行政组织因特定的履责需要而设立，独立于地方政府组织之外，在其职责范围内履行公共行政职能。以城市居民委员会为例，作为基层群众性自治组织，居民委员会按照居民的居住状况和便于居民自治的原则设立，承担办理本居住区居民的公共事务和公益事业、调解民间纠纷、协助维护社会治安等公共职能，在市辖区人民政府、不设区的市人民政府或其派出机关——街道办事处指导下工作，双方是指导与被指导的关系，而非领导与被领导的关系。

（二）地方行政组织的构成

1. 传统意义上地方行政组织的构成

在传统的行政法理论下，地方行政组织被等同于地方政府组织。《辞海》对"地方政府"的解释是："'中央政府'的对称。设置于地方各级行政区域内负责行政工作的国家机关。"① 《法学词典》对"地方政府"的解释是："'中央政府'的对称。设置于地方各级行政区域内负责行政工作的机关"。② 学者们亦指出："从内涵上讲，地方政府是中央政府的对称，是中央政府设置于地方各级行政区域内负责行政工作的国家机关。"③ 可见，传统意义上的地方行政组织是地方行政机关和行政机构的合称。

2. 现代地方行政组织的构成

现代公共行政的发展使得政府已经无法承担所有的公共行政职能，承担公共行政职能的非政府公共组织亦成为公共行政的主体，行政权力包含了国家行政机关的行政权力及非政府公共组织的社会公共行政权力，④ 行使行政权力主体——地方政府组织及政府以外的社会公共行政组织均应纳入地方行政组织的范畴，地方行政组织应当包括地方政府组织和社会公共行政组织。

（1）地方政府组织。地方政府组织包括地方政府和地方政府行政机构。地方政府是相对中央政府而言的，管理特定行政区域内公共事务的地方各级人民政府，它是地方各级人民代表大会的执行机关，是地方各级国家行政机关。根据我国宪法的规定及实践中的设置情况，地方政府分为省（自治区、直辖市）、市（设区的市、自治州）、县（自治县、不设区的市）、乡（民族乡、镇）人民政府四级。地方政府行政机构包含政府职能部门、派出机关及其内设机构。地方政府职能部门是指在地方政府组织内设立相应的工作部门，负责本行政区内某一方面的公共行政事务。派出机关则包含了行政公署、区公所和街道办事处。地方政府组织

① 参见夏征农主编：《辞海》（上），普及本，上海辞书出版社1999年版，第1503页。
② 参见《法学词典》（增订版）"地方政府"条，上海辞书出版社1984年版，第280页。
③ 李明强主编：《地方政府学》，武汉大学出版社2010年版，第2页。
④ 参见石佑启、陈咏梅：《论法治视野下行政权力的配置与运行》，《江海学刊》2014年第2期。

可划分为一般地方政府组织和特别地方政府组织，一般地方政府组织是指一般行政区划内设立的政府组织；特别地方政府组织包括民族区域自治地方政府组织和特别行政区政府组织。

（2）社会公共行政组织。社会公共行政组织是指承担公共行政职能的政府以外的非政府公共组织。在社会转型背景下，我国社会公共行政组织具有一定的特殊性，包括受政府支配的独立性较差的社会公共行政组织和独立的社会公共行政组织两类，且受政府支配的社会公共行政组织占主导地位，主要包括了非营利性事业单位、社会团体、行业组织、基层群众性自治组织、民办非企业单位等。

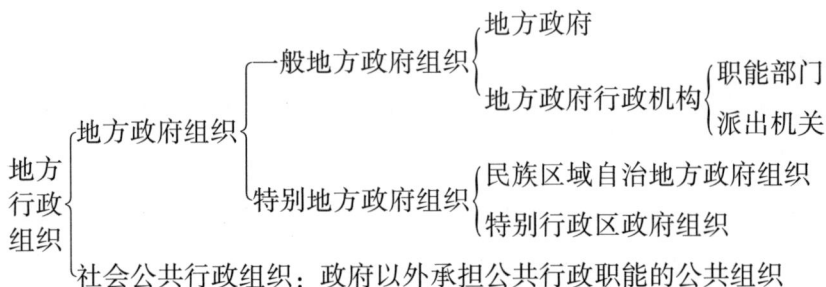

地方行政组织构成示意图

从上图可以看出，构成地方行政组织的组织机构体系庞杂，层次众多，应当保证这些组织机构的权责一致、权责界限明晰、机构设置合理、人员配备科学，以促进地方行政组织的规范高效运行。

二、地方行政组织法的含义与功能

何谓地方行政组织法，学界尚无统一的观点。应松年教授等认为，"行政组织法是规范和控制行政组织的法律，是与组织行政和行政组织有关的法律规范的总称。""地方组织法是设定地方制度，规范地方组织的法。"[1] 姜明安教授认为，"行政组织法就是关于行政机关和行政工作人

---

[1] 应松年、薛刚凌：《行政组织法研究》，法律出版社2002年版，第14、182页。

员的法律规范的总称，是管理管理者的法。"① 在国外如法国、日本，行政组织法都包括对行政主体制度的设定和对国家行政组织、地方公共团体的行政组织和其他准行政组织的规定。② 参考国外对行政组织法的界定，结合我国的实际，我们将地方行政组织法定义为，地方行政组织法是有关地方行政组织及其设置、运行等的法律规范的总称，包含对地方政府组织及社会公共行政组织的一系列立法。地方行政组织法主要有如下功能。

1. 明确地方行政组织的性质及与其他国家机关的关系。地方行政组织法首先应当明确地方行政组织的性质及与其他国家机关的关系，在立法上对地方政府组织进行准确定位。地方政府组织与社会公共行政组织的性质、法律地位及相互关系，地方政府组织与地方权力机关的关系，地方政府与中央政府的关系等均应在立法中进行规定。在这些关系中，亟待解决的问题主要有：社会公共行政组织的法律地位及其与政府组织的关系、中央政府与地方政府的关系等。

2. 合理设定地方行政组织的权力。地方行政组织享有的行政权应当源自人民的授予，能够设定行政权的最根本的法律是作为人民根本意志体现的宪法，但宪法的规定往往比较原则、抽象，需要地方行政组织法的进一步明确。在宪法的指导性规定之下，地方行政组织法应当就地方行政组织享有的行政权作出具体规定，明确地方行政组织的权力范围，尤其是地方政府组织的权力范围，为依法行政提供基本依据和奠定基础。

3. 规范地方行政组织的设置及其组织结构。地方行政组织的设置是地方行政组织法的核心内容之一。地方行政组织设置的基本原则、设立标准、组织结构、职能机构、人员编制等均应由地方行政组织法进行规定。从我国地方行政组织及其权力运行存在的问题来看，以立法的形式规范地方行政组织的设置及其组织结构为当下亟待解决的主要问题之一。

---

① 姜明安主编：《外国行政法教材》，法律出版社1993年版，第115页。
② 参见李树忠：《国家机关组织论》，知识产权出版社2004年版，第241页。

尤其应当注意的是，地方行政组织的规模直接影响国民的负担和行政效率，应当以权威、规范的编制立法予以规范。

三、我国地方行政组织法的立法现状

我国现有的地方行政组织法主要由地方政府组织法构成，统一的社会公共行政组织法尚付阙如。

1. 地方政府组织法

现有的地方政府组织立法主要由一般地方政府组织法、民族区域自治地方组织法、特别行政区组织法几部分构成，主要体现为《宪法》《立法法》《地方各级人民代表大会和地方各级人民政府组织法》《民族区域自治法》、特别行政区基本法（含《香港特别行政区基本法》《澳门特别行政区基本法》）及其他单行法律法规的规定。

（1）《宪法》关于地方政府组织的规定。《宪法》关于地方政府组织的条文主要有第九十五条、第一百零五条、第一百零六条、第一百零七条、第一百零八条、第一百零九条、第一百一十条。该法第九十五、一百一十条规定：省、直辖市、县、市、市辖区、乡、民族乡、镇设立人民代表大会和人民政府。地方各级人民代表大会和地方各级人民政府的组织由法律规定。地方各级人民政府对本级人民代表大会负责并报告工作，县级以上的地方各级人民政府在本级人民代表大会闭会期间，对本级人民代表大会常务委员会负责并报告工作。地方各级人民政府对上一级国家行政机关负责并报告工作。全国地方各级人民政府都是国务院统一领导下的国家行政机关，都服从国务院。第一百零五条规定：地方各级人民政府是地方各级国家权力机关的执行机关，是地方各级国家行政机关。地方各级人民政府实行省长、市长、县长、区长、乡长、镇长负责制；第一百零七、一百零八条分别规定了地方各级人民政府依法管理本行政区内行政工作的职权及领导体制；第一百零九条规定了县级以上地方各级人民政府的审计监督制度。

（2）《立法法》关于地方政府组织的规定。2015 年修正的《立法法》关于地方政府组织的条文主要有第八十二条、第八十三条、第八十四条、

第八十五条、第八十六条，对特定地方政府就本行政区内的行政管理事项制定行政规章的权力进行了确认。该法第八十二条规定了地方政府规章的制定主体及立法事项；第八十三条规定了地方政府规章的制定程序；第八十四、八十五、八十六条规定了地方政府规章应当经政府常务会议或者全体会议决定，并由地方政府首长签署命令予以公布及公布后的公开要求。依据《立法法》的规定，省、自治区、直辖市和设区的市的人民政府享有地方行政立法权，有权根据法律、行政法规和本省、自治区、直辖市的地方性法规制定地方政府规章。

（3）《地方各级人民代表大会和地方各级人民政府组织法》关于地方政府组织的规定。《地方各级人民代表大会和地方各级人民政府组织法》关于地方政府组织的条文主要有第一条、第五十四条、第五十五条、第五十六条、第五十七条、第五十八条、第五十九条、第六十一条、第六十二条、第六十三条、第六十四条、第六十五条、第六十六条、第六十七条、第六十八条。该法第一条规定：省、自治区、直辖市、自治州、县、自治县、市、市辖区、乡、民族乡、镇设立人民代表大会和人民政府；第五十四条规定：地方各级人民政府是地方各级人民代表大会的执行机关，是地方各级国家行政机关；第五十五条规定了地方各级人民政府对本级人民代表大会和上一级国家行政机关负责并报告工作。县级以上的地方各级人民政府在本级人民代表大会闭会期间，对本级人民代表大会常务委员会负责并报告工作。

全国地方各级人民政府都是国务院统一领导下的国家行政机关，都服从国务院。

地方各级人民政府必须依法行使行政职权；第五十六、五十七、五十八条分别规定了地方各级人民政府的组成，地方各级人民政府的秘书长、厅长、局长、委员会主任、科长的任命办法，以及地方各级人民政府的任期；第五十九、六十一条分别规定了县级以上地方各级人民政府及乡、民族乡、镇人民政府的职权；第六十二、六十三、六十四、六十六条分别规定了各级人民政府的实行行政首长负责制及领导体制和会议制度，以及地方各级人民政府工作部门的设定方式和对县级以上地方各级人民政府的审计监督；第六十五、六十八条分别规定了地方各级人民政府的厅、局、委员会、科设置正职、副职领导，及派出机关的设置情况；第六十七条规定了地方各级人民政府对设在本行政区域内不属于自己管理的国家机关、企业、事业单位实施协助和监督。

（4）《民族区域自治法》关于地方政府组织的规定。《民族区域自治法》关于地方政府组织的条文主要有第十五条、第十七条、第十八条、第三十四条。该法第十五条规定：民族自治地方的自治机关是自治区、自治州、自治县的人民代表大会和人民政府。民族自治地方的人民政府对本级人民代表大会和上一级国家行政机关负责并报告工作，在本级人民代表大会闭会期间，对本级人民代表大会常务委员会负责并报告工作。各民族自治地方的人民政府都是国务院统一领导下的国家行政机关，都服从国务院。民族自治地方的自治机关的组织和工作，根据宪法和法律，由民族自治地方的自治条例或者单行条例规定；第十七条、十八条分别规定了民族自治地方各级人民政府的领导体制及在领导干部中合理配备区域自治的民族和其他少数民族人员的原则；第三十四条规定了各级民族自治地方人民政府在各项开支标准、定员定额上的自治权。

（5）特别行政区基本法关于地方政府组织的规定。1990 年 4 月 4 日第七届全国人民代表大会第三次会议和 1993 年 3 月 31 日第八届全国人民代表大会第一次会议分别通过的《中华人民共和国香港特别行政区基本法》《中华人民共和国澳门特别行政区基本法》规定了特别行政区是中华人民共和国的一个享有高度自治权的地方行政区域，直辖于中央人民政府，其地方行政长官具有双重法律地位，既是特别行政区的首长，代表特别行政区，同时依照基本法的规定对中央人民政府和特别行政区负责。特别行政区政府是特别行政区的行政机关，其首长是特别行政区行政长官；香港特别行政区政府下设政务司、财务司、律政司和各局、处、署；澳门特别行政区政府设司、局、厅、处。

（6）其他单行法律法规关于地方政府组织的规定。第一，其他单行法律的规定。其他单行法律对地方政府组织的规定主要涉及对地方政府组织职责、职权等的规定。如《森林法》第九条规定了省、自治区人民政府对民族自治地方的林业生产建设，依照国家对民族自治地方自治权的规定，在森林开发、木材分配和林业基金使用方面，给予比一般地区更多的自主权和经济利益；《计量法》第六条规定，县级以上地方人民政府计量行政部门根据本地区的需要，建立社会公用计量标准器具，经上级人民政府计量行政部门主持考核合格后使用；《城市房地产管理法》第十一条规定，县级以上地方人民政府出让土地使用权用于房地产开发的，须根据省级以上人民政府下达的控制指标拟订年度出让土地使用权总面积方案，按照国务院规定，报国务院或省级人民政府批准。第二，其他单行法规的规定。其他单行法规对地方政府组织的规定同样也主要涉及对其职责、职权等的规定。如《国务院行政机构设置和编制管理条例》第二十四条规定，地方各级人民政府行政机构的设置和编制管理办法另行制定。

国务院行政机构不得干预地方各级人民政府的行政机构设置和编制管理工作，不得要求各级人民政府设立与其业务对口的行政机构。

通过《宪法》《立法法》《地方各级人民代表大会和地方各级人民政府组织法》《民族区域自治法》、特别行政区基本法等的规定，明确了地方政府是地方国家行政机关及地方各级国家权力机关的执行机关，履行本行政区域内的公共行政职能，实行行政首长负责制；民族自治地方政府组织是民族自治地方的自治机关，行使宪法规定的地方国家机关的职权，同时依照《宪法》《民族区域自治法》和其他法律的规定行使自治权；特别行政区享有高度的自治权，同时必须接受中央人民政府的管辖。

2. 社会公共行政组织法

对于政府以外的社会公共行政组织，我国尚无专门的统一立法加以调整和规范。现有的相关立法以《社会团体登记管理条例》《民办非企业单位登记管理暂行条例》《事业单位登记管理暂行条例》《村民委员会组织法》及《城市居民委员会组织法》为主，以《注册会计师法》《证券法》《律师法》《公益事业捐赠法》等特别法和其他地方性法规为辅助。①
如《社会团体登记管理条例》第二条规定，本条例所称社会团体，是指
中国公民自愿组成，为实现会员共同意愿，按照其章程开展活动的非营
利性社会组织。这就对社会团体的非营利性作了界定；又如，依据《村
民委员会组织法》《城市居民委员会组织法》的规定，村民委员会与城市
居民委员会被定位为基层群众性自治组织。总体来说，现有的社会公共
行政组织立法较为分散，缺乏统一立法的规范，立法的层级不高，亟待
完善。

第二节　我国地方行政组织结构及其职权

一、我国地方行政组织结构

（一）地方行政组织结构概述

所谓地方行政组织结构，是指构成地方行政组织的各要素按照一定
的规律和方式组合而成的完整体系。从对行政组织结构的已有研究来看，
无论是以二维视角还是以三维视角，往往都将地方行政组织结构等同于
地方政府组织的组织结构。② 这种观点具有一定的局限性，已经不能科学
阐述地方行政组织结构的全部内涵，需要对其加以重新认识。

地方行政组织包括地方政府组织和社会公共行政组织，地方行政组
织结构既应包括地方政府组织结构，也应包括社会公共行政组织结构，
还应包括两者的关系结构。地方政府组织结构、社会公共行政组织结构

---

① 石佑启、陈咏梅：《论社会管理主体多元化与行政组织法的发展》，《法学杂志》
2011 年第 12 期。

② 参见朱国云：《试论行政组织结构体制的重塑》，《江海学刊》1995 年第 6 期；李
水金：《三维行政组织结构：一种新的研究视角》，《云南行政学院学报》2007 年
第 3 期。

以及两者的关系结构共同构成了地方行政组织的结构体系。其中，地方政府组织结构为地方行政组织结构的核心部分。

1. 地方政府组织结构

（1）横向结构。地方政府组织的横向结构也可称为管理幅度，是指地方政府或行政首长直接领导或有效管理的下层单位或人员的数量。横向结构有宏观和微观之分，宏观的横向结构是指一级政府内部的部门分工，微观的横向结构是指一个部门内部各个机构和职位的划分。

影响横向结构的因素主要有：组织环境、领导者的能力、下级人员的素质、组织体制、组织文化以及工作和沟通条件等，如行政组织所处的环境越复杂，下级人员的能力越低，管理幅度就应当越小；反之，如果领导者的能力越强，管理层次越少，管理幅度就可以越宽。横向结构体现了上级组织或领导对下级的管理效能，也体现权力的集中与分散的程度，管理幅度过大或过小都有可能影响管理的实际效能。如果管理的幅度过窄，上级的权力就可能过于集中；如果管理的幅度过大，权力则可能过于分散。国家行政组织的横向结构应当合理设置，在充分考虑相关影响因素的前提下保持一个适当的幅度。

（2）纵向结构。地方政府组织的纵向结构也可称为管理层次，是指地方上下级政府以及地方上下级政府所属部门所形成的关系形式，表现为从高层管理者到具体执行人员的不同层次，体现了决策者与执行者之间的距离。地方政府组织的纵向结构同样有宏观和微观之分，宏观的纵向结构是不同层级地方政府之间的分工，依据宪法规定及实践中的设置情况，我国地方政府从纵向上划分为省（自治区、直辖市）—市（自治州、设区的市）—县（自治县）—乡（民族乡、镇）四级；微观的纵向结构是指各级地方政府工作部门内部层级的分工。

纵向结构呈金字塔的形状，上下级有严格的隶属关系。一般而言，在纵向的层级上，决策者与执行者的层级越少，决策者对执行者的控制就越有力，信息沟通就越及时准确，执行的效率也就越高，因而，地方政府组织的纵向结构，同样应当在充分考虑相关因素的前提下，保持一个适当的层级。

（3）纵横向结构之间的关系。地方政府组织的横向结构与纵向结构不是相互割裂，而是相互作用和影响。在组织规模一定的情况下，纵向的管理层次与横向的管理幅度在组织结构中成反比关系，管理幅度大而层次少，行政组织的外部形态呈"扁平状"，这种组织结构形式分权优势比较明显，有利于发挥各组织成员的积极性；反之，横向的管理幅度小而纵向的管理层次多，行政组织的外部形态呈"金字塔状"，这种组织结构形式集权优势比较突出，有利于命令的服从与执行，传统的地方政府组织结构往往呈现出这样一种多层级的集权性组织形式。

2. 社会公共行政组织结构

作为一种独立存在、独立运作的组织形式，社会公共行政组织的组织结构区别于严格的科层式政府组织的结构模式，相互并不具有隶属关系，呈现出一种较为松散的平行结构形式，在各自的职能领域独立履行公共行政事务管理职能。在社会公共行政组织内部，为保障组织职能的有效实现，存在纵向的管理层级，一般包括决策层级、管理层级以及具体的操作层级。为有效实现对社会公共行政事务的管理，社会公共行政组织还应当具备一定的组织规模和人员数量。因此，社会公共行政组织结构应当包含各组织之间的平行结构形式、组织内部的纵向管理层级以及社会公共行政组织规模结构三项内容。

3. 地方政府组织与社会公共行政组织的关系结构

地方政府组织与社会公共行政组织的关系结构主要涉及两者是否具备行政隶属关系、各自的权力范围及两者的规模比例三方面的内容，其合理性影响着地方行政组织结构的科学性。

（1）两者是否具备行政隶属关系。社会公共行政组织并非政府的附属机构，与政府并无隶属关系，社会公共行政组织应当在自己的职能范围内独立履行职责，并独立承担其行为的法律后果，这是社会公共行政组织保持其独立性的基本要求。当然，社会公共行政组织的独立性并不意味着其行为不受任何约束，相反，对社会公共行政组织及其行为的法律监督是法治社会的题中应有之义，政府的监督是其中一个重要的内容，但是，监督关系与隶属关系是两种不同的法律关系，两者不能混淆，更不能等同。

（2）各自的权力范围。首先，两者的活动界限与政府的职能观有关。如果政府职能观为全能型，那么社会公共行政组织的职能将是非常有限的；如果政府职能观是有限的，那么社会公共行政组织将获得与政府分担公共行政职能的机会和空间。其次，两者的活动界限与公共行政的社会化程度相关。公共行政的社会化程度越高，社会管理创新越深入，社会公共行政组织的活动范围就越宽，反之则越窄。世界银行在《1997年世界发展报告：变革世界中的政府》中指出，一切政府的基本任务是确保实现经济和社会持续发展的五个基本条件：为法律和产权奠定基础；保持非扭曲性的政策环境，包括宏观经济的稳定；投资于基本的社会服务与基础设施；保护承受力差的阶层；保护自然环境。这些基础性工作以外的领域，政府不是唯一的公共产品和公共服务的提供者，社会公共行政组织可以而且应当积极参与。最后，两者的活动界限与社会公共行政组织的发达程度有关。社会公共行政组织越发达，自主与自治能力越强，能够承担的社会公共事务就越多。

地方政府组织与社会公共行政组织的活动范围并非永恒不变的，随着社会的变迁，两者处于不断的变化和发展之中，需要进行动态调整，这也对行政组织理论提出了更高的要求。

（3）两者的规模比例。地方政府组织与社会公共行政组织的规模比例应当是合理的。对地方政府组织的要求是：其机构设置和人员规模应当以满足职能范畴内的公共行政管理职能为限，过大会导致机构重叠、人浮于事等弊端，过小则难以承担其应当履行的公共行政职能。对社会公共行政组织的要求是：社会公共行政组织的组织规模和人员规模应当能够满足社会公共行政事务的管理需要，弥补政府权力的不足，形成有效的权力与职能衔接。

（二）我国地方行政组织的结构形态

1. 地方政府组织结构

依据《宪法》《地方各级人民代表大会和地方各级人民政府组织法》《民族区域自治法》等的规定，并结合实践，地方政府组织结构呈现出以下结构形态：

（1）横向结构

第一，宏观上的横向结构。宏观上，我国现设有 34 个省级行政区（包括 23 个省、5 个自治区、4 个直辖市和 2 个特别行政区）；332 个地级行政区（其中地级市 284 个）；2766 个县级行政区（其中市辖区 795 个）；约 4 万个乡（民族乡、镇）一级行政区。[1] 第二，微观上的横向结构。微观上省、自治区政府工作部门为 40 个左右，直辖市政府工作部门为 45 个左右，大城市政府工作部门为 40 个左右，中小城市政府工作部门分别为 30 个和 22 个左右，自治州政府工作部门为 25 个左右，较大的县政府工作部门为 22 个左右，中等县和小县政府工作部门分别为 18 个和 14 个左右。[2] 在工作部门之外，各地方人民政府往往还设有一定数量的临时机构和议事协调机构，这些临时机构和议事协调机构虽然不具备独立的法律地位，但仍是国家行政组织的组成部分。

（2）纵向结构

第一，宏观上的纵向结构。依据现行宪法的规定，地方政府的纵向层级为省（自治区、直辖市）人民政府—县（自治县、不设区的市）人民政府—乡（民族乡、镇）人民政府三级。但在实践中，省级政府设置的派出机关——行政公署事实上执行着一级政府的职能；1984 年开始启动的涉及全国范围的"撤地建市"行政区划改革，客观上使原先被定位于省级政府派出机关的行政公署脱胎为一级独立的政府，地方政府的纵向层级由此发生变化；20 世纪 90 年代进行的被称为"撤县建市"（包括"撤县建区"和"撤市建区"）的行政区划改革使得我国地方政府的纵向层级再次发生了较大的变化。由此，在地方政府层面，有的省、自治区下设自治州、设区的市，自治州、设区的市下辖自治县、县或者区，县（自治县、区）又设乡（民族乡）、镇，实际上已经形成了地方人民政府的纵向四级结构形式，即省（自治区、直辖市）人民政府—市（自治

---

[1] 中华人民共和国国家统计局编：《中国统计年鉴 2012》，中国统计出版社 2012 年版。

[2] 参见薄贵利：《论优化政府组织结构》，《中国行政管理》2007 年第 5 期。

州、设区的市）人民政府—县（自治县、不设区的市）人民政府—乡（民族乡、镇）人民政府四级。从全国的范围来看，除4个直辖市、海南省以及广东省等部分省份实行局部的省直接管辖县、县级市以外，地方人民政府的纵向层级以四级制为主。

第二，微观上的纵向结构。各级人民政府都设有一定层级的工作部门，各工作部门又内设若干层级的工作机构。以省级人民政府为例，省级人民政府下设厅、委、局等工作部门，各厅、委、局又内设办公室、处、科等工作机构。

第三，省以下垂直管理的部门。这种情形主要有：工商、地税、药监、质监等，国土资源管理局在干部任免上实行省以下垂直管理。

2. 社会公共行政组织结构及其与地方政府组织的关系

如莱斯特·萨拉蒙所言："我们正置身于一场全球性的'结社革命'之中。历史将证明，这场革命对20世纪后期世界的重要性丝毫不亚于民族国家的兴起对于19世纪后期世界的重要性。其结果是，出现了一种全球性的第三部门即数量众多的自我管理的私人组织，它们不是致力于分配利润给股东或董事，而是在正式的国家机关之外追求公共目标。"[1] 据民政部统计，截至2014年6月底我国登记在册的社会组织共56.1万个，其中社会团体29.4万个、民办非企业单位26.4万个、基金会3736个。

在社会管理与公共服务领域，社会公共行政组织已经逐步成为公共治理的重要主体，发挥着越来越重要的作用。但同时，我国的社会公共行政组织存在一定的特殊情况，现阶段的社会公共行政组织包括受政府支配的社会公共行政组织与独立的社会公共行政组织两类。受政府支配的社会公共行政组织指由政府扶植成立，直接或间接受政府资助、支持因而也受到政府控制与支配的非政府公共组织；独立的社会公共行政组织指自发成立并自主开展活动的社会公共行政组织。

---

[1]　何增科：《公民社会与第三部门》，社会科学文献出版社2000年版，第243页。

受政府支配的非政府公共组织主要包括了事业单位和绝大多数社会团体,往往是由政府自上而下设立的,政府对这些非政府公共组织从产生、运行、资金来源、活动方式、管理体制等有严格的限制和规定,独立性较差,甚至作为政府的附属机构或者派出机构在发挥作用,与政府的关系是受到政府严格的控制和支配,而非合作互动的关系。独立的社会公共行政组织未得到政府的特殊帮助,因而也不直接受政府的控制与支配,独立性较强,但数量、规模、活动能力与范围还较为有限。

(三)地方行政组织结构存在的问题

我国地方政府组织结构、社会公共行政组织结构及其与地方政府组织的关系结构均存在一定问题,需要客观审视并加以优化。

1. 地方政府组织结构存在的问题

(1)横向结构不合理。在横向组织结构方面,存在宏观管理幅度的狭窄性与微观管理幅度的繁杂性的矛盾。一是在宏观管理幅度上,省级人民政府平均下辖 10.7 个地市级行政区,地市级人民政府平均下辖 8.6 个县级行政区,县级人民政府平均下辖 15.5 个乡镇一级行政区。国外主要国家行政区的管理幅度普遍要大于我国,如一级行政区的管理幅度,俄罗斯为 89 个,美国为 51 个,日本为 47 个;二级行政区的管理幅度,美国为 62 个县、380 个市,日本为 69 个,德国为 20.5 个;三级行政区的管理幅度,法国为 375 个,德国为 26 个。[①] 与国外同级行政区的管理幅度相比,我国的宏观管理幅度显得较为狭窄。二是在微观管理幅度上,地方各级人民政府均下辖相当数量的下属机构及各种各样为处理临时性问题设立的临时机构,以及为协调、处理、解决机构间的问题和矛盾而设立的各种各样的议事协调机构等,机构设置名目繁多。

(2)纵向结构不合理。一是纵向层级过多。实践中,地方政府组织的宏观纵向层级已经突破宪法规定的层级要求,形成实际上的省(自治区、直辖市)—市(自治州、设区的市)—县(自治县、市辖区)—乡

---

① 转引自刘俊德等编著:《中外行政区划比较研究》,华东师范大学出版社 2004 年版,第 220 页。

（民族乡、镇）四级制；微观上各级人民政府、政府各部门内部再细分为若干层级，宏观和微观的纵向层级设立过多。二是垂直管理部门与所在地方政府的关系尚未理顺。实施垂直管理的主要目的在于缓解上下级地方政府之间的条块矛盾。随着垂直管理部门的增多，垂直管理力度的加大，地方政府与垂直管理部门之间矛盾加剧：一则，在"垂直管理模式下，过多的职能部门被'垂直'划归上级管辖，必然带来地方政府组织功能的残缺，使本级政府的一些职能被架空，对地方事务的调控能力受到削弱"①，形成了一个不完整的地方政府组织体系；二则，垂直管理部门虽然在管理上实行了主管部门的垂直管理，但由于所在地都在地方，"在业务工作、人事关系、后勤保障等方面仍有赖于地方，垂直管理力度容易受地方左右。"②

2. 社会公共行政组织结构及其与地方政府组织关系结构存在的问题

（1）社会公共行政组织未能满足社会发展的需求。第一，社会公共行政组织的数量与规模尚不能满足社会发展的需求。随着市场经济的发展，我国的社会公共行政组织虽然获得了较为迅速的发展，但与其可以且应当承担的公共行政事务管理职能相比，与我国的人口数相比，与其他国家相比，我国的社会公共行政组织的数量和规模仍然非常有限，尚不能满足社会发展的需求。有学者比较了法国、日本、比利时、匈牙利、美国、新加坡、印度等15个国家和地区每万人拥有的非营利组织数，我国大陆只有1.45个，是法国的1.3%，日本的1.5%，新加坡的10%，即使与我国台湾地区相比，也只是其15.5%。③

第二，社会公共行政组织的活动能力与活动范围未能满足社会发展的需求。由于我国社会公共行政组织尚处于探索和发展期，加上法律规

---

① 张朝华：《垂直管理扩大化下的地方政府变革》，《云南行政学院学报》2009年第1期。

② 沈荣华：《分权背景下的政府垂直管理：模式和思路》，《中国行政管理》2009年第9期。

③ 参见王名等：《中国社团改革——从政府选择到社会选择》，社会科学文献出版社2001年版，第105页。

范的欠缺、外部环境的制约等因素，社会公共行政组织的活动能力与活动范围还较为有限，未能满足公共行政事务管理的需求：一则，从活动能力上说，社会公共行政组织的内部管理能力、外部活动能力、创新能力、可持续发展能力、筹资能力、社会治理能力等仍待加强，制约了社会公共行政组织作用的发挥；二则，从活动范围上说，社会公共行政组织的活动范围也有限，未能满足政府职能转变的需求。

（2）社会公共行政组织与地方政府组织的关系结构尚不合理。我国社会公共行政组织仍未与地方政府组织形成互动、互补和相互依存的合作伙伴关系：一则，从社会公共行政组织的角度而言，受政府支配的社会公共行政组织在社会公共行政组织的构成中仍占主导地位，这些组织的独立性很差，与政府是受控制和被支配的关系，而非合作互动的关系；独立的社会公共行政组织的数量和规模仍然很有限，在活动能力和活动范围等方面尚未与政府形成有效衔接。二则，从政府的角度而言，政府对社会公共行政组织形成信任和放权的意识还不强，政府更倾向于管理、支配、控制社会公共行政组织而非对其培育、引导和监督。

二、我国地方行政组织的职权

（一）地方行政组织职权的概念及其构成

地方行政组织职权是指地方行政组织所享有的管理本行政区域内公共事务的权力，由地方政府组织及社会公共行政组织的职权构成。

地方政府的职权是指地方政府在本行政区域内管理公共事务的权力，它是国家权力在一国部分地域内社会公共领域的表现。[①] 地方政府的职权可以分为三种：决策权、执行权和监督权。决策权是指地方政府根据地方经济社会发展规划以及地方政府发展目标，对本行政区域内的公共事务依法进行决策的公共权力；执行权是指地方政府对本行政区域内的公共事务采取相应执行措施的公共权力；监督权是指地方政府依法对本行政区域内的行政相对人、下级政府和本级政府的职能部门及其工作人员

---

① 李明强主编：《地方政府学》，武汉大学出版社 2010 年版，第 63 页。

的行为进行监督检查的公共权力。

社会公共行政组织的职权是指社会公共行政组织为履行公共行政职能应当享有的行政权力。在公共行政社会化的发展趋势下，越来越多的社会公共行政组织参与社会公共产品的供给，承担公共行政职能，成为政府与市场之间的调节力量。因履行公共行政职能的需要，社会公共行政组织也享有一定的行政权力。由于社会公共行政组织不具有国家行政机关的性质，不属于国家机关序列，也不受地方政府组织法的规范调整，其权力的行使有别于国家公共行政，属于社会公共行政的范畴，其地位及权力来源的合法性基础仍需要明确。

（二）地方行政组织职权的来源

就权力的本质而言，地方行政组织的职权源于人民的授权，地方行政组织应当在授权范围内实施行政行为；从权力的取得形式而言，地方行政组织的职权必须源自法律的授予。只有权力来源于人民，并依法授予，才表明它具备合法性，因而才具有法定效力。地方政府组织和社会公共行政组织的法律性质、法律地位等有所不同，其权力来源也存在差异。

1. 地方政府组织的职权来源

我国是单一制国家，中央与地方的关系遵循在中央的统一领导下，充分发挥地方的主动性、积极性的原则，决定了地方政府组织的职权主要源自中央的授予。同时，地方政府是地方权力机关的执行机关，决定了地方政府在具体运作中具有双重角色，既是中央人民政府领导下的地方行政机关，又是地方权力机关的执行机关，其权力来源具有双重性。

（1）中央的授予。中央对地方政府的权力授予是以立法及最高国家权力机关特别授权的形式体现出来的。一是《宪法》的规定。《宪法》的规定是原则性和指导性的规定，界定了地方政府的基本权力形态及其范围。如现行《宪法》第一百零七、第一百零八、第一百零九、第一百一十、第一百一十七、第一百一十八、第一百一十九、第一百二十条等分别规定了地方各级人民政府及民族区域自治地方人民政府的职权。

二是全国人大及其常务委员会的立法。即由全国人大及其常务委员会制定的法律，规定属于地方政府的职权，包括通行性立法和专门性立法两种形式。第一，通行性立法。通行性立法又分为适用于一般地方政府和某类特殊地方政府两类。前者如《地方各级人民代表大会和地方各级人民政府组织法》《立法法》等，后者如《民族区域自治法》《香港特别行政区基本法》《澳门特别行政区组织法》等，分别对一般地方人民政府、民族区域自治地方人民政府、特别行政区政府的职权进行了规定。第二，专门性立法，即由全国人大及其常务委员会制定某一单行法，规定处理某一专门事务，其中授予地方政府某方面的职权。如《行政处罚法》《行政许可法》等分别授予了地方政府行政处罚权和行政许可权等。

三是全国人大及其常务委员会的特别授权。如我国分别于 1992 年、1994 年和 1996 年由全国人民代表大会常务委员会和全国人民代表大会作出决定，授权深圳、厦门、汕头和珠海四个经济特区所在地的市制定经济特区地方性法规和地方政府规章的权力。

四是国务院及其组成部门以行政法规、行政规章或行政命令的形式进行授权。主要基于三种原因：第一，某些法律规定比较原则，地方政府在行使职权时不便操作，而由国务院或其组成部门以行政法规、行政规章或行政命令的形式使之具体化、明确化，增强其操作性。第二，某些法律因不能适应发展的需要，由全国人大或全国人大常务委员会授予国务院或其组成部门以制定行政法规、行政规章或行政命令的权力，以弥补法律之不足。第三，某些事项因全国人大及其常务委员会的立法程序太过复杂、周期长，而由国务院或其组成部门依法制定行政法规、行政规章或者发布命令。

（2）地方权力机关的授予。地方权力机关对地方政府组织的权力授予以地方性立法或授权的形式进行：一是地方性法规。依据我国宪法的规定，地方各级人民代表大会及其常务委员会是地方国家权力机关，决定本行政区域内的重大事项，地方政府由其产生，对其负责，受其监督。作为地方权力机关的执行机关，地方政府有义务执行地方性法规的规定，在地方性法规规定的范围内履行行政职责，行使行政职权。二是地方人大及其常务委员会的授权。地方人大及其常务委员会为地方发展的需要，还可对地方政府组织进行授权，准许地方政府管理一定的行政事务，地方政府在授权的范围内行使行政职权，履行行政职责。

2. 社会公共行政组织的职权来源

社会公共行政组织的职权来源有四种形式：

一是法律法规的授权。对于"授权"的含义，有学者认为，"国家法律的授权意味着这些权力从理论上来讲应该是由国家享有的并具体由政府行使的，但通过授权法律的规定，将这些原属于政府的权力转移给非国家机关的公共组织来承担"①；也有学者认为，依据法律规定授权产生的权力并不一定都属于国家行政权力，国家法律对这些权力进行规定只是意味着对社会组织享有的这些自主权的认可和保护。② 我们认为，法律法规的授权是指将原属于地方政府的权力授权给政府以外的社会公共行政组织来承担，法律法规对原属于社会公共行政组织自主权进行确认并未授予其新的职权，应当属于法律确权的范畴。

二是法律法规的确认。社会公共行政组织能够在其组织章程的规定下实施公共管理，为防止社会公共行政组织滥用权力，有必要依法对其依据组织章程所享有的权力进行确认。如我国《村民委员会组织法》第十条规定："村民委员会及其成员应当遵守宪法、法律、法规和国家的政策，遵守并组织实施村民自治章程、村规民约，执行村民会议、村民代表会议的决定、决议，办事公道，廉洁奉公，热心为村民服务，接受村民监督。"因法律确权强调社会公共行政组织依据组织章程等设定的公权力不同于法律授权之公权力，其本质上应该属于社会公共行政组织自治权而不属于国家权力，不存在授予和转让的问题，对社会公共行政组织自治权的法律法规确认是社会公共行政组织职权来源的重要方式。

---

① 黎军：《行业组织管理及其权力来源——一个行政法的视角》，《行政法论丛》第5卷，法律出版社2002年版，第186页。

② 王晓君：《非政府公共组织公权力之行政法观照》，《学术论坛》2007年第2期。

三是地方政府组织的委托。社会公共行政组织还可源于地方政府组织的委托而行使部分行政职权。区别于法律法规的授权和确认，地方政府组织委托的职权原本属于地方政府或其职能部门，地方政府或其职能部门因公共管理的需要而依法将部分行政职权委托给社会公共行政组织行使，受委托的社会公共行政组织能够以委托组织的名义行使委托的行政权力，权力行使的法律责任由委托组织承担。对地方政府的权力委托有一个明确的要求，即地方政府或其职能部门应当将权力委托给符合一定条件的社会公共行政组织①行使，而不能任意委托。地方政府组织的委托是社会公共行政组织行政职权的又一权力来源。

四是社会公共行政组织依据组织章程或规约享有的自治权。现有研究对社会公共行政组织的自治权是否属于公共行政权力有不同认识。有学者认为，"将一些组织章程、规约看作是公权力的来源，这是有问题的，民间组织不可能纯粹依据其章程而行使公权力"，② 也有学者认为，"依据组织章程、规约进行自治管理、行使自治权，这种自治权属于一种公共权力，这类管理属于社会公共行政，是行政任务社会化、国家向社会分权的产物"③。社会公共行政组织是在经济社会发展的背景下形成的一种新型组织体，其基于组织章程、规约等的规定享有某种自治权力，以此履行部分公共行政职能，满足社会公共管理的需要，既可以弥补地方政府组织职权的缺陷，又可以在发展成熟之时以法律法规的形式予以确认，上升为法律确权的范畴。可见，依法制定的组织章程或规约是社会公共行政组织自治权的重要来源。

---

① 如根据《行政处罚法》第十九条的规定："受委托组织必须符合以下条件：（一）依法成立的管理公共事务的事业组织；（二）具有熟悉有关法律、法规、规章和业务的工作人员；（三）对违法行为需要进行技术检查或者技术鉴定的，应当有条件组织进行相应的技术检查或者技术鉴定。"

② 参见应松年主编：《当代中国行政法》，中国方正出版社2005年版，第431页。

③ 参见石佑启：《论公共行政与行政法学范式转换》，北京大学出版社2003年版，第168页。

（三）我国地方行政组织的职权状况

1. 地方政府组织的职权状况

根据《宪法》《地方各级人民代表大会和地方各级人民政府组织法》《立法法》等法律的规定，县级以上地方各级人民政府行使下列职权：一是执行本级人民代表大会及其常委会的决议和上级行政机关的决定和命令，规定行政措施，发布决定和命令；二是领导所属的各个工作部门和下级人民政府的工作；三是改变或者撤销所属各工作部门的不适当的命令、指示和下级人民政府的不适当的决定、命令；四是依照法律的规定任免、培训、考核和奖惩国家行政机关工作人员；五是执行国民经济和社会发展计划、预算，管理本行政区域内的经济、教育、科学、文化、卫生、体育事业、环境和资源保护、城乡建设事业和财政、民政、公安、民族事务、司法行政、监察、计划生育等行政工作；六是保护社会主义全民所有的财产和劳动群众集体所有的财产，保护公民私人所有的合法财产，维护社会秩序，保障公民的人身权利、民主权利和其他权利；七是保护各种经济组织的合法权益；八是保障少数民族的权利和尊重少数民族的风俗习惯，帮助本行政区域内各少数民族聚居的地方依照宪法和法律实行区域自治，帮助各少数民族发展政治、经济和文化的建设事业；九是保障宪法和法律赋予妇女的男女平等、同工同酬和婚姻自由等各项权利；十是办理上级国家行政机关交办的其他事项。乡、民族乡、镇的人民政府的主要职权有：执行本级人民代表大会的决议和上级国家行政机关的决定和命令，发布决定和命令；执行本行政区域内的经济和社会发展计划及预算，管理本行政区域内的经济、教育、科学、文化、卫生、体育事业和财政、民政、公安、司法行政、计划生育等行政工作。

地方政府组织的职权主要存在下列问题：

（1）地方政府与地方人大的职权划分不明。尽管《地方各级人民代表大会和地方各级人民政府组织法》对地方人大和地方政府的职权分别作了规定，但并没有根据两者的法律地位、职责要求、权力来源等进行区别性地规定，对两者职权的规定几乎雷同。比较该法第八条对地方人大职权的规定，"县级以上的地方各级人民代表大会行使下列职权：（一）在本行政区域内,保证宪法、法律、行政法规和上级人民代表大会及其常务委员会决议的遵守和执行,保证国家计划和国家预算的执行;(二)审查和批准本行政区域内的国民经济和社会发展计划、预算以及它们执行情况的报告;(三)讨论、决定本行政区域内的政治、经济、教育、科学、文化、卫生、环境和资源保护、民政、民族等工作的重大事项;……"与第五十九条对地方政府职权的规定:"县级以上的地方各级人民政府行使下列职权:……(五)执行国民经济和社会发展计划、预算,管理本行政区域内的经济、教育、科学、文化、卫生、体育事业、环境和资源保护、城乡建设事业和财政、民政、公安、民族事务、司法行政、监察、计划生育等行政工作;……"几乎完全重合。导致的后果即为,地方人大和地方政府对于地方事务,若想管,则什么都可以管;若不想管,则什么都可以不管。立法上对权力的规定交叉重叠显然不利于实践中的操作和执行。

(2)各级地方政府的权力重叠、雷同。现有立法对县级以上地方政府的职权规定于同一法条中,未作区分;对乡、镇政府的职权规定与县级以上地方政府也几乎雷同。事实上,依据现行立法的规定,地方政府与中央政府在职权上除不享有中央政府特有的国防、外交等权力外,其他权力的规定几乎一致,职责同构,职能交叉、重叠等缺陷尤为明显。

(3)政府职能部门的设置随意性较大。现行立法规定了"地方各级人民政府根据工作需要和精干的原则,设立必要的工作部门"①,但未对地方政府职能部门设立的原则、要求、组织机构、人员编制等予以明确,不利于政府职能部门设置的科学性和合理性。实践中,政府职能部门的设置往往采用上下级一致的大一统设置模式,地方人大缺乏对地方政府组织机构设置必要的监督权。

2. 社会公共行政组织的职权状况

我国社会公共行政组织的职权划分与权力配置等相关问题在立法上还较为模糊,尚无统一的社会公共行政组织法对之予以规定。实践中,

---

① 参见《地方各级人民代表大会和地方各级人民政府组织法》第六十四条的规定。

社会公共行政组织往往基于特定的组织目的而设立，或依据其组织章程或规约，或依据有限的单行法律法规的规定行使与其职责要求相适应的特定职权。如根据《村民委员会组织法》第二条第二款、第三款的规定，村民委员会办理本村的公共事务和公益事业，调解民间纠纷，协助维护社会治安，向人民政府反映村民的意见、要求和提出建议。村民委员会向村民会议、村民代表会议负责并报告工作；《城市居民委员会组织法》第三条规定："居民委员会的任务：（一）宣传宪法、法律、法规和国家的政策，维护居民的合法权益，教育居民履行依法应尽的义务，爱护公共财产，开展多种形式的社会主义精神文明建设活动；（二）办理本居住地区居民的公共事务和公益事业；（三）调解民间纠纷；（四）协助维护社会治安；（五）协助人民政府或者它的派出机关做好与居民利益有关的公共卫生、计划生育、优抚救济、青少年教育等项工作；（六）向人民政府或者它的派出机关反映居民的意见、要求和提出建议。"

社会公共行政组织的职权存在的问题主要有：（1）缺乏统一的组织立法进行规范，仅仅依靠其组织章程或规约行使自治权不符合职权法定原则的要求，不利于对社会公共行政组织的有效规范；（2）有限的单行法律法规只能针对特定的社会公共行政组织如村民委员会、城市居民委员会等，大量的社会公共行政组织的职权尚无明确的法律规定，既不利于社会公共行政组织职能的履行与作用的发挥，也不利于促进政府职能的转变。

第三节　我国中央与地方政府间的关系

无论是单一制还是联邦制国家，均非常重视对中央与地方政府的关系处理，因为这直接涉及一国的政治稳定与政权统一，涉及一国经济社会文化的全面、协调发展。孟德斯鸠曾经说过，"一个共和国，如果小的话，则亡于外力；如果大的话，则亡于内部的不完善"①。纵观历史，横察现世，可以发现国家的治乱兴衰与政府间的关系状况息息相关。没有科学合理的政府间关系，就难以保障国家的长治久安。有学者提出，协调中央与地方政府的关系需要两次分权，即政府与社会分权、中央与地方分权，两次分权是交叉进行的，是一个自然的和历史的过程。但政府与社会分权是第一分权，中央与地方分权是第二分权，其中第一分权是第二分权的基础和前提。②

一、中央与地方政府关系的界定

中央与地方政府间的关系，主要体现为二者的行政权力分配方式及其相互关系，在实质意义上是两者的利益分配关系。有学者认为，"中央与地方的关系，是指中央政权机关和地方政权机关之间的权力分配方式及其相互关系，其中主要是中央政府和地方政府之间的关系。它是国家结构中最基本的关系之一，直接影响到国家的统一、经济的发展和社会的稳定。"③ 本书所指称的"中央政府"是指中央人民政府即国务院，"地方政府"主要是指省级人民政府即省、自治区、直辖市人民政府。谢庆奎教授认为，"中央政府与地方政府之间的关系，实际上是中央政府与省级政府之间的关系。省级以下各级政府与中央政府也有关系，如都必须执行中央政府的计划、政策、决定和命令，但一般都是通过省级政府而发生关系的；市、县政府与中央政府及其部门发生的联系，一般都是经过省级政府同意或批准的，或事后报告。所以说中央政府与地方政府

---

① ［法］孟德斯鸠：《论法的精神》（上册），张雁深译，商务印书馆1987年版，第130页。
② 参见谢志岿：《协调中央与地方关系需要两次分权——对协调中央与地方关系的一项新的探索》，《江海学刊》1998年第1期。
③ 王彦智：《论中央与地方关系的法制化和民主化》，《天水师范学院学报》2003年第6期。

之间的关系，实际上是指中央政府与省级政府之间的关系。"①

首先，中央与地方政府间关系的核心和基础是权力配置关系。科学、合理配置中央与地方政府的权力是调节两者关系和规范两者行为的依据及前提。研究中央与地方政府间的关系，需要在坚持合理集中与适度分权有机结合的基础上，界分中央政府与地方政府各自的权力边界，属于中央的权力就应该上收集中由中央政府行使，属于地方的权力则应该下放赋权发挥地方的自主性和积极性，以形成既有权威的中央政府，又有充满活力、高效的地方政府。

其次，中央与地方政府间的关系，归根结底还是一种利益关系。利益是社会关系变动的能动因子，会对中央与地方政府之间的行政权力结构形成强烈的影响和制约。中央与地方政府的职权划分，是由中央与地方的经济政治利益关系决定的。作为利益的体现，中央政府代表的是国家整体利益和社会普遍利益，地方政府代表国家局部利益和地方特殊利益。中央与地方关系实际上就是国家整体利益、社会普遍利益与国家局部利益、地方特殊利益的关系。有学者认为，"正确处理好中央与地方关系，实质就是在利益格局的基础上确立一种权力分割制度"，"权力的划分与运作是中央与地方关系的外在表现"。② 中央与地方政府间关系会随中央与地方政府的利益调整而处于动态调整之中。

再次，中央与地方政府间的关系，应该是平衡与协调关系。调节好中央与地方政府的关系，应以能充分调动"两个方面的积极性"为基准。中央政府与地方政府权限的划分与调配，应作双向理解：需要中央层面宏观调控统筹的，行政权力上收集中由中央政府行使；需要因地制宜发挥地方的主动性和积极性的，应将权力下放给地方政府；对于中央与地方政府共同治理的事项，分清权力主导方和配合方，厘清职责，减少中央和地方、地方和地方之间的权力交叉和摩擦。在权力分配上，既能保

① 谢庆奎：《中国政府的府际关系研究》，《北京大学学报》（哲学社会科学版）2000年第1期。
② 林尚立：《国内政府间关系》，浙江人民出版社1998年版，第19页。

证中央政府有足够的力量治理好全国，又能保障地方有适度的权力建设好地方。任何一方的权力过大或过小，都将破坏权力的正常运转。中央的权力过大，影响地方的建设与发展；地方的权力过大，则威胁中央的治理。① 中央与地方政府之间的行政权力配置，与职能划分、财权划分相匹配，做到集权与分权有度，集分平衡，防止相互越权、上下挤压和横向挤占，避免权力的内部消耗带来的效率低下与资源浪费，实现行政管理效益最大化和国家治理中的公平正义。

最后，中央与地方政府间的关系应当通过法律方式确认与规范。这里的法律方式主要包括两种：一是由立法规定中央和地方政府的权限；二是中央和地方政府之间的权限争议应由法制手段加以解决。② 要实现中央与地方政府权限划分的法制化，行政权力纵向分配的模式、程序、途径以及权力分配后各级机构的职能权限等都应该通过宪法和法律加以明确规定，并受宪法和法律保障。要建立相应的法律机制解决中央与地方政府之间的权限争议。美国大法官马歇尔用司法方式界定中央与地方的关系。可以借鉴发达国家的某些成熟的做法，处理中央与地方关系运用法律手段，使这种关系制度化、法律化。比如设立专门委员会，或者设置宪法监督委员会，专职协调中央与地方政府关系，从而避免中央与地方的直接交锋。同时，通过法律对这些专门机构的人员组成、地位、职责以及工作程序与议事规则等进行规范。③

二、中央与地方政府关系的演进

从某种意义上说，中央与地方政府关系的演进过程就是两者间权力的配置与动态调节的过程。新中国成立以来，党和政府十分重视中央与

① 辛向阳：《大国诸侯：中国中央与地方关系之结》，中国社会出版社2008年版，第304页。
② 参见文红玉：《改革开放三十年来我国中央与地方关系——体制变迁之维》，《理论导刊》2009年第4期。
③ 参见魏红英：《纵向权力结构合理化：中央与地方关系和谐发展的基本进路》，《中国行政管理》2008年第6期。

地方的关系，根据我国经济社会发展需要，多次调整中央与地方政府之间的权力疆域，但并未从根本上改变中央高度集权模式。收权放权之间，是以国家经济建设进展中出现的问题为导向，经济问题解决终结之时即是新一轮收权放权运动的开始，中央与地方政府之间的权力划分缺乏稳定性和规范性，往往陷入"一收就死、一死就放、一放就乱、一乱就收"的循环圈。在这里，权力的上收与下放，收多少，放多少；怎么样收，怎么样放；谁来收，谁来放；什么时间收，什么时间放，弹性很大，没有法律依据，缺乏科学基础。

（一）改革开放前中央与地方政府关系的变化

新中国成立后至改革开放前，我国的中央与地方关系属于中央高度集权模式，其特性主要表现在三方面：（1）经济体制高度集中，由中央对全国的资源配置和国民经济计划统筹安排，这是适应当时的计划经济发展，中央通过指令性计划对地方经济实施严格控制。（2）实施高度集中的政治体制。在高度集中的政治体制之下，中央政府对地方享有行政领导权。中央对地方政府的领导权包括对地方干部的任免、提拔、调动以及惩处等，中央对地方政府的领导权力被改头换面嫁接成为中央政府领导人对地方政府领导人的考核，以对人的考评为抓手来实施对地方政府的严格控制。（3）立法权集中于中央一级的权力机关和行政机关，中央几乎垄断了通过立法来调节社会利益的制度供给资源。

1. 第一阶段：中央高度集权阶段

我国的计划管理体制形成于新中国成立初期。1949 年 10 月，根据《中华人民共和国政治协商会议共同纲领》，中央政府以及相关国家机关相继成立，在此基础上地方各级人民政府和地方行政部门也相继组建。《中华人民共和国政治协商会议共同纲领》规定："各下级人民政府均由上级人民政府加以委任并服从上级人民政府。全国各地方人民政府均服从中央人民政府。"① 为了贯彻中央对全国的集中管理，全国被划分为东

---

① 中共中央文献研究室：《建国以来重要文件选编》，中央文献出版社 1992 年版，第 5 页。

北、华北、华东、西南、中南和西北六大行政区。中央直接管理这六大行政区，由六大行政区管辖省级政府。在国家政权纵向结构上，大行政区体制带有明显的战争时期形成的管理体制痕迹。不久之后，中央撤销了六大行政区机构，而由中央政府直接管辖省、自治区和直辖市人民政府。由于省级行政机构组织的重要性凸显，中央完善并加强了对省级政府组织机构的调整，并对省级以下的行政区划进行调整。如此，至1956年我国基本上形成了高度集权的行政区划格局。

1954年颁布《宪法》和《中华人民共和国中央人民政府组织法》，可以说，这两部法律的实施奠定了我国单一制的中央政府高度集权的基本格局。在经济管理层面，政务院颁布了《关于统一国家财政经济工作的决定》，规定由中央政府集中行使全国的财政、经济、金融和行政管理权，为保障政令统一，各级地方政府对口设置地方经济管理部门，由此实现了中央对全国经济的集中管理。1953年，我国开始进行第一个五年规划，五年规划中对国民经济重大问题、重点建设项目实施统一规划和集中管理，由此我国高度集中的计划经济体制形成了雏形。

2. 第二阶段：两次放权与收权

社会主义改造完成后，随着"一五"计划的实施，高度集权的计划经济体制暴露出"集中过多，统得过死"的弊端，束缚了地方手脚，高度集中与整齐划一的指令计划裁剪了各地方的现实发展状况，地方缺乏灵活性与积极性。对此，1956年4月，毛泽东在《论十大关系》中指出："中央和地方的关系也是一个矛盾。解决这个矛盾，目前要注意的是，应当在巩固中央统一领导的前提下，扩大一点地方的权力，给地方更多的独立性，让地方办更多的事情。这对我们建设强大的社会主义国家比较有利。"① 他还进一步强调："要提倡同地方商量办事的作风。……凡是同地方有关的事情，都要先同地方商量，商量好了再下命令。"② 随后在中共八大会议上，周恩来总理主张大权集中，小权分散，给地方一定的

---

① 《毛泽东文集》（第七卷），人民出版社1999年版，第32页。
② 《毛泽东文集》（第七卷），人民出版社1999年版，第33页。

经济管理权，并提出划分中央与地方管理职权的七项原则。陈云同志依据该原则和思想，主持起草了《关于改进工业管理体制的规定（草案）》《关于改进商业管理体制的规定（草案）》和《关于改进财政体制和划分中央和地方对财政管理权限的规定（草案）》三个文件，正式规定了权力下放的原则、措施和步骤。但是，这次放权因下放权力幅度过大、过快，调动了地方政府积极性的同时面临放权无序造成经济建设盲目扩张。尤其是1958年"大跃进"后，企业管理权、计划权、基本建设投资权、物资分配权等大幅度下放，经济建设"大跃进"与行政放权"大跃进"的叠加效果造成国家经济比例失调，管理秩序混乱，整个社会发展几乎停滞不前。于是，中央于1961年又开始将下放的权力上收，以集权主义应对分散主义。集权后又回到原来发展的老路子上，一统就死。所以1970年召开全国计划工作会议，中央又开始将大批中央直属企业下放给地方管理，企业管理权下放即意味着相应的经济管理机构和人员要进行大规模的撤并、裁减，由地方政府行使企业管理权，调动了地方的积极性，但非制度化放权又造成新一轮的管理混乱。1975年邓小平主政后对经济社会管理进行全面整顿，加强中央政府权力集中，把重点企业收归中央管理，对财政、税收、物资管理权进行部分回收，统一管理关系国计民生的铁路、民航、邮电等重要部门。

综上，20世纪50年代末和70年代初两次较大规模的放权，主要是行政性分权，即在行政系统内部，在纵向政府间实现权力的集中或下放，分权主体是行政机关自身而非独立第三方（如立法机关），所依据的主要是政策性文件，在分权划分方法上，不是根据中央与地方政府所提供公共产品与服务范围而定，而是采取多级同构式，与企业、社会等组织不发生直接的联系。这种情况一方面造成纵向政府间的零和博弈思维，另一方面使得企业和社会没有足够的自主权来处理自身事务。① 这种行政性分权仍然遵循中央主导，地方被动接受的调整方式，中央与地方政府之

---

① 参见易承志：《转型期我国中央与地方关系的协调：特征、趋势与路径分析》，《湘潭大学学报》（哲学社会科学版）2009年第5期。

间的行政权限划分仍然没有一套可以据以操作的标准，放权收权既缺乏民主基础，也没有法制保障。中央下放行政权力，地方政府权力迅速扩张，但社会公众对地方政府的民主监督机制不完善造成"看得见而管不着"，而拥有实际监督权的上级政府又"管得着而看不见"。中央大权在握因政策贯彻不畅又感力不从心，地方政府手拥多权因缺乏法制保障而无权力归属感，易引起机会主义行为。中央向地方放权或从地方收权表现出随意性和权宜之计，应景式的收权放权严格意义上还不是一种制度化分权，中央与地方的关系再次陷入"集权—放权—集权"的循环怪圈。

总之，改革开放前中央与地方关系起伏不定，中央与地方政府权限没有明确划分，中央与地方政府权限的调整多采取带有很大的随意性和明显的人治色彩的一种权宜性措施。在政治挂帅、计划经济主导下，行政管理服务并服从于政治经济任务而丧失了对行政管理内在规律的遵循，直接表现为在行政系统内中央与地方政府之间的权限不清。中央与地方政府之间的关系紊乱反过来制约和影响着我国经济体制的转轨和政治健康发展。

（二）改革开放以来中央与地方政府关系的变革

党的十一届三中全会以来，我国实行改革开放的国家发展战略。自1978年以来，中央与地方关系调整是以"简政放权"为基本思路，以"放权让利"为基本特征。党的十三大报告确认："凡是宜于下面办的事情，都应由下面决定和执行。这是一个总的原则。在中央和地方的关系上，要在保证全国政令统一的前提下，逐步划清中央和地方的职责，做到地方的事情地方管，中央的责任是指出大政方针和进行监督。"[1] 三十多年改革开放的经历，就是一个遵循市场和行政管理规律的思想转变过程，也是一个政府收缩计划性减弱、市场回归市场化提升的过程。在从以阶级斗争为纲转向以经济建设为中心的背景下，市场经济的竞争机制、平等保护、规则之治等内在品格势必对传统模式中的中央与地方政府行政权力配置与运行提出变革要求。经济发展和经济体制改革的推动，中

---

[1] 《十三大以来重要文献选编》（上），人民出版社1991年版，第38页。

央与地方政府之间的利益格局发生变化，中央集权模式面临改革的外在压力。中央与地方关系调整经历了两个阶段。

1. 第一阶段：体制转轨过程中的放权阶段

以 1978 年开始实施改革开放至 1992 年邓小平南方谈话，此阶段我国经历了计划经济—有计划的商品经济—市场经济的转型。经济体制的转型和中央与地方关系改革是相互影响、正向促成的关系，此阶段改革基本思路是放权让利，通过放权改变中央与地方之间的利益结构，进而促进变革中央与地方之间的权力结构，主要表现在四个方面：（1）扩大地方政府的事权、财权。在事权方面，以 1982 年《宪法》和新修改的《地方各级人民代表大会和地方各级人民政府组织法》为宪法和组织法依据，规定了各级人民政府的组织架构并赋予补充性组织权，对各级政府职能作出同质性规定，赋予一定层级的地方人民政府相应行政立法权；同时，在经济和干部管理方面地方政府也被赋予一些权力。中央推行"分灶吃饭"，实行"划分收支、分级包干"。1985 年在第二步"利改税"的基础上，重新确定收支范围和包干基数，实行"划分税种、核定收支"。从 1988 年到 1990 年，又对不同地区采取六种不同的包干办法①。（2）扩大企业生产经营自主权。计划经济时代形成的高度集权体制，政企不分。在这种背景下，中央与地方政府关系的调整往往牵涉各级政府所管辖的各类企业，因此，只调整中央与地方政府关系而不同步改革政府对企业的管理，只会将纵向政府关系与政企关系弄得更加复杂和混乱。因此本轮放权中，中央开始剥离企业与政府之间的附属关系，把生产计划权、产品购销权、劳动人事权等下放给企业，减少企业对政府的依赖和政府对企业的干预，增强企业自我发展和改造的能力。（3）扩大大中城市的管理权，实行市领导县体制，强化城市组织和领导经济活动的功能，消除城乡分割。（4）设立经济特区，开放沿海城市。赋予这些地方更好利用其他国家和地区的资金、技术、知识和市场，引导这些城市从内向型

---

① 参见李培智：《论中央与地方关系及相关财政关系》，《管理世界》1994 年第 4 期。

经济向内外结合型经济转化，形成经济发展中心城市和发展带，辐射周边和内地经济发展。

这些改革措施带来中央与地方关系新的变化，但因当时我国处于经济体制转轨时期，相关放权的配套制度体系尚未完善，也客观上造成中央与地方关系乱象不断出现。

一是地方利益的迅速扩张形成地方保护主义，地方政府功能膨胀、行为失范。地方政府有发展经济的动力，但不按市场规律办事，通过政府干预控制本地资源，阻挡外地资源进入本地市场，形成诸侯经济和行政区经济。地方利益膨胀与地方财力增强，有资本向中央索要优惠政策和更多的投资决策、金融控制等权力，与中央讨价还价。

二是行政性分权与经济性分权的分离与错位，政企不分没有得到根本解决。中央向企业放权，不再通过行政计划、指令的直接控制，而主要是通过各种市场参数、经济手段进行间接引导，意图让企业成为自主经营、自负盈亏的市场主体。但下放给企业的经济权力被滞留在地方政府手中，企业变成了地方政府的附属物，地方政府经济职能不断扩大，政企关系地方化。

三是中央权威削弱，政策失控。放权让利措施使地方财政实力日渐增长，中央财政收入日益减少，所占整个财政收入的比重日益下降，这直接影响到中央财政支出力度，中央宏观调控经济功能削弱；相反，地方财力增强使得地方受中央控制的力度减弱，中央政策在地方执行往往经过了地方的过滤，选择性执行，变异性执行，严重危及中央权威。

四是相关法律对中央与地方之间的职权划分过于原则，缺乏指导性。中央与地方之间职权划分不清，现实中中央与地方之间的利益博弈多以政策调整为主，中央控制力减弱和权威旁落，与地方的短期行为和保护主义盛行，二者之间的张力凸显政策调整的权宜之计。规范化、制度化的法律调整模式亟待建立，以在中央与地方政府之间建立起一种双向约束机制。

2. 第二阶段：体制改革进程中的不断磨合阶段

实行行政放权造成的负面效果表现为中央宏观调控能力削弱和地方

保护主义盛行，为改变这一局面，1992 年邓小平同志南方谈话后我国确立了要建立社会主义市场经济体制，市场化的改革取向就是要发挥市场在资源配置中的基础性作用。由此，确立了政府与市场之间的关系，进而会引导政府与社会关系的重新审视与定位，并建立了与市场经济体制相配套的一系列改革措施，为中央与地方关系的质变奠定了经济基础。本阶段中央与地方政府关系的调整轨迹主要表现为：

（1）党的十四大明确提出在我国建立社会主义市场经济体制，并决定进行行政管理体制与政府机构改革，切实做到转变职能，理顺关系，精兵简政，提高效率。进一步改革计划、投资、财政、金融和一些专业部门的管理体制，合理划分中央与省、自治区、直辖市的经济管理权限，充分发挥中央和地方两个积极性。统筹兼顾国家、集体、个人三者利益，理顺国家与企业、中央与地方的分配关系，逐步实行利税分流和分税制。综合经济部门的工作重点要转到加强宏观调控上来。撤并某些专业经济部门和职能交叉重复或业务相近的机构，大幅度裁减非常设机构。十四届三中全会进一步推进政企分开，确立建立现代企业制度。

（2）1994 年实行分税制，建立起中央与地方的财政分配框架和运行机制。根据财权事权一致性原则，1994 年分税制改革对中央与地方在税收来源与财政支配领域的权限划分，为中央与地方事权的厘清奠定了基础，进而为中央与地方关系规范化、制度化创造了条件。但是，1994 年分税制并不完善，其重点主要是对中央政府与省级政府之间税收范围和财政来源划分，对省级以下各级政府之间的税收范围与财政来源并未作出统一规定，因此，1994 年分税制严格说只是中央与省级政府之间的分税制，无法对省级以下各级政府的财权和事权划分提供有效指导。

分税制的直接后果就是对中央与省级政府的税收来源作出比较明确的划分，增强了中央政府固定财政收入，强化了中央宏观调控能力，中央政府可以利用财政手段引导经济结构转型，调整与地方政府之间的关系间距；对于省级政府而言，分税制后可以因地制宜，利用资源发展经济，开拓税源，扩大地方政府收入，增强地方政府对地方事务的调控、指引功能。但分税制不完善，也带来一些负面效果：一是分税制改革遵循中央主导型模式，中央根据国家经济整体发展状况和各地方经济发展实际来调节中央与各地方之间的经济分成比例，地方在分税制中只是被动接受中央有关经济分成比例这一结果，缺乏有效参与。地方实际分享税收比例的高低，取决于地方经济发展状况的好坏和地方讨价还价能力的高低。二是分税制过程中充满中央与地方非制度化博弈，因此中央与地方各自都存在机会主义以扩大自己所代表的利益。中央则利用投资、贷款、重大项目审批等形式，控制与地方经济分成的话语权，而地方为发展经济和开辟税源，重复投资、举债投资，重视短期经济产出，这并不利于地方经济结构优化和产业转型。典型情况就是近些年各地方实施"经营城市"路径，开发土地资源，缓解财政压力，这就导致了房地产过热和房价猛涨以及大规模基础设施建设的"政绩工程"。① 分税制改革的不完善导致经济发展中的负面现象，将中央宏观调控措施的效果大打折扣，各地方经济发展各自为政，威胁到整体经济的健康发展，甚至影响到政府权威及其行为的合法性。②

（3）改革中国人民银行管理体制，增强国家金融宏观调控能力。各地方在经济发展中充当主力军角色，但地方利益的膨胀引发地方恶性竞争，唯 GDP 排序和政绩考核机制使得中央政策在各地方的变通执行成为常态，中央宏观调控能力薄弱。在这种背景下，1998 年中央改革中国人民银行管理制度，打破按省设置分行的模式，设立跨省区 9 家分行。建立跨区域的金融管理机构，有利于打破地方封锁、摆脱地方保护主义，增强中央金融宏观调控的有效性。

（4）实行行政机构改革，对中央与地方事权进行规范。1998 年行政改革起始于对各级政府实施改革，精简机构与人员，减少专业部门，强

① 参见周飞舟：《分税制十年：制度及其影响》，《中国社会科学》2006 年第 6 期。
② 参见文红玉：《改革开放三十年来我国中央与地方关系——体制变迁之维》，《理论导刊》2009 年第 4 期。

化综合经济部门，加强宏观调控，减少政府微观经济干预，着力转变政府职能，厘清政府与市场、政府与企业之间关系。2000 年 3 月，《立法法》对中央与地方的事权划分作了相对明确的规范，对各级立法权主体的立法权限作了界分，中央与地方在事权、立法权领域的调整有明确的宪法性法律依据。

（5）以党的政策文件划分中央与地方经济社会事务管理权限。2003 年 10 月 14 日党的十六届三中全会通过的《中共中央关于完善社会主义市场经济体制若干问题的决定》指出，政府职能总体定位于经济调节、市场监管、社会管理、公共服务，同时要合理划分中央和地方经济社会事务的管理责权。"属于全国性和跨省（自治区、直辖市）的事务，由中央管理，以保证国家法制统一、政令统一和市场统一。属于面向本行政区域的地方性事务，由地方管理，以提高工作效率、降低管理成本、增强行政活力。属于中央和地方共同管理的事务，要区别不同情况，明确各自的管理范围，分清主次责任。根据经济社会事务管理责权的划分，逐步理顺中央和地方在财税、金融、投资和社会保障等领域的分工和职责。"同时，按照政府收缩和市场回归的主旨，中央进一步推进行政审批制度改革，削减行政审批项目，压缩政府干预范围，扩大市场资源配置空间，赋予地方或企业更多的自主决策权。2004 年《行政许可法》的施行，为推进行政审批制度改革提供了法律保障。

可以说，以社会主义市场经济体制的确立为标志，我国开启了市场化改革之门。政府与市场、政府与社会、政府与公民之间的关系得以重新梳理，由此也带来中央与地方、上级与下级政府之间关系的再次审视。同时，随着我国法治化进程的推进，中央与地方政府关系调整，逐步从政策调整向法律规范转化。

三、中央与地方政府关系的定位

科学定位中央与地方政府的关系应该围绕权力的合理配置和制度创新这一主题展开。考察世界各国中央与地方关系模式，不存在单一纯粹的中央集权模式或地方分权模式，现实中中央与地方关系更多地糅合了中央集权与地方分权的双重因素，两者的结合嵌入各国具体国情是主流。反思和总结我国在处理中央与地方关系方面治国理政的经验或教训，必须改变传统中央高度集权体制，实行中央适度集权与地方合理分权的纵向权力关系模式是我们的必然选择。① 建立中央适度集权与地方合理分权——集分平衡模式，必须适应我国社会主义市场经济体制完善和民主政治发展，在科学、合理划分中央与地方管理权限的基础上，使纵向分权和横向分权有机结合，推动中央与地方政府关系进入制度化、法治化轨道，形成中央与地方政府分权合作的新型体制。法治化基础上的中央与地方政府关系，"不再是单纯的行政隶属关系和上下级关系，而是具有了一定契约的性质，中央与地方政府在一定程度上成了具有不同权力和利益的平等法律主体，具有了不同的行为目标。"② 在实践中，必须注意两点：一是强化中央政府应有的权威，发挥中央政府在政治经济文化发展中的主导、统筹作用。当然这种权威和主导作用，并不是传统高度集权模式的复归，而是建立在法治化基础之上的；二是要尊重并承认地方政府合理的自主权益，因地制宜，调动地方政府的创造性。这两个方面不可偏废。

实现由政策调整向法律规范的转向，将中央与地方政府之间的关系纳入制度化、规范化的轨道，以法律规范中央与地方各自权限范围、运行方式。这样做，可以加强中央对地方的监督，防止地方政府出于局部利益或者地方政府官员出于个人私利而违背国家根本利益，进而既充分维护中央政府的权威，又能从另一个角度来规范中央权力行为，有效防止中央在收权放权中的主观性、盲目性、随意性，减少中央对地方权限范围内事务的过分干预，防范中央对地方的越权冒犯，保障地方的自治权力，从而最终确立起一种相互尊重、相互协调、互利互惠的中央与地

---

① 参见夏丽华：《60 年来中央与地方关系演进特点与当前的改革问题》，《郑州大学学报》（哲学社会科学版）2009 年第 5 期。
② 董辅等：《集权与分权——中央与地方关系的构建》，经济科学出版社 1996 年版，第 94 页。

方关系。① 在这一过程中，需要科学界定并依法规范中央与地方政府的权力关系，需要实现中央与地方政府利益分配的合理化，需要实行中央政府向地方政府的平等放权，需要确立中央与地方政府间优势互补的良性关系格局。

（一）科学界定并依法规范中央与地方政府的权力关系

在国家组织结构中，尽管多数国家可以作单一制或联邦制的类型化归类，但在中央与地方政府的现实关系里却受一国的政治、经济、社会、文化等多领域因素影响而呈现出多维度面向，其中之一即表现为基于一定利益关系的权力关系。受我国传统的集权制和苏联行政管理模式的影响，新中国成立后逐渐建立起中央高度集权的行政管理体制，中央与地方权限缺乏明确界分。尽管 1982 年《宪法》对中央与地方政府之间的权限作了规定，但明确性、操作性均有所欠缺，造成实际执行中中央与地方政府均存在互相越权、侵权、推责，故而导致中央与地方政府在行政权力行使上都存在越位、错位、缺位，而这主要归因于政府间职能范围界限不清，各级政府事权没有科学划分。在市场经济条件下，政府职能范围边界应置于政府与市场、政府与社会、政府与公民三重关系维度中定位，政府主要任务限于弥补市场失灵、超越社会和公民自治空间之公共行政事务，按法治化路径科学划分中央与地方各级政府之间的事权，厘清职能，配置相应的行政权力。党的十六大提出要"依法规范中央和地方的职能和权限"。2004 年，党的十六届四中全会通过的《关于加强党的执政能力建设的决定》明确提出要"正确处理中央和地方的关系，合理划分经济社会事务管理的权限和职责，做到权责一致，既维护中央的统一领导，又更好地发挥地方的积极性"。国务院《全面推进依法行政实施纲要》也要求"合理划分和依法规范各级行政机关的职能和权限"。

2006 年 3 月，《中华人民共和国国民经济和社会发展第十一个五年规划纲要》提出，要"合理划分中央与地方及地方各级政府间在经济调节、

---

① 参见张艳：《我国中央与地方关系的法治困境与出路》，《内蒙古大学学报》（哲学社会科学版）2008 年第 4 期。

市场监管、社会管理和公共服务方面的权责"。同年10月,《中共中央关于构建社会主义和谐社会若干重大问题的决定》又提出,要"进一步明确中央与地方的事权,健全财力与事权相匹配的财税体制。完善中央和地方共享税分成办法,加大财政转移支付力度,促进转移支付规范化、法制化",这些中央政策已经吸纳了中央与地方政府之间的权责与事权要一致的改革精髓,也预示着下一步改革的方向。在确立了依法治国,建设法治国家的治国方略后,应当改革改变通过行政手段调节中央和地方关系的传统做法,对中央与地方关系的调整要实现从政策调整向法律调整转换,依法规范中央与地方政府的法律地位,规定中央与地方的职责权限,规范中央与地方职权变革的法律程序;依法明确中央对地方政府的监控范围、方式、手段以及地方政府参与中央政府的渠道和平台;依法维持中央与地方关系的稳定性与严肃性。日本行政法学家盐野宏教授认为,"国家与地方的关系本身应整理为规范关系"①。

市场经济本质上是法治经济。市场经济的法治化保障路径客观上要求中央与地方政府权力的配置、运行步入法治化轨道,从而为市场经济的健康发展保驾护航。虽然我国《宪法》和《地方各级人民代表大会和地方各级人民政府组织法》对中央与地方政府的职能关系已有所界定,但规定过于原则和抽象,缺乏可操作性的指引,加之实践中纵向政府职能同构,中央与地方政府之间的行政权力配置仍存在诸多问题,权责不清,需要立法进一步明确中央政府和地方政府的各自专有行政权力、共享行政权力和行政权力禁止范围,建立中央必要集权与地方适度分权相统一的动态平衡国家权力结构及其相应的制度安排,凸显中央政府权力的全局性、最高性和统率性,以及地方政府权力的区域性、地方性和灵活性。同时,对中央与地方政府之间关系的调整,要实现从政策调整向法律调整转型,实行规范化和制度化的放权分权。也即以宪法、法律来

---

① [日] 盐野宏:《国家与地方自治团体间之关系》,《中国地方自治(台湾)》2002年第4期。转引自江国华、李鹰:《直辖市体制及其立法规制——兼论制定直辖市法的必要性》,《政治与法律》2009年第2期。

界定、规范和保障中央政府与地方政府的关系，从而将中央与地方政府关系纳入法治框架之下，促进国家治理法治化。具体说来，就是要通过完善宪法性法律和其他单行行政法律、法规、规章，建立起对行政权力配置、运行、监督、保障的法律体系，合理界分中央和地方政府的职能范围与分工，根据权责一致、事权与财权一致原则合理配置行政权力，完善中央政府监管地方政府的途径、方式、方法和程序，疏通地方政府参与、协助中央政府管理的渠道，从而在中央与地方政府之间建立一种法律规范之下的平等、伙伴型关系。

我国各地方基于历史传统、地域文化、资源禀赋等差异，经济、政治、文化发展极不平衡，社会转型和体制转轨与这种发展不平衡相互交融及伴生的各种问题，一直困扰着中央与地方政府之间良性互动关系的建立。实现中央与地方政府关系的法治化，不仅是建设社会主义法治国家的题中应有之义，也是发展社会主义市场经济和社会主义民主政治的必然要求，正如有学者所言，"通过法律手段建构理性的府际关系必将促进经济发展、社会进步，从而推动我国的现代化进程"。[1]

（二）实现中央与地方政府利益分配的合理化

政府之间的利益分配问题是中央与地方经济关系的核心内容，最直接的表现载体就是国家财政体制安排。新中国成立后高度集权的管理体制，没有明确中央与地方利益关系划分，这是中央与地方关系剪不断、理还乱的财政根源。为了激发地方政府在地方公共行政事务治理中的活力，20世纪80年代实行财政包干体制，将按企业的隶属关系划分财政收入，地方政府有动力管理所属企业，也助长了地方政府对企业经营管理的干预风气；另一个显著的副产品就是地方利益日益强化，地区封锁，形成诸侯经济，破坏了全国市场经济的统一性，在财权上直接导致地方财力日益雄厚，中央财权削弱，中央宏观调控能力下降。同时由于各地方产业基础薄寡不均，与中央政府博弈话语权强弱有别，导致中央与地方财权划分不统一，非制度化运行。建立制度化、规范化、平等化的财

---

① 薛刚凌：《论府际关系的法律调整》，《中国法学》2005年第5期。

政体制,是市场经济体制健康发展和维护国家政治稳定的内在要求。1994年我国实行分税制改革后迈向了一个新阶段,因为它已经深刻触及中央与地方利益关系,为科学建构中央与地方关系提供了契机与支点。

分税制,又称分税制财政管理体制,是市场经济国家普遍推行的一种财政管理体制模式,是指在合理划分各级政府事权范围的基础上,依据财权和事权相一致原则,主要按税收来划分各级政府的预算收入,各级预算相对独立,负有明确的平衡责任,各级政府间和地区间的差别通过转移支付制度进行调节。分税制通过制度化渠道确立了中央政府与地方政府不同的税源,有利于调动两者组织财政收入的积极性,消除不同层级政府间分配财力的随意性;同时通过财政转移支付制度调节各地方政府财力不均,有利于涵养地方税源,促进公共产品和服务均等化,抑制地方保护主义,促进全国统一市场的形成。分税制的实施,标志着我国中央与地方政府关系实现从单纯的中央行政性集权的权力关系发展为制度和法律保障下的中央集权与地方分权并存并且相互依赖的公共财政结构的转向。

当然,分税制也不是一劳永逸地解决好了我国中央与地方政府之间的财权问题,还需进一步完善:(1)进一步规范中央与地方政府之间的事权,厘清各级政府职能,按照财权与事权相匹配和权责一致原则,合理配置行政权力和财政财力。(2)进一步实行规范的财政转移支付制度,利用财政杠杆促进各地区均衡发展。我国区域行政模式和地方政府利益凸显,加剧了地区之间发展的不平衡,已经演化成为一个重要的政治问题。因此,应当完善财政转移支付制度,引导和扶持欠发达地方政府培育和扩大税源,完善公共服务体系,挖掘后发优势,促进区域协调发展。

(三)实行中央政府向地方政府的平等放权

在改革开放初期,为探寻市场化改革,我国建立经济特区,开放沿海城市,从东向西,从北向南,赋予这些地方和城市较大自主权,以点带面通过示范作用和辐射作用形成发展带。但1992年确立建设社会主义市场经济体制之后,中央向地方政府放权仍沿袭梯度放权格局的思路,即经济特区自主权比较大,优惠政策比较多,东南沿海其

他地区次之，中西部地区自主权比较小，优惠政策比较少。如果说
1992 年之前的放权在一定程度上具有试验性与过渡性，则之后仍坚
持这一策略无疑进一步加剧区域发展不平衡。毋庸置疑，权力梯度下
放使不同地方享有不同的权力和不同的优惠政策，使不同地区的经济
主体实际上处于不同的地位，享有不同的权力，由此带来资源配置不
合理、地方与地方之间不平等和不公平的竞争、东西部差距扩大等问
题。如果这种状况长期持续下去，不仅会破坏市场经济的平等竞争原
则，而且还会妨害社会主义市场经济的健康发展。因此，必须逐步实
现由梯度分权向地方均权过渡①。所谓地方均权，即同级地方政府应具有
同等的地位和享有同等的权力。这既是社会主义市场经济发展和民主政
治建设的必然要求，同时也是许多国家的通行做法。② 要在科学合理地划
分中央与地方职责权限的基础上，平等放权赋权，使同级地方依法具有
同等地位，享有同等权力。

各级地方政府之间的竞争，客观上也要求像市场经济多元主体公平
竞争那样，赋予其平等的竞争地位和权责一致，从而才可能形成统一、
平等、公正、规范的权力和利益分配格局。因此，在中央与地方关系的
改革中，首先，应当建立平等的中央向地方放权制度。赋予地方政府平
等权力，这是一种权能和资格，各地方政府可根据本地实情，将国家法
律、中央政策与地方利益统筹起来，协调发展，既兼顾国家整体利益，
又反映地方发展要求和愿望。否则，地域间发展不平衡，经济发达地区
的吸附功能增强和欠发达地区的漏斗效应加剧，经济社会发展呈现两极
分化，各地方政府因发展空间的竞争而激化矛盾，引发区域分割、地区
封锁等弊端的回流，威胁国家经济整体可持续性发展和社会稳定。其
次，要健全中央与地方之间的利益协调机制。在改革开放之前的中央集

---

① 参见薄贵利、全相文：《市场经济条件下中央与地方权限调整的基本趋势》，《政
　治学研究》1997 年第 3 期。
② 参见薄贵利：《中央与地方权限划分的再调整》，《中国行政管理》2001 年第 7
　期。

权体制中，中央与地方政府之间关系主要依靠政策调整，具有随意性和人治色彩。改革开放之后，各级政府利益主体地位日益强化，中央政府代表国家整体利益，地方政府代表地方局部利益，这两者之间存在紧张的一面，也存在交融的一面。应当建立一种中央与地方政府之间的利益协调平衡机制和地方利益表达机制，使中央制定法律与政策充分考虑地方的利益，地方政府制定地方性法规、规章和地方政策，充分吸收和兼容中央的法律与政策，从而实现中央与地方利益的协同发展、共赢发展。

（四）确立中央与地方政府间优势互补的良性关系格局

中央和地方政府的权力关系不是此消彼长的"零和"关系，在很大程度上是互相依赖、互相补充的"依存"关系，应遵循正和互动理念，在保证整体利益持续增长前提下，中央与地方权力的划分能调动"两个积极性"，产生权力运用的能量激增，形成良性互动态势，达到"利益双赢"的效果。

过去我们对中央与地方政府关系的定位，以政治正确代替了对事实的客观判断和行政管理规律性把握，中央与地方关系的处理也一直在高度集权和地方分权两极之间徘徊。事实上在国家宪法框架下，我们应当对中央政府与地方政府各自的地位、代表关系、目标、职能等形成比较清醒和客观认识，对中央与地方政府关系从政治、经济、社会、文化等多视阈中去考察，综合权衡、合理定位中央与地方政府关系，并依法对两者之间相对平衡的权力分配、权力运行、权力协调及权力监督等进行调整规范，从而建立起一种中央与地方政府优势互补、良性互动的关系格局。经验表明，"在中国，中央与地方之间应当建立一种相互依存、相互配合的非对称的双向型良性互动关系。这种非对称的双向型良性互动关系得服从这一前提：在统一的不可分割的基础上，中央政府始终拥有影响对策各要素及对策进程的主动权；地方处于相对独立的地位，拥有处理所辖区域内事务的自主权，同时，中央对这些权力行使过程保留监督控制权。"[1]

国家行政官僚体制是在现代社会中最为重要和基本的社会组织形态；保障行政官僚组织权威，是层级组织政令统一和取得整体效能的基本保证。因此，行政官僚体制权威也是一种国家和社会控制资源。我国在转型时期尤其需要发挥中央权威的作用，以中央权威抑制地方保护主义盛行。邓小平同志指出："中央要有权威，改革要成功，就必须有领导有秩序地进行。没有这一条，就是乱哄哄，各行其是，怎么行呢?"[2]　同时，应该扩大地方的自主权，调动地方的积极性。地方政府作为具有一定权利义务的行政主体，在国家生活中有着中央政府不可替代的地位和作用。因此在转型时期，我们应在保证中央政府有效宏观调控的前提下，赋予地方必要的权力，使其能够依靠国家法律、法规和宏观政策，自主决定本地区事务，建设尊重中央政府权威与高效、灵活性并重的地方政府。此外，我们必须承认地方利益，并建立有效的地方利益表达机制。有地方利益存在，就有一个地方利益表达的问题。没有正常的表达渠道就会通过非正常渠道表达，并导致地方之间不公平竞争等一系列负效应。为了克服这些负效应，使地方利益能够得到及时有效的反映，增强地方的活力，同时也为了实现中央决策的科学化和民主化，就必须通过体制改革和制度创新，建立科学合理的地方利益表达与平衡机制，扩大地方参与中央决策的机率。就根本利益而言，中央政府与地方政府存在一致性，但这并不意味着两者之间不存在具体的利益分歧和冲突。我们应当认识到，中央更多的是从整个国家的利益全局来研究和分析问题，而地方在维护国家整体利益安排的同时，又分别代表他们特定的局部利益。片面夸大中央整体利益的重要性，忽视或者否认地方特殊利益不仅是错误的，也是不现实的，这样只会过分压抑地方的正当利益需求，将中央与地方关系发展带入僵局。另外，中央应当改变以 GDP 为标杆的数字竞赛，而是综合政治、经济、社会、文化、生态等多方面考虑以综

---

① 林尚立：《国内政府间关系》，浙江人民出版社 1998 年版，第 355 页。
② 《邓小平文选》第三卷，人民出版社 1993 年版，第 277 页。

合标示指引各地方良性竞争，协同发展，激发地方政府活力。总之，在中央与地方政府关系建构中，在坚持"维护中央权威"与"有效保护地方利益和积极性"并重的原则下，以法律为规制准则，科学界定和合理配置中央与地方政府的权力，形成中央必要集权与地方合理分权相结合、集权与分权相互依存、相互制约、协调统一、动态平衡的关系格局。

第四节　我国地方行政组织法的缺陷及其完善

将地方行政组织等同于地方政府组织的传统理论深深影响着我国地方行政组织立法，现行地方行政组织法未将社会公共行政组织纳入立法调整的范围，已有的《地方各级人民代表大会和地方各级人民政府组织法》及相关法律法规的规定还较为粗陋，难以满足对地方行政组织调整与规范的需要，故需要健全地方行政组织法律体系，丰富和完善地方行政组织法的内容。

一、我国地方行政组织法的缺陷

我国地方行政组织法主要存在下列缺陷：

1. 组织法定原则尚未确立

有别于西方国家普遍遵循的由法律对行政组织进行约束和规范的组织法定原则，我国地方行政组织法定的组织法原则尚未确立，难以保障地方行政组织权力配置的合理性和组织结构的科学性。组织法定原则要求地方行政组织诸事项均应依法设定，而现有地方组织立法存有大量的立法空白，诸多应当依法设定的事项如编制立法、社会公共行政组织法等现有立法并未涉及；组织法定原则还要求组织立法权限法定、内容合法、程序法定、责任法定等，这些在现有的组织立法中还存在较大的缺陷。特别需要强调的是，我国至今尚未出台统一的《行政编制法》对行政组织的机构设置和人员编制予以规范，实践中主要依据国务院制定的行政法规或行政规范性文件进行调整。在行政组织的设置方面，依据相关法律规定，行政组织设置的理由仅是"工作需要"，应当遵循的原则也仅为"精简"或"精干"①，规定抽象、模糊、过于主观，缺乏科学、规范的设置标准，难以对机构设置和人员编制进行有效的约束和控制。且地方政府的定位、权属、工作方式、管理体制等事项难以依据现行的地方政府组织法得以明确，直接导致了实践中的地方政府定位不明、各级地方政府权限重叠、政府权力过于宽泛等系列问题，不利于政府权力的规范运行。

2. 现有立法的体例和内容有待完善

（1）现行《地方各级人民代表大会和地方各级人民政府组织法》在立法体例上，将地方各级人民政府组织法与地方各级人民代表大会组织法合二为一，虽历经修正，但仍然分散、粗陋，我国地方政府的组织结构体系十分庞大，层次众多，却没有一部专门的地方政府组织法对地方政府组织进行规范和调整，不能不说是一个缺憾。

（2）由《宪法》《地方各级人民代表大会和地方各级人民政府组织法》以及少量的单行法律法规等构成的地方政府组织法尚不能满足调整和规范地方行政组织的需要。由于宪法的规定往往是纲领性和原则性的，单行法律法规仅涉及某些具体性问题的规定，因此我国地方行政组织法的主要渊源为《地方各级人民代表大会和地方各级人民政府组织法》，涉及地方政府组织的条文为第五十四条至第六十八条，以列举的方式规定了地方各级政府的权限，对地方政府的构成作了原则性规定。除此之外，大量的地方行政组织法律问题，如地方行政组织的设置和编制、中央与地方的权限划分、地方各级人民政府的事权区分、地方人民政府职能部门的设置等问题均被排除在地方行政组织法的规范与调整之外。

（3）监督机制和责任机制缺失。在监督方面，既没有规定有效的内

---

① 如根据《地方各级人民代表大会和地方各级人民政府组织法》第六十四条的规定，地方各级人民政府根据工作需要和精干的原则，设立必要的工作部门。

部约束控制和外部监督机制，也没有对监督不力甚至不履行监督职能规定任何的责任追究机制，导致监督权虚置；责任机制的缺乏更是现行行政组织法存在的一个重要缺陷，缺乏责任机制的约束，难以保证行政组织法运行的有效性。

总体来说，现有的地方行政组织法无论是从调整范围、立法体例，还是从具体的法律规定来说，都很不完善，存在诸多问题，难以为依法行政提供有效的组织法依据。

3. 缺乏必要的适应性

地方行政组织法定、职权法定、运行规范等要求地方行政组织法的规定在不与宪法相抵触的前提下明确、具体、操作性强，能够为地方行政组织的设立、权力配置、机构设置、人员配备、运行等提供规范的立法依据。遗憾的是，现行地方行政组织立法过于原则、抽象、可操作性不强，未能满足对地方行政组织规范和调整的需要。以现行的《地方各级人民代表大会和地方各级人民政府组织法》为例，该法对地方各级人民政府职权的规定极为宽泛，且与中央人民政府的职能大致相同，导致各级地方政府机构对应设置，机构重叠、人员膨胀、权力运行不畅等现象在实践中较为严重。现行地方行政组织立法"尚不能适应建立市场经济体制、依法治国的需要和政治文明建设、政府机构改革的要求。"[1]

二、我国地方行政组织法的完善

(一) 确立组织法定原则

已有的组织立法及其运行实践已经证明组织法定的必要性和重要性。应当改变将地方行政组织机构的设立、组织结构等视为行政组织内部事务、由行政机关自行规定的认识，确定组织法定原则，用法律明确规定地方行政组织的设立、职权、组织结构等诸项内容，将大量未纳入地方

---

[1] 叶晓川：《从我国政府机构改革看行政组织法的完善》，《新视野》2007 年第 4 期。

行政组织法的事项如社会公共行政组织、行政编制等纳入地方行政组织立法的范围，并通过修正或修订现行立法，创制新的组织法等方式落实组织法定原则。只有切实树立行政组织法定的理念，并将组织法定原则贯穿于地方行政组织立法的始终，才有助于促进地方行政组织法的完善，为推进依法行政、建设法治政府奠定基础。

（二）完善组织法律体系

1. 拓宽地方行政组织法的调整范围

地方行政组织法的调整范围关系到地方行政组织立法体系的科学性及立法内容的完备性，将地方政府组织、社会公共行政组织及其相互关系纳入地方行政组织法的调整范围，避免立法的缺漏，这是完善地方行政组织法的前提。

2. 改进现行的立法体例

建议修改《地方各级人民代表大会和地方各级人民政府组织法》，充分考虑地方人大与地方政府在性质、产生方式、法律地位、活动原则、职责权限、工作程序等方面的差异，改变地方人大组织法与地方政府组织法合二为一的立法体例，制定专门的《地方各级人民政府组织法》，对地方政府组织进行规范。

3. 健全地方行政组织法律体系①

总体思路是：在宪法之下，制定一部通则性质的规范行政组织的基本法；在基本法之下，以《地方各级人民政府组织法》《中央与地方关系法》《社会公共行政组织法》等法律法规对地方行政组织作出具体规定，并以《地方政府部门组织法》《行政编制法》等作为配套性法律。这样，地方行政组织法律体系就在《宪法》统率下由基本法、基础性立法与配套性立法构成。

（1）基本法——《行政组织法通则》。作为基本法的《行政组织法通则》应当对包含地方行政组织在内的行政组织基本问题作出全面

---

① 参见石佑启、陈咏梅：《论社会管理主体多元化与行政组织法的发展》，《法学杂志》2011 年第 12 期。

规定：一是对行政组织法的基本原则作出规定，行政组织法定原则是最为重要的原则，应当在《行政组织法通则》中明确规定；二是对行政组织的性质、地位、构成以及相互间的关系作出规定，对行政组织的设立、变更和撤销的程序作出规定，对行政组织的职权与权力分配作出规定，对行政组织的会议制度、工作程序等问题作出规定；三是对行政组织的机构和人员编制作出规定；四是对相关的法律责任作出规定。

（2）基础性立法。地方行政组织法的基础性立法应当包括《地方各级人民政府组织法》《社会公共行政组织法》以及《行政组织监督法》等，可以通过修正现有立法和创制新的立法的形式进行：

一是修正现行的《地方各级人民代表大会和地方各级人民政府组织法》，制定专门的《地方各级人民政府组织法》，对地方各级人民政府的法律地位、职能、权限、机构设置、人员编制、副职额数、法律责任等问题作出明确规定，保证立法内容的科学性和可操作性，解决地方行政组织在职能、职权、机构设置、人员编制等方面存在的职能不清、职权宽泛、机构设置随意、人员膨胀等现实问题。

二是制定专门的《社会公共行政组织法》，对社会公共行政组织的性质、法律地位、设置、职能、组织结构等问题作出规定，对社会公共行政组织与国家行政组织的关系进行规定，实现对社会公共行政组织的规范和调整，促进社会公共行政组织的健康发展，助推政府职能的转变。

三是制定《行政组织监督法》，主要对行政组织的监督问题进行规定。对行政组织的监督应当包含行政组织的内部监督和行政组织的外部监督两个方面，通过《行政组织监督法》，明确规定监督的原则、监督的主体、监督的对象、监督的内容、监督的方式、监督的程序、监督的效力及监督不力或不履行监督职责的法律责任，以强化监督的功能，解决实践中监督疲软的问题。

（3）配套性立法。配套性立法主要包括《地方政府部门组织法》

《行政编制法》① 等相关法律法规，对地方政府组成部门、内设机构、办事机构的职能、权限、机构设置、人员规模、领导职数、法律责任等问题进行规定，以解决实践中地方政府组织机构臃肿、人员膨胀、副职额数过多、权责不清等问题。

(三) 建立健全监督机制及责任机制

1. 建立健全监督机制

监督机制涉及"由谁监督、如何监督及监督责任"三个关键性的问题。

一是由谁监督。这是要明确监督主体。有学者提出监督机关至少应该具有几个特征：其一，最大限度地独立于行政机关；其二，比行政机关更有权威；其三，是常设和经常发挥作用的机关；其四，其组成人员中有相当一部分具有较为丰富的法律知识和司法实践经验；其五，该机关应能代表和反映广大人民的意志，因而在我国最合适的监督机关就是全国人民代表大会常务委员会。② 该观点具有一定的合理性，但由于全国人大常务委员会承担的职能多、压力大，不宜将其作为唯一的监督机关，可由全国人大及其常务委员会依法授权地方人大及其常委会负责监督，这样既能减轻全国人大常务委员会的监督压力，也能保证监督效果。

二是如何监督。这是要明确监督的方式和程序等问题。应当明确监督机关的监督职责，规范监督程序，完善监督方式，建立对地方行政组织监督的长效机制，保证监督效果的取得与监督目标的实现。

三是监督责任。这是指监督机关不履行监督职能或履责不力时，应承担相应的法律责任。通过设定和追究监督机关的监督责任，促使监督机关依法履行监督职责。

---

① 我国尚无统一的行政编制法，国务院制定的《国务院行政机构设置和编制管理条例》和《地方各级人民政府机构设置和编制管理条例》以及 1988 年开始编制的"三定方案"不能从根本上解决行政机关职能交叉、机构重叠、条块分割等问题。

② 司坡森：《完善我国行政组织法管见》，《行政法学研究》1997 年第 4 期。

2. 建立健全责任机制

责任机制的缺失是现行行政组织法的重要缺陷之一。应当在行政组织立法中增加对违反组织法的法律责任的规定，且对法律责任的规定应当是系统而完整的，既要在《行政组织法通则》中予以规定，也要在行政组织的基础性立法中予以明确，还要在行政组织的配套性立法中予以细化，以责任来保障组织法的规定得以落实，维护组织法的权威。

| 第九章 |
公务员法

谭宗泽　　西南政法大学行政法学院院长，中国法学会行政法研究会常务理事，教授，博士生导师。主要研究方向：行政法与行政诉讼法学。有《行政诉讼结构研究》《新编行政法学》《行政诉讼法学》《公务员制度之公务员权利保障研究》等著作。

第一节　公务员法概述

一、公务员与公务员法

（一）公务员的概念和特点

公务员是国家行政管理的基本力量。任何社会形态都需要有基本的秩序功能。无论是在专制的社会或者是在民主法治的社会，国家的管理者都是社会秩序的中心。它有效地行使权力、治理社会，是整个国家机器正常运转的基本条件，是执行国家法律保障社会公众合法权益的主要力量。作为拟制的人，国家表达自己的意愿与社会大众的沟通通常依赖于三个基本的渠道。其一，通过政治领袖个人魅力形成的直接权威，表达国家意志，影响国家意志的实现；其二，通过人民代表大会制度等民主程序产生的代议机关制定法律，形成国家意志，并督促相关国家机关和组织行使权力、履行义务实现国家意志；其三，通过一个社会中间层来充当媒介，成为社会的管理者和权力的实现者。也就是说在国家与社会民众之间，存在一个实现权力、表达国家意志的阶层，国家公务员就是这个阶层最主要的存在标志。党在2013年正式将"完善和发展中国特色社会主义制度，推进国家治理体系和治理能力现代化"作为全面深化改革的总目标。国家治理能力现代化，成为国家治理研究的新方向。笔者认为，国家治理能力现代化的过程必然伴随国家治理结构的现代化。公务员作为国家治理结构中承上启下、实现国家意志、保障公民福祉的最为重要的组成部门，其现代性和规范性发展是非常重要的。因此，如何建立良好的法律制度、采取切实的手段管理好公务员阶层，是实现国家治理能力现代化的必选研究课题之一。

从中华人民共和国成立到1987年，我国的干部人事制度中并没有现代意义上的公务员这一概念。第一次在国家的正式文件上出现公务员一词的，是1987年10月25日中国共产党第十三次代表大会的报告。报告提出"当前干部人事制度改革的重点，是建立公务员法，即制定法律和规章，对政府中行使国家行政权力、执行国家公务的人员，依法进行科学管理。国家公务员分为政务和业务两类。"该报告不但第一次提出了建立公务员法的要求，还对国家公务员的概念和范围作了原则性的规定。我国的公务员制度试点工作从 1988 年开始，① 至 1993 年，国务院制定和颁布了新中国历史上第一部公务员法规——《国家公务员暂行条例》（以下简称《暂行条例》）②。该《暂行条例》第三条第一次在法律上明确了我国公务员的概念和范围：公务员是指在各级国家行政机关中除工勤人员以外的工作人员。根据该《暂行条例》的具体规定，我国公务员的范围包括：各级人民政府组成人员、各级行政机关中的领导职务序列的人员、其他非领导职务序列的工作人员。这之中，有通过选举和政治任命的工作人员，也包括通过公开考试择优录用的工作人员。根据该《暂行条例》，在中国共产党机关、权力机关、审判机关、检察机关、群众团体、民主党派、企事业单位中的工作人员不属于国家公务员范围，受制于制定机关本身的权限，《暂行条例》更为准确的名称应该是《国家行政机关公务员暂行条例》，其适用范围仅仅限于国家的行政体系，而不能适用于规范行政机关之外的其他国家机关及其工作人员。但是这种情况随着公务员法的颁布有了根本的改变。

2005 年 4 月 27 日，第十届全国人民代表大会常务委员会第十五次会议通过了《中华人民共和国公务员法》（以下简称《公务员法》）。该法对我国公务员制度作了重大变革。根据该法规定，我国的公务员"是指依法履行公职、纳入国家行政编制、由国家财政负担工资福利的工作人员。"《公务员法》的这一界定，改变了 1993 年以来形成的对国家公务员的概念和范围的理解，在《暂行条例》的基础上扩大了公务员的范围，将原来参照公务员管理的大批人员直接纳入公务员序列。这一重大变革

---

① 从 1989 年年初开始，在审计署、国家税务局、国家环保局、国家建材局、国家统计局和海关总署等六个部门和深圳、哈尔滨两城市进行国家公务员制度试点。

② 该条例随着《中华人民共和国公务员法》的实施，于 2006 年 1 月 1 日起被废止。

立足于中国社会主义革命和建设的发展历史，立足于有利于保持各类机关干部的整体一致性，有利于统一管理，有利于党政机关之间干部的交流使用。充分体现了党管干部的基本原则，也充分考虑到中国党政机关干部队伍从事的都是国家管理或是与执政、参政有关的公共事务，均使用国家核定的行政编制，从国家行政费用中支付薪酬，对基本素质有着共同的要求，在国家的政治社会和社会管理中是一个有机整体的实际情况，由国家立法对他们进行依法管理和保障，与社会主义法治的发展方向是一致的。随着中国公务员制度的发展及实践的深入，通过立法扩大公务员范围的条件及时机已经成熟。

从 2006 年 1 月 1 日起，列为国家行政编制，由国家财政负担工资福利，执行国家职能及政治体系管理职能的国家权力机关、国家行政机关、国家审判机关、国家检察机关、党派机关、政协机关、人民团体的工作人员均为公务员。

事实上，对公务员的概念和范围的界定并没有一个国际统一的标准。世界上已建立公务员制度的国家，基于本国的法律文化传统，其公务员的概念和公务员法的适用范围也有所不同。英国所称的"文职人员"、法国所称的"职员"或"官员"、美国所称的"政府雇员"①，均属公务员这个概念范畴。

英国的文官（公务员）是指不与内阁共进退，一般需要经过公开考试、择优录用，无过失即可以长期任职的文职工作人员。英国习惯将公务员称为文官（Civilservice）。早在一百多年前，英国的查尔斯·屈威廉（Charles Traveling），在考察东印度公司行政情况的报告中，首先使用了文官一词来指称以"公开竞争考试"选拔人才的制度。

1855 年"公开竞争考试"原则被引入英国本土实施。早期的文官也指为政府服务的具有专业才能的公务员，军人与司法人员并不涵盖在内。按照英国公务员法的相关规定，特别是 1995 年公务员管理枢密院令的规

---

① 法国的 Functionaries、英国的 Civil Servant 或者 Civil Service、美国的 Governmental Employee，都可以被理解为公务员。

定，英国的公务员不包括由选举和政治任命的人员，如议员、首相、内阁大臣、国务大臣、政务次官、政治秘书和专门委员会委员等政务官；同时，也不包括法官和军人以及在企业单位的工作人员以及地方自治机构的人员。①

法国国家机关工作人员通称为公务员，但是只有一部分适用于公务员法管理。

1983 年 7 月 13 日制定的《法国公务员权利和义务总章程》第 2 条规定了法国公务员法上的公务员范围"本法适用于如下人员：国家行政机关、各大区的行政机关、各省行政机关、各市镇行政机关民事（非军事的）公务员以及隶属于它们的公立公益机构，包括国家公务员以及地方政府的公务员。但是不包括议会中的国家公职人员，也不包括司法部门中的国家公职人员。在具有工业和商业特性的国家公共服务机构和公益公立机构中，本法只适用于担当国家公职的人员。"1984 年 1 月 11 日第 84—16 号发布，其后又多次修订的《法国公务员总章程》第 2 条（1992 年 2 月 6 日第 92—125 法律，1992 年 2 月 8 日政府公报第 3 条）规定：法国公务员总章程适用于如下人员：这些人员符合一般法规第一编中明确规定的各项法律条文，这些人员已经被任命在一个全职常任职位上，并且在国家中央行政机构不同级别的工作岗位、相关权力下放部门或者国家公共机构中已经担任某一具体的职务。结合上述两个法规规定的内容，法国公务员法上的公务员实际上指通过任命以全部时间正式担任上述行政机关和公立公益组织中某一个正式职位的特定的公民。

美国公务员的范围较为广泛，包括除立法和司法部门之外的政府行政部门的官员。部长、副部长、政务次官、独立机构的长官等选举和政治任命的

---

① 中组部、人事部法规司编：《外国公务员法选编》，中国政法大学出版社 2003 年版。

官员以及在行政机构中任职的常任文职官员均属于公务员范畴①。但是公务员法不适用于政治任命和选举产生的人员，只适用于在行政机关中任职的"职业公务员"，即非政治任命和选举产生的文职人员和在公益机构、政府企业中任职由法定拨款经费中支薪的人员。

德国《联邦公务员法》第2条规定，国家公务员是指在国家政府部门及其下属机构、社团或被赋予公务权的机构中任职，从而形成公务关系或者服务关系的人员。凡是为联邦效劳的公务员是联邦的直接公务员；凡是为联邦直属的团体、机构或者公法基金会效劳的公务员是间接的联邦公务员；该法还规定，联邦议院和参议院的官员、联邦宪法法院、行政法院的官员是联邦的公务员。高等学校的领导、教授、助理教授都是联邦公务员。

《日本国宪法》上的公务员是指一切国家公务人员。其《国家公务员法》和《地方公务员法》把中央和地方公务员均分为一般职与特别职②。日本公务员法上的公务员范围非常广泛。根据日本《国家公务员法》第二条的规定，包括内阁总理大臣、国务大臣、人事官及检察官等政务官员以及法官及其他法院公务员等共计16类人员列为特别职公务员。公务员法的适用范围则区别于特别职和一般职而有所不同。日本公务员法不适用于对特别职公务员的管理，只适用于一般职公务员。包括政府行政部门的文职人员、教育公务员、外务公务员等特例公务员和在国家和地方公共团体经营的企业中工作的公务员。

上述内容表明，各国公务员的概念和范围也有广义和狭义之分。广

---

① 依据《美国联邦法典》（United States Code）第五篇（Title 5）第2101节、第2104节、第2105节的规定，公务员（employee）、文职人员（civilservice）与官员（officer）的概念和性质均有所区别，公务员（employee）的含义最为广泛，《United States Code》Title 5第2105节通常被作为美国公务员概念和范围的法定解释。

② 根据日本《国家公务员法》第二条的规定理解，一般职与特别职是指公务员的职务类别。一般职公务员是指取得一般职务、长期任职的业务类公务员，特别职公务员是指取得特别职务的政务类公务员。出现类别争议时，由日本人事院决定。

义的公务员是指在政府中行使权力，执行国家公务的所有工作人员。包括通过选举或者政治任命产生的政务类公务员和非选举或者非政治任命产生的业务类公务员。狭义的公务员则是指需要经过公开竞争考试、择优录用不与政党共进退的业务类公务员。大多数国家的公务员法主要适用于业务类公务员。

必须说明的是，西方主要国家的公务员法所认同的公务员制度是建立在"多党制"和"三权分立"的基础上的，其广义或者狭义的公务员定义均与此相适应。但无论怎样划分都包含了一个共同的内容，即代表国家从事社会公共事务管理，行使国家权力，履行国家公务的人员都被界定为国家公务员。在行政机关任职，履行公共管理职责的人员都是各国公务员的主要部分也是公务员法的主要适用对象。虽然有的国家将宪法监督机构（如宪法法院、宪法委员会）的官员、行政法院的法官纳入公务员范围，但是在法律制度设计上，大多数国家并没有选择将普通法院的法官纳入公务员范围。我国《公务员法》将法官、检察官等纳入公务员范围，与我国的体制有密切关系，具有强烈的中国特色。在中国共产党领导下多党合作的体制中，我国公务员中虽然有通过选举和政治任命产生、实行任期制的官员，但是并不存在与政党共进退的公务员群体。各国家机关虽然有分工，但是并不存在制衡的机制，因此，对供职于各国家公职的工作人员进行严格区分、分别管理的意义并不显著。对我国公务员的范围作扩大解释，对公务员概念作广义理解是符合我国实际的。再者，公务员法只是公务员人事管理的法，规范的只是机关的人事工作，调整的是公务员职务关系，不涉及机关的工作方式和机关职能，将法官、检察官等纳入公务员范围进行管理，并不直接影响法院、检察院的工作方式和机关职能的实现。《公务员法》在第三条第二款规定："法官、检察官等的义务、权利和管理另有规定的，从其规定"，把检察官、法官与其他公务员的共性和特殊性进行了很好的处理。更直接的理解，《法官法》《检察官法》有关法官、检察官的权利、义务，行为准则等事项的规范，构成特别法。当法官法、检察官法与公务员法的规定有不同时，应该优先适用法官法、检察官法；同时，当法官法、检察官法对有些问题未作具体规定，而公务员法规定较具体的，就应该适用公务员法。这将使我国的司法行政管理制度更加完备健全，更有利于检察官、法官依法履行职责。

受《公务员法》的规定，我国公务员具有以下特征。

1. 公务员必须是享有法定职权，履行公职的人员。在国家机关和公共管理机构中工作，只是成为公务员的一个形式要件，享有法定职权、具有履行公职的资格才是成为公务员的实质要件。在国家机关或者公共管理机构工作，但是不享有法定职权，没有履行公职资格的人员，不是公务员。

实际上，是否属于公务员范围，是否纳入公务员法管理，实属一个国家选择的问题，不同国家本着科学管理的需要，根据自己的国情和历史传统，建立符合本国公共管理需要的公务员制度，应当受到尊重。虽然英国、日本等国家将工勤人员也纳入公务员范围管理。但是，我国《公务员法》将工勤人员排除在公务员范围外，符合我国干部人事制度的传统。

2. 公务员是在国家机关和其他公共管理机构中被纳入国家行政编制的人员。原《国家公务员暂行条例》界定的公务员概念的外延不包括在国家权力机关、政协机关、国家审判机关、国家检察机关、中国共产党机关、民主党派机关、人民团体和其他公共管理机构任职的人员。《公务员法》改变了这一状态。研读《公务员法》，我们会发现，公务员法并没有用行政机关或者国家机关等公务员服务的机关、场所作为识别该人员身份的标志，而是用是否纳入"国家行政编制"来判定公务员身份。这就需要对我国的编制管理有所了解。

人员编制的分类，是编制管理的一项基础工作。根据编制的分类，我国的人员编制可以根据其性质、管理方法进行分类。通常的分类方法是按照组织机构的性质进行的，分别确定为行政编制、事业编制、企业编制以及军事编制等。行政编制是我国人员编制中最基本、最重要的类别之一。我国现行的编制管理将工作人员的工资和日常办公经费，由行政经费开支，执行国家职能及政治体系管理职能的国家权力机关、国家行政机关、国家审判机关、国家检察机关、党派机关、政协机关、人民团体所使用的人员编制，列为国家行政编制。按照《公务员法》的规定，只有属于行政编制的人员才是公务员，属于"事业编制""企业编制""军事编制"的人员则不是公务员。

3. 公务员必须与国家存在职务关系并由国家财政负担工资福利。和国家没有职务关系的人员不是公务员。虽然宪法保障公民参加国家管理的权力，但不是每一个公民都能够进入国家公务员队伍，在实行公务员制度的国家，公民要成为公务员，都必须按照法定的方式和程序参与公开竞争，由国家择优录用。公务员制度的法治化是保障公民平等参与国家管理的重要法律制度，依照法定的方式，按照法定的程序，根据公平的选拔标准任用公务员，与被任用的公务员建立国家职务关系，使公务员能够代表国家从事公务，是公务员与国家之间最基本的法律关系，也是公务员身份的重要标志。

由国家财政负担工资福利是公务员供养关系的基本特征。但是，由国家供养的人员并不只有公务员这个群体。军事编制人员和大多数事业编制人员也属于国家财政供养，仅因为国家并没有将他们纳入行政编制范围而不属于公务员。

从法律规定看，识别公务员身份的标准有三个，一依法履行公职；二纳入国家行政编制；三由国家财政负担工资福利。公务员法关于公务员的三个要件中，是否被纳入国家行政编制这一要件是识别公务员身份的最为简单而有效的标志。

此外，关于机关聘任人员的身份问题也是值得关注的。根据《公务员法》第十六章的规定，机关根据工作需要，经省级以上公务员主管部门批准，可以对专业性较强的职位和辅助性职位实行聘任制。获聘的公务员与其他公务员在权利义务上有所区别，但毋庸置疑的是这些聘任制公务员在聘期内具有公务员的法定身份。

（二）公务员的分类

我国公务员的类型划分具有中国特色，根据《公务员法》的规定和学界的观点，有以下分类。

1. 选任制公务员、委任制公务员、考任制公务员、聘任制公务员

所谓选任制公务员，是指以选举的方式，由公民直接选举或者由民意代表机关选举产生的具有任期限制的公务员。《公务员法》第三十九条对选任制公务员的相关规定较为明确具体，弥补了我国法律对选任制官员任职程序空白。该条规定"选任制公务员在选举结果生效时即任当选职务；任期届满不再连任，或者任期内辞职、被罢免、被撤职的，其所任职务即终止。"在我国，由各级人大选举或者任免的政府组成人员、法院院长、检察院检察长等就是选任制公务员。所谓委任制公务员，是指由任免机关根据法定的权限直接确定并委派担任一定国家公职的公务员。如法院的审判员、检察院的检察员等，我国行政机关公务员中的非领导成员，包括主任科员、副主任科员以上级别的公务员，主要是委任制公务员。所谓考任制公务员，是指由法定机关通过法定的公务员考试、考核，择优录用程序录用的公务员。按照《公务员法》第二十一条的规定，机关录用的主任科员以下及其他相当职务层次的非领导职务公务员，即是考任制公务员。聘任制公务员是指机关根据工作需要，经省级以上公务员主管部门批准，对专业性较强的职位和辅助性职位通过公开招聘的方式聘用的公务员。

此外，按照公务员法的相关规定，公务员的交流也可成为产生公务员的方式，如调任。这也可以作为公务员分类的一种。本书为了叙述简要，不再一一介绍。

以上分类仅仅是根据公务员的产生方式划定的。无论是选任制的公务员或者是考任制、委任制、聘任制的公务员，并不完全是按照职位分类和品位分类的标准划分的。

2. 领导职务类公务员与非领导职务类公务员

这是根据公务员的职务和职责的不同而作的划分。《公务员法》第十六条第一款规定：公务员职务分为领导职务和非领导职务。这种简单的二分法，具有品位分类的意思。按照《暂行条例》的划分，我国行政公务员的职务从国务院总理到办事员共分为十二个层次，十五个级别。而按照《公务员法》的划分，从国家级正职到办事员，共十个层次。同时，

公务员法没有在法条中直接规定公务员级别，而是采取将"公务员职务与级别的对应关系，由国务院规定"的方式解决。

所谓领导职务类公务员，是指在各级机关中具有组织、管理、决策、指挥职能的公务员。其范围涵盖了政府组成人员、各级各类机关的首长和在机关内设机构中具有组织、管理、决策、指挥职能的公务员，上至国家级正职如政府总理，下至乡科级副职如副科长，共有十个层次，该种划分重在职务关系，按序设定。

所谓非领导职务类公务员，是指在各级各类机关中不具有组织、管理、决策、指挥职能的公务员。具体包括巡视员、副巡视员（原称助理巡视员）、调研员、副调研员（原称助理调研员）、主任科员、副主任科员、科员、办事员共有八个层次，该种划分重在职务品级，一般简称为职级关系。与一定的职务待遇对应，按序设定。

上述领导职务类与非领导职务类公务员的分类规定，是针对综合类公务员而言的。由于《公务员法》对综合管理类以外其他职务类别公务员的职务序列未作规定，因此需要配套法规予以明确。

根据《公务员法》第三章规定的内容，我国公务员职位分类制度所采用的职位分类标准，同时明显具有品位分类的特征。融合了传统干部制度的一些内容。2014年12月2日，中央全面深化改革领导小组第七次会议审议《关于县以下机关建立公务员职务与职级并行制度的意见》，在我国县以下机关正式推行职务与职级并行的机制，在职务之外开辟职级晋升通道，完善了非领导职务类公务员的职务晋升途径，有助于充分调动广大基层公务员的积极性。

3. 政务类公务员与业务类公务员

政务类公务员与业务类公务员的划分，是指在国家人事制度的层面，把政府中执掌国家权力、管理国家公务的公职人员，分成"政务类公务员"和"业务类公务员"两大类。其中"政务类"一词属概称，多数国家没有专门的名称，是指由选举或者政治任命产生的，实行任期限制并与政党共进退的公务员，又称为政务官。主要包括通过不同程度的选举而产生的国家元首、政府首脑、行政首长，以及经各种政治性任命而任职的内阁成员或其他政府组成人员，其职责一般是决定国家和地区发展的战略目标和规划，制定国家对内、对外的大政方针和政策。而"业务类公务员"是指通过公开考试、择优录用的，无过失即可长期任职而无任期限制并不与政党共进退的公务员，又称为业务官。泛指除政务类公务员以外的政府公职人员，一般均需通过竞争性考试而被择优录用，其职责是专业从事国家公共事务的管理，执行政务类公务员的政治决策，担负并完成具体的行政工作。政务类公务员一般不适用公务员法管理，各国的公务员法一般都适用于对业务类公务员的管理。

我国在 1987 年时，曾经提出过在我国建立公务员制度时将对公务员实行政务类与业务类的分类。虽然 1993 年颁布的《国家公务员暂行条例》没有采用政务类与业务类的划分，但是，将政府组成人员的管理另行规定，而不适用公务员法的制度安排，也表明选举产生与政治任命的公务员不同于其他公务员的一些特殊性。2005 年颁布的《公务员法》仍然没有采用这种分类，但是该法对综合管理类的领导职务的特别规定，尤其是对公务员中的"领导成员"① 的特别规定仍然表明立法者注意到了这一类型的公务员与其他公务员的不同。

4. 综合管理类、专业技术类、行政执法类公务员

这是我国《公务员法》确定的分类。它按照公务员职位的性质、特点和管理需要，将公务员划分为综合管理类、专业技术类和行政执法类三类常态类型。《公务员法》同时授权国务院根据本法的规定可以增设新的职位类别，对具有职位特殊性，需要单独管理的公务员进行管理。由于我国公务员的范围十分广泛，传统的分类方法不能满足公务员服务于不同国家公职的实际，因此，划定一个具有极强涵盖能力的综合类公务员十分必要。虽然《公务员法》并没有直接划定综合管理类公务员的外

---

① 根据《公务员法》第一百零五条，这里的领导成员，是指机关的领导人员，不包括机关内设机构担任领导职务的人员。如政府组成人员、法院院长、检察院检察长等为领导成员，其内设机构的处长、科长、庭长等不属于法条所指的领导人员。这与领导职务有区别。

延，但是通过对该法的具体条文的理解，我们认为，综合管理类公务员是指在机关中承担协调、组合任务，履行综合管理职责的公务员；行政执法类公务员是指各类承担国家和社会行政管理职责的公务员。主要包括工商、税收、技术监督、公安等行政系统的公务员；专业技术类公务员是指在机关中从事技术工作的工作人员。

值得注意的是，公务员法并没有将"司法类公务员"作为一类公务员单独规定，也没有对综合管理类、专业技术类公务员的内涵外延作具体规定，而行政执法类公务员的类别从现行行政法律规范、行政机关的地位和行政机关的权力范围等方面可以与其他两类公务员明确区分开来。按照《公务员法》的规定，任何一个国家机关中均会存在综合管理类、专业技术类公务员，而行政执法类公务员应当只存在于行政机关中。

设置职位分类制度，对公务员进行分类研究，是为建立科学的公务员管理体制服务的，按照职位分类和品位分类或者兼采职位分类和品位分类的方式对公务员进行分类并实行统一的管理，是世界各国公务员分类的主要模式，我国公务员立法也借鉴了国际惯常做法。

（三）公务员法的概念和特点

公务员与公务员法是两个既有联系又有区别的概念，从广义上讲，公务员属于行政组织的范畴，针对公民个人而言，是指其具有的公务员身份，针对国家管理而言，公务员就是一种制度。考察公务员制度的历史发展，公务员制度几乎都是以公务员法为依据逐渐完善起来的。公务员法是建立和推行公务员制度的基础，没有公务员法的制定，也就没有良性运转的公务员制度，健全的法制体系是公务员制度赖以运行发展的载体，公务员法明确了公务员职务关系的产生变化和消灭的条件和程序，明确了公务员的职责权限，实现了国家对公务员的依法管理和科学管理。诚如澳大利亚《公务员法》（1999）第3条阐述该法的立法目的时所称：公务员法的主要目的是"建立一个富有效率或者效能的，为议会、政府及澳大利亚国民服务的……公共服务机构；为高效及公平雇佣、管理和领导公务员提供一个法律框架；……确立公务员的权利义务"。可见，公务员法与公务员制度的发展相互依存，互相促进。公务员制度的法制化，是公共人事管理制度发展到一定阶段后的必然产物，也是人类文明发展的共同结果。

公务员法可以作广义和狭义的理解。广义的公务员法是对整个公务员制度的调整，公务员法的适用范围与公务员制度具有同一性；从狭义上理解，公务员法仅仅是调整公务员制度中适用公务员法管理的部分公务员的职务关系的法律规范。之所以认为公务员法具有广义和狭义的区别，是因为在对公务员实行两官分途管理的国家，公务员法只是适用于业务类公务员，对政务类公务员就不适用公务员法管理。将管理政务类公务员和管理业务类公务员的法律制度合称公务员法，就是我们所指的广义公务员法的范畴。而实际上大多数实行公务员制度的国家，其公务员法主要调整的是业务类公务员的职务关系，即狭义的公务员法。由于我国的政治体制，公务员不存在政务类和业务类的分类①，无论是选举产生或者政治任命的工作人员，或者是通过公开考试、择优录用的国家工作人员，都被称为公务员，受公务员法的调整。因此，我国公务员法的概念应属于广义的概念，是指调整公务员职务关系的法律规范的总称。公务员法以国家与公务员的职务关系为调整对象，有关国家各级各类公务员的考试录用、考核晋升、权利义务、培训调动、奖惩福利、免职退休以及管理机构等各项制度均是公务员法的主要内容。

同时，也可以从形式和实质意义上定义公务员法的概念。形式意义上的公务员法是指公务员法法典，即指各国的公务员法法典；实质意义上的公务员法是指规范公务员关系的所有法律规范。

（四）我国公务员法的体系

我国公务员法的产生有其历史背景。1993 年 4 月 24 日国务院第二次常务会议通过、1993 年 8 月 14 日国务院令第 125 号发布、1993 年 10 月 1日正式实施的《国家公务员暂行条例》，是新中国历史上第一部公务员

---

① 其实，作为公务员管理中的一种分类，政务类公务员与业务类公务员的划分与政治体制并没有不兼容的任何依据。在我国的具体法律规定中，政府组成人员与非政府组成人员也是适用不同的法律制度进行管理的。

法。自此开始，中国公务员法正式建立。围绕《国家公务员暂行条例》的规定，我国制定了大量的配套规范。尤其是国家人事部出台了很多重要规章，对公务员从进入国家行政机关到退休的各个管理环节，都做出了明确的规定。同时，全国各地的人事管理机关，在《国家公务员暂行条例》的基本框架下，又制定了相应的实施办法和实施细则作为法规体系的补充。其中重要的有《公务员法实施方案》《国家公务员录用暂行规定》《国家公务员奖励暂行规定》《国家公务员辞职辞退暂行规定》《国家公务员申诉控告暂行规定》《国家公务员职务升降暂行规定》《国家公务员任职回避和公务回避暂行办法》《国家公务员培训暂行规定》《国家公务员职位轮换（轮岗）暂行办法》和《公务员申诉案件办案规则》等。《国家公务员暂行条例》和这些配套规定，奠定了中国公务员制度录用、考核、奖励、职务升降、培训、交流、回避、辞职辞退、退休、申诉控告以及公务员权利、义务、工资保险福利、需要遵守的纪律等制度的法律基础，国家公务员管理无法可依的局面基本得到了改变。截至2005年，我国已形成由总法规到单项法规再到实施细则，在立法层次上由高到低，覆盖中央和地方的，比较完整且有机联系的公务员法体系。但是，从这些法规、规章使用"暂行"二字就可以知道，这些规范的法律位阶较低，还处于探索、试验过程，表明我国公务员法体系还远远没有达到成熟的境界。同时，《公务员法》的缺位表明我国公务员法体系尚未完全形成。

2005年4月27日，第十届全国人民代表大会常务委员会第十五次会议通过了《中华人民共和国公务员法》。这是我国第一部干部人事管理的法律。它的制定颁布是我国民主法制建设的一件大事，是干部人事管理科学化、法制化的里程碑。伴随公务员法的实施和相关配套法规的制定，我国公务员法体系将趋于完整。

二、公务员法的原则

公务员法的基本原则是指反映公务员法的基本特征，体现整个公务员制度的思想和总的要求。在2002年7月9日公布的《党政领导干部选拔任用工作条例》中，中共中央进一步明确：选拔领导干部必须坚持公开、平等、竞争、择优原则。2014年1月发布的《党政领导干部选拔任用工作条例》对领导干部选拔原则进行了调整，删除了"平等原则"，增加了"民主原则"，确定民主、公开、竞争、择优为当下领导干部选拔任用的原则。这种改变针对的是公务员中的领导干部的选拔任用，强调民主性、竞争性，不要求平等性，在领导职务的确定上，平等原则缺少适用的条件。但是，对非领导职务类公务员的管理，和公务员身份的确定等，必须要坚持公开、平等、竞争、择优原则。本书根据我国《宪法》和《公务员法》的规定，参考其他国家和地区公务员法的规定，归纳体现公务员法精神的以下基本原则。

（一）公开竞争原则①

该原则包括了公开和竞争两大要求，是政务公开原则和竞争原则在公务员法中的体现。在公务员的录用、任职、晋升等环节实行公开、竞争性考试并择优录用，是公开竞争原则在具体制度中的体现。公开考试，既可以扩大选拔人才的范围，也有利于增加考试的透明度，提高公民对政府的信任度。各国公务员法均体现了这一原则。比如，日本的公务员任免规则不但规定录用考试的公告公布的渠道，还具体规定公告必须公开的内容②。德国《联邦官员法》第8条规定，必须通过公布职位的方式，招聘官员。并通过公开招聘的方式，从谋求职业者当中挑选合格者。我国《公务员法》第五条规定："公务员管理，坚持公开、平等、竞争、择优的原则……"第二十一条第一款："录用担任主任科员以下及其他相当职务层次的非领导职务公务员，采用公开考试、严格考察、平等竞争、择优录用的办法"等规定均是这一原则的具体体现，在公务员管理的各个环节，该原则得到了充分的贯彻。

公开竞争原则还包括职务晋升公开。原《暂行条例》对公务员的职

①　《公务员法》第五条规定了公开、平等、竞争、择优几项原则，本书将其归纳为公开竞争、平等对待两项原则。

②　日本公务员任免规则第三十八条。

务晋升是否公开没有明确规定，但是，中共中央组织部发布《关于进一步做好公开选拔领导干部工作的通知》（中组发［1999］3号）对选拔领导干部必须公布选拔职位和报名条件、公开推荐报名与资格审查、公布选拔结果的公开性规定。体现了我党干部人事政策的公开竞争原则，对公务员法遵循公开竞争原则具有指引性作用。《公务员法》吸纳了上述关于公务员职务晋升公开的精神。

其他国家对职务晋升的公开性规定与录用公开一样重视，如，澳大利亚的《公务员法》（1999年）规定，当出现公务员职位空缺时，无论是内部晋升或者是外部招聘，都必须通过媒体将职位空缺的情况以及任职条件公之于众，符合条件的人都可以申请并参与竞争。

（二）平等对待原则

公务员法所体现的平等对待原则，是指机会均等，每一个公民在知识、个人能力上有差别，但是，在获得国家公职的竞争中，每一个符合法定条件的人，都有权利获得均等的竞争机会。这一原则包括多个方面的意义，一是对所有公民的平等。保障希望成为公务员的公民有平等竞争的机会。不是每一个希望成为公务员的公民都能够成为公务员，参加考试、录用公务员都可以规定一定的条件，但是，这些条件不是具体的行政机关可以任意规定的，它必须是法定的，并且，不能违背宪法规定的原则精神，尤其不得构成歧视。我国公务员招考、录用中经常出现的构成性别歧视、身高歧视、乙肝歧视的规定，就是违背公平原则的行为，应当予以纠正。保证公民的平等参与权，是现代公务员法的精神内核和生命力所在。二是对所有公务员平等。在职务晋升上，使具有同等条件的公务员获得晋升的机会均等，是公务员对国家保持信心和忠诚的保证之一。在公务员待遇上，以统一的公共财政体系为基础，保障公务员待遇的平等，同职务同级别的公务员应当获得同样的待遇，减少或者消除部门利益差别、服务区域（地域）差别，避免形成行政部门之间福利待遇出现明显差别的肥缺效应。

不考虑性别、民族、种族、出身、家庭、门第、信仰或者政治观点、社会关系，给予公民以平等条件下参与进入公务员队伍的竞争机会，是各国公务员法一致遵循的原则。我国规定的公务员报考资格具有中国社会的典型特征和鲜明的政治性。根据《暂行条例》制定的公务员报考资格包括：具有中华人民共和国国籍，享有公民政治权利；拥护中国共产党的领导、热爱社会主义；遵纪守法，品行端正，具有为人民服务的精神；一般具有大专以上文化程度（经考试主管机关批准，可适当放宽）；报考省级以上政府工作部门一般要有两年以上的工作经验（国家有规定的除外）；身体健康，年龄一般在三十五周岁以下（经考试主管机关批准可适当放宽）；具有考试主管机关批准的其他条件。① 其中，拥护中国共产党的领导，热爱社会主义，是所有希望成为中国国家公务员的公民必须遵循的基本条件。鲜明的政治立场，使中国的公务员不可能"政治中立"。值得注意的是，《公务员法》第十一条对公务员的条件作了明确的规定，与原条件相比，只规定了报考公务员的最低年龄限制为18周岁，没有规定最高年龄限制，如以前规定报考者不超过35周岁；特别强调"拥护宪法"而不再强调其他政治标准，将政治要求寓于法律要求中，体现了公务员法对公务员资格的法律化要求。

此外，在公务员的性别比例上、不同民族的公民任职比例上的平等以及对少数民族报考者的优待也是体现公平原则的十分重要的事项。

（三）功绩制原则

功绩制原则是各国公务员法共同遵循的一个重要原则。从文义上理解，"功绩"就是功劳和成绩，功绩制，就是按照一个人对事业做出的贡献和成就作为选拔和评价公务员的标准。我国公务法在公务员的选拔、任用、晋升和工资待遇等方面，在注重公务员的业务素质和政治素质的同时，充分体现了功绩制原则。把公务员在贯彻执行党的基本路线和履行国家公务中的贡献和工作实绩，作为公务员的职务升降、考核、任免、

---

① 该规定是由已经废止的人事部人录发［1994］1号《国家公务员录用暂行规定》第十四条规定，人事部令［2007］7号《公务员录用规定（试行）》第十六条，沿用部分报考资格的规定，并在其他条文中予以细化。要求报考者年龄为十八周岁以上，三十五周岁以下；拥护中华人民共和国宪法；具有良好的品行。

奖励等的主要依据。

　　从 1855 年英国根据屈威廉—诺思科特委员会的建议，确立公开考试竞争制度和功绩制原则，初步建立起现代文官制度，到美国历史上第一次确立以"能力与功绩"作为录用与衡量官员标准的 1883 年"彭德尔顿法"，随着历史的发展与社会的进步，西方国家逐渐改变在官员任用上的"政党分肥制"①。实行功绩制，选拔和任用有能力的、称职的官员成为世界各国公务员法律制度的共同选择。功绩制原则既是国家公务员制度的一项基本原则，也是激励公务员勤奋和创造性工作的重要手段。功绩制强调的是实实在在的工作成绩，而不是年资高低、亲疏关系、党派关系等其他因素。它要求必须按照公开考试的成绩择优录用公务员，必须按照工作的成绩作为公务员晋升的依据。功绩制体现了"任人唯能"和"奖优罚劣"的先进思想，实现了公民担任国家公职"机会均等"、公务员晋升依凭工作实绩的原则。德国公务员《资历条例》规定："公务员的录用、任用、授职、提职、晋升，只能依据公务员的资格、胜任工作的能力和工作成绩来决定"，"工作成绩就是按照工作要求对公务员的劳动成果所作的评定"。美国文官制度改革法规定："工作成绩良好者继续任职，工作成绩不好者必须改进，工作达不到标准者予以解职"。日本《国家公务员法》规定："公务员的任用，依照本法和人事院规则的规定，根据考试成绩、工作成绩或者其他能力的考核结果进行"，"政府机关首长必须对所属公务员的工作进行定期评定，并根据评定结果采取适当措施"。② 我国《公务员法》第七条规定，"公务员的任用，坚持任人唯贤、德才兼备的原则，注重工作实绩。"在公务员法规定的公务员职务升降、奖惩任免等各个环节和法定条件上，我们都能够感受到功绩制原则的

---

①　"政党分肥制"也称"政党分赃制"，是美国近代政党政治的产物。是指在竞选中获胜的新总统把政府机构中的职位分配给自己所属党派特别是那些在竞选中为自己出力的人员及其亲信。盛行于 19 世纪。

②　中组部、人事部法规司编：《外国公务员法选编》，中国政法大学出版社 2003 年版。

精神。

《公务员法》第三十三条规定:"对公务员的考核,按照管理权限,全面考核公务员的德、能、勤、绩、廉,重点考核工作实绩"。功绩制原则主要表现在:1. 公务员的录用,实行公开考试、择优录用;2. 以工作实绩和贡献作为考核、评价公务员的标准,作为公务员升降的重要依据;3. 以工作实绩和贡献的大小作为公务员享受工资待遇的主要条件;4. 对特别优秀的公务员,可以按照规定破格或者越一级晋升职务;而在定期考核中被确定为不称职的,按照规定程序降低一个职务层次任职。

(四) 党管干部原则

《公务员法》第四条规定,"公务员制度……坚持党管干部原则。"体现了我国干部制度的一贯立场。党管干部原则是社会主义国家人事制度坚持的首要原则。坚持这一原则的根本目的,是建立一支能在党的领导下,在各自的岗位上,领导现代化建设并做出创造性贡献的干部队伍。制定公务员法不是为了削弱党对干部的领导,而是为了加强和完善党对国家机关工作人员管理工作的领导。通过把党的组织路线、方针、政策按一定程序转化为机关人事管理的法规,依此对机关工作人员进行管理。中国共产党的领导人对党管干部原则的详细阐述,能够说明这个原则与我国的干部人事制度之间的关系。在干部人事制度中"要坚持党管干部的原则,改进干部管理方法,加快干部人事制度改革步伐,努力推进干部工作的科学化、民主化、制度化。坚持扩大干部工作中的民主,落实群众对干部选拔任用的知情权、参与权、选择权和监督权。坚持公开、平等、竞争、择优的原则,积极推行公开选拔、竞争上岗等措施,促进干部奋发工作、能上能下。加强对干部选拔任用工作的监督,完善干部考核制度和方法。坚决防止和纠正用人上的不正之风。"① 坚持党管干部原则,与实行公务员制度,建立现代化干部人事制度之间是一致的。

1995年2月中共中央颁布了《党政领导干部选拔任用工作暂行条

---

① 江泽民:《在庆祝中国共产党成立八十周年大会上的讲话》(2001年7月1日)。

例》，明确规定了党政领导干部选拔任用工作的基本原则、基本程序和基本方法，该暂行条例是中国共产党在干部选拔任用工作方面第一个比较全面、比较系统的文件。在规范干部选拔任用工作，防止和纠正用人上的不正之风，建设高素质党政领导干部队伍等方面发挥了重要作用。随着我国政治、经济形势等方面的变化和政治体制改革的深入，在修订《党政领导干部选拔任用工作暂行条例》的基础上，中共中央于 2002 年 7 月 9 日发布了《党政领导干部选拔任用工作条例》。该条例实施十二年后，中共中央于 2014 年 1 月发布新的《党政领导干部选拔任用工作条例》。该条例确定民主、公开、竞争、择优为当下领导干部选拔任用的原则，全文共 13 章，71 条。从明确干部选拔任用工作的指导思想、基本原则和选拔任用条件开始，通过规范动议、民主推荐，考察，讨论决定，任职、依法推荐、提名和民主协商，公开选拔和竞争上岗，交流、回避、免职、辞职、降职，纪律和监督等一系列环节，对党政领导干部选拔任用工作作出了全方位的实体性和程序性规定，各章之间相互衔接，形成了干部选拔任用工作的完整体系。其中，总则、选拔任用条件、民主推荐、考察、讨论决定、纪律和监督，是《党政领导干部选拔任用工作条例》的关键环节和重点内容。《党政领导干部选拔任用工作条例》的特色主要表现在四个方面：1. 充分体现了中央对领导干部和干部选拔任用工作的新要求。规定领导干部的考察，除德、能、勤、绩外，还特别突出了党政领导干部的"廉洁"要求，增强了针对性；条例还规定，对部分考察对象要委托审计部门进行经济责任审计，这在原暂行条例是没有的；2. 注重扩大干部工作中的民主，在民主推荐、考察、动议、讨论决定、任职等环节进一步体现了扩大民主的要求，并做出了制度安排。如条例规定，组织（人事）部门综合有关方面建议和平时了解掌握的情况，对领导班子进行分析研判，就选拔任用的职位、条件、范围、方式、程序等提出初步建议；3. 吸收了公务员制度及干部人事制度改革的成果，专章规定了"公开选拔和竞争上岗"，使党政干部的选拔任用具有了一定的竞争性。将任职前公示制度、任职试用期制度、部分领导职务聘任制度、引咎辞职制度等重要的管理制度确立下来，完善了干部人事制度的体系；

4. 强化了干部选拔任用上的监督。正式实行干部选拔任用工作责任追究制度和干部选拔任用工作监督责任制度。

中国共产党的干部人事政策，是我国公务员制度的内在精神，指导我国公务员制度的发展和完善。在公务员法中体现党的干部人事政策，是公务员法的任务。2014 年颁行的《党政领导干部选拔任用工作条例》对干部选拔任用的原则、标准、程序、方法和纪律等方面的规定，和坚持扩大民主的基本方向，以党内民主促进政治民主的追求，在落实群众对干部选拔任用的知情权、参与权、选择权和监督权方面进行制度创新的努力，以及推进干部选拔任用工作科学化、规范化方面的举措，对我国公务员法的完善有着十分重要的指导意义和领导权威。同时，我国公务员法的制度发展也为我党进行党政干部选拔任用的制度革新提供了借鉴。干部公开选拔、竞争上岗、任前公示、试用期制度，完善了任职、免职、辞职和降职等制度，就是公务员法的成果。

党管干部的原则，在近年来有所变化。在坚持"党管干部"原则的基础上进一步发展到"党管人才"的高度，现在进一步发展到"党聚优秀人才"的深度，体现了我党的干部人事政策的新思维。2002 年 5 月，党中央、国务院下发了《2002—2005 年全国人才队伍建设规划纲要》，提出实施"人才强国"战略，2009 年 12 月 3 日颁布的《2010—2020 年深化干部人事制度改革规划纲要》，规划了"建设高素质干部队伍"的机制。党的十六大提出"努力形成广纳群贤、人尽其才、能上能下、充满活力的用人机制，把优秀人才集聚到党和国家的各项事业中来。"党的十七大提出"坚持党管干部原则，坚持民主、公开、竞争、择优，形成干部选拔任用科学机制"，党的十七届四中全会指出要"建设善于推动科学发展和促进社会和谐的高素质干部队伍。"党的十八大更是明确指出"建设一支政治坚定、能力过硬、作风优良、奋发有为的执政骨干队伍"，党的十八届四中全会提出新要求"着力建设一支忠于党、忠于国家、忠于人民、忠于法律的社会主义法治工作队伍。"从执政党不断提升的干部素养标准，我们可以看出"忠诚而有能力"是一以贯之的不变标准。这也符合现代化国家发展对人才的需求。国家治理能力现代化条件下的公务员队伍必须是"专业人员组成的国家管理者"，专业人员的水平决定了政府效率和行政质量。

党的干部政策对公务员法的制定起到了巨大的推动作用。研读《公务员法》的具体规定，我们会发现《公务员法》的立法精神和具体规定全面体现和吸收了中国共产党的干部政策和管理制度。

（五）依法管理原则

依法管理原则是我国干部人事制度法治化的保障。建立现代公务员制度，实行依法管理，是公务员法的立法目的之一。依法管理的范围涵盖了公务员制度的各个层面。从公务员的考试录用到公务员的离职退休等，都必须依照法律的规定；调整公务员职务关系，明确公务员的权利义务，进行奖惩任免、追究法律责任等都必须依法进行。该原则的重要内容可以归纳为：

1. 职位分类法定。提高管理效能和科学化水平。职位分类除了是一种科学的管理技术之外，更重要的是职位分类的法律意义。一旦完成职位分类就必须按照职位分类的规定进行管理。

2. 编制法定。职位分类与编制管理密切相关，而我国目前没有一部《编制法》，实践中编制制度和编制管理常常被忽视，处于"弱势"状态。《公务员法》在具体的条文规定中十分强调"编制限额""职位空缺"等条件，对依法加强编制管理具有积极意义。

3. 程序法定。对供职于国家公职的公务员的管理，必须树立遵守法定程序的观念，并将遵守法定程序作为依法管理的首要内容。公务员法在公务员的招考、录用、任免、奖惩、陈述申辩、申诉控告等各个方面都强调了程序理念。这是公务员管理迈向法制化的重要保障。

4. 权利义务法定。公务员的权利和义务具有法定性。《公务员法》对公务员的身份保障、工资福利待遇、奖惩任免作了明确的规定，对公务员依法应当履行的业务也作了明确的规定。强调公务员权利义务法定化的重要意义在于，公务员群体具有明确的政治立场。但更为重要的是，公务员团体是一个法律团体，用法律去规范约束这个团体更为符合社会主义法治的要求。

将公务员团体由一个政治团体改造成为一个法律团体，并使政治权利法律化，是实行依法管理原则的基本条件。

此外，根据公务员法总则部分的规定，也许还可以把监督约束与激励保障并重；把分类管理、科学管理等均归纳为基本原则。但为了叙述的需要，这里将其中一些规定作为公务员制度理解，没有采取将其归纳为基本原则的方法。

（六）关于西方公务员政治中立原则的介绍

政治中立原则与实行公务员政事分类、两官分途制度直接相连，也是公务员职业化的结果。所谓政治中立，是指公务员应超然于个人政治理念之外，不偏袒某一政党或政治团体，公正独立地以中立能力处理事务，且不积极介入各政党的政治活动，其内涵较为狭窄。我国台湾学者许滨松在论述英、法等国的文官政治中立时指出：中立的概念，是由德国社会学家马克斯·韦伯（Max Weber）所提出。他认为"中立能力"（neutral competence）是公务员的一项特征，他们是以其技术上的能力为基础获得选拔，经连续在职而升迁，并非考虑其社会地位及对政党的忠诚。公务人员应以公平及无私的方法履行其职责，冷酷的中立，被视为确保政府机关公平对待人民的唯一方法。

政治中立的"中立"一词，一直没有发展成为定义清晰的理论概念。

以英国为例。在17世纪末期，英国议会为了对抗国王任命的官员，不准其干预议会，开始制定出一系列法律、命令，限制国王任命官员的权力。1694年，议会规定新成立的税务官员不得参加议会。1699年，议会将此法律推广到其他部会。《吏治澄清法》（Act of Settlement）规定："凡受国王的任命以及得到国王年金者，皆不能到下议院当议员。"从此，英国的文官开始有政务官与事务官的区别。及至1853年，屈威廉与诺斯科特提出著名的"常任文官组织报告书"（Report on the Organization of the Permanent Civil Service）。报告指责恩赐官制，并强调行政效率的提高有赖于政治中立、能力胜任的公务人员。受此影响，英国于1855年5月发布枢密院令，成立"文官委员会"（Civil Service Commission），建立考试用人的制度，废除政府用人的赡恩徇私与政党分赃制度。1884年颁布规定要求公务员要成为下议院议员候选人时，必须先行辞职。1910 年，英国颁布枢密院令，明确规定："公务员不能参加政治纷争……任何公务员一旦向选民表示其竞选议员的意向时，便应立即辞去官职，其他凡以公开的方式表示其竞选意图时亦同"。禁止公务员以公务员身份直接参与政治活动系限制公务人员参加政治活动及对政治事件意见的表达成为政治中立原则的最初要求。直到 1953 年，形成了一系列法令，对英国公务员的政治活动进行限制。其中较为重要的是 1953 年的财政部命令发表的白皮书，对公务员政治活动进行分类限制。

政治自由类（politically free group）。凡实业人员、次要的担任操作技艺工作之非实业人员，以及由各部门自行任用但须经财政部同意之人员，除了必须遵守"公务机密法"（Official Secrets Act）的规定，不能于上班时间内从事政治活动，并以采取适当的措施，避免影响本部门外，可以自由地从事全国性及地方性的政治活动。

中间类（intermediate group）。凡打字、文书或与其类似或略具行政人员身份的人员，以及若干其他人员，除不得成为国会议员候选人及欧洲议会的候选人外，如符合规定条件并经所在公务部门的批准，可以参加全国性及地方性政治活动。①

了解政治中立原则的发展过程及其适用，对我们的启示是重要的。首先，西方公务员制度要求的政治中立是针对业务类公务员的"政治中立"，而不是针对政务类公务员的原则，也不是就国家的根本政治制度而言的"中立"，而是相对于政党竞争的"中立"。事实上，西方国家均要求公务员遵守宪法和法律，业务类公务员对国家根本政治制度无"中立"可言。其所谓的"政治中立"，是指在多党竞争的政治体制下，业务类公务员在政党竞争的政治格局中要保持"中立"的立场。

作为国家政府雇员的公务员，除了必须根据宪法和法律的规定，执行由执政党领导的政府所下达的指令外，不得参与政党的竞选活动，不

---

① 许滨松：《文官制度与行政中立的设计与建立》，http://www.boxun.com/sixiang/zhidao.html。

准利用职权干涉选举结果,并且不与执政党组织的内阁共进退,使业务类公务员在政党竞争中处于一种超然地位,成为一种相对独立的职业集团。

其次,"政治中立"原则并不是对业务类公务员的政治要求。在本质上,政治中立是一种重要的技术性、程序性的设计,旨在保证政府运作的连续性和稳定性,以提高公务员职业的专业化水平和执行公务的独立性,防止出现对政务类公务员的人身依附关系。

该原则在西方国家的政治实践中证明是行之有效的,既不妨碍政党政治的实行又有利于政府工作的稳定性与连续性。从行政管理体制科学化的角度出发,强调业务类公务员执行公务时保持相对"中立",不参与政党的政治活动,但是必须执行竞选获胜的政党组成的政府(内阁)命令,是有一定积极意义的。

有研究者认为,政治中立原则也可以作为我国公务员制度的借鉴。

其一,相对于执政党组织的"中立",符合我国政治体制改革所要求的党政分开,改善党的领导,提高政府效能的思想。应该看到"政治上坚持党的领导"与"业务上保持独立"地执行政府公务,应是我国公务员制度的两个相辅相成的方面,只有肯定业务上的相对独立,才能真正贯彻党政分开的原则,实现政治权利法律化的目标。

其二,相对于政务类公务员的"中立",有利于塑造政务活动家和行政管理专家,防止出现封建的"一朝天子一朝臣"的人身依附关系。克服官官相护和派系影响,避免下级对上级的人身依附关系,保证公务员的录用、升迁是以才能和功绩为标准,而不是以人事关系上的"忠诚"为标准。在未来公务员法的制度设计中,建立政务类公务员与业务类公务员分类管理制度,真正形成职业公务员团体。

其三,相对于不同届的政府行政首长和政府组成人员的"中立",有助于防止或限制政府在经济和社会发展规划中的短期行为,有助于实现政府工作的连续性,政府重大决策贯彻执行的长期性、稳定性。

因此,只要我们把"政治中立"原则视为对业务类公务员管理中的一种技术性、程序性措施,而不是从意识形态方面片面地理解,那么,

"政治中立"原则的科学价值就不难理解。① 在政治上忠诚，在行为上服从法律法规和上级命令，是笔者所理解的中立。

第二节　公务员法律制度的历史沿革

一、中国古代职官制度介绍②

文官武将之分在中国古已有之。"文官"一词在《后汉书·礼仪制》中就已经出现。③ 古代的文官，是指皇帝以下，除武职官员以外的所有文职官员，既包括朝廷官员，又包括地方官吏，职能涉及行政、立法、司法及军事诸多部门。文官制度即对文职官员的管理制度，是古代政治制度中的重要组成部分，也是决定一个朝代兴衰的关键因素。中国古代文官制度发端于战国时期的文武职官分野体制的建立，成型于秦汉时期，伴随科举制的开创而成熟于隋唐时期，到宋代发展到顶峰，而至晚清时期逐渐衰落。中国古代文官制度体系庞大，内容丰富，特点鲜明，几乎蕴含了现代公务员管理的主要环节。中国古代文官制度不仅为古代中国社会的政治运作和经济文化发展提供了重要保证，而且也对世界各国尤其是西方国家公务员制度的建构予以深刻的影响。探析中国古代文官制度，对于正确认识公务员制度，深化人事制度改革具有重要的借鉴价值。

（一）古代文官制度的特色

中国古代文官制度体系庞大，内容广泛，几乎蕴含着当代公务员管理的主要环节。这里仅就文官的组织结构、选拔任用、政绩考课、行为

---

① 参见深圳大学管理学院课题组：《我国政务类与业务类公务员分类制度的可行性研究》。

② 借鉴李曙光《晚清职官法研究》的模式，本文所称的职官是指文职官员，为便于理解和写作，将其称为文官。

③ 《后汉书·礼仪制》有：立春，谴使者赍束帛以赐文官。

监察等项制度进行一些分析。

1. 文官的组织结构

中国古代文官制度是在以君主为轴心，以中央集权为主线的政治体制中形成和发展起来的。秦始皇统一六国后，建立了以皇帝为国家元首的管理体制。皇帝拥有至高无上的权力，皇帝之下设立丞相，作为百官之长，朝内朝外，各类职官均以品序为基础形成层阶隶属关系，共同效忠皇帝。这种以皇帝为轴心的宝塔式的文官组织结构，具有很强的内聚性。

与此同时，为了适应封建国家机器的正常运转，中国古代文官制度还形成了从中央到地方的一整套等级森严的权责隶属结构。秦统一之前，官与爵是相分离的，所谓"官"定职位的大小，"爵"定位次的尊卑。秦统一后，则把官爵合而为一，从而使文官等级结构逐渐严密化和法律化。魏晋南北朝时期，实行九品中正制，以九品定官阶。从此，品位便成为官职高下尊卑的重要标志。

在历代政府不断制定的各种文官法规基础上，以等级结构为基础的文官系统，表现出等级森严、层层节制、权责分明、运转协调的特色。这种金字塔式的文官等级权责结构有利于加强中央集权统治，有利于国家政令的统一推行。

2. 文官的选拔任用

战国时代，许多诸侯国为了适应封建兼并和发展社会经济的需要，创立了以军功、力田等作为选官标准的做法。此外，还出现了游说、上疏、选荐贤能等任用官吏的新途径。

秦汉时期，为了加强中央集权，以皇帝为首的朝廷强化了对文官队伍的管理。通过建立客卿，实行察举、征辟等制度，广开才路，多方选贤，官员任用方式已经趋向制度化和规范化。

隋唐时期，文官选任制度历经重大变革，任官权力收归中央。在选任官吏上强调唯才是用，不避亲疏，士庶并重。特别是建立了分科考试，择优录用的科举制度，为中小地主及知识分子参政提供了机会。这是古代人事制度的一大创举和进步①。科举制度比起秦汉时期的察举、征辟更加规范。这里需要指出的是，唐朝的科举及第只是取得做官的资格，而并不立即授职，只有经过吏部的考察，方可授职任事。这对保证文官的素质，具有一定的积极作用。此外，唐朝政府对内外官数量也有严格的规定，并通过法律禁止各部门随意补选官吏，编制理念初现，唐宋以降，科举成为选拔官员的主要途径。

3. 文官的政绩考课

政绩考课是文官制度的重要内容之一。早在战国时代，许多封建列国便建立了考课官吏政绩的"上计"制度。即每年年底各地官员要将自己一年来治理地方的情况上报中央政府，接受中央政府的审核鉴定。迄至秦汉时期，考课官吏的制度已经相当完善。

隋唐以后，考课制度更加成熟。历代封建王朝不但确定考核的时间，也确定考核的方式和标准，以及考核不合格的后果责任。同时成立专门的考核机关专司考课之职。

4. 文官的行为监察

健全的监察机关和严密的检查制度，是中国古代政治制度的一大特点，也是文官制度的重要组成部分。

中国古代监察机关的职掌十分庞杂，包括行政、民政、治安、司法等许多方面，但其主要职责是对文官的监察。在汉代，中央政府设御史台为全国最高监察机关，设州刺史监察地方，从而初步形成了相对独立的监察系统。及至唐朝，政府加强了对官员的监察，御史台下设台院、殿院和察院，各有专司，互相配合。地方则划分为十道监察区，分设监察御史，形成严密的监察网络。唐朝建立的"言谏"制度，设置谏官，

---

① 美国学者 Gilbert Rozman 认为，科举制度是为了维持儒家的国家正统的运作需要设计的，是授予特权和打通向上层社会流动通道的手段，构成了社会理想的中国模式。为中国社会和政府提供了内聚引导力量和挑选称职官员的途径。是传统中国的社会和政治动力的枢纽。[美] 吉尔伯特·罗兹曼：《中国的现代化》，江苏人民出版社 2003 年版，第 229—334 页。

直接指陈皇帝得失，在皇权至高无上的历史条件下是十分难能可贵的。宋朝进一步加强监察力度，将监察御史的任用权收归皇帝亲自掌握，在一定程度上保证了御史对宰相在内的各级官吏的监督。与此同时，宋朝还规定御史必须有实际行政经验，凡未经两任县令者，不得为御史。明朝对监察官的选任，除要求具备实际行政经验外，还注重文化素养，规定必须是进士、举人出身。考选之后，还必须经过试用试职，合格者方授予实职。明朝政府还建立了御史巡按地方的制度，巡按御史是皇帝的代表，具有极大的监察权力。清朝政府更加重视监察法规的制定，曾先后制定了两部中国封建社会最完备的监察法典，即《钦定台规》和《督察院则例》。纲目清晰，内容全面，涉及清代监察制度的各个方面，集历代监察制度之大成，表现出明显的君主集权专制性的特点。

（二）中国古代职官制度的启迪和借鉴

中国古代文官制度是一笔珍贵的历史遗产，它对于合理构建、完善发展今天的国家公务员制度以及人事行政制度改革具有相当的借鉴价值。

1. 文官制度以法确认，规范严密。制定法规，以法确认和调整文官组织与活动，是中国古代文官制度的显著特点。自秦汉开始制定文官律，至魏晋南北朝，随着文官组织规模的扩大，在典、格、令中也增加了文官制度的新内容和新规定。唐六典的出现，更使文官组织与活动有了缜密的规范。经过宋、元、明、清的不断补充和完善，逐步形成了以会典形式为主的一整套有关文官制度的法规体系。

2. 坚持德才标准。从封建时代文官的任用制度来看，对任用对象都有德与才两方面的要求，同时还有必要的保证措施。汉代曾明确要求察举，各科着重德行，有了德行，再按其才能分别选用；魏晋南北朝时期，选士选官首先要求流品、门阀、资格，然后才是才能绩效。今天，我们在考试和选用公务员时，尽管德才内容有了巨大的变化，但德才兼备的要求却无二致，那就是，首先要重视对干部的政治立场、思想品质、伦理道德和职业道德等素质的了解，同时，也要注意掌握干部胜任现职的能力，如文化程度、业务知识、专业才能和组织能力，开拓创新能力等。只有坚持德才兼备才能做到选贤任能。

3. 完备考核制度，明确考核标准，严格考核纪律。我国古代文官制度十分重视对官吏的考课，形成了完备的制度。唐代实行考绩制度，运用官吏"汇报"的方法来考察官吏的政绩；清代实行"汇考""考察"制度，对各级各类官吏进行全面考核；对官吏的考核时间也有明确的规定。唐代规定，"居官必考"，即每年一小考，四年一大考；宋代规定，官吏在一个职位上任期满三年，经过考核铨选决定升降等。不仅如此，历代封建政府为便于实际考核，还明确了考核标准。如清代，对内官以守（品德）、才（能力）、政（政绩）、年（年资）四者为考核标准，等级分为称职、勤职、供职，才、守俱优者为"卓异"，由皇帝亲自接见并予以升迁，对外官以"无加派，无滥刑，无盗案，无钱粮拖欠、仓库亏空，民生得所，地方日有起色"为考核标准等。为严格考核，唐代规定，考绩的初考结果必须进行公布，总考时有官吏校考，以防止舞弊和补正失误。清代规定，对考核的情况三年一朝时要上报审核，凡评定不当和有不法行为者，对当事人要加以处罚。今天，我们对各级各类公务员的考核，一方面要坚持程序，增加透明度；同时也可以实行责任制的做法，对考核不实和用人不当的责任人追究责任，以减少乃至杜绝干部人事工作中的不正之风。另一方面，也要依据具体明确、便于操作的原则，因地制宜地拟定不同层次、不同类型的量化考核标准，及时而公正地将公务员的德、能、勤、绩、廉考核出来。

4. 引入竞争机制。封建时代文官考核的实践证明，把考核与奖惩升降有机地结合起来，择政绩优异者加以铨注、升迁或提高其经济待遇，就能使考核的奖优罚劣作用得到较好发挥。这种考核结果与升降任免挂钩的做法，对今天的公务员制度很有借鉴。为把竞争机制引入公务员制度，激发公务员的工作积极性，公务员职务晋升除按规定的职务序列逐级晋升外，对于个别德才表现和工作实绩特别突出的，应允许越级晋升；对于不称职的也要按规定程序予以降职。

5. 完善管理制度。自汉武帝开始，封建社会的任官回避制度逐步趋于完善，即地方长官避本籍，中央要官避亲属，特殊职务回避等。在清代，对于官员任免迁调，都实行"文官隔省，武官隔道"，也就是回避本籍的做法。宋朝初期实行试用制度，试用合格后方正式授职。诸如此类的做法，都有利于把官吏队伍管好管活。在实行国家公务员制度时，也要不断完善相应的管理制度，如建立交流、回避、辞职、辞退等正常制度，使公务员队伍保持活力。国家公务人员任职回避制度的建立，应规定适当而明确的地域范围和亲属范围。并拟定具体标准和实施程序，以便于操作。

（三）中国古代文官制度对世界的影响

中国历史上的人才选拔制度，从纵向看，有原始社会的"选贤任能"的民主制，奴隶社会的"世卿世禄"制，封建社会的察举征辟制、九品中正制和实行一千三百多年的科举制，近代社会的文官考试制度及公务员制度；从横向看，有选官制、委任制、学校考试制与特殊人才选拔制等。从总体上看，中国历史上的人才选拔制度对中国社会的发展起到了明显的推动作用①。中国古代文官制度不仅对我国现代人事制度的建构有启迪作用，而且对东方乃至世界许多国家公务员制度的建构产生过积极的影响。日本就曾多次派"遣唐使"来中国访问学习。据记载，早在唐中宗时期，日本建立了模仿唐代制度的考试选官制度。7 世纪，日本的"大化革新"对官制的改革，就是模仿唐朝的文官制度进行的。19 世纪中期，日本的明治维新，把文官分为亲任、敕任、奏任、刺任四等，追溯其渊源，也是从唐代文官制度中的制授、敕授、旨授、判授四等发展而来的。

中国古代文官制度对近代西方各国的公务员制度的建立更是影响深远。自 1570 年以来的 300 年间，有关中国官员制度和政治制度的书籍在西方问世的达 70 种之多，其中以英文撰写或翻译成英文的《文学考试制度》《中国札记》《中国的历史与现状》等书，无不极力称赞中国的文官制度，尤其是科举制度。许多英国学者，纷纷在一些著名的刊物上撰文，主张仿效中国文官考试制度，建立英国的文官制度。因此，中国古代的文官制度的传播，推动了西方现代文官制度的形成。现代西方

---

① 人才选拔制度在中国历史上的地位，http://www.edu.cn/20040426/3104584.shtml。

文官制度中的一些基本原则，如公开竞考原则、择优录用原则、功绩考核原则、职务常任原则等，都直接或间接地借鉴过中国古代的文官制度。孙中山先生在考察欧美各国考试制度后指出："现在各国考试制度，差不多都是学英国的。穷流溯源，英国的考试制度原来还是从我们中国学过去的。"日本一位研究人事管理的教授就曾经说过："现代管理科学中人事管理的许多原理，几乎都可以从中国历史上找到依据"。1983 年，美国人事总署署长艾伦·坎贝尔在访问我国时曾经说过："在我们西方所有的政治教科书中，当谈到文官制度时，都把文官制度的创始者归功于中国。"①

二、西方公务员法律制度

西方公务员制度的推行已经有一百多年的历史，并已成为当代世界比较完善的政府人事管理制度，为各国公务员的科学管理和政府公共管理的高效推行发挥了重要作用。各国的经验具有一定的共性。其中，一个重要的方面就是重视公务员的依法管理，通过建立健全公务员管理的法律规范体系，实现公务员管理的法制化、科学化。

因此，笔者将学界对一些先进国家的公务员制度的研究成果予以归纳总结，详细介绍西方公务员管理法制建设的经验和特点，使读者对其他国家解决公务员制度中的重要问题的做法有所了解。这对于全面掌握我国的《公务员法》和公务员管理法制建设都有重要意义。由于引用的资料众多，恕不一一列举。

（一）西方公务员法律体系

西方国家公务员管理经过长期的实践和经验积累，形成了一套完备的法律制度。其突出特点是公务员法律体系完备、地位较高，主要有以下几个方面的内容。

（1）西方国家对公务员的选拔、任用、职位分类、权利义务、考核奖励、责任惩罚、培训、工资福利、退休等公务员管理的各方面、各环

① 薛菁：《唐代科举制度对现代西方文官制度的影响》，《教育评论》2001 年第 6 期。

节，都以法律形式明确下来，使公务员管理有法可依、有章可循。

（2）西方国家适应各类公务员的特点，实行公务员的分类管理，政务官与事务官的分类管理是主要的表现。西方国家的事务官实行常任制，不与政党共进退，以保障整个行政系统工作的稳定和连续。事务官依照公务员法进行管理，而政务官靠竞选上台，一旦落选就要离开国家公共部门工作人员队伍。政务官职位的获得是依据政治关系，属于政治任命，事务官职位的获得依据的是法律关系。事务官才有身份保障权利，采取终身聘用制，非有法定理由，不能免职。而政务官却可因其上级的意思而任职或免职。以美国为例，其政务官负有制定和执行政治任务的职责，因此政务官的职务权力与权利皆应政治任务需要而改变，政务官在履行政治任务失败时就必须下台，职务权力与相应的权利也就随之消失。而事务官则不承担政治任务带来的风险，其工作主要是依据成文的规章和制度实施，权利和权力均由职位分类法和公务员法等相关的法律作出严格的规定。美国的事务官地位是由《美国文官法》确立的，事务官对法律负责而不直接对参议院负责。① 日本在一般公务员法之外，还制定了《教育公务员特例法》《外务公务员法》《国会职员法》《公共企业体等劳动关系法》等，对各类公务员进行科学划分，分类管理。坚持普遍性与特殊性相结合原则，对公务员实行分类规范和管理是西方公务员制度得以发展的重要原因。

（3）西方国家公务员法律体系较为完备。西方国家的公务员法律制度主要由4种法律规范构成。①宪法，西方国家一般都在各国的宪法或宪法性法律、宪法惯例中，规定国家公务员制度最基本的原则。如《日本国宪法》规定："选举和罢免公务员是国民固有的权利。一切公务员都是为了全体服务，而不是为一部分服务。"就是日本公务员法的宪法渊源。德国《联邦基本法》第131条、第132条，也是德国公务员制度的重要渊源。②法律，西方国家对公务员权利义务和公务员管理的最基本

---

① 李瑞昌：《关于我国公务员身份保障的几点思考》，《广东行政学院学报》2002年第12期。

问题，都由立法机关制定相应的法律加以详细规定，如《英国公务员管理法》《美国文官法》《加拿大公务员关系法》《加拿大雇用法》《瑞士联邦政府人事法》《法国公务员权利和义务总章程》等。各国公务员法一般都由公务员基本法和有关的系列单行法律规范构成基本的法律框架。③行政法规，即政府行政机关在授权和职权范围内制定的有关公务员管理的规范性文件，这是各国公务员法的主要表现形式。为执行国家的人事政策，贯彻法律的规定，政府部门制定执行性的规范是必不可少的。如日本的人事院规则、人事院指令，以及政令和总理府令等，它们对公务员制度的各方面都作了相应的规定。④法律解释以及惯例、行政协定等其他渊源。西方国家的公务员法制，结构完整，系统周密，对公务员制度的有效运行奠定了制度基础。

（二）西方公务员权利义务

由于政治、经济和文化发展的程度不一和历史传统的差异，西方各国公务员权利义务的内容不尽相同，但对公务员的权利义务的法律规定明确、细致、全面、具体是他们共同的特点。

1. 关于公务员权利的法律规定

主要包括以下内容：

（1）身份方面的权利。主要有：①身份保障权，即公务员非因法定事由和非经法定程序不受辞退或降职、免职处分。②辞职权，即公务员有权依照法定条件和程序自愿脱离公务员系统，或辞去现任职务。③自愿退休退职，即具备法定的自愿退休或退职条件的公务员，有权依照法定程序和个人意愿，退出公务员队伍。

（2）职务方面的权利。主要包括：①执行公务或职务的权利。公务员有权获得执行公务所必须的职权，且必须确保公务员依法执行公务权的实现，任何妨碍公务员依法执行公务的行为都是非法行为，都必须承担相应的法律责任。②工作条件要求权。公务员有权获得其执行职务所必须的工作条件。③接受职业培训的权利，即为了适应工作的需要，公务员有权要求接受职业培训。

（3）经济方面的权利。主要包括：①获得工作报酬的权利。即公务员有权依法获得各种报酬，如领取工资、奖金和各种津贴等。英国《公务员法》规定，公务员享有领取基本工资和附加收入的权利。其中附加收入包括奖金、津贴和额外津贴等。支付公务员的工资必须按照英国《工资福利法》的具体细则进行。②享受各种保险、福利待遇。如医疗保险、灾害保险、工作环境保险、退休金、抚恤金等。③向国家申请救济补助的权利。各国公务员法一般都规定，公务员或其家庭如遭受意外事故或困难，有权向政府申请补贴和补助，以保障他们安心执行公务。日本《国家公务员法》规定，公务员可以领取九种补偿性的社会补助，如伤病、丧葬、疗养等。瑞士《联邦公务员法》规定，公务员可以领取结婚、生育及抚养子女的补助。

（4）政治方面的权利。公务员政治方面的权利主要有信仰自由、言论自由、结社自由等。如法国《公务员法》规定，公务员首先有个人信仰自由，任何人都不因其宗教哲学、党派信仰而妨碍他成为一名公务员。1959年的法国《公务员总章程》规定，不得在公务员的个人档案里写入他的政治见解、哲学观点和宗教信仰。由于信仰问题而作出的不利于公务员的决定，上级可以撤销。公务员本人也可以诉诸法律，请求保护。其次，公务员有言论自由，但不得发表有损其"政治中立"的言论。第三，公务员有创立和参加公务员工会的自由和权利，等等。在美国，政府雇员享有美国宪法及其第一修正案、第五修正案所规定的最基本的宪法权利，即个人信仰自由、言论自由、集会自由以及参加工会组织的权利。

（5）其他权利。晋升机会均等权、公正考核权、休息权等。德国公务员法还对公务员查阅本人人事档案的权利、获得服务证书的权利等作了细致的保护。要求政府对公务员的指控和结论装入本人档案之前，应当先听取公务员本人的意见，并将本人意见一并存档；经本人申请，公务员在公务生涯结束时，他最后任职的单位应发给他服务证书，并写明他所从事的活动和成绩。

为保证公务员权利的实现，西方国家建立了专门的公务员权利保障机构，并且规定，公务员在其权利受到非法侵害时，有权向有关机关提出申诉控告或者申请复议，公务员因而又享有申诉控告权、申请复议权等。

2. 关于公务员义务的法律规定

主要包括以下内容：

（1）依法执行职务的义务。这主要有五个方面的含义：①全面履行职务，不失职；②遵守权限，不越权；③符合法定目的，不滥用职权；④遵守法定程序；⑤内容适当。

（2）服从法律、法令和命令的义务。美国有关法律规定：文官应把对国家的忠诚置于对个人和政党的忠诚之上；必须遵守宪法和法律，拥护政府，不得以罢工、暴力对待政府。德国公务员法要求公务员必须进行效忠宣誓，并规定了宣誓的誓词："我将诚心诚意完成我的公务员职责"。《联邦德国官员法》还规定："官员必须以他的全部行动来拥护德意志联邦共和国《基本法》所指的自由、民主的基本秩序和捍卫这种基本秩序。"日本《国家公务员法》也规定："所有职员作为全体国民的服务员，必须为公共利益进行工作，工作要竭尽全力，专心致志。""职员在执行其职务时必须遵守法令且忠实地服从上司在职务上的命令。"就是说，公务员只在以下两个条件下对上司有服从义务：一是属于公务关系范围内的命令；二是命令合法。这就从法律上彻底根除了前资本主义社会时期上下级官吏之间的人身依附关系。上司的命令与法律或法令相冲突时怎么办？一般认为，遇有这种情况时，公务员应首先向其上司指出其命令违法的事实，该上司若继续坚持下达其违法命令，那么公务员就有不服从的权利。如果公务员明知命令违法仍予以执行，那么，对这一违法现象，公务员应与其上司共负连带责任。法国也规定，文官执行公务要适合公共利益并应遵守服从法令。

（3）保持政治"中立"的义务。政治"中立"，是资本主义各国公务员制度所标榜的一大特色。

（4）严守秘密的义务。如日本《国家公务员法》规定，公务员"不得泄漏工作上所知的机密，退职后也不得泄漏。"再如法国《公务员总法》规定，公务员除了严守刑法典中关于职业秘密的规则外，还有义务对他在任务中或行使职权中所了解的事实和情报严守秘密。

（5）忠于政府的义务。如瑞士《联邦公务员法》规定，公务员应忠于职守，恪尽职责。所作所为应符合联邦利益，不做有损联邦的事情。

（6）维护公务员队伍和政府的信誉的义务。如日本《国家公务员法》规定，公务员"不得有损伤其官职信用，或者进行玷污全体官职名誉的行为。"日本还在其《官吏服务纪律》中规定"官吏，不问职务内外，要重廉耻，不得有贪污行为；官吏，不问职务内外，不得滥用权威，务必谨慎恳切。"

（7）不得从事营利性的经营活动的义务。如日本《国家公务员法》规定："禁止公务员兼任商业、工业、金融等以营利为目的的私营企业、公司和其他团体的负责人、顾问或职员，也不得自办营利企业；职员离职后两年内，不得以营利企业的地位接受或担任与其离职前五年期间任职的由人事院规定的国家机关有密切关系的职务。"

（三）西方公务员权利义务的特殊性

西方公务员权利义务的特殊性是由西方公务员法律地位的特殊性决定的，即公务员的"三重身份"关系决定的公务员法律地位的特殊性。

这里的三重身份是指，每一个公务员都有作为公民、作为劳动者和作为公务员的三重身份。由此形成宪法上的公民的基本权利义务、宪法和劳动法上的劳动者的权利义务、公务员法上的公务员的权利义务的三重法律关系。西方公务员制度处理、协调这三重关系的方法是：

（1）采取政治中立，协调政治权利。各国公务员法都规定公务员要奉行"政治中立"。日本《国家公务员法》规定："职员不得为政党或出于政治目的要求或接受捐款及其他利益，不得以任何方式参与这些行为，除行使选举权外，不得从事人事院规则规定的政治性行为。""职员不得成为公职候选人。""职员不得成为政党或其他政治性团体的负责人、政治性顾问及其他与此具有同样作用的成员。"违反者要受到处罚。而且，日本人事院规则也对具体构成禁止、限制对象的政治目的的政治行为，规定了详细的具体内容。英国有关法典要求，文官不准参加政治活动，不准发表批评政府政策与措施的意见。任何时候都必须对政治问题保持缄默。德国《公务员法》规定，公务员应置身于政党的纷争之外，在政治活动方面应采取克制与保留的态度。在履行职责时应考虑普遍性利益，各国一般也规定，违反"政治中立"原则，要承担法律责任、要受到相应的处罚。

当然，各国对"政治中立"有不同的理解，对公务员政治行为限制的范围和程度也有差别，并且在"政治中立"原则下，各国公务员法也赋予了公务员相当的政治权利自由。法国甚至规定，除省长、法官、监狱工作人员、航空工作人员外，其他公务员有权参加任何党派包括执政党和在野党，并且，在业余时间可以参加党派组织的活动和未被官方禁止的示威游行，有权参加集会和发表政见（但要遵守克制和保留的义务），参加竞选或帮助他人竞选。法国公务人员的这些权利，在英、美、日等国则属于公务员政治中立的范围，而受到限制。

（2）尊重公务员作为劳动者的基本权利。日本公务员原则上享有《日本国宪法》第二十八条规定的劳动基本权，即："劳动者之团结权利、团体交涉及其他团体行动之权利，应受保障。"也就是团结权、团体交涉权、争议权这劳动三权受法律保护。但现实生活中，公务员不同于私营企业的劳动者，要受到公务员法的种种限制。①日本现行公务员法肯定一般公务员有结社权即团结权，也就是职员为维持、改善其工作条件为目的而组织团体或联合体的权利。职员可以结成或不结成职员团体，或者加入、不加入该团体；职员不因是职员团体的成员或想组织职员团体或想加入这种团体，或从事职员团体的正常行为而受到不利待遇。但是，职员团体与工会法所说的工会有所区别。警察职员及在海上保安厅或监狱工作的职员也不得结成或加入这种职员团体。②公务员享有集体交涉权。职员团体就职员的工资、工作时间及其他有关的工作条件以及附带的包括社交性或保健性活动等有关事项，有权与政府进行集体交涉。但这种交涉不得缔结团体协约，有关国家事务的管理及运营的事项不能成为交涉的对象。③禁止公务员的争议行为。日本《国家公务员法》规定："职员对于作为政府所代表的使用者的公众不得进行同盟罢工、怠工或其他争议行为，或使政府的活动能效降低的怠工性行动。"任何人不得策划这种违法行为，否则要判处刑罚。而且"身为职员有同盟罢工或违反其他前项规定的行为者，在其行为发生的同时不得用根据法律享有的任命或雇用上的权利，与国家对抗"不能得到法律的保护。美国、英国、法国、德国等也都规定了公务员有组织公务员工会的结社权，以及允许公务员工会代表会员与政府有关部门就公务员系统的工作、待遇等问题进行对话的集体交涉权，如德国宪法和公务员法规定公务员有组织劳动团体和职业团体的权利，公务员不因从事结社活动而受到职务上或其他不利的处分。但是，在罢工问题上，各国法律的规定和要求差别很大。法国允许公务员工会经过一定程序组织罢工；美国联邦政府的公务员不得参与罢工，但一些州政府却允许罢工；英国等则对此完全没有规定。

（3）尊重和保护公务员的宪法权利。公务员的三重身份关系涉及了公务员的宪法性权利，以及作为其基础的民主政治，同时，也涉及国家利益、社会公共利益和国家政权的正常运转等诸多方面的因素。公务员是否能够享有完整的宪法权利，一直存在争议。

美国国会、理论界以及公务员工会对于如何平衡宪法权利和公务员权利问题进行了长达一个多世纪的纷争。以一部分激进的理论家和公务员工会为代表的一派，长期坚持公务员应享有美国宪法规定的一切公民权，特别是言论自由、集会权利和罢工权利。而以奥立弗·W.贺尔斯姆为代表的"权利—特权"学派和国会大部分议员，则认为必须严格限制公务员的一些宪法权利，特别是言论自由和罢工权。后一种观点虽然在美国占了上风，但前一种观点也有相当影响。

日本以前一般将公务员的工作关系解释为特别权力关系即公法上的权力关系。因此，一般权力关系中的人权保障，原则上对它不适用。不过，近年来，特别权力关系否定说占据优势，认为公务员也是国民，是受日本《宪法》第二十八条劳动基本权保障的"劳动者"，没有必要把公务员关系解释为公法上的权力关系，而应该是受法律大幅度调整的特殊的劳动契约关系，公务员应当享有作为国民或劳动者的基本人权，而对于政治行为的限制、争议行为的禁止，日本司法判例也不完全一致。

西方其他国家在公务员权利义务问题上，同样存在着类似的争议，并且，随着公务员系统势力的增强、政府公共管理的加强，有关西方各国公务员的法律地位、权利义务问题的争论，还将更加复杂化。

（四）西方公务员权利保障救济制度

1. 行政救济制度

《美国联邦法典》规定，公务员不服行政处分，可向考绩制度委员会提出申诉。该委员会可以自行审理，也可交由法官或该委员会指定的其他委员会的雇员进行审理。但在涉及对公务员的免职处分时，则"应由该委员会、有审理申诉经验的雇员或法官审理。"[①] 审理行政申诉应举行行政听证，在听证过程中，行政机关必须对作出处分决定的实质性证据及"该机关关于任何其他情况给予的处分有优势证据"予以证明。[②] 公务员可以通过证明机关作出决定的程序有错误或该机关的行为是应予禁止的人事管理做法的方式，来证明行政机关处分决定对自己的不利影响。在审理过程中，在涉及对公务员管理所依据的法律、法规或规章的解释有争议时，人事管理署署长可干预或用其他方式参与考绩制保护委员会主持的审理程序。对涉及美国国家安全的公务员的免职处分，美国法律规定"机关首长的决定是最终决定。"[③]

在法国，当公务员违反纪律，应当给予惩戒时，有处分权限的行政长官和纪律委员会必须依照法定程序才能给予公务员以惩戒。在此程序之中，公务员有辩护的权利，要求交阅档案材料的权利，除警告和申戒以外，其他惩戒手段必须经过纪律委员会的讨论和建议才能宣告。纪律委员会的程序类似法院的审判程序。公务员不服纪律处分可以采取行政上的救济手段，包括善意救济、层级救济以及向公务员最高委员会的申诉3种形式。其中，善意救济与层级救济是指根据行政组织原则，分别向有行政处分权的原行政机关提出申诉，或者向其上级行政机关申诉。行政机关根据公务员的申诉，可以作出撤销、维持或者修改原行政处分

[①] 《美国联邦法典》（宪法与行政法卷），第 7701 条。

[②] 《美国联邦法典》（宪法与行政法卷），第 7701 条。

[③] 《美国联邦法典》（宪法与行政法卷），第 7532 条。

的决定。如果行政机关的行政处分和纪律委员会的建议不符合，而且适用警告和申诫以外的处分时，公务员对这种处分不服，可在接到处分通知一个月的期间以内，向国家公务员或地方公务员最高委员会申诉。公务员最高委员会进行调查后，向行政机关提出或维持或撤销或修改行政处分的建议。

日本法律规定了行政不服申诉制度，它是"属于行政权本身的机关，作为行政的自我反省或行政监督的手段，以比较简易的程序审查行政处分等是否适当的程序"，也可称为"简式争讼"①。日本《国家公务员法》规定，"对职员进行降薪、降职、休职、免职和其他明显不利于本人的处分时，处分者必须向被处分者提交记有处分事由的说明书。""该说明书必须写明对该处分如有不服，有权向人事院提出不服申诉内容和不服申诉期间。"② 不服上述处分的职员"只能向人事院提出行政不服审查法（审查请求和异议申诉）所规定的不服申诉"③。这里所说的"异议申诉"和"审查请求"，分别是指向原处分机关或原处分机关的上级机关提出的申诉。"不服申诉必须从接到书面处分决定的第 2 天起 60 日内进行，从受到处分的第 2 天起过了 1 年以后不能提出不服申诉。"④ 受理公务员的申诉请求后，人事院或由其设立的公平委员会必须立即进行调查。公平委员会通过口头审理调查作出判定。对于公平委员会作出的调查结果和判定意见，查清该职员受处分的事由不存在时，人事院必须取消处分，采取必要而适当的措施恢复职员的权利，并纠正职员因处分受到的不正当处理。人事院还必须指示补发职员因受处分而减少的工资。

2. 司法救济制度

《美国联邦法典》规定，"一个雇员或雇员申请人受到考绩制保护委员会的最后命令或裁定的不利影响或委屈时，可获得对此命令或裁定的

---

① 杨建顺：《日本行政法通论》，中国法制出版社 1998 年版，第 90 页。

② 日本《国家公务员法》，第八十九条。

③ 日本《国家公务员法》，第九十条。

④ 日本《国家公务员法》，第九十二条。

司法审查。"① 在司法审查过程中，考绩制保护委员会或对作出行政处分有责任的机关是指定被告。

根据法国法律的规定，公务员不服行政机关的行政处分，可向行政法院提起撤销之诉和损害赔偿之诉。损害赔偿之诉适用过错相抵原则，精神损失也属赔偿范围。不论是普遍性的行政行为，还是具体的行政处理，只要对公务员的权利和利益有不利影响，都可作为诉讼对象。

德国在 19 世纪创建了特别权力关系理论②，认为公务员与行政机关之间的公法上的勤务关系就是一种特别权力关系，即处于优势和支配地位的行政机关为了有效地推行行政管理事务而可以自行设定规则来对公务员的权利进行限制或科以义务，而不需要有法律上的依据，也排除司法权的干预。因此，在相当长的一段时期内，公务员的基本权利只能寻求行政系统内部的行政申诉渠道，并影响到日本和我国的台湾。二战后，随着人权理念的重视，特别权力关系逐渐被摒弃或被修正。德国《联邦公务员纪律条例》明确地对公务员违反纪律的行为所应受的处罚和处罚程序作出了规定。该条例规定，对公务员作出纪律处分应当向联邦纪律法院或联邦行政法院纪律审判庭提起诉讼，设有联邦纪律检察官保证纪律处分权的统一行使。对法院的裁决不服，可以提出上诉。从而开启了公务员基本权利得以获得司法保障的大门。

日本《国家公务员法》规定，公务员如果对人事院作出的不服申诉的判定不服，可向法院提起行政案件诉讼。在《日本行政诉讼法》中，公务员提起的行政案件诉讼被确定为"抗告诉讼"类型，具体指"撤销裁决的诉讼"或"当事人诉讼"，前者是指要求取消行政机关对审查请求、异议申诉的裁决、决定或其他行为，后者是指当事人之间关于公法上的法律关系的诉讼。公务员提起的"撤销裁决的诉讼"，不是请求撤销

---

① 《美国联邦法典》（宪法与行政法卷），第 7703 条。
② 德国行政法学者迈耶（Otto Mayer）将"特别权力关系"定义为：经由行政权之单方措施，国家可合法地要求负担特别之义务。吴庚：《行政法之理论与适用》，台湾三民书局有限公司 2001 年 8 月增订第 7 版，第 206 页。

行政机关的处分，而是请求撤销对于处分的不服申诉所作出的裁决的诉讼。这里实质上已规定了行政救济的前置程序。公务员提起的"当事人诉讼"，主要指公务员针对工资及损失补偿提起的诉讼。日本的这一规定，是第二次世界大战后重新检讨了特别权力关系的理论，主张司法权对特别权力关系进行适当干预的产物。这样，人事院的行政救济和法院的司法救济就构成了日本公务员权利救济的完整体系。

3. 行政救济与司法救济的关联

美国司法审查制度的确立，保证了"正当法律程序"对公务员权益的保障。对公务员权益的保障与对一个得力而有效的政府权力的维护，是美国法律所关注的一个问题的两个方面。这里必然涉及司法救济与行政救济的相互衔接问题。美国的司法审查遵循着"成熟原则""穷尽行政救济原则"及"首先管辖权原则"，[1] 其中"穷尽行政救济原则"的要求，突出地体现了美国制度的合理设计。该原则强调，"当事人没有利用一切行政救济以前，不能申请法院裁决对他不利的行政决定"。[2]

在法国，行政救济与司法救济的联系也为法律所明确规定。首先，在一般情况下，行政救济不是司法救济的先决条件，但也有例外情况，如公务员提起损害赔偿之诉，不能先向行政法院提起，而必须先向行政机关申请行政救济，在未获结果时，才能向行政法院起诉。另外，在例外情况下，行政救济的措施，只能在行政诉讼有效期内采取。还有，提起行政诉讼的期间，可因行政救济而延长。若公务员在能够提起行政诉讼的期间内，首先申请行政救济，则公务员提起行政诉讼的期间，在行政救济决定作出以后另行起算。可以说，行政救济与司法救济互相补充，构成了法国公务员行政处分救济制度的有机整体。

上述介绍只是国外公务员制度中的一些重要制度，并不十分全面，但是对我们全面理解公务员法制有积极意义。

---

① 参见王名扬：《美国行政法》，中国政法大学出版社 1995 年版，第 642—659 页。
② 参见王名扬：《美国行政法》，中国政法大学出版社 1995 年版，第 652—653 页。

三、我国现代公务员法律制度

（一）我国公务员制度的基本结构

中华人民共和国在 1993 年制定《国家公务员暂行条例》正式建立起国家公务员制度，该制度在保持中国传统干部制度的合理因素的同时，也接受了现代公务员制度的基本要素。以考任制、功绩制、分类管理作为我国公务员制度的基本构架，并由此制定相应的法律规范和制度予以实现，基本架构起初步的公务员法规体系。由于《国家公务员暂行条例》处于试点探索期，其将公务员界定为"行政公务员"具有试验立法的特征，经过 12 年来的实践经验，制定《中华人民共和国公务员法》的条件已经成熟。2005 年 4 月 27 日，《中华人民共和国公务员法》诞生。《中华人民共和国公务员法》共有 18 章、107 条，涉及公务员制度的基本原则、公务员的条件、义务与权利、职位与级别、录用、考核、职务任免、职务升降、奖励、惩戒、培训、交流、回避、工资保险福利、辞职辞退、退休、申诉控告、职位聘任、法律责任、附则等各方面。此外，以《公务员法》为依据，国务院和人事部制定了数十个单项法规和规章，构成了我国公务员法的基本体系。推行公务员制度，有利于改变不适应社会主义市场经济发展的用人模式，从而促进竞争激励机制的形成，形成具有现代性、规范性的公务员体制。

（二）我国公务员制度的主要内容

1. 人才选拔和退出制度

通过公开考试、择优录用，选拔优秀人才参加国家管理，是公务员制度的重要功能。自《国家公务员暂行条例》颁布以来，这一制度被很好地贯彻执行下来。公务员法颁行以来，各国家机关制定的大量配套规范，对建立、健全考试录用、退休、辞职、辞退制度，实行任期制和部分职务聘任制，以及对各层级职务的最高任职年龄做出限制，改变了传统的国家干部制度存在的"能上不能下、能进不能出"的封闭状况，使人才流动的机制畅通无阻，为优秀人才有机会服务于国家提供了具有操作性的制度保障。《公务员法》对公务员的进出条件和程序作了明确规定。

（1）公务员身份的获得进入公务员系统是指公民获得公务员身份的途径和方法。是公务员身份的初始取得，而不是指公务员职务关系的变化。主要有以下方式。

第一，考任。即通过公开竞争考试，择优录用产生公务员。在"进口"处，坚持"凡进必考"，"统包统配"的用人方式逐步退出历史舞台。采取公开考试、严格考察、平等竞争、择优录取的办法。"这是公务员系统最基本、最主要的入径。要求初任非领导职务类公务员必须参加法定考试，合格者方可录用，是保障公务员队伍质量的最重要的制度。在原则之下，《公务员法》第三十一条对录用"特殊职位"的公务员采取了变通的规定。经过省级以上公务员主管部门批准，在录用特殊职位的公务员时可以简化程序或者采用其他测评方法。由于这种录用制度与法律要求的公开竞争性考试录用不同，因此需要经过特别的批准程序。在原《暂行条例》的基础上，特殊职位的国家公务员，指涉及国家安全、重要机密以及要求专业技术很强的职位上的公务员。而《公务员法》规定的公务员范围已经大大扩展，目前对"特殊职位"的界定还不明确，将来在配套法规中予以明确是必须的。

第二，选任。选任是指国家通过选举的方式产生国家公务员。这种方式在我国目前适用于产生机关的领导人员，不包括机关内设机构担任领导职务的公务员。

第三，委任。委任是指通过任免机关根据法定的权限直接确定并委派担任一定国家公职的方式产生公务员。如法院的初任审判员、检察院的初任检察员等，我国行政机关公务员中的非领导成员，包括主任科员、副主任科员以上级别的公务员，主要是委任产生的公务员。

第四，聘任。指机关通过聘任的方式产生公务员。机关聘任公务员，应当按照平等自愿、协商一致的原则，签订书面的聘任合同，确定机关与所聘公务员双方的权利、义务。聘任合同经双方协商一致可以变更或者解除。通过聘任合同的方式任用的公务员即是聘任制公务员，机关依据公务员法和聘任合同对所聘公务员进行管理。

第五，调任。指按照公务员交流制度产生的公务员。《公务员法》专章规定了公务员的交流与回避。《公务员法》第六十三条规定，公务员可以在公务员队伍内部交流，也可以与国有企业事业单位、人民团体和群众团体中从事公务的人员交流。交流的方式包括调任、转任、挂职锻炼。由于在国有企业事业单位、人民团体和群众团体中从事公务的人员交流到公务员机关任职的，存在一个公务员身份的产生和确认的问题。《公务员法》为此作了细致的规定，国有企业事业单位、人民团体和群众团体中从事公务的人员可以调入机关担任领导职务或者副调研员以上及其他相当职务层次的非领导职务。调任人选应当具备公务员法规定的任职条件和拟任职位所要求的资格条件，并不得有公务员法明确禁止录用为公务员的法定情形。并且，调任机关应当根据《公务员法》的上述规定，对调任人选进行严格考察，并按照管理权限审批，必要时可以对调任人选进行考试。（参见《公务员法》第六十四条）公务员的调任、挂职锻炼不涉及公务员身份问题，在不同职位之间的转任也不涉及公务员身份的产生。这里所强调的只是根据交流制度从非公务员变为公务员的这一部分人员进入公务员系统的规定。

（2）公务员身份的丧失退出公务员系统，是指法定条件成就时公务员合法退出公务员系统，失去公务员身份。在"出口"处，实施辞职辞退、依法退休制度，开始革除"能进不能出"之弊端。

第一，退休。公务员达到法律规定的一定年龄或符合其他法定条件，依法应当或可以退休。退休分两种形式，强制退休和申请退休。《公务员法》第八十七条规定："公务员达到国家规定的退休年龄或者完全丧失工作能力的，应当退休。"这属于强制退休的规定。该法第八十八条规定了自愿申请退休的条件。公务员法规定的自愿申请退休专指提前退休的情形。公务员工作年限满三十年而未达法定退休年龄的；距国家规定的退休年龄不足五年，且工作年限满二十年的；符合国家规定的可以提前退休的其他情形的。当一个公务员具备上述条件之一而本人自愿提出申请，经任免机关批准，可以提前退休。

退休后，该公务员即不再承担履行公职的义务，不再具有公务员身份而恢复一般公民的身份。同时，由于其担任国家公职的经历，其仍然应当享受国家为退休公务员提供的退休金和其他所有待遇。

第二，辞职。公务员可以通过辞职退出国家公职系统和辞去现任职务。公务员辞职，应向任免机关提出书面申请，任免机关应当自接到申请之日起30日内予以审批。其中，对领导成员辞去公职的申请，应当自接到申请之日起90日内予以审批。对于不得辞去公职的情况应当以法律（即法律、行政法规，不包括地方性法规和规章）明确规定，以规范公务员辞职中出现的标准政策掌握不一的情况。《公务员法》第八十一条对公务员不得辞去公职的条件作了明确的规定。这些条件包括：未满国家规定的最低服务年限的；在涉及国家秘密等特殊职位任职或者离开上述职位不满国家规定的脱密期限的；重要公务尚未处理完毕，且须由本人继续处理的；正在接受审计、纪律审查，或者涉嫌犯罪，司法程序尚未终结的；法律、行政法规规定的其他不得辞去公职的情形。

《公务员法》上的辞职规定，包括辞去公职和辞去现任职务两种。申请辞去公职表明该人选择了离开公务员系统，选择消灭他与国家之间的职务关系。而辞去现任职务者，还保留与国家的职务关系。

此前，各地实行的官员问责制中，率先出现了引咎辞职规定以及劝其辞职的规定内容，这对公务员的辞职制度是一个新的补充。①

在大多数情况下，辞去公职是公务员的选择权，原则上应当尊重公务员的自主选择。当出现一些特定情形时，相关公务员因过错和责任而辞职，辞职即成为相关责任人员承担责任的一种方式。公务员法规定领导成员因工作严重失误、失职造成重大损失或者恶劣社会影响的，或者

---

① 2004年5月制定的《重庆市行政首长问责暂行规定》明确有劝其辞职、引咎辞职的规定。

对重大事故负有领导责任的，应当引咎辞去领导职务；领导成员应当引咎辞职或者因其他原因不再适合担任现任领导职务，本人不提出辞职的，应当责令其辞去领导职务。在这里，《公务员法》对领导成员所作的引咎辞职、责令辞职的规定就具有了强制性。

第三，辞退。辞退不是纪律处分，是公务员机关根据该公务员的表现并按照法定的条件和程序作出的解除国家与该公务员之间职务关系的行为。辞退决定生效后，被辞退者丧失公务员身份。《公务员法》规定了予以辞退和不得辞退的法定条件，较为细致。

《公务员法》第八十三条规定，在年度考核中，连续两年被确定为不称职的；不胜任现职工作，又不接受其他安排的；因所在机关调整、撤销、合并或者缩减编制员额需要调整工作，本人拒绝合理安排的；不履行公务员义务，不遵守公务员纪律，经教育仍无转变，不适合继续在机关工作，又不宜给予开除处分的；旷工或者因公外出、请假期满无正当理由逾期不归连续超过十五天，或者一年内累计超过三十天的。公务员有上述情形之一的，予以辞退。对于辞退公务员的情形法律作了全部列举，只有列举范围内的情形出现时，公务员才受辞退处理，其他任何机关不得在该公务员法列举的情形之外增加辞退的其他规定。严格辞退条件对公务员的身份保障具有积极意义。

《公务员法》第八十四条规定，对因公致残，被确认丧失或者部分丧失工作能力的；患病或者负伤，在规定的医疗期内的；女性公务员在孕期、产假、哺乳期内的；法律、行政法规规定的其他不得辞退的情形。公务员有上述情形之一的，公务机关不得辞退。设置禁止性规定，对特殊情况下的公务员进行特别保护，体现了人道主义精神和对公务员劳动权利的保障。

被辞退的公务员，可以领取辞退费或者根据国家有关规定享受失业保险。确定被辞退的公务员可以享受失业保险，在一定程度上表明公务员与国家之间形成的职务关系包含有劳动关系的性质。

第四，死亡。公务员死亡自然导致其与国家的职务关系的终结。

第五，开除。开除是《公务员法》规定的对于公务员的一种最严厉的行政处分形式，适用于有严重违法违纪行为的公务员。被开除公职的公务员自处分决定生效之日，与国家的职务关系终止。同时，根据《公务员法》第二十四条的规定，被开除公职的人员不得被录用为公务员。即一旦被开除公职，该人将终身不得进入公务员队伍。

第六，其他。主要指的是不再符合公务员法第十一条规定的公务员应当具备的条件的情形，如丧失国籍等，将失去公务员身份。

2. 竞争激励机制

自1993年以来，竞争激励机制被引入我国对行政公务员的管理中，十多年来，激励竞争的公务员运作机制日趋成熟。国家以《暂行条例》为基础制定了大量的规范性文件，对（行政）公务员和其他国家工作人员实行激励，将竞争激励机制引入公共行政领域，体现了竞争的精神。《公务员法》规定："公务员的管理，坚持监督约束与激励保障并重的原则。""公务员的任用，坚持任人唯贤、德才兼备的原则，注重工作实绩。"对在公务员管理中实行激励竞争机制，公务员法的规定是明确的。在管理上，对公务员的"德、能、勤、绩、廉"进行全面考核，并将考核结果同工资、职务升降、辞退等环节挂钩；在职务晋升上，打破"论资排辈"，实行竞争上岗，帮助一大批优秀人才脱颖而出；公务员管理制度改革，优化了公务员的队伍结构，加强了公务员队伍的能力建设。

公务员制度所体现的激励竞争机制主要包含下述制度。

（1）功绩制。对于新录用的公务员，全面实行公开、平等、竞争考试，严格考核，择优录用的原则；对于领导干部，实行竞争上岗，扩大选择范围；对公务员进行严格考核，注重工作实绩，将考核结果作为职务升降、奖惩、培训、薪酬等的基本依据。这些功绩制原则的具体要求在公务员法的条款中得到表现。

（2）考核制度。通过全面考核制度的推行，激发公务员的竞争意识和进取精神，增强公务员自身的责任感。促进机关的勤政廉政建设；通过公务员的考核，对了解公务员的政治思想表现、业务能力、工作实绩可以及时发现优秀人才，有利于后备干部队伍的建设。考核制度是激励竞争机制中的基础制度。《公务员法》将多年来已经形成的考核制度予以吸收，并在具体条文中作了细化规定。根据《公务员法》的相关规定，机关对其所属公务员实行平时考核和定期考核制度。其中，定期考核以平时考核为基础，对非领导成员公务员的定期考核采取年度考核的方式，对领导成员的定期考核由主管机关按照有关管理办理。定期考核结果作为调整公务员职务、级别、工资以及公务员奖励、培训、辞退的依据。考核内容包括德、能、勤、绩、廉五个方面，以考绩为重点。考核结果分优秀、称职、基本称职、不称职四个等次。对特别优秀的公务员可以按照规定破格或者越一级晋升职务，在定期考核中被确定为不称职的，按照规定程序降低一个职务层次。体现了奖优罚劣的精神。

（3）奖励制度。《公务员法》第四十八条明确规定："对工作表现突出，有显著成绩和贡献，或者有其他突出事迹的公务员或者公务员集体，给予奖励……"

机关对于有下列表现的公务员，予以奖励：第一，忠于职守，积极工作成绩显著的；第二，遵守纪律，廉洁奉公，作风正派，办事公道，模范作用突出的；第三，工作中有发明、创造或者提出合理化建议，为国家取得显著经济效益或者社会效益的；第四，为增进民族团结、维护社会稳定做出突出贡献的；第五，爱护公共财产，节约国家资财有突出成绩的；第六，防止或者消除事故有功，使国家和人民群众利益免受或者减少损失的；第七，在抢险救灾等特定环境中奋不顾身，做出贡献的；第八，同违法违纪行为做斗争，有功绩的；第九，在对外交往中，为国家争得荣誉和利益的；第十，有其他突出功绩的。

奖励坚持精神奖励与物质奖励相结合、以精神奖励为主的原则。对受奖励的公务员或者公务员集体予以表彰，并给予一次性奖金或者其他待遇。奖励形式有：嘉奖，记三等功、二等功、一等功，授予荣誉称号。

公务员集体的奖励适用于按照编制序列设置的机构或者为完成专项任务组成的工作集体。

公务员或者公务员集体有弄虚作假，骗取奖励的；申报奖励时隐瞒严重错误或者严重违反规定程序的；有法律、法规规定应当撤销奖励的其他情形的，应当撤销奖励。

奖励制度直接体现了竞争激励的精神。

（4）惩戒制度。该制度是公务员法监督约束与激励保障并重原则的具体体现。服从纪律是公务员的天职，公务员纪律的法定化是依法管理的需要，对违纪者依法予以惩戒是严肃公务纪律的必须。公务员法对应当受到惩戒的违纪行为作了十分详尽的列举，有利于惩戒工作的合法实施。《公务员法》规定了公务员不得有16个种类的行为。这16个类别的行为涉及公务员生活的各个重要方面。公务员法以禁止性规定详细列举公务员不得为的行为及其表现形式，细分违纪行为，对保障公务员权利和规范公务员惩戒机关的行为均有重大意义。《公务员法》第五十三条列举的要求公务员不得为的行为包括：散布有损国家声誉的言论，组织或者参加旨在反对国家的集会、游行、示威等活动；组织或者参加非法组织，组织或者参加罢工；玩忽职守，贻误工作；拒绝执行上级依法作出的决定和命令；压制批评，打击报复；弄虚作假，误导、欺骗领导和公众；贪污、行贿、受贿，利用职务之便为自己或者他人谋取私利；违反财经纪律，浪费国家资财；滥用职权，侵害公民、法人或者其他组织的合法权益；泄露国家秘密或者工作秘密；在对外交往中损害国家荣誉和利益；参与或者支持色情、吸毒、赌博、迷信等活动；违反职业道德、社会公德；从事或者参与营利性活动，在企业或者其他营利性组织中兼任职务；旷工或者因公外出、请假期满无正当理由逾期不归；违反纪律的其他行为。

处分的形式有：警告、记过、记大过、降级、撤职、开除。受处分的期间为：警告，六个月；记过，十二个月；记大过，十八个月；降级、撤职，二十四个月。公务员在受处分期间不得晋升职务和级别，其中受记过、记大过、降级、撤职处分的，不得晋升工资档次。受撤职处分的，按照规定降低级别。公务员受开除以外的处分，在受处分期间有悔改表现，并且没有再发生违纪行为的，处分期满后，由处分决定机关解除处分并以书面形式通知本人。解除处分后，晋升工资档次、级别和职务不再受原处分的影响。但是，解除降级、撤职处分的，不视为恢复原级别、原职务。

需要强调的是，《公务员法》对公务员惩戒的实体要件和程序要件以及处分后果消除都给予极大关注，法律条款对上述问题都作了细致的规定。如第五十七条规定："对公务员的处分，应当事实清楚、证据确凿、定性准确、处理恰当、程序合法、手续完备。""公务员违纪的，应当由处分决定机关决定对公务员违纪的情况进行调查，并将调查认定的事实及拟给予处分的依据告知公务员本人。公务员有权进行陈述和申辩。""处分决定机关认为对公务员应当给予处分的，应当在规定的期限内，按照管理权限和规定的程序作出处分决定。处分决定应当以书面形式通知公务员本人。"这些做法过去只是在内部管理文件上见到，只是在对公民、社会组织的行政处罚中被运用，《公务员法》将实体合法、程序公正、被处分人参与等引入公务员惩戒制度，的确体现了将公务员团体作为一个职业团体、一个法律团体进行建设的思想。

尤其需要强调的是《公务员法》第五十四条的规定，该规定对公务员的职务保障是十分重要的。根据该条规定："公务员执行公务时，认为上级的决定或者命令有错误的，可以向上级提出改正或者撤销该决定或者命令的意见；上级不改变该决定或者命令，或者要求立即执行的，公务员应当执行该决定或者命令，执行的后果由上级负责，公务员不承担责任；但是，公务员执行明显违法的决定或者命令的，应当依法承担相应的责任。"仔细解读该条规定，有几点需要说明，其一，该条规定继续强调了公务员服从命令的基本要求；其二，该条鼓励下级公务员发挥主观能动性，不盲从上级的命令和决定；其三，该条基本上明确了公务员执行上级要求必须执行的命令可以免责的国际惯例；其四，该条对公务员的法律水平和职业道德的要求提高了，强调公务员对违法行为的识别能力和对面向违法行为的抵制义务。笔者认为，由于该条没有强调上级不改变公务员已经提出异议的决定或者命令，或者要求立即执行时，应当以书面命令方式进行，没有强调公务员执行上级要求必须执行的书面命令完全免责，所以，下级公务员执行公务中因为上级的违法行为而承担的职业纪律风险并没有得到很好的消除。

（5）职务升降制度。公务员职务升降取决于其德才水平、工作表现，贤能者升，不称职者降，晋升按照规定的职务序列逐级进行，个别德才表现和工作实绩特别突出的，可破格或者越一级晋升。降职适用于在定期考核中被确定为不称职的公务员。公务员职务升降的一般规则和程序区别为晋升领导职务和晋升非领导职务两类。公务员晋升领导职务，首先应当经过民主推荐程序确定考察对象；再由组织考察，研究提出任职建议方案，并根据需要在一定范围内进行酝酿；最后按照管理权限讨论决定履行任职手续。公务员晋升非领导职务参照公务员晋升领导职务的这些规定办理。该种规定，实际上是我国干部任免中的组织规范，具体的操作细节法律也不宜作过分细致的规定。

《公务员法》在职务晋升的规定上，体现了竞争的思想、坚持了机构编制法定化的要求。该法在第四十五条规定："机关内设机构厅局级正职以下领导职务出现空缺时，可以在本机关或者本系统内通过竞争上岗的方式，产生任职人选。厅局级正职以下领导职务或者副调研员以上及其他相当职务层次的非领导职务出现空缺，可以面向社会公开选拔，产生任职人选。"在该条规定中，"职务空缺"这一概念直接体现了编制法定的思想。"竞争上岗"的方式，为公务员设定了一条通过公平竞争获得更高职位的机会，对保持公务员队伍的凝聚力和对公务员的激励均具有积极意义。

面向社会，从通过国家统一司法考试取得资格的人员中公开选拔、确定初任法官、初任检察官的任职人选，再由任免机关予以任命，与法官法、检察官法的规定是一致的。这里笔者认为，将初任法官、初任检察官的任职人选的产生列在职务升降一章中，是不合适的。初任法官、检察官的产生，应当是公务员身份产生而不是公务员职务晋升，由于法官、检察官是人大任命的，所以，本《公务员法》不能够在"录用"一章中规定法官、检察官录用问题，因为法官、检察官的任命不是一种"录用"。在公务员法中，有关司法人员的规定的确不好找准位置，说明我国公务员法在扩展公务员范围的过程中，也存在思考、准备不充分的问题。

（6）辞退制度。辞退虽然不是纪律处分，但也具有对被辞退者的能力、职业道德、遵守职业纪律等情况的否定性评价意义，是公务员机关对公务员系统的一种调控性权力。辞退是公务员机关根据该公务员的表现并按照法定的条件和程序作出的解除国家与该公务员之间职务关系的行为。辞退制度的存在对保持公务员队伍的活力和调控，形成公务员理性对待工作需要，服从组织安排等具有一定的意义。

（7）工资福利保险制度。科学的工资福利保险制度的设计，对公务员既有保障的意义也有激励的价值。《公务员法》第七十三条规定，公务员实行国家统一的职务与级别相结合的工资制度。职务、级别越高，工资待遇也越高，工资福利保险制度体现工作职责、工作能力、工作实绩、资历等因素的影响，保持不同职务、级别之间的合理工资差距对公务员既是合理的，也具有显著的激励作用。对在定期考核中被确定为优秀、称职的公务员，按照国家规定享受年终奖金的规定，也体现一种激励的精神。

由于公务员工资的法定性、规范性和预知性，工资增长规则基本是确定不变的。这种固定待遇制度基本确定了公务员工资水平，可以无视公务员的实际工作效力，对调动公务员的积极性和创造性明显不利，难以吸引和留住优秀人才为国服务。笔者同意建议参照市场主体的人力资源管理的成功经验，公务员的薪酬福利保险制度应当有所改变。必须强化薪酬激励效果，制定科学工资制，推进高薪养廉。通过同机构与同等级别实施差异报酬，使公务员重视自身能力发挥，调动公务员的积极性和创造性。在法定工资制度基础上，可以试行协议工资制、酬金制、目标项目考核后的奖金制等灵活的工资报酬管理体制。让政府在与市场主体竞争人才时，有一定的竞争手段，保持对人才的吸引力。在社会主义市场经济条件下，适度高薪是对人才的尊重。

3. 监督约束制度

从 1993 年以来，国家在行政公务员管理制度中推行监督约束机制。在《暂行条例》《国家公务员奖励暂行规定》《关于国家公务员纪律惩戒有关问题的通知》《国家公务员职位轮换（轮岗）暂行办法》《国家公务员任职回避、公务回避暂行办法》等规定中，均强调对公务员的监督制约机制和廉政预防措施，要求严格执行公务员的纪律，规范公务员的选拔、任用、职务升降、奖惩环节，为公务员队伍中人才公平竞争提供了制度保障，以有效地保证行政职能的顺利实施。《公务员法》的规定进一步建立了完善了监督制度。主要有：

（1）回避制度。公务员法明确了公务员的回避制度，包括任职地域回避、公务回避、任职回避。

任职回避，是指公务员之间有夫妻关系、直系血亲关系、三代以内旁系血亲关系以及近姻亲关系的，不得在同一机关担任双方直接隶属于同一领导人员的职务或者有直接上下级领导关系的职务，也不得在其中一方担任领导职务的机关从事组织、人事、纪检、监察、审计和财务工作的回避制度。因地域或者工作性质特殊，需要变通执行任职回避的，必须由省级以上公务员主管部门作出规定。

任职地域回避，是指除法律另有规定外，担任乡级机关、县级机关及其有关部门主要领导职务的公务员，应当实行地域回避，不得在该公务员自己的原籍任职。该规定将以往任职地域回避的范围扩大到乡级机关任主要领导职务的公务员。这是一个重要的举措。

公务回避，是指公务员执行职务时，涉及与本人或本人法定亲属有利害关系的，必须回避。回避情形包括：涉及本人利害关系的；涉及与本人有法定亲属关系人员的利害关系的；其他可能影响公正执行公务的。

公务员的回避可以分为自愿申请回避和利害当事人申请回避。其他人员可以向机关提供公务员需要回避的情况。

为了应对其他法律对特殊职位公务员的回避要求，《公务员法》认同其他法律对公务员的回避要求，如有关司法回避的规定等。

（2）交流制度。通过跨岗位、跨地区、跨部门的转任，对领导成员和担任领导职务的公务员和某些工作性质特殊的非领导职务的公务员进行交流，既能够丰富公务员的履历，充分发挥公务员的聪明才智，也能够起到监督的作用。定期交流和离任时的审计，在相当程度上能够避免公务员尤其是担任领导职位的公务员在一地、一岗上长期任职可能产生的腐败问题。

《公务员法》明确规定国家实行公务员交流制度，对公务员交流作了细致的规定。具体包括：公务员可以在公务员队伍内部交流，也可以与国有企业事业单位、人民团体和群众团体中从事公务的人员交流。交流的方式包括调任、转任和挂职锻炼。公务员在不同职位转任应当具备拟任职位所要求的资格条件，在规定的编制限额和职数内进行。对省部级正职以下的领导成员应当有计划、有重点地实行跨地区、跨部门转任。对担任机关内设机构领导职务和工作性质特殊的非领导职务的公务员，应当有计划地在本机关内转任。公务员应当服从机关的交流决定。

（3）限制兼职制度。公务员原则上一人一职。因工作需要在机关外兼职，应当经有关机关批准，并不得领取兼职报酬。限制兼职制度延伸到公务员离职之后。《公务员法》第一百零二条规定，公务员辞去公职或者退休的，原系领导成员的公务员在离职三年内，其他公务员在离职两年内，不得到与原工作业务直接相关的企业或者其他营利性组织任职，不得从事与原工作业务直接相关的营利性活动。违者由其原所在机关的同级公务员主管部门责令限期改正；逾期不改正的，由县级以上工商行政管理部门没收该人员从业期间的违法所得，责令接收单位将该人员予以清退，并根据情节轻重，对接收单位处以被处罚人员违法所得一倍以上五倍以下的罚款。

（4）禁止经商制度。公务员不准经商，办企业以及参与其他营业性的经营活动。对公务员从事或者参与营利性活动，在企业或者其他营利性组织中兼任职务的，依法给予处分。

（5）行政处分制度。公务员违法违纪，根据情节要受到警告、记过、记大过、降级、撤职、开除等行政处分。

4．公务员救济与权利保障机制

对公务员给予妥善的职业保障，是政府工作连续性和稳定性的重要前提。为解除公务员后顾之忧，使其安心工作，忠于职守，乐于献身公职事业，1993年以来，我国制定了大量的规范。《国家公务员培训暂行规定》《国家公务员出国培训暂行规定》《国家公务员被辞退后有关问题的暂行办法》《国家公务员申诉控告暂行规定》《公务员申诉案件办案规则》《国家公务员申诉案件备案制度的通知》《关于解除国家公务员行政处分有关问题的通知》等确定了几种有效的保障机制，《公务员法》在一定程度上完善了这一制度。

（1）公务员身份保障制度。《公务员法》第十三条第二项明确规定，非因法定事由、非经法定程序，不被免职、降职、辞退或者处分。

（2）经济权利保障制度。工资是公务员经济权力中的基础部分，《公务员法》实行公务员工资调查制度，保障公务员工资水平的正常增长和足额发放。公务员工资包括基本工资、津贴、补贴和奖金。《公务员法》规定，任何机关不得违反国家规定自行更改公务员工资、福利、保险政策，擅自提高或者降低公务员的工资、福利、保险待遇。该法规定任何机关不得扣减或者拖欠公务员的工资，体现了对公务员经济权利的法律保障。国家建立公务员保险制度，保障公务员在退休、患病、工伤、生育、失业等情况下获得帮助和补偿。公务员因公致残的，享受国家规定的伤残待遇。公务员因公牺牲、因公死亡或者病故的，其亲属享受国家规定的抚恤和优待。公务员工资、福利、保险、退休金以及录用、培训、奖励、辞退等所需经费，应当列入财政预算，予以保障。

（3）申诉控告制度。公务员受到不公正待遇，其合法权益受到侵犯，可以向有关国家机关提出申诉、控告，要求相应机关纠正其错误处理决定，恢复公务员被侵犯的合法权益，赔偿其所受到的经济损失。《公务员法》规定，公务员对涉及本人人事处理不服的，可以自知道该人事处理之日起三十日内向原处理机关申请复核；对复核结果不服的，可以自接到复核决定之日起十五日内，按照规定向同级公务员主管部门或者作出该人事处理的机关的上一级机关提出申诉；也可以不经复核，自知道该人事处理之日起三十日内直接提出申诉。从《公务员法》列举的申诉事项上看，申诉事项具有法定性，公务员不是对任何他们认为不符的事项都可以申诉。根据《公务员法》规定公务员不服处分；辞退或者取消录用；降职；定期考核定为不称职；免职；申请辞职、提前退休未予批准；未按规定确定或者扣减工资、福利、保险待遇；法律、法规规定可以申诉的其他情形的，可以依法申诉，申诉受理部门必须依照法定程序作出处理。

公务员法规定了法定申诉事宜的处理程序。

公务员对省级以下机关作出的申诉处理决定不服的，可以向作出处理决定的上一级机关提出再申诉。原处理机关应当自接到复核申请书后的三十日内作出复核决定。受理公务员申诉的机关应当自受理之日起六十日内作出处理决定；案情复杂的，可以适当延长，但是延长时间不得超过三十日。复核、申诉期间不停止人事处理的执行。公务员申诉的受理机关审查认定人事处理有错误的，原处理机关应当及时予以纠正。公务员认为机关及其领导人员侵犯其合法权益的，可以依法向上级机关或者有关的专门机关提出控告。受理控告的机关应当按照规定及时处理。机关因错误的具体人事处理对公务员造成名誉损害的，应当赔礼道歉、恢复名誉、消除影响；造成经济损失的，应当依法给予赔偿。公务员提出申诉、控告，不得捏造事实、诬告、陷害他人。

行政机关公务员对处分不服向行政监察机关申诉的，按照《中华人民共和国行政监察法》的规定办理。该法第三十七条规定，国家公务员和国家行政机关任命的其他人员对主管行政机关作出的行政处分决定不服的，可以自收到行政处分决定之日起三十日内向监察机关提出申诉，监察机关应当自收到申诉之日起三十日内作出复查决定；对复查决定仍不服的，可以自收到复查决定之日起三十日内向上一级监察机关申请复核，上一级监察机关应当自收到复核申请之日起六十日内作出复核决定。复查、复核期间，不停止原决定的执行。该法第三十八条规定，监察机关对受理的不服主管行政机关行政处分决定的申诉，经复查认为原决定不适当的，可以建议原决定机关予以变更或者撤销；监察机关在职权范围内，也可以直接作出变更或者撤销的决定。法律、行政法规规定由监察机关受理的其他申诉，依照有关法律、行政法规的规定办理。

从《公务员法》的申诉规定看，我国学界关于将部分公务员法律关系争议纳入司法审查的观点并没有被立法机关采纳。公务员法律纠纷仍然使用内部解决机制。

申诉制度是解决公务员有关职务关系纠纷的唯一制度。而有关聘任制公务员因为履行聘任合同发生争议的，则按照人事争议仲裁方式解决。当事人不服人事争议仲裁的，可以依法向人民法院起诉。但是，该起诉不属于行政诉讼，应当归于劳动争议合同纠纷，即由聘用机关为一方当事人、受聘者为另一方的民事纠纷案件。人事争议仲裁不适用于除聘任制公务员以外的其他公务员。

5. 公务员管理机构和培训机构

由于公务员范围的广泛性，公务员管理部门也应当具有广泛性。《暂行条例》规定："国务院人事部门负责国家公务员的综合管理工作。县级以上地方人民政府人事部门，负责本行政辖区内国家公务员的综合管理工作。"该种管理体制势必不适应《公务员法》实施后的局面，需要国家立法对公务员管理部门进行规定。如果公务员管理部门根据公务员供职的机关不同而分别设立，势必因为分散而不利于形成统一管理。立法设置统一综合的管理部门是必要的。《公务员法》第十条规定："中央公务员主管部门负责全国公务员的综合管理工作。县级以上地方各级公务员主管部门负责本辖区内公务员的综合管理工作。上级公务员主管部门指导下级公务员主管部门的公务员管理工作。各级公务员主管部门指导同级各机关的公务员管理工作。"该法对此的规定也是笼统的。

公务员培训机构。《公务员法》规定，国家建立专门的公务员培训机构。其他培训机构也可以接受机关的委托承担机关公务员培训任务。

本节对公务员法的主要制度作了较为详细的介绍。除了以上主要内容外，我们在其他章节专门介绍公务员制度中的职位分类制度和公务员的权利、义务规范。

第三节 公务员职务关系概说

一、公务员职务关系的概述

(一) 公务员职务关系的概念

公务员职务关系是指公务员依法定的方式和程序担任国家公职，任职于机关后，因其所担任的职务而与机关之间产生的权利义务关系。公务员职务关系具有以下特点。

1. 公务员职务关系主体是公职机关和特定的公民。其中公职机关代表国家作为恒定的一方，接受法定机关任命，担任国家公职的公民作为另外一方。不具有公务员身份的普通公民，不能够成为公务员职务关系的一方当事人。

2. 公务员职务关系的双方当事人的法律地位不对等。公职机关居于优势地位，公职机关享有对公务员职务关系的产生、变化和消灭的单方决定权和对公务员进行管理和奖惩、任免的单方权力。这一特点成为将公务员与国家的职务关系界定为特别法律关系的理由。

3. 公务员职务关系是国家委托关系。公务员根据自己担任的职务，在职责范围内代表国家履行公职与国家构成委托关系，公务员行使职权、履行职责的行为的法律效果归属于国家。公务员职务关系的本质在于通过国家的选拔和任用，一个普通公民获得了以国家的名义从事公务的资格，使公务员与国家之间的权利义务关系均围绕着国家公职展开。公务员因为受国家委托从事公务因而享有普通公民所不具有的权利，同时，因为公务员身份和履行职责所必须承担的义务，公务员也承担普通公民所不必承担的义务。因而与普通公民与国家（公职）机关的关系有别。

4. 公务员职务关系是内部法律关系。由于公务员职务关系调整的是国家与公务员之间基于行政职务而产生的权利义务关系，公务员与其服务的行政机关之间存在着工作身份上的隶属关系，因而具有内部法律关系的特征。此特点被作为解决公务员与行政机关之间的纠纷适用内部特别程序的理由①。

5. 公务员职务关系的产生变更和消灭具有法定性。这是法律关系的共同特征。随着《中华人民共和国公务员法》《行政机关公务员处分条例》《公务员录用体检操作手册（试行）》《公务员录用规定（试行）》《公务员录用考试违纪违规行为处理办法（试行）》《党政领导干部选拔任用工作条例》的相继出台，公务员法律制度日益完善。国家机关与公务员之间的权利义务关系及其发展变化将具有更为确定的法律特性。

（二）公务员职务关系中的公务员

公务员的法律地位问题一直受到公务员职务关系性质的影响。用特别权力关系来解释公务员与公职机关的相互关系，是一个常见的选择。在这一个模式下，公务员作为一个个人或者公民的权利被作为公务员所要承担的义务所覆盖，并由此形成了一系列的公务员行为规范和解决争议的程序。我国法律中虽然没有使用特别权力关系这一概念，但是在具体的法律适用中，传统的特别权力关系理论的影响实在是深远的。

有一个问题是我们必须回答的：一个公民获得国家选拔、任用，接受国家委托担任公务员后，其作为国家公民的身份是否存在？其作为公民享有的宪法权利和其他法律权利是否被剥夺或者被限制？历史上的特别权力关系理论从自己的角度回答了这些问题。特别权力关系理论认为，为了实现公法上的目的，或者达到一个公共利益的目标，在必要的范围内，一方取得支配他方的权能，他方反之负有服从义务的关系就是特别权力关系。在此特别权力关系内，排除依法行政原则尤其法律保留原则之适用，作为特别权力主体的公职机关，即使欠缺个别具体的法律根据，也可以对于处于特别权力关系内部的人发动公权力，对其采取命令强制或者要求其为或者不为一定行为的义务。我们认为，传统的特别权力关系理论是以公共利益为借口，以牺牲公务员的主体意志为代价，将作为

---

① 我国《行政诉讼法》第十三条第（三）项的规定即是将公务员职务关系界定为内部行政法律行为，从而规定有关公务员奖惩任免等纠纷不得提起行政诉讼。

公务员的公民的宪法权利和其他法律权利加以限制，这不符合民主宪政的要求。以德国、法国为代表的国家，将公务员基于公务员职务关系而获得的工资和福利，归于国家的恩宠，而非公务员的劳动报酬。公务员不被作为劳动者而被作为官吏对待，将公务员职务关系的产生定位于国家的任用，而不是雇用。一直到1970年以后，根据法院的判例，法国明确提出了据以解释公务员雇佣关系的公共服务理论，公务员作为个人的或者公民的权利才得到显著的恢复。①

我们认为，公务员获得国家的任用后，其作为公民的身份仍然存在，其个人的权利仍然存在，作为履行国家公务的人员，公职机关对其进行必要的约束和限制是必要的，并且，一个意欲成为国家公务员的公民，在成为国家公务员之前，其对公务员应当遵守的纪律和将受到的制度约束，应当是明确了解的，本着自愿加入的前提。公务员理当作必要的忍受，这是公务员与国家公职机关之间产生的公务员职务关系的特别之处。但是，我们也应当知道，公务员成为公务员，不是将自己变成公职机关的附属品，更不是一种人身依附关系，公务员作为一个公民所享有的法律权利并不因为成为公务员就彻底丧失，公务员与国家公职机关的关系是一种特别的法律关系。这个法律关系虽然特别，但仍然是法律关系，是必须受法律调整的关系，而不是排斥宪法和法律调整的特别权力关系。

这个特别法律关系的基本内容是：公务员的权利义务应由法律特别规定，而不是由公职机关在没有法律规定的情况下，要求公务员服不定量义务（勤务），或者根本否定公务员作为公民享有的宪法权利；为维护公务员制度的有效运作，公职机关可以制定必要的规则要求公务员遵守和履行，但是应当合法和符合行政目的；对于违法失职的公务员公职机关有权查处、惩戒，但应当遵守正当程序，并给予公务员以救济的权利；公务员的其他权利受到侵害时，有请求法院救济的权利，法律不得明文

---

① ［日］片刚宽光：《论职业公务员》，熊达云、郑希宏译，上海科学普及出版社2001年版，第95—97页。

排除公务员需求法院救济的权利。① 公务员在职务关系中是法律关系的一方当事人，是公职机关的工作人员，受公职机关的规章制度和纪律约束，有服从公职机关命令的义务。同时，公务员又是公职机关意志的执行者，有权以公职机关的名义与相对人之间发生公职法律关系。公务员有权以自己的劳动（工作）获得相应的报酬。因此，公务员应当具有三重身份：即作为公民的公务员；作为劳动者的公务员；作为公务员的公务员。如何将公务员的三重身份与三重行为统一起来，仍然是一个问题，而将公务员的基本权利保障置于法律保留的范围内，排斥公职机关超越法律专断公务员的权利应当是现代公务员制度的正确选择。

（三）公务员职务关系的产生、变更和消灭

公职职务的产生是指公民依法开始担任公职职务。国家公职机关依照法定程序和方式，录用符合条件的公民成为国家公务员，并赋予该公务员以一定的职务，就在国家与公务员之间建立了公务员职务关系。这就是公务员职务关系的产生。从公务员职务关系产生的条件分析，公务员职务关系具有典型的单方意志性，是公职机关决定该法律关系的产生。虽然，意欲成为公务员的公民可以选择是否争取成为一个公务员，也可以在公职机关已经录用的情况下拒绝国家的委任，可以辞去公职职务而消灭公务员职务关系，但是，他却不能够决定公务员职务关系产生。公职机关和公民作为法律关系的主体，都具有自己的法定权力，国家选拔符合条件的公民担任公务员，符合法定条件的公民同意接受国家的委托担任公职职务，公职机关录用公务员与公民选择公务员作为职业，是国家选拔权与公民择业权的体现。

根据我国《公务员法》的规定，选任、委任、考任、聘任、调任等方式均可以产生公务员职务关系。公务员职务关系的变更。如果说公务员职务关系的产生使公民具有了公务员身份，那么，公务员职务关系的变更，则是指公务员在任职期间，因一定的法律事实的出现使公务员职

---

① 翁岳生：《行政法》上册，翰芦图书出版有限公司2000年版，第361页。

务关系的内容发生变化。这种变化不改变公务员身份。公务员的奖惩任免、职务升降等都可以引起公务员职务关系的变更。公务员职务关系的变更是与特定公务员相关的具体的权利与义务的变更相关联的，是"具体职权、职责等内容从一个人员转移给另一个人员的过程及其事实。"①此外，广义上理解，降级、减薪等导致公务员职务关系相应权利义务变化的，也是公务员职务关系变更的表现。公务员职务关系的消灭是指公务员身份的丧失或者公务员职务关系内容的终止。公务员职务关系可以因为公务员辞职、被辞退、退休和离休、被罢免、被开除公职、丧失国籍、死亡等法定事由的出现而消灭。

（四）公务员职务关系的法律保障

作为公职法律关系的一种，公务员职务关系的产生变更和消灭均应具有法定性，这是保障公务员制度在法律下运作的根本要求。因此，各国公务员法对公务员职务关系产生、变更和消灭均规定了明确的条件和程序，只有在法律规定的条件出现时，公务员职务关系的产生、变更和消灭才有了依据。这对保障公务员权利尤其重要。公务员并不因职务关系而成为公职机关可以任意驱策和处置的"家臣"，也非马克斯·韦伯在批判现代官僚体制时说的，是整个公职机构这台庞大机器上的一个零件。② 公职机关只能够按照法定的条件和程序招录公务员，也只能按照法定的条件和程序对公务员职务关系进行变更和消灭。公务员职务关系虽然与普通的法律关系有区别，但是，他仍然是法律关系，必须符合现代法治的基本要求。

二、公务员的义务

（一）公务员义务概念

所谓公务员义务，是指公务员法对公务员必须为一定行为或者不得

①　熊文钊：《现代行政法原理》，法律出版社2000年版，第196页。

②　转引自关保英：《行政法的价值定位——效率、程序及其和谐》，中国政法大学出版社1997年版，第264页。

为一定行为的约束和强制，即国家通过法律规定公务员所应该履行的某种责任。

根据义务与公务员职务的相互关系，可以将公务员义务划分为职务义务和非职务义务①；所谓职务义务就是公务员职务本身所包含的义务。包括执行职务、履行职责、专心于职务、忠诚义务、服从命令的义务等。所谓非职务义务，是指与公务员职务没有直接联系的职务外的义务。该类义务虽然与公务员的职务没有直接联系，但是与公务员职务身份直接相关，其范围相当广。如不得在企业兼职、（一定级别的公务员）需要约束子女亲属经商办企业等义务。此外，依据公务员履行义务的期间不同，可以分为公务员在职期间的义务和非在职期间的义务；依据义务的履行方式不同，可分为作为的义务和不作为的义务；依据义务的内容不同，还可分为政治要求和服务规则要求的义务。②

《公务员法》第十二条规定了我国公务员的基本义务，大体包括两个方面：一是职业道德要求，二是服务纪律。其主要内容是：模范遵守宪法和法律；按照规定的权限和程序认真履行职责，努力提高工作效率；全心全意为人民服务，接受人民监督；维护国家的安全、荣誉和利益；忠于职守，勤勉尽责，服从和执行上级依法作出的决定和命令；保守国家秘密和工作秘密；遵守纪律，恪守职业道德，模范遵守社会公德；清正廉洁，公道正派；法律规定的其他义务等九个方面的义务。

（二）公务员义务的主要内容分析③

执行职务的义务，是公务员的首要义务。这是世界各国公务员法的一致规定。公务员职务关系决定了公务员的职务内容，公务员负有依法

---

① 刘俊生：《中日公务员权利义务比较研究》，《政法论坛》2001 年第 1 期。

② 舒放、王克良：《国家公务员制度教程》，中国人民大学出版社 2001 年版，第 39 页。

③ 限于篇幅，本书对公务员遵守宪法和法律的义务；维护国家安全、荣誉和利益的义务；保持职业操守的义务等没有一一介绍，而是重点介绍公务员执行职务的义务，特此说明。

履行职务的义务。《公务员法》第十二条明确规定我国公务员有"按照规定的权限和程序认真履行职责，努力提高工作效率"的义务。并且要求公务员履行职务、行使职权必须全心全意、清正廉洁、公道正派等。

1. 专心于职务的义务。就是指公务员专心于本职工作。指公务员必须把全部的工作时间和职务上的全部注意力用于职务工作。《公务员法》第十二条第（五）项明确规定我国公务员"忠于职守，勤勉尽责，服从和执行上级依法作出的决定和命令"；该法第四十二条、第五十三条第（十四）项的规定，明确禁止公务员兼任其他职务尤其是从事营利性工作和在企业兼职。这些规定都是为要求公务员专心于职务服务的。我国公务员职位分类的有关规定明确要求我国公务员实行一人一职，禁止公务员在行政机关兼任实职，更不得在企业兼职、经商办企业。日本规定公务员（职员）"必须把工作时间和职务上的注意力全部用于完成本职工作，专心致志地从事政府所赋予的工作。原则上禁止公务员兼任其他官职"①，此外，日本还禁止公务员在工作时间参加职员团体活动。各国公务员法均有要求公务员以全部时间，成为全职常任的工作人员的类似规定。

"兼职"，即是指同时从事两份以上的工作或者担任两个以上的职务。"兼职"作为名词，意思是"同时从事的工作、兼任的职务"。"兼职"一词发展到今天，常常在相对于"本职"或"全职"的意义上使用，具有"附带的、不主要的、非专注于的"含义，比如平时所说的"兼职教师""兼职教授"等等都是在这一意义上使用"兼职"一词。

公务员法在公务员机关外兼职的立法倾向是以禁止为原则、批准为例外。根据《公务员法》第四十二条规定，公务员一般情况不能到机关外兼职，但是可以"工作需要"为理由提出申请，经批准后可以兼职，但不得领取兼职报酬。对于"工作需要"及"报酬"，公务员法尚无具体规定。公务员是个体的人，自然会有各种物质与精神上的追求，对物质利益理性追求不仅体现了人权，也体现了宪法确认的公民文化、经济等

---

① 参见日本《国家公务员法》第一百〇一条第一款。

多项权力，所以公务员兼职行为应当是公务员的应有权力。在不和公务利益冲突的情况下，没有理由禁止公务员兼职。在这一点上法国《公务员总章程》的规定更显合理，仅禁止在职公务员"以职业身份"从事有利可图的私人活动。

从创新的方面来看，优秀的科研人才有利于科研机构的持续发展。但是从发达国家近年的发展趋势来看，公立科研机构由于长期沿用公务员式人事薪酬制度，在吸纳科研人员方面受到了企业和大学的冲击，高素质青年科研人才优先选择企业和大学就业。[1] 同时又由于择优劣汰机制缺位，公立科研机构面临机构臃肿和科研效率不高的困境：科研人员的工资级别和薪酬制度比照公务员，意味着所有科研人员均享受职级工资标准，不能依照市场薪酬水平给予稀缺人才弹性化的薪资，且发达国家科研机构起始薪资低于产业界，公立科研机构很难吸引和留住高素质的年轻研究人员，急需建立与其自身发展需求相适应的人事薪酬制度。[2] 日本于 21 世纪初启动了科研机构独立行政法人改革，改革中引入非公务员人事制度，减少国家公务员人数，避免僵化的公务员人事制度造成科研机构的效率低下。科研机构人员非公务员化，可摆脱论资排辈、终身雇佣制度等束缚，又可依据专业知识及能力吸收优秀的研究人员，利于科研机构的积极持续发展。[3] 但这样的改革同时会令科研人员失去相对优越的公务员身份。

在中国，首先需确立科学合理的薪级工资制度，这是实现公务员科学、高效管理的动力机制和激励机制。我国公务员管理体制中，工资待遇与职务挂钩，大多数普通公务员晋升机会少，也缺乏优厚待遇。现行的公务员薪酬制度无法呈现专业分工与业务分类对薪酬待遇的不同需求，

---

[1] 参考张义方：《发达国家公立科研机构人事薪酬制度探析》，《世界科技研究与发展》2015 年第 1 期。

[2] 参考李政刚：《政府角色转变与公立科研机构治理——基于有限政府理论的思考》，《河南学院学报》2015 年第 3 期。

[3] 参考李政刚：《基于独立行政法人制度下的公益类科研机构治理机制探索》，《湖南科技学院学报》2014 年第 3 期。

难以彰显不同职位专业化特点，因此，在兼顾效率与公平的公务员分配模型的基础上，可以弱化职务在工资内的构成，强化类型级别在工资、福利等方面的作用，注重工资确立的合理性和平衡性①。

专业技术类公务员可以确立结构相对简单的薪级工资制度，同时适当增加薪酬的等级，扩大不同薪级间的级差和数额，并依照实际情况，分时段对工资进行动态调整，稳步提升公务员工资。这样，既能在公务员体系内部形成公平有效的竞争机制，也有利于公务员体系外部的竞争。在中国，在保留公务员身份的情况下，允许创新科研职位的公务员兼职有着制度上的优越性，有利于技术人员在享有相对优越的公务员身份的同时通过兼职取得较高的合法收入。这样的做法，不仅可以弥补日本 21 世纪初改革的不足，且能够兼顾效率与公平，彰显专业化特性，吸引和留住高素质的年轻研究人员，促进科研事业的发展与进步。

2. 服从命令的义务。是指公务员在任职期间，必须遵从上级的决定、决议及其他要求公务员作为或者不作为的决定。以保障公务机关执行国家法律和上级命令的统一性。层层节制，下级服从上级的职务等级体系保证了上级公务机关和首长的意志能够得以贯彻实施。我国公务员法明确规定公务员有服从命令听从指挥的义务。《公务员法》第十二条第（五）项规定公务员必须服从和执行上级依法作出的决定和命令，第五十三条规定公务员不得拒绝执行上级依法作出的决定和命令。这里所指的命令，应当是职务上的命令，即与公务员的职业身份有关，属于履行职责范围内的事项。日本《国家公务员法》对公务员所服从的"命令"有明确的规定：公务员在执行职务时，必须忠实地服从上司在职务上的命令。② 至于公务员对职务之外的命令和非法命令是否有绝对服从、不得对抗的义务，过去我国公务员《暂行条例》没有明确规定。从理论上分析，公务员与国家之间的关系，是公务员职务关系，由法律规定和调整。公

---

① 参考李政刚：《基于独立行政法人制度下的公益类科研机构治理机制探索》，《湖南科技学院学报》2014 年第 3 期。

② 日本《国家公务员法》第九十八条第二款。

务员权利义务的内容具有法定性，因此，公务员服从职务命令本身也是服从法律，《公务员法》赋予了上级公务机关和行政首长（上司）的命令指挥权，作为下级的公务员应当服从，这是无疑义的。问题是这种服从是不是绝对的？所谓绝对是指无论上级的命令是否与履行职务有关，是否合法适当，被命令的公务员必须无条件服从。界定公务员与国家机关和上级公务员之间在命令服从上的相互关系，对保障公务秩序、维护国家法制统一、完善内部监督体系、确保公务员合法权利是非常有必要的。应当明确，公务员作为公务员法律关系的主体，并不是公职机关或者某一个上级公务员的附庸，其享有独立的法律地位，对违法、不当的命令、决定，公务员有提出批评、建议的权利，有申诉、控告的权利。

公务员应当执行该决定或者命令，执行的后果由上级负责，公务员不承担责任；但是，公务员执行明显违法的决定或者命令的，应当依法承担相应的责任。首先公务员服从的上级依法作出的决定和命令；这里，"依法"作出的命令应当是职务上的命令，并且应当是按照法定权限和遵守法定程序作出的命令，对于依法作出的命令，公务员不得拒绝执行。《公务员法》对此类问题作了较为明确的规定，公务员在执行命令时的状态可以有几种表现：第一，为无疑问执行。此种情况只有在上级的命令、决定明显违法时，执行的公务员才依法承担相应的责任。第二，为存疑执行。此种情况下公务员对上级的命令决定认为有错误，但是该执行的公务员没有向上级提出改造或者撤销的意见而予以执行。此种情况的后果与第一种情况一致。第三，为保留意见的执行。此种情况是指公务员认为上级的命令、决定有错误，向上级提出改正或者撤销的意见，而上级没有采纳意见，或者要求立即执行的，公务员予以执行。此种情况下，由上级承担责任，负责执行的公务员不承担责任。第四，为拒绝执行。此种情况下，负责执行的公务员认为上级的决定或者命令有错误的，向上级提出改正或者撤销该决定或者命令的意见；上级不改变该决定或者命令，或者要求立即执行的，公务员仍然认为该命令或决定明显违法，拒绝执行。此种情况下，该公务员将承担较大的风险，责任后果具有不确定性。如果上级的命令的确已达到明显违法的程度，公务员应当受到表扬，自然无责任；如果上级的命令、决定不违法，或者没有达到明显违法的程度，则该公务员可能会因为拒绝执行命令而受到处分。这就产生了职业风险。所以前文认为《公务员法》第五十四条的规定没有明确"书面命令免责"是立法上的不足。服从命令是公务员的传统义务，是公务员"忠诚义务"的重要内容。

对于具有党员身份的公务员，不仅要依法遵守职务上的命令，还应遵守党纪政纪中规定的职务之外的命令。例如，2003 年 12 月颁布的《中国共产党纪律处分条例》第十条规定："对党员的纪律处分包括：警告、严重警告、撤销党内职务、留党察看、开除党籍。"表明广大党员公务员受党纪与国法的双重约束。2013 年 11 月 18 日中共中央、国务院印发的《党政机关厉行节约反对浪费条例》的通知，要求党政机关规范公务支出，做好节约工作，防止浪费行为。2013 年 11 月，中央党的群众路线教育实践活动领导小组印发的《关于开展"四风"突出问题专项整治和加强制度建设的通知》严明要求中共党员要坚决反对形式主义、官僚主义、享乐主义和奢靡之风，改进作风制度化、规范化、常态化，做到为民务实清廉。2012 年 12 月 4 日审议通过的《中共中央政治局关于改进工作作风、密切联系群众的八项规定》主要包含八项规定、六项禁令。随后中央纪委坚持落实中央八项规定精神情况月报制度，每月定期公布《全国查处违反中央八项规定精神问题汇总表》。八项规定自实施以来到 2015 年 4 月，全国查处违反中央八项规定精神问题 8 万多起、处理党员干部 11 万多人、给予党纪政纪处分近 4 万人。2014 年 1 月新修订《党政领导干部选拔任用工作条例》将"民主推荐"改为"动议"；民主推荐结果由"重要依据"改为"重要参考"；对"破格""裸官""复出"条件严格规定。2010 年 2 月颁布的《中国共产党党员领导干部廉洁从政若干准则》规定党员干部禁止从事八类不廉洁行为，受此影响近年来部分省市出台党员干部廉洁自律行为规范，甚至规定"党员干部及其子女婚庆宴席的标准不可超过多少桌。"体现了"党纪严于国法"的高标准。

3. 保守职业秘密的义务。公务员负有保守国家秘密和工作秘密的义务是各国公务员法的一致规定。国家秘密与工作秘密的范围、保密期限等按照保密制度确认，公务员必须遵守。保密义务甚至延伸至公务员的终身，即公务员在职期间负有保密义务，离职后也同样需要履行保密义务，否则，将承担相应的法律责任。目前，我国法律对公务员做证义务的规定不明，也没有公务员的做证义务豁免的相关规定，可能使公务员在履行保密义务和承担做证义务时出现两难的情况。政务公开、信息公开和公民知情权的保障等制度，进一步挑战公务员保密义务。这是需要进一步研究的问题。

此外，各国公务员法对公务员保持良好品德和操行、约束自己的行为，维护政府和公务机关形象等也作了相当广泛的规定，将自觉保持良好品行作为公务员的义务；我国公务员法也有同样的要求。公务员不得在企业兼职、不得从事营利性活动的规定也构成公务员的法定义务，不得违反。西方国家要求公务员政治中立的义务，不适用于我国。

三、公务员的权利及其保障

（一）公务员权利的概念

公务员的权利，首先可以理解为公务员群体的权利，是国家规定或认可的公务员享有的权利。同时，它更应当被理解为每一个公务员作为个体而应当享有的权利。公务员权利意味着：（1）公务员能够从事或不从事某种活动；（2）公务员能够要求法律关系的其他各方从事某种活动或不从事某种活动；（3）公务员的上述行为已经获得国家的认可。因此，我们认为，所谓公务员权利，是指公务员法规定或者认可的公务员在执行公务的过程中可以履行职责，行使职权并要求他人作出某种行为或者抑制某种行为的权利和权力。公务员的权利与公务员的身份有直接的关系。当一个公民通过法定的程序进入公务员行列中后，国家通过一定程序赋予其一定的行政职务，形成国家与公务员之间的公务员职务关系。公务员的法律地位因此得以确定。获得国家委托的公务员也因此享有了执行职务的权利以及基于公务员身份和保障执行职务需要的相关权利。所以，公务员权利作为法律权利，体现着公务员作为法律关系主体与国家的关系。

各国对公务员权利的规定虽然有所不同，但是，公务员的身份保障权、经济（物质）利益权、保障请求权的规定却是相近的。比如日本《国家公务员法》规定的国家公务员权利大致有：执行职务的权利。指基于平等、公开的原则，国民均有从事公务而成为公务员，执行其公务的资格。并且，除了根据法定事由，国家不得违反本人的意愿而将其免职、停职或者降职；① 作为财产上的权利。指公务员有依法获得工资的权利。日本采取的是公务员工资法定制度，公务员只有接受法定工资的义务而没有协议的权利。公务员的工资按照法定标准发放为原则（2012 年日本人事院工资局编订了《国家公务员工资指南》，明确工资发放的详细规定），对优秀公务员则采取定期升级或者特别升级制度作为法定工资的补充。同时作为财产权利，公务员还享有职务上费用的报销权、领取退职金和享受退职养老保险金的权利；② 保障请求权。指一般职公务员受到不利处分时有请求救济的权利，③ 有请求就工作条件采取行政措施的权利，④ 等等。可资借鉴。

（二）公务员权利的具体内容

公民基于公务员职务关系取得公职身份，即享有法定的权利。在公务员的各项权利中，身份保障权、经济（物质）利益权、保障请求权是最为重要的权利。

根据我国《公务员法》的规定，公务员的权利具体包括：获得履行职责应当具有的工作条件；非因法定事由、非经法定程序，不被免职、降职、辞退或者处分；获得工资报酬，享受福利、保险待遇；参加培训；对机关工作和领导人员提出批评和建议；提出申诉和控告；申请辞职；

---

① 日本《国家公务员法》第七十五条第一款。

② 日本《国家公务员法》第六十二条、六十三条。

③ 日本《国家公务员法》第八十六条。

④ 我国《行政法》理论上称其为行政受益权。

法律规定的其他权利等 8 类重大权利。① 其中就包含了身份保障权、经济（物质）利益权、保障请求权等权利。

1. 身份保障权。身份保障权利与执行职务有直接联系。公务员"非因法定事由和非经法定程序不被免职、降职、辞退或者行政处分"的规定明确界定了我国对公务员身份保障权的含义。具体分析我国关于公务员保障立法，我们可以清楚地知道，公务员身份保障权是立法的重心，这是必然的。因为，身份保障权是公务员与国家的公务员职务关系的核心内容。公务员在履行职务的过程中，可能会触犯一些个人或者利益集团的利益，如果不限制职务任免者的权利，正常执行职务的公务员就有可能在不当压力之下被非法免职、降职或者处分。法律明确规定公务员的身份保障权，使职务任免者在处理公务员时，必须根据法定的事由并按照法定的程序进行。这就在为保持公务员队伍稳定和行政管理的连续性提供了制度上的保障。限制公职任免者的职务管理权，保障公务员的基本权利，反映了国家公务员法的立法思想。

2. 经济（物质）利益权。公务员的经济利益权，也称为财产性权利。包括公务员任职时的劳动报酬、福利和保险以及退休后包括退休金在内的保障等。②

（1）工资权是公务员经济权利的主要内容。公务员工资属于劳动报酬，是国家对公务员劳动支付的报酬，是公务员维持生活的必要条件，也是公务员在社会生活中的价值体现。过往，学界对公务员工资的法律性质多有争议，从形式上，我们难于分清楚公务员与国家的关系和私人间的契约关系在获得劳动报酬上有什么本质区别。过去，有认为工资是生活扶养性的，是勤务活动的对价。③ 有认为工资是国家支付的公务员的

---

① 上述所列举的各项权利均根据我国《公务员法》第十三条的规定。

② 我国《国家公务员暂行条例》第七条，法国 1983 年《国家和地方公务员一般地位法》第 20 条规定的公务员物质利益与此基本一致。日本公务员法也有类似规定。

③ ［日］盐野宏：《行政法》，杨建顺译，法律出版社 1999 年版，第 715 页。

劳动报酬的。笔者认为，基于公务员与国家之间的公务员职务关系的行政性而言①，可以认为工资是公务员的行政受益权的体现，具有生活扶养性和与勤务的对价性；而认为公务员与国家之间还包括了国家与公务员间的雇佣关系的话，工资就是公务员的劳动报酬。尤其是在政府市民化的今天，认为国家与公务员之间存在特殊的劳动关系应当是成立的。② 我国公务员法明确规定公务员有获得劳动报酬的权利，也是承认公务员工资就是劳动报酬。与私人间的契约关系不同的是，公务员虽然有获得劳动报酬的权利，但是在劳动报酬标准、劳动条件、工作标准上，公务员没有协商请求权和决策权，也即公务员不能通过劳动合同与国家约定自己的工资标准、工作条件。由政府单方面确定公务员的报酬标准，公务员无权作意思表示，更无权与政府协议，已经成为各国惯例③。当然，在个人权利日益被重视，从业选择面越来越宽的今天，如何吸引优秀人才为国家工作，建立弹性的工资制度是值得思考的问题。我国长期实行低工资制度，公务员法定工资是很低的。公务员的经济权利不能得到有效保障，这对公务员的劳动积极性是有严重影响的。我国改革开放以来四十年间七次为公务员加薪，引起了诸多讨论。持高薪养廉观念的人认为公务员的工资收入远远未达需求，而反对者则认为，我国公务员法定工资只是有形收入，加上公务员的各种法定的和非法定的津贴收入和稳定的福利，我国公务员已经是社会的高收入者。其实，在中国，公务员（官吏）的法定收入历来都是以"低薪"著称。《二十二史札记》中有"明代官俸最薄"一节，《明史》又有"自古官俸之薄，未有若此者"的说法。后世对明代俸禄制度多有非议，并视为明代官场贪污腐化的重要原因。④ "清朝实行低俸制度，官员薪俸为数甚微，甚至'妻儿也养不

---

① 指公务员纳入国家行政编制而言。
② "国家公务员在行政机关任职也是一种劳动，公务员以此劳动获取报酬和其他有关待遇，作为本人和家庭的基本生活物质来源，工资是公务员的基本劳动报酬"，见熊文钊：《现代行政法原理》，法律出版社2000年版，第203页。
③ 《公务员法》设定的聘任制公务员不在此列。
④ 陈国平：《明代行政法研究》，法律出版社1998年版，第154页。

活'",官员为此多贪。为制止官员贪污,雍正年间在正俸之外对地方官实行"养廉银"对京官则给予"恩俸"。意图以此杜绝贪污、暴敛。① 不可否认,低薪制度对官僚体制的正常运作多有弊端。虽然高薪不能养廉,虽然薄俸与贪污并无必然联系,但是,正俸微薄的薄俸制度似乎也可以说明封建皇帝(国家)对官员权利的漠视。单纯强调行政伦理和道德教化而无视公务员生存发展的需求,并非为政之道。因此,笔者认为,我国对公务员的加薪还缺少力度。在国家公务员制度日益完善,财政供养人数减少的情况下②,应当在建立公共财政体系的基础上,大大提高公务员法定工资,使公务员的所有收入都是透明的,使公务员阶层成为一个精英会聚、让人羡慕的阶层。

《公务员法》对公务员的经济权利予以充分的注意。正常增资制度、平衡比较制度、物价补偿制度和工资法定制度构成我国公务员工资制度的基本框架。

所谓正常增资制度,就是国家定期增加公务员的工资,使公务员工资随着公务员年功的增加而增加。定期、全面地调整公务员工资标准使公务员的工资水平随着国民经济的发展而相应提高,能够使职务相同而任职年限或工作年限不同的公务员之间,在工资报酬上拉开差距,形成激励机制。所谓平衡比较制度,其实质是一个横向低水平的比较,目的在于使公务员工资收入与社会的平均收入的差距不太大。主要考虑的是社会的心理承受能力,意图是在避免社会矛盾。笔者认为,这一观念是十分落后的,是传统的"主仆理论"的反映,如果工资收入形不成优势,就难以吸引优秀人才进入公务员队伍为国家效力。所谓物价补偿制度,是指国家根据物价指数的变动,适时调整公务员的工资,使工资增长率高于或等于物价上涨率,以保证公务员的实际工资水平不因物价上涨而

① 李曙光:《晚清职官法研究》,中国政法大学出版社 2000 年版,第 161 页以下。
② 在公务员下岗分流前,享受国家财政供给的人数达 3700 余万人,实在是无法负担,截至 2013 年年底公务员人数约 717.7 万人,http://learning.sohu.com/20141013/n405057568.shtml。

下降。这一制度使公务员工资出现一定的浮动，对保障公务员的经济利益是有积极意义的。而由于公务员的工资是经过法定程序调整的，各行政机关不能根据物价上涨的情况自发地进行调整。以物价指数为标准的物价补偿制度对适时调整公务员工资收入是有益的。所谓法定工资制度，是指除国家法律、法规和政策规定外，国家行政机关不得以任何形式增加或者扣减公务员的工资，也不得提高或者降低公务员的保险和福利待遇，强调公务员获得法定劳动报酬、享受法定保险福利待遇的权利应受保护。任何单位和个人超过国家法律、法规和政策的规定，随意扣减公务员的工资和保险福利待遇，公务员都有权提出申诉。

公务员实行职级工资制，即职务级别工资制。其构成可分为职务工资、级别工资、基础工资和工龄工资四个组成部分①。公务员的工资制度还包括地区津贴和岗位津贴。根据《公务员法》的有关规定，我国公务员正常增资的途径有：晋升职务工资档次；晋升职务工资、级别工资和增加工龄工资；定期调整工资标准。

由于我国强调工资标准的法定性，公务员与国家之间的关系非合同性，因此，公务员工资请求权上缺少意思表示自由的条件，即使有调整工资待遇的要求，也缺少意思表示的途径。这是应该改进的。

（2）福利和保险公务员的经济权利还包括享有退休金的权利和享受福利和保险的权利。《公务员法》第七十九条规定："公务员工资、福利、保险、退休金以及录用、培训、奖励、辞退等所需经费，应当列入财政预算，予以保障。"

退休金是公务员退休后享有的退休工资、养老金或者补助金。公务员被辞退后，有权领取一定的辞退费，或者根据国家有关规定享受失业

---

① 职务工资是按公务员的职务高低、责任轻重和工作难易程度确定工资标准，工作人员按担任的职务确定相应的职务工资，并随职务及任职年限的变化而变化。级别工资是按公务员的能力和资历确定工资标准。基础工资是按大体维持公务员本人基本生活费用而确定的，各职务人员均执行相同的基础工资。工龄工资是按公务员的工作年限确定工资标准，主要体现的是公务员的积累贡献。

保险。我国公务员的退休金和福利等费用一直是由国家予以保障的，我国正在建立的社会保障制度已经开始关注退休金的社会保障了，这是未来发展的方向。根据有关规定，公务员保险制度正在建设中。这一制度一般包括养老保险、伤残保险、疾病保险、失业保险等种类。公务员的福利待遇包括福利费、生活困难补助费、探亲制度、休假制度、年底双薪制度等。

"阳光工资"制度改革前，隐性收入流行，"小金库泛滥；平均主义盛行、激励机制缺乏；工资结构混乱、福利补助过滥；决策不规范，标准不明确；操作不阳光，法制不健全；地区、部门之间差距拉大"。"阳光工资"制度，简单地说就是弃"暗"投"明"，化"繁"为"简"，去"伪"存"真"，即实现"三个转变"：一是实现公务员工资管理从隐形化、内部化向透明化、公开化转变；二是实现公务员工资结构从繁杂化、笼统化向简单化、便捷化转变；三是摒弃公务员工资收入中不合理、不合法的部分，进一步优化、重塑公务员工资模式。①

《公务员法》第七十八条进一步明确规定："任何机关不得违反国家规定自行更改公务员工资、福利、保险政策，擅自提高或者降低公务员的工资、福利、保险待遇。任何机关不得扣减或者拖欠公务员的工资。"

《公务员法》的这些规定在现有条件下对公务员经济权利的保障是充分的。国务院深刻认识到工资改革对公务员队伍稳定发展的重要性，2006年发文指出"改革公务员工资制度，理顺收入分配关系，构建科学合理、公正公平的公务员收入分配体系，关系广大公务员积极性、主动性和创造性的充分发挥，关系全面建设小康社会、建设中国特色社会主义事业的全局"。② 就此开始了我国公务员工资改革。十年后的2015年5月8日，《国务院关于2015年深化经济体制改革重点工作的意见》第三十五条进一步明确："完善机关事业单位工作人员工资制度，制定完善艰苦边远地区津贴增长机制的意见和地区附加津贴制度实施方案，在县以

---

① 秦海扬：《"阳光工资"制度：从"探索式"改革到"制度性"完善》。
② 2006年6月14日颁布《国务院关于改革公务员工资制度的通知》。

下机关建立公务员职务与职级并行制度。制定地市以上机关建立公务员职务与职级并行制度的试点意见。制定关于完善最低工资标准调整机制的意见。制定养老保险顶层设计方案和职工基础养老金全国统筹方案。实施机关事业单位养老保险制度改革。"① 公务员工资改革进入一个复合型结构平台，对非领导职务类公务员开辟了职级晋升的待遇提升路径，同时将工资、最低工资、养老保险、地区津贴等纳入工资改革的全盘予以考虑。2015 年的公务员工资改革引起广泛的讨论。

3. 公务员的政治权利。我国公务员制度没有实行政治中立。所有公务员都必须有明确的政治立场。因此我国公务员的政治权利保障与公民的权利保障基本一致。所不同的主要体现在公务员的劳动权上。劳动权利是宪法上规定的政治权利，② 公务员也当然享有该项权利。由于劳动权包括了公务员（公民）为保护自身利益而结社和采取行动的权利，如果不对公务员行使该权利进行限制，则可能威胁国家的管理秩序。因此，各国对待公务员的劳动权利都十分谨慎。由于劳动权隐含着结社、罢工、集体交涉等权利，虽然宪法规定了公民享有这些权利，但是作为有公务员身份的公民是否享有这些权利呢？日本对这些问题有长期的争论，结论仍然是日本宪法规定的公民所享有的这些宪法权利不完全适用于公务员。③ 我国公务员法明确禁止公务员组织或者参加旨在反对政府的集会、游行、示威等活动，组织或者参加罢工。④ 但是公务员有参加和组织工会的权利。公务员工会可以参加政府及部门涉及公务员利益的重大问题和事项的研究制定工作。由于这些权利属于宪法性权利或者称为公务员基本人权，过去我国以《国家公务员暂行条例》这一属于行政法规予以限制于法有悖。虽然认为公务员与国家之间的关系是特别权利义务关系，

---

① 2015 年 5 月 8 日颁布《国务院关于 2015 年深化经济体制改革重点工作的意见》。
② 日本学者称其为劳动基本权，列入公务员基本人权范畴。见［日］盐野宏：《行政法》，杨建顺译，法律出版社 1999 年版，第 717 页。
③ 日本公务员法实际上限制了公务员享有这些权利。参见日本《国家公务员法》第九十八条。
④ 《公务员法》第五十三条。

公务员与国家之间存在命令与服从的关系。但是，根据法治原则和法律保留，限制公务员的基本权利，应当有法律依据，不能与上级法相冲突。应当将这种特别权利义务关系纳入法律的调整之中。通过《公务员法》对此进行限制较为符合法理。

辞职权属于公务员劳动权利。我国公务员法明确肯定了公务员的辞职权，并在相关规定中予以细化。公务员辞职被批准后，即与国家解除了公务员法律关系，恢复到公民的身份。同时，由于其曾经担任过国家公职，在一定期限内，该辞职的公务员的行为会受到一定的限制。法律规范承认公务员的辞职权在一定程度上也就承认了公务员与国家之间的契约关系。

保障请求权（获得救济权）公务员认为自己的权利受到侵犯时，有请求法律救济的权利。公务员保障制度必须包括这一部分。

（三）公务员权利保障制度和途径

过去，由《国家公务员暂行条例》《国家公务员申诉控告暂行规定》《公务员申诉案件办案规则》构建的公务员申诉控告的基础性制度对待公务员实现身份保障权、经济（物质）利益权、保障请求权等权利的基本态度并不积极，这些规范存在着法律位阶低，申诉、控告程序不完善等诸多问题，亟待解决。同样，我国的行政诉讼制度也没有真正开启国家公务员寻求司法救济的大门。2014 年 11 月新修订的《行政诉讼法》第十三条第（三）项也排除了人民法院对"行政机关工作人员的奖惩、任免等决定不服"的司法管辖权，自《公务员法》颁布二十七年后，公务员招录、开除、辞退等管理行为的可诉性仍然没有得到肯定。公务员对涉及本人的所有人事处理决定或行政处分不服只能提出申诉，并不区分这些处理决定是否与公务员的身份或者重大利益有关，将公务员与公民的权利截然区分，强化了公务员义务的绝对性，而忽视了公务员作为一个公民的基本权利，形成了公务员权利救济的真空地带。《公务员法》仍然秉承了公务员法律纠纷内部解决的传统，并以专章规定公务员的申诉、控告制度。公务员不服人事处理和纪律处分的，只能以申诉的方式进行，不得提起行政诉讼。甚至公务员法构建的人事争议仲裁制度也只是对聘任制公务员开放，其范围还限制在"履行聘任合同"出现的纠纷。

实际上，第二次世界大战以后，以德国为代表的一些国家，对特别权利关系理论进行了深刻的反思、扬弃，将特别权力关系分为基础关系和管理关系两类区别对待，既承认公务员与一般公民的区别，又充分考虑公务员与一般公民所应当享有的基本权利的一致性。将有关特别权力身份产生、变更及消灭的关系，以及涉及公务员个人财产的关系确定为基础关系；将为了达到行政目的、特别权力关系一方所为的一切管理措施确定为管理关系①。就此标准，公务员的身份变化及其个人财产有重大影响的关系，如对公务员的录用、降级、免职、撤职、辞退、开除以及工资、福利、退休金的给付等重大处理决定所形成的关系，应属于基础关系范畴，引起的权利纠纷可以寻求司法救济；而除基础关系之外的其他关系则是管理关系，产生的纠纷则一般不能提起诉讼。根据这一思路改造特别权利关系理论，并进而完善我国公务员权利保障机制，应当是可行的。因此，笔者认为，在《公务员法》已经封闭了司法解决的大门的时候，借助修改《行政诉讼法》的契机，扩大行政诉讼的受案范围。把涉及公务员身份关系和重大财产关系的行为纳入行政诉讼的受案范围，是公务员权利保障制度法制化的重要步骤。但是，修改后于2015年5月1日颁布的新《行政诉讼法》虽扩大了行政诉讼的受案范围，但未将涉及公务员身份关系和重大财产关系的行为纳入行政诉讼的受案范围，未能进一步将公务员权力保障制度法治化，实乃遗憾。

除了上述主要权利外，公务员权利的其他内容还包括：参加政治理论和业务知识培训的权利、对国家机关及其领导人员的工作提出批评和建议的权利、提出申诉和控告的权利、依据规定辞职的权利以及宪法和法律规定的其他权利。在此不一一论述。

---

① 由乌勒（C.H.Ule）教授在1956年德国公法教授协会召开的以"特别权利关系"为主题的研讨会提出。

第四节　公务员管理法律制度

一、职位分类制度

（一）职位分类制度概述

职位分类与品位分类是各国公务员分类的主要方式。为提高管理效能和科学化水平，我国对公务员实行分类管理。我国《公务员法》第十四条的规定："国家实行公务员职位分类制度。公务员职位类别按照公务员职位的性质、特点和管理需要，划分为综合管理类、专业技术类和行政执法类等类别。国务院根据本法，对于具有职位特殊性，需要单独管理的，可以增设其他职位类别。各职位类别的适用范围由国家另行规定。"

"国家根据公务员职位类别设置公务员职务序列。"（《公务员法》第十五条）"各机关依照确定的职能、规格、编制限额、职数以及结构比例，设置本机关公务员的具体职位，并确定各职位的工作职责和任职资格条件。"（《公务员法》第十八条）由此我们可以看出，职位分类制度是我国公务员制度的基础和各项公务员管理制度的依据。

最早用法律确定公务员职位分类的国家是美国。1912 年，美国芝加哥市首先实行职位分类制度。1923 年，美国国会通过的《职位分类法》遵循以事分类的原则，以事设岗，规范管理，动态调整，实行同职同酬，以职位为对象，按照工作难易程度、责任大小、任职条件的不同，形成纵向的等级划分，又以职位的工作性质不同划分横向的不同类别，形成纵横交叉的职位划分体系，全面推行对公务员的职位分类管理。职位分类制度逐渐成为各国实行公务员分类管理的重要制度之一。而英国则是实行品位分类的代表性国家。品位分类是以公务员个人所具有的资格条件，包括地位、资历、待遇等作为主要的分类依据。在品位分类制度下，所有公务员共同形成一个等级结构体系，每一个公务员都有代表其地位的品位级别。公务员的品级直接表示该公务员在行政体系中的地位、身份和所享受的待遇。公务的品级因为年资或者贡献而不断获得提升，但却与其所任职务没有直接关系，并且实际工作中，品级与职务往往不是一致的，可以高职低级，也可以低级高职，甚至可以有级无职。以人设事，是品位分类制的主要特色。英国早期的公务员制度实行的是典型的品位分类。至1968年，英国划分为行政级、执行级、科学技术专业级、办事级、文书级、勤杂级6个职级。实行分类管理，各类别不交叉，类别之间不交流，公务员的职位和等级变化只限于同类别之内进行。针对品位分类制度的缺陷，《富尔顿报告》指出，品位分类妨碍了工作效率的提高，形成笨重的组织机构，高级文官系统孤立和排他的缺陷非常突出，文官来源单一，除了几所名牌大学外，其他行业的人很难进入文官系统，不同职责的文官大多无法交流，使文官系统的等级结构僵化死板，政府难以合理配置人力资源。英国政府据此开始了引进职位分类思想，实行开放结构的文官改革。但总的基础仍然是品位分类制度。

实际上，由于职位分类与品位分类制度相互融合和相互渗透，要严格区分职位分类和品位分类是困难的；同样，要准确界定职位分类制度的概念也是困难的。根据我国《公务员法》的规定，我国的职位分类制度，可以这样定义：职位分类是以公务员职位为对象，以职位的工作性质、特点、难易程度、责任大小及所需资格条件和管理需要为评价因素，把职位划分成为不同的类别和等级，作为公务员管理基础的一种人事分类方法。[①] 在这个定义模式下，职位分类包含了职位、职系、职组、职门、职级、职等诸要素及由此形成的职位分类体系。

职位（position），是指由具有充分权力的组织分配给每一个公务员的、具有职务和责任内容的工作。职位是职位分类结构的基础，构成形形色色的职系和高低不等的职级。职系（series），是指工作性质相同，而责任轻重和困难程度不同的一些职位系统。简言之，一个职系就是一种专门职业。职组（group），指工作性质相近的若干职系的集合。职门

① 参考《公务员法》第三章的相关规定。

（service），指若干工作性质大致接近的职组归纳。它是职位分类结构中最粗略的轮廓。职级（class），指工作性质、职务、责任、技术（困难程度）、教育等因素相同的若干职位构成职级。它是职位分类结构中的重要概念。不同职级其各自包含的职位数量是不一样的，少则一个，多至成千上万。职等（grade），指工作性质或主要事务不同，但困难程度、职责轻重、工作所需资格条件充分相同的所有职位归纳。

在上述要素中，"职位"是最为重要的。作为职位分类的基本要素，职位的特征包括：（1）职位是指事而不是指人，是指公务员担负的职务和责任，而不是指担负职务和责任的公务员，即对事不对人。（2）职位存在于担任该职位的公务员之先，人员变动对职位没有影响。职位变动则一般要求公务员作相应的调整，没有合适的人选时职位可以空缺。（3）职位的数量是有限的，是由组织机构的规模、职能、任务、经费预算和社会政治经济状况及科学技术发展状况等多种因素决定的。（4）每一职位有一定的名称、内容、责任、工作标准、任职条件和晋升转任路线等。一旦确定后具有相对稳定性，除非具有充分理由并经公务员主管部门同意，不得随意变动。（5）职位并不意味着担任它的工作人员具有某种终身不变的待遇，公务员只有担任某一职位的职务时才具有相应的权力，享有相应的报酬，并承担相应的责任。同一职位在不同时间可由不同的人担任，同一人员在不同时间可以担任不同的职位。（6）职位可以按一定的标准和方法划分为若干类别和级别。①

职位分类的最大特点是"因事设人"，它强调的是公务员的职权和责任，而非担任该职位的公务员本人。

职位分类的优点在于：第一，因事设人而避免了因人设事、滥竽充数现象；第二，可以使考试和考核标准客观，有利于事得其人，人尽其才；第三，便于实行公平合理的工资待遇和制订公务员的培训计划；第四，可以做到职责分明，减少不必要的推诿纠纷，有利于获得职位的最佳人选，解决机构重叠、层次过多、授权不清、人浮于事等问题，提高

① 舒放、王克良：《国家公务员制度教程》，中国人民大学出版社 2001 年版，第 51 页。

组织机构的科学化、系统化水平，使组织机构经常处于合理高效的状态。根据职位分类概念和要素分析职位分类的结构，可以明确的是，职位分类以职位为基本元素，以职系、职组作为横向的坐标，以职级、职等作为纵向的坐标，从而交叉构成职位分类的科学体系。每个职位都可在分类结构中找到自己的位置。职位分类将用人单位的全部职位按照其业务性质和内容划分出若干职系，然后再按每一职位的责任轻重、难易程度、劳动强度、工作环境及所要求的知识技能和经验水平划分为若干等级，并通过职位说明书加以明确而详细的规定，最后将各个职位归于适当的职级、职等。这种结构的设计，是建立在科学化和系统化的基础上的。

职位分类的缺点主要表现在：第一，在适用范围上，职位分类较适用于专业性较强的工作和职位，而对高级行政职位、机密性职位、临时性职位和通用性较强的职位，则不太适用。第二，实施的程序烦琐复杂，需要动用大量的人力、物力并需要有经验的专家参与，否则难以达到科学和准确。第三，职位分类重事不重人，强调"职位面前人人平等"，因此严格限制了每个职位的工作数量、质量、责任，严格规定了人员的升迁调转途径，有碍于人的全面发展和人才流动，个人积极性不容易得到充分发挥。现代公务员虽然不以名位为根本追求，但在传统品位观念影响下，仍以享有品级地位为荣，是不容否认的。在这方面，品位分类制比职位分类制更具激励作用。第四，在考核方面过于注重公开化和量化指标，使人感到烦琐、死板、不易推行。美国的职位分类以精密细致而著称，并被认为是实行功绩制的一种方法和人事现代化的标志。1970—1980年以来，美国进行了多次改革，重视简化分类制度和注重"人"的积极作用，但费时、耗资、繁复等问题始终没有得到好的解决，特别是这种静态的分类模式，常常难以适应经常变动的职位结构。近年来，职位分类中出现了一些新的发展趋势，不少国家更加重视"人对职位的影响"，实行了"级随人走"，职位分类的体系结构也趋于简化。①

---

① 参见舒放、王克良：《国家公务员制度教程》，中国人民大学出版社2001年版；徐颂陶：《国家公务员制度教程》，中国人事出版社1994年版的部分内容。

我国的职位分类制度，吸收了品位分类制度的合理因素，建立了符合我国实际情况的公务员分类体系和分类标准。

（二）我国公务员职位分类的基本内容

根据《公务员法》的规定，并参考《暂行条例》和《国家公务员职位分类工作实施办法》的规定，我国职位分类的主要工作是进行职位设置；制定职位说明书；确定职务；确定级别。

1. 职位设置

职位设置是职位分类工作的基础和前提，是判断机构编制是否合理的依据。职位设置是指在对机关的职能进行逐层分解的基础上，根据编制数额确定每个具体职位的工作。《公务员法》第十八条要求各机关依照确定的职能、规格、编制限额、职数以及结构比例，设置本机关公务员的具体职位，并确定各职位的工作职责和任职资格条件。

职位设置的要求：（1）确定职位职责。职位设置必须在国家批准的职能范围内，在职能分解的基础上进行。从上至下，从部门到内设机构、直到每一个职位，层层明确其职责。（2）确定职位的设置层次。职位的设置必须与机构规格相符，不得超过其机构规格设置职位或搞变相升格。（3）确定职位设置的数量。职位设置数量应遵循严格、高效、精干、科学的原则，必须严格按批准的编制方案确定职数、编制。（4）确定职位名称。职位名称必须简明、规范，能体现出该职位的特点和所处层次。

2. 职务设置

国家机关根据职位分类，设置公务员的职务。公务员的职务分为领导职务和非领导职务。领导职务是指在各级机关中，具有组织、管理、决策、指挥职能的职务。公务员的领导职务大体上分为两类：一类是各级国家机关和其他公职机关的领导职务，公务员法将此类公务员称为领导成员；一类是各级国家机关和其他公职机关内设各部门的领导职务。非领导职务是指：办事员、科员、副主任科员、主任科员、副调研员、调研员、副巡视员和巡视员几类职务。《公务员法》第十五条规定："国家根据公务员职位类别设置公务员职务序列。"以体现不同类别公务员的职务特色。

3. 制定职位说明书

职位说明书乃是综合说明某一职位的工作性质、任务、职责及任职资格条件等内容的规范性文件。要制定一份完整的职位说明书，须经过职位调查、职位品评、制定职级规范、职位归级列等程序。

（1）职位调查。先要通过实际情况的调查，来了解并获取政府现有职位中职位本身的情况，及与其他职位间的工作内容和职责权限等实际状况，以为职位分类的依据。调查的方法有书面调查法、访问法、观察法、会议法、综合法等。（2）职位品评。先将每个职系的职位，依工作难易与责任大小次第排列，把每个职系内按次排列的职位，划分若干个职级，再将各职系的不同职级归入相应的职等，最后再制定成职等标准，以表明职责程度高低的区别。职位品评的方法有排列法、因素比较法、评分法、分类法等。（3）制定职级规范。也是将职级的标准与典范做成书面记录，以表明该职级的特征及其与其他职级的区别与关系，为职位分类结果的具体说明。其内容包含职级名称、职级编号、职级特征、所属职系、所属职等、工作举例、所需资格及专门知识、其他必要事项等。（4）职位归级列等。即将公职职位依其工作的性质、工作的繁简难易、责任的轻重及所需资格条件的高低，与职级规范相比较，将之归入适当的职级与职等，再依法加以管理。这些步骤都完成后，接下来就是要撰写一份完整的职位说明书。而要撰写职位说明书前，应注意其实质内容应包含职位名称、所在机关、工作项目、工作描述、所需知识和技能、工作标准等。

4. 确定公务员的级别

《公务员法》规定了综合管理类公务员的职务系列，而规定综合管理类以外的职务序列由国家依照公务员法的另行规定。同时，《公务员法》在确定了"公务员的职务应当对应的相应的级别"这一原则性规定外，也没有在法律条款中直接就公务员级别作出规定，而是授权国务院就职务与级别的对应关系作出规定。对特殊职务系列的公务员的级别（衔级），如警察、海关、驻外外交机构公务员，国家将根据其工作特点，设置与其职务相对应的衔级。

由于相关的配套法规没有出台,我们不妨回顾一下《暂行条例》对行政公务员级别的规定,对我们理解《公务员法》规定的级别制度有参考价值。《暂行条例》确定的职位分类制度在确定公务员级别的时候,既考虑了公务员自身的工作经历、学历等条件,又考虑了公务员所在职位的情况,同时也参考了我国传统干部人事制度的合理成分。《暂行条例》第十条将公务员的级别共分15级,分别与公务员的12个职务等次相对应。上下职务等次对应的级别之间相互交叉。每一职务对应1至6个级别,职务越高对应的级别越少,职务越低对应的级别越多。例如,总理对应1级;副总理至副部长各对应2级;正司长至副司长各对应3级;正处长至正科长各对应4级;副科长对应5级;科员至办事员各对应6级。

设置级别的目的是:第一,适应职位分类的需要。从职位分类的角度看,对每一职位应按其责任大小、工作难易程度分为不同的等级。《暂行条例》对分级的规定适应了这一要求。不过,就某一职位来说,对应的不是一个级别,而是一个级别段。如某一司长职位,对应的是5至7级;某一处长职位,对应的则是7至10级。由此可见,按照职位分类的要求,责任大小和工作难易程度基本相同的职位对应的级别段也一样;反之,责任大小和工作难易程度不同的职位对应的级别段也不一样。第二,确定公务员报酬的需要。在公务员的工资构成中,增加了级别工资,级别工资就是根据公务员的级别确定的工资额。设置级别工资,一是考虑全国公务员有92%是科级以下人员,由于机关的职务、职数有限,因此,相当一部分公务员的职务晋升不了。设置级别后,可以使公务员在不升职务的情况下,通过晋升级别提高工资待遇,同时也可增强公务员的荣誉感。二是考虑到同一职务层次的人员,工作年限、资历和能力各不相同,级别工资可以体现同一职务人员的上述差别,更好地贯彻按劳分配原则。在公务员法的立法研究过程中,研究者认为,我国公务员的级别不够多,建议将公务员级别确定为27级,使公务员可以在不升职级的情况下,提升等级,以获得更高的待遇,有助于激励公务员。

2006年4月9日中共中央、国务院发布的《公务员职务与级别管理规定》，进一步明确公务员级别从高到低分为 1 至 27 级，领导职务以及综合管理类非领导职务与级别具有明确的对应关系。比如，厅局级正职与巡视员对应 13 至 8 级，厅局级副职与副巡视员对应 15 至 10 级。不过从整体上看，目前我国公务员的职务与职级序列设计还仅限于领导职务和综合管理类公务员非领导职务，2016 年 7 月，《专业技术类公务员管理规定（试行）》和《行政执法类公务员管理规定（试行）》颁行，两类公务员设置 11 个层次，对应公务员相关级别。比如，专业技术员到一级总监对应公务员 26 级到 8 级，这标志着我国公务员分类管理的制度框架体系基本确定。

2014 年 12 月 2 日，中央全面深化改革领导小组第七次会议审议了《关于县以下机关建立公务员职务与职级并行制度的意见》（以下简称《意见》）。《意见》提出，将对县以下机关公务员设置 5 个职级，由低到高依次为科员级、副科级、正科级、副处级和正处级。根据规定，达到规定年限和级别条件的公务员经考核合格可晋升职级，享受同职务层次非领导职务工资待遇。

在确定公务员级别时应依据的条件：（1）公务员所担任的职务分类，如领导职务或非领导职务；（2）公务员所在职位的责任大小、工作难易程度；（3）公务员的德才表现、工作实绩和工作经历，包括任现职的时间和工作年限等。这些条件在确定公务员级别时起不同作用。

职务，决定公务员所在的级别范围。每一职务都对应一定范围的级别。德才表现、工作实绩和工作经历，决定在一定职位上任职的公务员应确定的级别。所在职位的责任大小和难易程度，决定在有些职位上任职的公务员可以比同等条件下在一般职位上任职的公务员高定一级。

5. 对职位的管理

机关的职位设定以后，应保持相对稳定。但是，由于机关职能的增加或减少；办公手段改善，工作效率的提高；内设机构变化，职能的调整等原因，也可以增设、减少或者变更职位。增设、减少或者变更职位时应说明理由，并报经公务员管理部门批准。增设或者变更职位的，还应按设置职位的程序，明确新职位的职责任务和任职资格条件，制定职位说明书。

公务员法实行公务员分类管理，建立起了公务员职位分类制度。在此基础上，有关编制管理初步具有法律基础。在公务员职位分类制度确定以后，公务员的"编制限额"也随之确定。公务员法在公务员的录用、职务晋升、转任、调任、聘任等多个环节，均明确将是否符合"编制限额"的要求作为工作的基准。这说明公务员体系在一定程度上是封闭的，所以，公务员的数量、职位数（职位空缺）等观念必须成为公务员管理的基本思维。

现存的公务员体制由于管理岗位有限，绝大多数普通公务员缺少晋升的机会，职务不动则待遇不动，工资待遇难上调。党的十八届三中全会在考察现实基础上提出，要"深化公务员分类改革，推行公务员职务与职级并行、职级与待遇挂钩制度，加快建立专业技术类、行政执法类公务员和聘任人员管理制度"。这为公务员分类改革定下了基调、提出了原则、指明了方向。

于是近年来，中央有关部门开展了专业技术类与行政执法类公务员管理试点工作，国家公务员局已着手制定行政执法类公务员、专业技术类公务员的管理办法，选取部分省市开展公务员分类管理综合试点工作。2010 年 2 月，深圳市全面启动职位类别改革，将原来单一的综合管理类公务员职位类别划分为综合管理、行政执法、专业技术三类，凸显了各职位类型的工作职责、职务序列、升降机制以及工资制度等方面的差异性，构建起了不同职类分途发展的基本模式，其中针对行政执法类与专业技术类公务员管理，通过地方立法对执法类公务员和专业技术类公务员的招聘、培训、交流、晋升和薪酬等方面进行规定。取得了一定成效和经验。

二、公务员录用制度

（一）公务员录用的概念

我国隋唐时期的科举制度，首开录用考试选拔官员的先河。英国在 1854 年以后逐渐建立了通过考试选拔文官的录用制度；美国在 1883 年以后建立通过考试选任联邦文职雇员的制度。通过公开的竞争性考试，择优选拔公务员逐渐成为世界各国录用公务员的主要方式。

所谓公务员的录用，是公务员主管部门在公务员编制限额内并有相应职位空缺时，按照一定的标准和法定的程序，通过考试和考核等方法，选拔优秀人才到机关担任公职并与其建立公务员职务关系的行为。通过录用程序，一个普通公民即具有公务员身份，成为国家的公务员。我国《公务员法》第四章对公务员的录用作了详细的规定。其第二十一条规定，国家行政机关录用主任科员以下的非领导职务的国家公务员，采用公开考试、严格考察、平等竞争、择优录用的办法。据此，采用公开考试是我国公务员录用的基本方法，录用对象是主任科员以下的非领导职务的公务员。通过考试录用公务员，为国家选拔优秀人才，为公务员队伍补充新生力量，保持公务员体系的良性运转是考试录用制度的主要价值。

所谓公务员录用制度，就是关于国家录用公务员的各种规范和准则的总称。国家为了规范公务员录用制度，开拓公民参政议政的渠道，吸引更多的公民参加国家管理，1998 年以来，在《国家公务员暂行条例》的基础上，努力制定较为详细的制度规范。如人事部相继发布《国家公务员录用暂行规定》《国家公务员录用面试暂行办法》《国务院工作部门面试考官资格管理暂行细则》《关于地方公安机关录用人民警察实行省级统一招考的意见》《公务员录用规定（试行）》等。这些制度规范对在我国形成较为完备的公务员录用体系起到一定的作用。《公务员法》在《国家公务员暂行条例》的基础上，进一步完善了公务员录用制度。

党的十八届三中全会提出，要"完善基层公务员录用制度……建立集聚人才体制机制，择天下英才而用之"。目前，公务员录用制度的改革正在探索，其中鼓励创新科研职位的公务员兼职，不失为一次新的尝试。意在打破体制壁垒，扫除公务员身份障碍，让人人都有成长成才、脱颖而出的通道，让各类人才都有施展才华的广阔天地。

（二）公务员录用的基本制度

《公务员法》遵循公平、平等、竞争、择优的基本原则和德才兼备的选拔标准，建立了我国的公务员考试录用制度，有以下主要内容。

1. 规范公务员录用机关

公务员法使用"中央公务员主管部门"和"县级以上地方各级公务员主管部门"的概念描述公务员主管部门。从公务员法的调整范围分析公务员主管部门，应当认为，我国的公务员主管部门将是一个综合性管理系统，而不单单是指政府所属的人事行政部门。

中央公务员主管部门负责全国公务员的综合管理工作。县级以上地方各级公务员主管部门负责本辖区内公务员的综合管理工作。在公务员录用管理上，中央机关及其直属机构公务员的录用，由中央公务员主管部门负责组织。地方各级机关公务员的录用由省级公务员主管部门负责组织，必要时省级公务员主管部门可以授权设区的市级公务员主管部门组织。从公务员法的规定看，公务员录用工作的组织实施权，采取的是较高级别管辖的原则，管理权是上收的。

2. 明确考试录用的方式

依照《公务员法》的规定，公开考试、严格考察、择优录用是选拔录用主任科员以下非领导职务的公务员的法定方法。对领导职务和特殊职位的公务员经过法定程序批准也可以不实行考试录用。其他国家的公务员录用也有与此类似的规定。如《德国联邦公务员法》规定，"从事合法的、国家需要的职业并经过正规训练的人员……可以被任命进入公务员关系"。该类人员应当"已经过规定的或正规的学习并获得毕业证书或通过正规的考试"，如"未予以证明，该类人员不应予以任命。"① 并且，"副国务秘书、联邦政府各部部长和秘书长、联邦政府下属机构、社团和被赋予公务权机构的首长职务，不得通过广告招聘。"② 也说明对一定级别的公务员，或者担任领导职务的公务员不适合采用公开性考试的方式招录。我国《公务员法》为了强调考试录用制度的普适性，明确规定只有两种情况可以有条件例外，一种是录用特殊职位的公务员；一种是聘用聘任制公务员。《公务员法》为此作了专门的规定，其第三十一条规定

---

① 《德国联邦公务员法》第7条第1款、第9条第1款、第11条第2款。
② 《德国联邦公务员法》第8条第2款。

"录用特殊职位的公务员，经省级以上公务员主管部门批准，可以简化程序或者采用其他测评办法。"第九十六条规定："机关聘任公务员可以参照公务员考试录用的程序进行公开招聘，也可以从符合条件的人员中直接选聘……"

根据我国的政治体制，由人大选举和任命产生的领导成员不适用考试录用制度。选任制公务员在选举结果生效时即任当选职务；任期届满不再连任，或者任期内辞职、被罢免、被撤职的，其所任职务即终止。确定初任法官、初任检察官的任职人选，可以面向社会，从通过国家统一司法考试取得资格的人员中公开选拔。国家统一司法考试不属于公务员录用考试。在产生司法公务员过程中，取得该种考试合格证明，是取得司法公务员身份的前提条件。需要把已经取得公务员身份的公务员的考试、考核与公务员录用考试区分开。

3. 公务员录用的基本程序

（1）发布招考公告。招考公告是指公务员招录机关向社会公开公务员招录工作信息的行为。发布招考公告，让有意参加公务员考试的公民了解相关消息，是公开原则的具体体现。过去，我国对招考公告的格式、必须规定的内容、发布的范围等没有专门的法律规定，在发布公务员招考公告的工作中出现了不少问题。比如，公告内容包含了性别歧视、身高歧视、城乡身份歧视、地域歧视；对拟招考的工作职位的工作内容、要求含糊不清等，影响了公务员招录工作，破坏了公开、平等竞争的法律原则。就此方面，其他一些国家的做法值得借鉴。德国公务员法律十分重视对公务员招考公告的法律控制，制定了十分详尽的规定。《德国公务员法》规定，任何公务员招聘广告不得只针对男性或者女性，广告中必须写明不限男女。特别是女性比例较小的工作岗位，只要不至于使人望而却步，均应写明工作岗位的职能、任务和工作时间等要求。招聘公务员的广告还应当说明公务员在公务员关系中的其他权利和义务，如停薪休假的时间、委托授权、到更高级机构兼职等权利，以及不得在职业类别不同的其他机构兼职的规定等。公务员招聘广告还需要写明聘用的条件和标准。依照法律规定，德国公务员录用标准在于适应能力、工作能力和技术水平，不考虑性别、籍贯、民族、信仰、宗教、政治观点、出身和社会关系等因素。任何法律措施不得反对或者阻碍女性公务员的提拔与晋升，不得破坏经济生活中男女平等的制度，更不得破坏个人应试中男女比例的规定。① 我国《公务员法》在总结过去的经验教训的基础上，也开始重视对招考公告的要求。《公务员法》第二十六条对招考公告及其内容作了规定，要求"录用公务员，应当发布招考公告。招考公告应当载明招考的职位、名额、报考资格条件、报考需要提交的申请材料以及其他报考须知事项。"法律还要求招录机关应当采取措施，便利公民报考。

发布招考公告的行为本身，是公务员招考工作的组成部分，招考机关必须在招考公告中体现公务员法的相关规定和公平竞争的精神。招考公告的内容对招考机关具有约束力。

（2）报考资格审查。招录机关根据报考资格条件对报考申请进行审查。报考资格审查的主要内容是报考者是否符合公务员法规定的法定条件和省级以上公务员主管部门规定的拟任职位所要求的资格条件。

《公务员法》第十一条规定了公务员的条件，除了该条具体明示列举的条件之外，该条第（七）项有一个兜底规定为"法律规定的其他条件"。这里，如何理解"法律"的含义？由于报考国家公职，是公民参政议政权利和择业权的体现，基于这一考虑，该处所指的法律应该是狭义的法律，即由全国人民代表大会及其常务委员会制定和颁布的法律。其他法律规范不得限制公民的该项权利。同样的理解也适用于在《公务员法》第二十四条中出现的"有法律规定不得录用为公务员的其他情形"的"法律"二字。再者，省级以上公务员主管部门规定的拟任职位所要求的资格条件，除了在身体条件、文化程度、工作能力上作细致规定外（可以是较高的身体条件、文化程度和工作能力要求），应当不能在上述法律之外设定新的条件。

对报名者的资格进行审查是必要的，同时应当注意防止录用机关滥

---

① 《德国联邦公务员法》第 8 条。

用自由裁量权，任意设定报考条件，任意解释法定报考条件。以利于保障公民通过平等竞争成为公务员参加国家管理的权利。

（3）考试方法、内容和录用程序。公务员录用考试采取笔试和面试的方式进行，考试内容根据公务员应当具备的基本能力和不同职位类别分别设置。招录机关根据考试成绩确定考察人选，并对其进行报考资格复审、考察和体检。

近年来有关体检标准引发的争议较多。体检标准的法定性与科学性应当并重，对部分有特殊医学现象，如艾滋病病毒携带者的考生是否能够成为公务员，的确是一个需要科学判断的问题。体检的项目和标准根据职位要求确定，按照中央公务员主管部门会同国务院卫生行政部门规定的细则实施。招录机关根据考试成绩、考察情况和体检结果，提出拟录用人员名单，并予以公示。公示期满，中央一级招录机关将拟录用人员名单报中央公务员主管部门备案；地方各级招录机关将拟录用人员名单报省级或者设区的市级公务员主管部门审批。录用特殊职位的公务员，经省级以上公务员主管部门批准，可以简化程序或者采用其他测评办法。新录用的公务员试用期为一年。试用期满合格的，予以任职；不合格的，取消录用。

三、公务员培训制度

《公务员法》专章规定了公务员培训制度。公务员培训，既是公务员的权利也是公务员的义务。公务员培训具有全员性。

（一）公务员培训的特点

我国公务员培训制度是在总结、继承我国干部培训工作经验，借鉴各国公务员培训的普遍做法的基础上建立起来的。它与普通教育相比，有以下特点。

1. 与普通教育相比，公务员培训属于继续教育和成人教育，是各级国家机关根据工作需要和培训制度规定，对公务员进行的职业教育，意在提升公务员的行政能力和专门的职业水平，属于第二教育过程。

2. 从培训对象看，公务员培训具有全员性。从新录用人员到在职的公务员，从非领导职务类公务员到领导职务类公务员，均需要参加定期培训，且必须完成规定的培训时间。这不同于过往的干部培训，具有系统性、全员性、规范性的制度特征。

3. 从培训的内容上看，公务员培训极为重视公务员在专业知识、业务技能、人文素质、政治理论等方面的提升，通过建立统一规范、科学实用、各具特色的教材体系，适应不同层次、不同类别公务员培训的需要。

4. 从形式上看，选调公务员参加脱产培训的调训培训，是公务员培训的主要形式。国家在坚持和完善组织调训培训制度的同时，也鼓励公务员自主选学，推行公务员自主选学。由组织、人事部门按照公务员个性化、差别化的培训需求，定期公布专题讲座等培训项目和相关要求。鼓励公务员利用业余时间自主选择参加培训。公务员在职自学也归属于公务员培训的方式。国家鼓励公务员本着工作需要、学用一致的原则，利用业余时间参加有关学历学位教育和其他学习。脱产调训、自主选学、在职自学是公务员培训的三种主要形式。组织、人事部门根据工作需要，也可以组织开展公务员境外培训工作。境外培训也属于调训的范围。

5. 从培训性质和效果看，参加培训是公务员的权利也是公务员的义务。根据《公务员法》的规定，培训制度具有法定性，公务员有权利也有义务参加培训。培训的成绩和考核情况将对公务员产生实际的、直接的影响。公务员培训情况、学习成绩作为公务员考核的内容和任职、晋升的依据之一，是法律规范明确规定的培训效果。

（二）公务员培训的制度和要求

根据《公务员法》和 2008 年 6 月 27 日国家公务员局公布的《公务员培训规定（试行）》，公务员培训分为初任培训、任职培训、专门业务培训和在职培训。国家机关根据公务员工作职责的要求和提高公务员素质的需要，对公务员进行分级分类培训。公务员培训包括：（1）新录用人员初任培训。机关对新录用人员应当在试用期内进行初任培训。初任培训由组织、人事部门统一组织。专业性较强的机关按照组织、人事部门的统一要求，可自行组织初任培训，初任培训应当在试用期内完成，时间不少于 12 天。（2）晋升领导职务的任职培训。对晋升领导职务的公务员应当在任职前或者任职后一年内进行任职培训，担任县处级副职以上领导职务的公务员任职培训时间原则上不少于 30 天，担任乡科级领导职务的公务员任职培训时间原则上不少于 15 天。（3）专门业务培训。对从事专项工作的公务员应当进行专门业务培训。（4）对在职人员更新知识培训。对全体公务员应当进行更新知识、提高工作能力的在职培训，其中对担任专业技术职务的公务员，应当按照专业技术人员继续教育的要求，进行专业技术培训。担任县处级以上领导职务的公务员每 5 年应当参加党校、行政学院、干部学院或经厅局级以上单位组织（人事）部门认可的其他培训机构累计 3 个月以上的培训。其他公务员参加脱产培训的时间一般每年累计不少于 12 天。有条件的地方和部门可以实行公务员培训学时学分制。

公务员培训情况、学习成绩作为公务员考核的内容和任职、晋升的依据之一。对培训机构及培训管理，《公务员法》规定，国家建立专门的公务员培训机构，机关根据需要也可以委托其他培训机构承担公务员培训任务。目前各级行政学院、党校承担了公务员培训的主要任务。包括高等学校在内的其他教育培训机构，为机关委托培训也承担了大量的培训工作。充分利用国家现有的教育资源，注重专门培训机构与其他培训机构的有机整合，可以有效承担公务员培训的繁重任务。为了使培训能够发挥应有的作用，加强培训纪律、有效利用培训成绩表现是必需的手段。《公务员法》规定，公务员培训实行登记管理制。这一方面对培训的组织实施者是一种监督制约的规定，另一方面，对受培训的公务员也是一个巨大的压力。《公务员法》还规定，公务员培训情况、学习成绩作为公务员考核的内容和任职、晋升的依据之一。这种规定更加强化了遵守培训纪律、提高培训成绩的重要性，有利于培训目的的实现。

公务员队伍的素质优劣直接影响着一个国家的政务水平。而对公务员队伍素质提高有着举足轻重作用的公务员培训，则是公务员人才资源开发中的重要环节之一，是不可或缺的，必须纳入法制化轨道。中外历史发展表明，重视官吏培养与公务员培训有助于提高统治阶层、国家政府的行政能力并提高国力。否则，将会导致管理能力的落后直至国力的衰败。从官吏培养到公务员培训，不只是一种名称的变化，而是一段漫长的历史演进，其起伏的发展轨迹向人们昭示：一个没有文化底蕴的政府是没有希望的政府，而一个仅有文化却不能使之化为力量的政府同样是没有前途的政府。对致力于公务员制度建设且有良好开端的中国政府来说，努力使公务员培训制度化乃是顺应历史发展趋势的必要举措。

国家公务员是国家管理的主体，是党和政府联系人民群众的桥梁。国家公务员的素质如何，直接关系到党和政府的形象。因此，实施公务员培训有着巨大的意义。培训有助于形成优质、高效的国家公务员队伍。培训有助于更新国家公务员的知识，有利于加速我国行政管理科学化进程。

（三）公务员培训的内容

1. 政治理论学习

这是由中国国情决定的。我国是一个社会主义国家，公务员制度是建立在社会主义制度基础上的，有鲜明的政治性和阶级性，不实行也不可能实行西方文官制度所奉行的公务员"政治中立"原则。我国公务员必须接受中国共产党领导，坚持党的基本路线，在政治上和党中央保持一致，积极参与政治活动。因此，我国公务员必须学习马克思主义的基本理论，学习党的路线方针政策，学习社会主义的核心价值观，并用马克思主义的观点、立场去分析问题、解决问题。

2. 专业知识的培训

即与公务员工作密切相关的专业理论、专业技术知识和专业操作知识的训练。其目的在于提高公务员的知识素养，提升行政效能。通过培训，使新任公务员掌握依法行政规范、公务员法和公务员行为规范、机关工作方式方法等基本知识和技能，提高新录用公务员适应机关工作的能力；通过培训，使晋升领导职务的公务员进一步掌握领导科学、政策法规、廉政教育及所任职务相关业务知识，明显提高其胜任领导工作的能力；通过培训，不断更新公务员的知识，更好地为国、为民服务。

3. 管理才能培训

即通过理论知识的学习和实务案例研讨、实习等方式，开阔公务员的视野，在理论和实践上培养他们领导下属、协同力量、运筹决策、达到目标的能力。

4. 职业道德培训

即培养公务员职业道德和行为规范。主要包括忠于国家、忠于政府、忠于职守、忠于法律。自觉"严以修身，严以用权，严以律己"，实实在在去谋事、创业、做人。

法律法规对领导成员、后备领导人员和法官、检察官培训另有规定的，从其规定。

四、公务员法律责任与追究

（一）公务员法律责任体系

法律责任制度是否完善，是一项法律能否得到很好执行的重要因素。《公务员法》对此高度重视。《公务员法》设定了较为完善的责任体系包括行政责任和刑事责任。

1. 行政责任。包括宣布行为无效；对负有责任的领导人员和直接责任人员的行政处分；行政处罚责任；行政赔偿责任。

2. 刑事责任。违反《公务员法》的规定，情节严重的、构成犯罪的，依照刑事诉讼程序追究刑事责任。

《公务员法》第一百零一条列举了违反公务员法的各种违法行为，授予上级领导机关和公务员主管部门根据管理权限追究相关组织和责任人的法律责任。公务机关实施的行为违反公务员法的规定，责任追究机关有权予以责令纠正或者宣布无效的处理。原行为机关将承担因实施无效行为所产生的法律后果。

这种根据情况可纠正、可撤销的行为，主要是《公务员法》上所列举的以下行为。

（1）不按编制限额、职数或者任职资格条件进行公务员录用、调任、转任、聘任和晋升的；（2）不按规定条件进行公务员奖惩、回避和办理退休的；（3）不按规定程序进行公务员录用、调任、转任、聘任、晋升、竞争上岗、公开选拔以及考核、奖惩的；（4）违反国家规定，更改公务员工资、福利、保险待遇标准的；（5）在录用、竞争上岗、公开选拔中发生泄露试题、违反考场纪律以及其他严重影响公开、公正的；（6）不按规定受理和处理公务员申诉、控告的；（7）违反《公务员法》的其他情形。

对负有责任的领导人员和直接责任人员，根据情节轻重，给予批评教育或者处分是我们惯常的做法。值得注意的是，《公务员法》第一百零二条将有关违反公务员法的责任延伸到了其他社会经济组织。它规定："公务员辞去公职或者退休的，原系领导成员的公务员在离职三年内，其他公务员在离职两年内，不得到与原工作业务直接相关的企业或者其他营利性组织任职，不得从事与原工作业务直接相关的营利性活动。公务员辞去公职或者退休后有违反前款规定行为的，由其原所在机关的同级公务员主管部门责令限期改正；逾期不改正的，由县级以上工商行政管理部门没收该人员从业期间的违法所得，责令接收单位将该人员予以清退，并根据情节轻重，对接收单位处以被处罚人员违法所得一倍以上五倍以下的罚款。"根据该条规定，接受不符合任职条件的公务员到企业或者营利性组织任职的相关企业和组织，也因此成为公务员法规范的对象。由于这些人此时不再具有公务员职务关系，因此不能对他们采取行政处分的方式。过去的公务员法规没有规定有关企业组织有拒绝不合任职条件的"原公务员"到本企业任职的义务，也没有规定相关管理部门可以作出行政处罚。在解决公务员离职后运用在任期间的影响到原工作业务直接相关的企业或者其他营利性组织任职，和从事与原工作业务直接相关的营利性活动的现象无法处理，遭遇法律空白。《公务员法》的这一规定，弥补了空白。通过双管齐下，可以有效遏制这一现象的蔓延。此时，不服行政处罚的当事人可以依法提起行政诉讼和行政赔偿诉讼。这是公务员法所规定的一个具有创新意义的"应受处罚的行为"。我国《法官法》《检察官法》对离职法官、检察官担任律师的任职限制也有明确规定，如《法官法》第十七条第一款、第二款规定："法官从人民法院离任后二年内，不得以律师身份担任诉讼代理人或者辩护人。""法官从人民法院离任后，不得担任原任职法院办理案件的诉讼代理人或者辩护人。"《检察官法》第二十条第一款、第二款规定："检察官从人民检察院离任后二年内，不得以律师身份担任诉讼代理人或者辩护人。""检察官从人民检察院离任后，不得担任原任职检察院办理案件的诉讼代理人或者辩护人。"但是，上述两法没有对违规从事律师业务，违规担任诉讼代理人或者辩护人收取报酬的行为如何处理进行规定，按照律师法的规定，该种情况出现后，应当由有管辖权的司法行政机关管辖、处理。

在一定条件下限制离职后公务员的行为，是各国通例，有的规定比我国公务员法规定更严、更明确。如日本《国家公务员法》第一百零九条规定，公务员离职两年以内，不得到其离职前五年间任职的、与人事院规则规定的国家机关或特定独立行政法人有密切关系的私营企业任职，违者将处一年以下徒刑或三万日元以下罚款。韩国《公务员伦理法》也有类似规定。

《公务员法》第一百零三条规定，机关因错误的具体人事处理对公务员造成名誉损害的，应当赔礼道歉、恢复名誉、消除影响；造成经济损失的，应当依法给予赔偿。该法所指的赔礼道歉、恢复名誉、消除影响，不是一种承担民事责任的方式，而是一种行政责任。所指"造成经济损失的，应当依法给予赔偿"，此处的赔偿应当是指国家赔偿。由于《公务员法》并没有规定公务员如何获得赔偿，根据对《公务员法》的理解，除聘任制公务员因为履行聘任合同纠纷外，公务员法律关系纠纷只能通过申诉控告解决，不能提起诉讼。对机关的人事处理决定是否违法的判断权，不在人民法院。《公务员法》在此处使用的是"错误的人事处理"这个概念，因此，由此产生的赔偿责任是国家赔偿，但不适用《国家赔偿法》所规定的求偿程序，受害公务员要求赔偿的仍然按照申诉程序进行。

《公务员法》第一百零四条规定，公务员主管部门的工作人员，违反本法规定，滥用职权、玩忽职守、徇私舞弊，构成犯罪的，依法追究刑事责任；尚不构成犯罪的，给予处分。使用专条规定公务员主管部门的工作人员的法律责任，对加强他们的责任心是有必要的。

（二）公务员责任追究制度

公务员违反公务员法的规定，情节严重的、构成犯罪的，依照刑事诉讼程序追究刑事责任，本节不赘述。

公务员行政责任是国家公务人员因怠于履行或者违法履行行政职责所要承担的法律后果①。公务员行政责任的追究较为复杂。

总体上，公务员的行政责任表现为公务员对任职机关的责任，而不是对外部相对人，即公民、法人和其他组织的责任。这是由公务员与其代表的公务机关的关系决定的。所以，为保障公务员履行国家公职，需要对公务员的职务行为的过错进行区分，在区分过错及过错程度的前提下明确公务员的行政责任。笔者认为，过错责任原则应当是公务员承担行政责任的基本原则，公务员的主观过错应当作为行政责任的构成要件，无过错应当免责。并且，要给公务员以行政处分，应当区分公务员过错程度按照"过罚相当"的规则给予相应程度的处分。如果要向公务员追偿行政主体承担的国家赔偿责任支出的赔偿金，公务员存在故意或者严重过失的主观过错，应当是必备要件。

近年来，随着责任政府的不断建设以及公众参与的进步，专门的公务员行政责任追究制度在我国建立并推广，包括《行政机关公务员处分条例》《行政监察法》《关于实行党政干部问责的暂行规定》等规范都作了相应规定，如行政执法责任制、错案责任追究、责任终身制等，这些规定有利于明确行政职责，实现权责统一。但部分规定也引起广泛讨论，

---

① 参见周佑勇对行政责任的界定，"行政责任是指行政主体及其公务人员因怠于履行职责或者违法履行职责而应当承担的法律后果，即对其作出的负面评价及相应的制裁"，周佑勇：《行政法专论》，中国人民大学出版社2010年版，第291页。

以责任终身制为例。

责任终身制作为建筑工程领域内确保工程质量的有效追责制度，于近年来引入公务领域。实践中，在环境保护①、行政决策②以及司法审判③等领域均相继引入该制度，并有全面实施的趋势，对全面构建公务员行政责任的法律体系，责任政府的建设和理论研究有着重要意义。

对责任终身制的积极一面，笔者不必赘述，持肯定立场的研究成果已经很多了，这里重点讨论责任终身制需要完善的情形。责任终身制首先遭遇的问题就是追责时效问题。④ 我国法律对责任终身制的规范尚不成熟，追责时效制度缺失。在缺少法律的制度供给时，无限制强调终身追责，与法治精神不符。首先，强调对公务员违法行为的"终身追责"，事实上已经极大增加了公务员的违法成本，在刑事追责领域中已有法定追诉时效的限制，如果再任意扩大追责的范围，就可能打破公务员依法履职与监督制约间的平衡。其次，责任终身制面临着法律缺失的问题。就全国各地实践范围的责任终身制的构建来说，主要的依据是党和国家的政策以及规章以下的行政规范性文件。不同地方对相同事项的规定存在不一致，导致同类违法行为承担不同责任，既缺乏统一性又影响公正性；此外，责任终身制尚未解决公务员责任构造问题，对于责任主体、责任类型、责任形式、免责事由、追责程序及救济机制等问题未作回应。以

---

① 2015 年 5 月 5 日，中共中央、国务院印发的《关于加快推进生态文明建设的意见》明确提出：建立领导干部任期生态文明建设责任制。对违背科学发展要求，造成资源环境生态严重破坏的要记录在案，实行终身追责，不得转任重要职务或提拔使用，已经调离的也要问责。

② 2014 年 10 月 24 日，十八届四中全会报告中提出"建立重大决策终身责任追究制度及责任倒查机制，对决策严重失误或者依法应该及时作出决策但久拖不决造成重大损失、恶劣影响的，严格追究行政首长、负有责任的其他领导人员和相关责任人员的法律责任。"

③ 2014 年 10 月 24 日，十八届四中全会报告提出"实行办案质量终身负责制和错案责任倒查问责制，确保案件处理经得起法律和历史检验。"

④ 以下参见喻少如：《论决策终身负责制的合理构造——基于行政法学视角的观察与思考》，《学术前沿》2014 年第 6 期。

行政决策领域为例,现实中较多存在重大决策以民主决策混淆首长负责制的做法,人人决策,人人负责,最终无责可负。对于"重大"的界定标准以及归责原则也存在争议;因此,责任终身制的建立健全需要回应下列问题:如何解决责任终身制的责任构造问题?如何处理党内法规与国家法律的关系?如何处理与刑事追诉时效的关系?如何应对公务人员因担心终身追责而不作为的心态?这就需要综合考虑责任终身制的适用范围、程序、依据等多方面因素,使责任终身制真正发挥监督公务人员依法行政、服务于民的作用。

中国共产党第十八次代表大会以来,明确改革要法治先行。面对终身追责的责任制构想,在目前的条件下,应该区别责任类型,在法制不完善的情况下,对公务员应当承担的道义责任、政治责任以及内部行政责任的追究时效可以实行"终身制",而刑事责任、外部行政法律责任的追究时效必须服从于法律的规定。对党员干部,党规、党法可以设定严厉的决策责任终身制。对公务员的责任终身制的完善,还有赖于法律的明确规定。

本章结语

18 世纪中叶,英国建立了近代意义上的公务员制度,以考任制为核心的任用制度、以工作绩效为基础的考核制度、以分类管理为基础的公务员管理制度逐渐成为世界各国公务员制度的制度基础。公务员制度的推行,加快了公共行政部门现代化的步伐,为各国建立现代政府体制奠定了基础。一百多年来,英国的文官制度改革,"开创了精心培养职业知识精英的先河,为英国主宰国际商业达一个半世纪奠定了基础"①。在中国,曾经充当过传统中国社会和政治动力枢纽的科举制度,在 1905 年随着清朝宣布终止文官科举制度而被废除了。而废除科举制度一百余年的中国,整个社会失去了作为自己特色的制度,斩断了二千多年来经过许

---

① 世界银行:《1997 年世界发展报告:变革世界中的政府》,中国财政经济出版社1997 年版,第 80 页。

多步骤而加强起来的社会整合制度的根基。一百余年来，废除科举制度的行动逐渐呈现出事与愿违的后果。曾经由科举制度给社会和政府的内聚引导力量，在废除科举制度后的 50 年中，一直无法恢复起来。美国社会学教授吉尔伯特·罗兹曼（Gilbert Rozman）尖锐地指出，科举制度废除的同时，新的官吏选拔制度并没有建立起来。犹如舵手在获得一个新的罗盘以前就抛弃了旧的，遂使社会之船随之驶入一个盲目漂流的时代。教育与政府的行为已经若即若离，因为军人政府取代了几乎所有的文官当局。行伍出身的军事精英接受了旧有士大夫的许多职责，普遍地改变了中国社会文官主政的行政管理局面。久经考验的选拔优秀官吏的制度被破坏，代之以毫无章法可循的局面，以至于谁能聚众作恶，谁就能上台①。20 世纪 20 年代以来，中国社会大小军阀林立的局面就是明证。这种局面彻底改变了传统中国的政治结构和国家的治理结构，延缓了中国社会现代化的步伐。近代中国落后、挨打的现实，虽然还有其他更深层次的原因，但与中国在废除科举制度的同时，没有建立起新的选拔称职文官的制度也不无关系。纵观历史，放眼世界，法治化、规范化和科学化的公务员制度是政府现代化必不可少的基本条件。

中华人民共和国在 1993 年正式建立起国家公务员制度。该制度在保持中国传统干部制度的合理因素的同时，也接受了现代公务员制度的基本要素。以考任制、功绩制、分类管理作为我国公务员制度的基本构架。并由此制定相应的法律规范和制度予以实现。经过 10 年坚持，10 年不断地改进，我国公务员制度的各个主要阶段、环节做到了基本的法制化。

在公务员的录用上，以公开考试、择优录用为原则，实行"逢进必考"，体现了考任制的基本精神。

在公务员的职务晋升、奖惩、待遇等方面，注重工作实绩，功绩制的原则被认真地贯彻；为保持公务员制度的活力，广泛推行包括"竞争上岗"等在内的激励机制，将市场机制引入国家管理中，被证明是行之

---

① ［美］吉尔伯特·罗兹曼：《中国的现代化》，江苏人民出版社 2003 年版，第 224—334 页。

有效的；坚持公务员群体职业化、精英化的努力，大力培养有高度职业素养的公务员队伍，公务员培养、培训制度的现代化初具雏形；探索科学的公务员管理模式，实行公务员的分类管理，吸收职位分类、品位分类的合理元素，初步建立了我国公务员管理的模式。

在公务员权利保障方面，虽然存在对公务员身份权等权利的保障力度不够，救济渠道不畅通等问题，但十年来，对廉政约束机制、申诉控告制度的建立和完善的努力并没有停止过。

2005 年 4 月 27 日《中华人民共和国公务员法》颁布，虽然该法以"二读"通过，但并不表明学界和社会对该法的看法是一致的。而无论如何，《公务员法》的诞生，解决了长期以来困扰我们的公务员法体系不完整的问题。法贵在行，让实践来验证这部重要的法律吧。

|第十章|
其他承担行政任务的主体

李洪雷 中国社会科学院法学所研究员，宪法与行政法研究室主任。中国行政法学研究会政府规制专业委员会副会长，中国法学会农业与农村法制研究会（中国农业经济法研究会）法律事务委员会副主任委员。教育部教育行政执法改革专家指导组成员。日本山口大学客座教授，华东政法大学兼职教授。兼任北京大学、中国人民大学、中国政法大学、中央民族大学、中国法学会等多个公法研究机构研究员。中国行政法学研究会理事，中国信息法学研究会理事。北京大学法学博士、中国政法大学法学硕士、学士。中国社会科学院应用经济学博士后研究人员。英国伦敦政治经济学院、美国哥伦比亚大学、埃默里大学、香港浸会大学访问学者。在《法学研究》《环球法律评论》《法商研究》等发表论文20余篇，出版专著《行政法释义学——行政法学理的更新》。

第一节　概　述

在现代行政国家，随着行政任务①范围的扩展与种类的增多，传统的科层制行政组织形态的局限日益凸显，"分散化"与"去官僚化"成为行政组织改革的重点内容，在传统的科层制组织之外出现了众多其他类型的承担行政任务的主体：（1）局署。局署是对政府部门相对独立的行政组织，它们或者在政府部门之外设立，不受部长的直接控制（独立署）；或者虽设立在部内部，但其活动不必遵循部内普通组织的正规运作方式，在预算和管理方面享有较大的自主权，从事执行性事务（执行署）。（2）公法人。公法人作为具有公法上法律人格的法律实体，独立承担法定的行政任务，自负其责地进行行政活动。（3）私法组织形式的行政。对于一些特别强调效率性、灵活性与回应性的行政任务，国家可以设立私法形式的组织，如商业公司或者私法上的财团（基金会）等来执行。（4）私人。为了充分发挥民间的专业技术和管理资源，国家可通过给予私人以授权、特许、承包等方式使其介入行政领域。这些私人有的可以依据公法行使公共权力，有的则主要通过商业经营等私法方式实现行政目的。

行政任务承担主体的分散与多元，既是因为科层制的内在缺陷，也是因为行政任务范围的扩张对与宪法价值取向对行政组织类型的要求。

---

① 在本章中，行政任务、公共任务、行政职能与公共职能在大致相同的意义上使用。应当说明的是：（1）行政的概念本身包括公共行政与私人行政，本章中的行政则仅指公共行政。（2）在法国行政法上，公务有广义与狭义之分，狭义的公务与行政警察活动（秩序行政，以行使公共权力为主要方式）相对，是服务行政的表现形式，以提供公共服务为主要方式，广义的公务则包括行政警察活动在内。在本章中，以"公共任务"来指称广义上的公务，狭义的公务则径直称为"公务"或"公共服务"。（3）私人有时也自愿承担一定的公共事务（affair，Angelegenheit），以实现公共利益，但在本章概念体系中此种行为不构成行政或公共的"任务"（task，Aufgaben）或"职能"（function，Function）。

一、科层制组织形态的优势与不足

科层制（官僚制，bureaucracy）是一个层级化、法制化的行政系统。在公共行政组织中，理想的科层制应满足这样一些条件：（1）层级化。科层制组织内部层级结构明晰，上下级之间的职权关系严格按等级划定，部属应接受上级的指挥命令与监督。通过层层相维的统属关系，直接向选民或者议会负责的最高行政首长可以统辖所有所属行政机关。（2）专业化。行政人员按照岗位职责及运作规范进行活动，对从事的工作应具有专业知识和技能。国家应为其提供长期任职的保障。（3）规则化和非人格化。行政活动应受规则约束，行政人员固然要服从上级的命令，但服从的并非某个个人，而是客观的法律秩序；行政人员的行政活动与行政人员的关系应遵循法律而不得掺杂个人情感，不能因个人情绪而影响行政决策。（4）公私分化。行政人员的公务活动领域与私人生活领域应明确区分，公域与私域截然分开。① 科层制作为高度理性化的行政组织形态，具有特别的优势：（1）保障行政公平。基于规则化、非人格化和公私分化等原则，"公事公办""对事不对人"成为行政人员的行为规范，这有利于保障行政公平，贯彻平等原则，抑制恣意。（2）提升管理效率。专业化分工使得行政人员有足够的专业技能胜任自己的工作，避免重复劳动以及因行政人员相互推诿与扯皮。行政人员之间的关系建立在法规而非个人情感基础上，有助于消除内耗和宗派现象。（3）保障对行政的民主控制。在科层制组织中，最高行政首长就所管辖的行政机关和公务员的行为统一向选民或议会负责，有助于对行政组织进行民主控制，保障民意的贯彻。然而科层制也有其缺陷。第一，组织间合作和首长决策困难。官僚组织内部层层授权，下级只能对上级负责，整个系统呈现出"金字塔式"结构，部门之间只有在金字塔顶端才能相遇，并且部门之间

---

① 参见马克斯·韦伯：《经济与社会》（下），林容远译，商务印书馆1997年版，第296页。韦伯意义上的科层制不仅包括公务组织也可指实行理性化管理的企业组织，本章对科层制特点的描述限于公务组织。

由于严格的分工而造成了相互"壁垒森严"，容易产生狭隘的自我服务的观点，难以沟通合作。在科层制下，重大决策必须由机关首长决定，这导致或者要在信息不足的情况下作出决策，或者必须承受过度的信息负担。第二，缺乏灵活性，容易导致保守僵化。科层制组织中，各种严密规范的制约使得官员们无法按照灵活的方式从事管理活动，这在一定程度上使官僚体制蜕变成了缺乏灵活性、主动性和创造性的刚性系统。美国著名组织社会学家罗伯特·K.默顿指出，科层制的目标在于增强组织行为的可信赖性和可预测性，它在强调通过规则对权力进行控制时，也可能会鼓励行为僵化、不愿意作出"有风险的"决策，从而使整个组织中的个人和各级群体普遍存在防御性态度。与此相关但略有不同的是施奈德的发现。他指出，在层级制行政组织中，因行政决定须经多数人相互同意，反而会造成一种"组织化的无责任"体系。因此希尔认为，传统行政组织模式比较适合处理可预见的、性质类似的事项，但在解决新的、具有变动性及复杂的问题时，则显示出不足。①

由此可见，不能将科层制看作实现行政任务的灵丹妙药，应当根据行政任务的不同性质，探讨科层制之外其他形态的行政任务承担主体。从现代行政的实践来看，国家也并不总是用自己的科层制组织来履行公共行政任务，而是朝着分散化和多元化的方向发展，将部分国家行政任务转由其他形态的组织行使。自20世纪70年代以来，以英国撒切尔政府、美国里根政府为肇端，西方国家普遍掀起了一场声势浩大的改革浪潮，主要的内容就是新公共管理。其核心理念是：摒弃公共服务供给中传统的科层制独占模式，引入各种市场竞争机制；借鉴私营部门的管理技术与激励手段；强调公共服务中的顾客导向；注重结果和绩效甚于规则和规程。新公共管理强调弹性和市场取向，与科层制形成鲜明对比。

二、行政任务的性质与行政任务承担主体的形态

根据行政组织法的基本原理，行政任务承担主体的形态相对于行政

① 李建良：《行政法入门》（陈爱娥主笔），元照出版社2004年版，第204页。

任务具有工具性和手段性，而按照"功能结构取向分析法"①，行政任务承担主体的结构与组织形态应适应行政任务性质（"功能"）的需要，应在对行政任务性质加以界定和分类的基础上，选择行政任务承担主体的类型。行政任务性质对行政任务承担主体类型的影响，体现在两个方面：从积极方面来说，为履行不同性质的行政任务，应为其建构相应的组织形态，包括人员构成、机构设置等；从消极方面来说，对于不同性质的行政任务，也应有相应的监督控制方式，包括财务控制（包括预算、决算、会计、审计）、行政监督②等，以保障对行政的民主控制性，防止职权的滥用，而不同类型的行政任务承担主体亦对应着不同的行政监督方式。

---

① 功能结构取向分析法本为德国学者用以分析法律保留原则适用范围。德国公法学者欧森布尔（Fritz Ossenbuehl）在1980年发表的一篇文章中提出，权力分立制度的功能并不限于保障人权和维护国家权力的均衡，而是更进一步地要求具体国家事务的分担，应依据"功能最适的组织结构"标准进行划分，也就是说，不同的国家机关各有不同的组成结构与决定程序，这一组成结构与决定程序在性质上的不同，必然使得最适合作出决定的种类也应有所不同，并且也影响国家决定的不同正当性。德国联邦宪法法院在1984年的飞弹部署判决中指出，将不同的国家权力加以区分并配置于不同的国家机关，其主要目的在于保证国家决定能够达到"尽可能正确"的程度，这就要求不同种类的国家决定应分别由内在结构、组成方式、功能与决定程序等方面具备最佳条件的机关来承担（Bverf GE68, 1, 86）。美国学者在分析法律解释问题时所提出的"比较组织分析"（comparative institution analy sis）也是沿着同一方向的思考。如Rodriguez认为，决策权力和责任在政府中的配置所依据的是比较优势原理，这一原理的预设是某一组织比其他机构更适合于完成某种特定任务，See Rodriguez, The Substance of the New Legal Process, 77Cal.L.Rev.949-950(1989)。笔者认为，功能结构取向的分析法可以有更大的适用空间，包括此处的行政组织形态的选择。

② 行政监督包括职务监督（Dienstaufsicht）、专业监督（Fachaufsicht）及合法性监督（Rechtsaufsicht）三种。职务监督的对象是下级行政机关的组织事项，包括机关的构成、内部秩序和人事，也称机关监督；专业监督的对象是下级行政机关执行行政任务的合法性与合目的性；合法性监督的对象则是对下级机关执行行政任务的合法性，当下级机关被赋予自治权时，上级机关只能对其进行合法性的监督。

（一）政策性行政与专业性行政

一般说来，对于行政任务中的政策事项应当由政府首长及其下属的核心部门作出决定，以保障决策与国家整体与宏观政策的协调一致。但是对于某些专业性比较强或者目标具有长期性的行政任务，有必要予以"除政治化"，赋予相关的行政组织以相对的独立性，与政府保持一定的距离。例如，为确保国家货币政策的稳定，免受政治因素的干扰，各国的中央银行一般都被赋予高度的独立性。

（二）政策制定与事务执行

行政任务包括政策制定和政策执行与服务提供，行政首长作为政治家，应当负责政策的制定，而要求其对政策的执行和服务提供负责则是不现实的，而且也不利于调动实际管理人员的积极性，不利于提高执行和服务的效率，而由相对独立的执行署来承担这些行政任务更为合适。当然，政策制定与事务执行之间并不存在绝对的界限，二者的区分具有相对性。

（三）干预行政与服务行政

在19世纪末以前，行政任务主要限于秩序行政，即以排除危险、保障公共安全和公共秩序为目的的行政活动。自19世纪末特别是第二次世界大战以后，行政任务已经不再限于传统的干预行政，而是及于服务行政（Leistungsverwaltung）①，通过各种活动积极保障或改善公民生活条件。在公共行政任务大幅扩张的形势下，为避免国家因为垄断公共行政任务而不堪重负，增强现代行政的活力，国家可以专门设立公务法人，以适应服务行政对专业性、独立性的要求，也可以选择私法人的组织形态时，在人员的聘用、辞退与工资，预算与财务的控制等方面采取较为

---

① 因 Leistung 在私法与诉讼法中均有给付的含义，Leistungsverwaltung 一词日本行政法学界与我国台湾学者一般译为给付行政，但我国台湾行政法学者陈新民认为汉语中用给付易与行政机关具体的给付义务相混淆，故主张用 Leistung 的另一中文义项"服务"译之，而且此亦与强调国家为保障与服务人民的组织的现代理念一致。参见陈新民：《行政法总论》，三民书局1997年版，第36页。

灵活弹性的措施。这对那些参与市场经济竞争活动的公共组织特别重要。

（四）服务安排与服务生产

公共服务中有三个基本参与者：消费者、生产者和安排者。消费者直接获得或接受服务；生产者直接组织生产或者向消费者提供服务；安排者则指派生产者给消费者，指派消费者给生产者，或者选择服务的生产者。当国家既充当安排者又充当生产者时，会产生科层制的成本，即维持和管理行政层级系统的成本；而当其只承担安排者的角色而放弃生产者的角色时，又产生了交易成本，即聘用或监督独立生产者的成本，安排和生产功能是否合一取决于两种成本的相对值。

美国研究民营化的著名学者萨瓦斯认为，服务安排者与生产者的区别非常重要，它是整个民营化概念的核心，是界定政府角色的基础。① 在20世纪70年代末期开始的民营化浪潮中，行政任务从公共领域向私人领域转移，其结果可能是该任务已经丧失了公共性质而完全由私人主体负责，但也可能该事务仍然保有其公共性质，只是不再由国家直接负责生产与提供，而是通过与私人签订契约等方式由私人负责生产与供给，国家承担的是安排者的角色，保留安排服务的责任并为此支付成本。

三、宪法规范与行政任务承担主体的形态

行政法是宪法的具体化，立宪背景对于行政任务的承担主体具有深刻影响。例如基于宪法所规定的学术自由原则，一般要求给予公立大学以独立的地位，政府以及教育主管部门对大学事务的干预与监督受到很大的限制。在德国，为保障宪法上的言论自由，避免政府以及少数有经济实力者操纵或垄断舆论，设立公法营造物法人来经营广播电视事业。②

---

① ［美］萨瓦斯：《民营化与公私部门的伙伴关系》，周志忍等译，中国人民大学出版社2002年版，第68页。

② 参见李建良等：《行政法入门》（陈爱娥主笔），元照出版社2004年版，第233页。

在立宪国家，基于对公民基本权利与自由的保障，一般强调自治理念，即"国家之下的主体或其他公行政主体，以自己的名义，对列举或概括的从国家本身分配或移转出去的公共事务，独立且不受专业指令监督地履行"。① 自治要求存在一个不受国家任意干预的自由空间，在其中自治团体的内部成员得以自我负责地形成意志、作出决定。为享有这种自治空间，往往要赋予自治团体以权利能力，使其成为权利义务的归属主体，从而导致了公务组织的分化。自治团体除了地域性的地方自治体外，在学术、经济、社会保险和职业公会等领域都大量存在。

为落实民主参与的宪法价值，② 有些国家设立了具有相对独立的行政委员会，吸收市民代表作为委员参与组织的运作和行政任务的执行。

宪法对政府承担的政治责任要求，也可能构成对由科层制组织之外的主体承担行政任务的限制。行政任务承担主体分散化与多元化的目的在于更好地保证公共任务的执行，国家不能借此推卸自己的宪法责任。对于从事务性质来说必须由政府部门承担的职能不能授出，同时应落实对行政任务承担主体的监督。

四、行政任务范围的界定

在讨论行政任务承担主体时，必然涉及的一个问题是如何界定"行政任务"或公共职能的范围。例如：私人组织的自我规制是否属于行政任务，政府通过合同将本由其承担的服务委由私人部门承担后，私人部门所承担的是否还属于行政任务？如果承认某种事务是行政任务，是否就意味着其要接受相同的法律规制，要接受法院的司法审查？某些与公民权益密切相关的事务如果不被承认为行政任务，则如何保障私人的合法权益？

---

① Wolff/Bachof, Verwaltungsrecht II, 4. Aufl., 1976, § 84 Rn. 34.

② 参与与自治原则之间也存在密切的联系，很多学者将利害关系人的参与作为自治的内在要求之一。只有通过内部的参与，自治团体才能形成内部共同意志，以履行自治事务，否则就可能沦为贯彻国家意志的工具。

（一）法国行政法上的公务

在传统行政法学上，公共利益是公务概念的核心，但是在现代社会，公共利益属性已非公务活动所专有。例如，私人自愿从事的公益活动，以及行政主体的私产管理行为，虽不是公务，但也具有明显的公共利益因素。现代行政法学认为，与其他为公共利益服务的活动相比，公务的核心特征在于，公共利益是行政主体之所以创设公务的直接目的，即当行政主体认为如果不从事某种活动，公共利益的需要就不能满足或不能充分满足，从而决定承担某种活动时，这种活动就成为"公务"。例如狄骥认为，"任何因其与社会团结（公共利益）的实现与促进不可分割，而必须由政府来加以规范和控制的活动，就是一项公共服务，只要它具有除非通过政府干预，否则便不能得到保障的特征。"[1] 公务包括行政主体为了直接满足公共利益的需要而从事的活动，以及私人在行政主体的控制之下，为了完成行政主体所规定的目的而从事的直接满足公共利益需要的活动。将公共利益同行政主体创设某种公务的直接目的联系起来之后，公务活动就具有不同于行政主体的私产管理行为以及私人的公益行为的特点。私人活动尽管也可以以实现公共利益为目标，但这并不是必须的，而且也通常也不以此为目标；行政主体的私产管理行为虽然也应符合公共利益，但并不直接为公共利益服务。[2]

某种攸关公共利益的活动，其重要性能否达到政府认为必须保证其提供的程度，受到多种因素的影响，例如社会经济发展程度与意识形态等，"公共服务的内容始终是多种多样和处于流变状态之中的。就连对这种流变的一般趋势进行确定都并非易事。"[3] 一方面，随着文明的发展，与公共需求相关的政府活动呈上升趋势，公务的数量也日益增多；另一方面，基于财政、效率等因素的考虑，国家也经常将一些以往的公务转

---

① ［法］莱昂·狄骥：《公法的变迁》，郑戈译，辽海出版社、春风文艺出版社1999年版，第53页。

② 潘小娟：《法国行政体制》，中国法制出版社1997年版，第6页。

③ 潘小娟：《法国行政体制》，中国法制出版社1997年版，第6页。

由私人提供。

　　尽管公务范围变动不居，但在实践中仍然需要确立一个标准来衡量某项活动是否属于公务范畴，进而明确对其的管理与控制方式。法国行政法院的做法是：首先，考察相关的立法意图；其次，在法律无明确规定的前提下，则根据一系列的外部标志加以判断，其中最主要的一种标志在于是否享有公法特权，例如：公用征收权、强制缴费权、独占权、单方面科以负担权、给予相对人免费使用权等，但所有这些外部标志都具有相对性，不能普遍适用。例如工商业公务绝大部分没有公法上的特权，行政主体的工商业活动是否构成公务主要依据其经营目的判断。①

　　即使认定某种活动是公务，也并不意味着对其均适用完全相同的法律制度。第二次世界大战前，国家的主要公务是行政公务，统一受公法支配和行政法院管辖。因而，调整公务活动的法律同行政法的范围是一致的。第二次世界大战之后，随着国家对经济生活的干预，行政职权日益扩张，涌现出大量的工商业公务，以及社会公务、职业公务。这些公务在很多情况下不受公法支配，而适用私法规范。传统行政法上统一的公务法律制度逐步分化。当代公务类型主要有四种：行政公务、工商业公务、社会公务和职业公务。其中，行政公务作为一种传统的公务实施方式，原则上适用统一的公法规则。而其余的三种公务属于新兴的公务类型，兼备公私法活动的特点，是一个公法和私法混合适用的领域。从组织来说，认定一个组织是公务法人，也并不必然意味着其活动要受行政法的支配。例如，工商业公务法人在业务活动上受私法支配，但同时必须受国家或地方团体有关行政机关的监督，某些服务项目价格的调整必须事先得到批准，在组织方面，不同程度地受公法支配。因此，当代公务活动中不存在统一的公务法律制度，不同种类的公务因其自身行为的特点分别适用不同的法律规范。②

---

①　王名扬：《法国行政法》，中国政法大学出版社1988年版，第480页以下。

②　[法] 莱昂·狄骥：《公法的变迁》，郑戈译，辽海出版社、春风文艺出版社1999年版，第53页。另见下文对法国公法人的介绍。

但是应当明确的是，只要承认某种事务为公务，就必须遵循一些共同的原则，包括：（1）公务的继续性原则。这是指为避免严重的社会混乱，公务不得间断。（2）公务的适应性原则。这是指公务的实施必须顺应形势的变化。（3）公务的平等性原则。这是指公民对有关公务义务的负担与利益的享受都应平等，公务组织不能不合理地差别对待。对实施公务的各种安排，应尽量使符合条件的人都能利用。①

在法国，许多私人自愿从事一些促进公共利益的活动。这些活动原则上不构成公务，而只有在具有明显的公务标志时才可以判定为公务。对于判断其是否构成公务时比较重要的标准有：该项活动必须得到政府特许，受到特别控制，不适用私法规定，享有一定的公法特权等。②

（二）英国行政法上的公共职能

首先应当注意的是，与法国法对公务概念采取较为弹性的处理方式，即承认一种活动为公务并不必然要求其适用相同的法律制度不同，在英国法上，对公共职能的认定与司法审查程序以及人权法规范适用的范围是一致的。

关于私人部门所实施的自我规制（selfregulation）是否属于公共职能从而是否要接受司法审查，典型的案例是 R.v.Panelon Takeovers and Mergers,exparte Datafinplc。在该案中，原告就一个竞争者的行为向股票收购与兼并交易小组提出申诉，被驳回以后，原告申请司法审查。申请被初审法院驳回，理由是兼并小组的权力没有制定法或王室特权的依据，因而其无需接受司法审查。原告在上诉法院重新提出司法审查请求，法院认为该小组的决定应当接受司法审查。上诉法院提出了一个极为重要的、在当时非常新颖的论点，就是一个机构的权力即使没有正式的公共来源，

---

① 潘小娟：《法国行政体制》，中国法制出版社 1997 年版，第 10 页；王名扬：《法国行政法》，中国政法大学出版社 1988 年版，第 472 页。

② 有时行政主体不是给予私人特权，而是对私人活动加以特别控制，也可以作为认定其为公务的因素之一，因为这种控制表明行政主体对该项活动不是直接实施，但已经承担责任保障它的正常运行。

例如制定法或王室特权，也并不必然导致其不接受司法审查。

然而前述判例并不意味着只要一个机构拥有某种权力，其决定就必须接受司法审查。这在 1993 年的 R.v.Jockey Club,exparte Aga Khan① 中体现得非常明显。在该案中，赛马主 Aga Khan 对赛马俱乐部的纪律委员会的一个决定申请司法审查。上诉法院指出，赛马俱乐部与赛马主的关系是纯粹契约性的，这意味着必须从契约法而非公法中寻求救济。Hoffmann 法官指出：

> ……exparteDatafin……表明，权力没有如制定法与国王特权这样的正式公共来源，并非是决定性的。政府权力的行使既可以是法律上的，也可以是事实上的……这里所涉及的是政府将自身事务加以私部门化。

> ……这里的出发点是赛马俱乐部拥有权力这一事实。但是仅靠存在权力这一事实，即使是对广泛范围的经济活动拥有权力，并不足够。在一个混合经济时代，权力既可以是公共性质，也可以是私人性质。私人权力可能影响公共利益和许多个人的生计，但这并不必然导致其应服从公法规则。如果需要对私人权力加以控制，应当到契约法，限制从业原理，1976 年限制贸易措施法，欧洲经济共同体条约的第 85、86 条以及所有其他用以约束私人权力过度行使的条规中去寻找。

> Hoffmann 法官承认这一分析可能会留下"保护漏洞"："也就是在一些案件中私法救济是不充分的……"然而在他看来，这并不意味着："人们应当通过将其拟制为政府机关来尽力获得救济"。

单纯的行使权力的事实不足以要求提供司法审查的救济途径，这种观点也为 Simon Brown 法官在 R. v. Chief Rabbi of the United Hebrew Congregation of Great Britain and the Commonwealth, ex parte Wach-

---

① ［1993］1W.L.R.909.

man ①一案的判决所接受。在该案中，原告是一名牧师，但为其所在的圣会所解雇，他因而申请司法审查。法院认为这不属于司法审查的范围。Simon Brown 法官认为："说一个机构的决定具有公法后果，这不仅仅意味着它们是为公众所高度感兴趣或关注，……也不仅仅意味着它们对公众会发生影响。……一个决定是否具有公法后果必须参考其对利害关系人的影响程度加以决定。"因而，一个主体行使经济权力或其他权力，并不必然导致为受该主体活动影响的人提供公法救济途径。

根据《司法审查原理》一书的归纳②，英国法院在确定非法定机构是否应接受司法审查时要考虑以下因素：（1）"要不是"检测，即要不是存在一个非法定机构，政府是否会必然亲自介入对相关活动的规制。法院有时会参考其他国家相关机构的法律地位，但并不总是如此。（2）政府是否已经通过为非法定机构的工作提供支持而默许或者鼓励该机构的活动，并从而将该机构整合进政府规制体系之中，或者该机构是否是依据政府的权威而设置。在此法院所关注的并非可能出现的状况，而是确然存在的状况。该机构的存在已为制定法所明确地或暗含地承认并非是唯一的判断标准。（3）该机构是否行使广泛的或者是垄断性的权力，诸如有效地规制贸易、职业或体育运动的准入。股票收购与兼并交易小组被认为具有"巨大的权力"。然而垄断性权力并非必然等同于公共职能的执行。对于他人行使广泛的权力在私人领域中也是经常的现象，对其并不能进行司法审查。（4）受害人是否承诺受决策者的约束。这与前一个标准具有密切的联系。当私人或内部裁判所的"权威仅仅来自于作为当事人之间协议的契约时"，它并非在履行公共职能，从而不在司法审查的范围之内。但无论受害人与机构之间是否存在契约关系，在某些情形中，该机构可能是在执行规制性职能，这可能导致这样一种情形，即某人只

---

① ［1992］1W.L.R.1036.

② De Smith,Woolf, & Jowell's Principles of Judicial Review,Sweet & Maxwell,pp.68-74.

有两个无奈的选择：要么让自己接受该机构的控制，要么不参加相关活动。此时受害人原则上应有权申请司法审查，① 但存在契约这一事实可能导致有其他恰当的可替代的救济，从而阻碍司法审查程序的适用。（5）法院在决定某类机构是否应服从司法审查时，有时也考虑法官的有限数量和不断增长的司法审查案件负担。《司法审查原理》一书认为，考量这一因素在原则上是错误的，并且造成司法独立方面的潜在问题。法官的数量与司法审查的范围无关。这可能导致行政部门通过不填补法官空缺的办法减少法官的数量，并从而缩小司法审查的范围。

与公共职能的范围相关的另一个问题是，政府通过合同将本由其承担的服务委由私人部门承担后，私人部门所承担的是否还属于公共职能？在 R. V. Servite Houses, ex. Goldsmith② 一案中，法院对英国《人权法》实施之前的相关判例进行了全面的考察。Moses 法官的判决认为，慈善性房屋供给协会不再与某住户签订居住协议的决定不受司法审查。其理由是，房屋供给协会提供住房并非执行公共职能，尽管如果它没有提供这一服务地方当局将会提供。在得出这一结论前，Moses 法官考虑了下列因素：（1）地方当局（购买者）无权将其法定职能授出房屋供给协会（供应者），从而后者并非前者的代理人。（2）购买者并不是直接利用房屋供应者（二者之间存在契约性安排）的服务来履行自己的法定义务，而是通过与房屋供应者签订契约来履行义务。（3）对于供应者的职能并无制定法的依据，也就是对于这些服务提供或撤销的条件缺乏制定法的控制。（4）供应者是一个私人组织，其存在或者其与购买当局签订契约的权力不应归于任何制定法的规定，其权力的来源是纯粹契约性的。（5）既然供应者与购买当局之间签订了契约，则二者的关系就是商业性的。

---

① 在 Datafin 一案中，在确定股票收购与兼并交易小组的地位时，Lloyd 法官指出："伦敦金融城不是一个人们可以随意决定是否参加的俱乐部……小组规制的不仅是其自身，而且还有其他除了进入这一市场别无选择的人，而该准则就适用于这一市场之中。"

② ［2000］3 C. C. L. Rep. 354.

在判决的最后，Moses 法官明确指出，尽管他认为他必须得出这样的结论，这一结论并非他所希望。他说："如果我的推理是正确的，则它表明对原告困境的回应是不充分的，既然议会已经允许通过进入私法安排履行公法义务。"对这一难题他提出了两种可能的解决方案："解决方案是在于为从契约中获得权力的私人组织科以公法标准，还是对公共当局在首次确定契约性安排时施加更大程度的控制，这一问题要留给其他人来解决。"上诉法院后来在 Appeal in R.(on the application of Heather) v.The Leonard Cheshire Foundation① 一案中的判决表明，答案可能是后者。

在 Leonard Cheshire Foundation 一案（该案由 Leonard Cheshire 所负责看管的房屋的住户提出司法审查请求）中，两审法院均认为，在作出修缮其负责看管的房屋的决定时，Leonard Cheshire 并非在行使公共职能，尽管它根据与地方当局的契约向原告提供服务，地方当局承担安排那些所提供的服务的法定义务。Woolf 法官在为上诉法院撰写的判决中引用并适用了上诉法院在 Donoghue 案中的推理。他也提到了 Moses 法官在 Servite 案中对公共当局的事务被民营化后，利害关系人缺乏救济途径这种困境的关切。他说，这或许是支持原告主张的最为有力的论辩，但尽管有这样的论辩，结论仍然是 Leonard Cheshire 所执行的并非公共职能。Woolf 法官认为，（1）Leonard Cheshire 根据契约向那些受地方当局资助的承租人所提供的服务，与向那些私人付费的承租人之间的服务不存在任何实质的区别。（2）对于 Leonard Cheshire 的职能或者该组织本身并没有任何其他的证据证明存在一种"公共性味道"。Leonard Cheshire 并非处于地方当局的地位，它也不行使法定的权力。Woolf 法官强调说，按照契约购买 Leonard Cheshire 服务的地方当局有义务遵守人权法和公约规定。即使它与作为服务提供者的 Leonard Cheshire 签订了契约，这一义务仍然存在。根据人权法，居民可能会有权要求地方当局与供给者签订契约以保障居民根据条约第 8 条所享有的权利。

可见，英国上诉法院在 Leonard Cheshire 一案判决中所确立的规则是，

---

①　［2002］EWCACiv36(21March,2002).

如果一个私人组织纯粹根据契约活动，则无论其活动对于公众有多大的影响，也不被认为是在执行公共职能。然而它在执行政府民营化的事务时也可能要负担潜在的成本，即某种契约义务，这种义务在实质上（如果不是法律上）可能与法定的义务具有相同效果。法院认为，填补"保护漏洞"的方法，不是承认私人组织的公共性，而是要求公共当局利用契约条款来保障公共服务使用人的权利。

（三）小结

在现代社会，实现公共利益的活动已不再为公共行政部门所垄断，并非所有攸关公共利益的活动都是行政任务，也即公共利益是行政任务的必要条件，但并非充分条件。① 行政任务（公共任务、公共职能），仅指攸关公共利益，国家（包括地方团体等其他统治团体）认为必须通过自己的安排或直接提供活动以保证其实现的事务。对于行政任务，可以由国家及其他公法组织直接承担，国家也可以通过契约等形式委由私人办理。与英国法的观点不同，我们认为，国家如果通过签订契约的形式，将任务委托，表明国家仍然承担着保证其履行的职责，因此仍属于行政任务，只不过国家不是由自己来直接承担与提供，而是委由私人来承担，对于私人所承担的行政任务，国家也必须有一定程度的介入以保障其实现。完全由私人自愿承担的自我规制活动，在一定条件下可能成为行政任务，但这要综合多方面的因素加以判断。例如是否具有垄断性，如果没有该私人的自我规制，国家是否会设立公共机构加以规制，是否存在等等。根据英国法，承认某种事务为行政任务，就意味着其要接受司法审查与人权法的拘束。而根据法国法，承认某种事务为行政任务（公务），并不意味着必须采取公法的行为方式，要完全受公法的拘束，但所有行政任务的履行必须要遵循一些特别的原则，如平等原则、持续性原则、适应性原则等。

---

① 德国学者 Hans Peters 认为："凡是攸关公众或公众对其实现存有利益之事务，吾人皆可称为公共任务"。这一界定过于宽泛。

第二节　局　署

一、概述

局署（agency）① 是指对政府部（department）具有相对独立地位的政府组织。② 与部的组织提倡整合、一致性和按规则办事不同，局署强调多样化、适应性和自主权。

20世纪90年代以后，西方国家尤其是英国、荷兰、丹麦等国，将在中央政府管理领域进行的"局署化"改革作为其公共行政改革的重要一环。

局署包括独立署（independent agency）和执行署（executive agency）。独立署③是在传统的大部之外成立的有自主权的非部属机构，它们要对受托完成的工作负完全责任，一般不受部长的直接控制；而执行署则是相

---

① agency 一词的翻译颇费思量，从其外延来看，是指具有一定独立性的公共机构。有人将其翻译为"代理机构"，这与原词的含义距离较远；有人将其翻译为"行政机关"或"行政机构"，在美国行政法中这种翻译尚能接受，但在其他国家，由于 agency 是普通行政机关之外的一种具有相对独立性的公共机构，行政机关或机构的翻译不能体现这一含义。笔者将其翻译为"局署"，主要是考虑到，一方面局署概念本身能够在一定程度上体现组织的独立性，另一方面它又为具有较高程度独立性的"独立署"概念的适用留有余地。另外本章对国外局署制度的介绍，主要限于中央层次，基本不涉及地方公共团体层次。
② 在英国，"半自治的非政府组织"（quango, quasi-autonomous non-governmental organization）是与局署比较接近的一个概念。它既包括在一般的政府部之外行使公共职能的公共组织，也包括通过与政府签订合同的方式履行公共职能的私人组织。这一术语的最大问题是，所指称的组织的共同特征实际上并非"非政府的"，而是"非部的"（non-departmental）；其另一缺陷在于将公共组织与私人组织这两种组织混为一谈。
③ 这一概念为笔者所归纳而来，各国的名称不一，详见下文。

577

对独立的部属机构，它们在组织上仍然在部内，接受部长的领导，部长对它们的活动向议会负责，但它们不必遵循部的正规方式，管理人员在预算和管理方面具有很大的自主权。这两类局署的创设都是为了克服传统大部体制的局限，均具有相对的独立性，但独立署的独立性要远远大于执行署，二者在法律地位、组织结构等方面都存在很大的差异。局署也可分为规制性局署和服务性局署，前者的主要任务是特定行业领域加以规制，而后者则是提供社会福利等方面的服务。然而对这种划分也不应绝对化，因为许多以提供服务为主要任务的局署同时也履行着规制职能，反之亦然。①

二、独立署

(一) 英国的部外公共组织

在英国，部外公共组织（NDPD），是指"在中央政府活动中发挥一定作用，但它不是政府部，也非政府部的一部分，并且从而或多或少地免于部长控制的组织"。它包括民用航空局，垄断与兼并委员会，种族平等委员会，以及那些被设立来监督民营化工业的规制当局等。部长对部外公共组织拥有一定的指导权限，部外公共组织的一些行为要经过部长的批准。但当事人申请司法审查应以部外公共组织本身为被告，除非其攻击的是部长所作的某个相关决定。

设立部外的公共组织在英国并不是什么新鲜事，在 19 世纪早期以前，公共行政职能由相对独立的局署执行司空见惯。② 当时人们认为，这种与政治及政策制定相对分离的行政管理组织有助于提高行政效率。但从 19 世纪下半叶开始这种组织形式的运用开始减少，逐渐为大部模式所取代。这是因为大部模式可以更好地保证政治控制的部长责任制，将公共权力授予中央政府部具有更强的宪法优势。③ 并且，大部模式通过将政

---

① Craig, Administrative Law (4th edition), London, Sweet & Maxwell, 1999, p.94.

② Bradley & Ewing, *Constitutional and Administrative Law*, 2003, Harlow: Longman, p.277.

③ Bradley & Ewing, *Constitutional and Administrative Law*, p.288.

策制定与服务提供整合在一个部门当中，能够降低行政成本、减少摩擦，方便部门的领导进行监督，减少向政府首脑报告工作的官员人数，促进相关活动的协调，并提高公共服务提供的一致性。①

　　尽管部外公共组织这种组织形式大为减少，但因其独特的组织优势，使得长期以来一直存在着部分部外公共组织，在20世纪90年代以后，由于它适应了英国行政改革的需要而得到更为广泛的运用。部外公共组织的优势主要有：（1）它的运作与政府保持一定的距离，因而在履行其职能时可以避免部长过度的政治干预，这在健康、安全和环境等监管领域以及为文化、艺术和体育等专业领域，具有重要意义。（2）它可以为部长提供部内机构与人员所难以提供的独立、专业的意见与建议。（3）它能够使得部长对社会关注的热点问题作出快速回应。（4）它的设立比较灵活，可以用多种方式设立，例如根据国会立法设立、作为公司设立、根据王室特权设立等。它的规模可大可小，小的可以没有固定的雇员，日常支出也有限，大的可雇用数百人，支出可达数亿英镑。（5）它可以为普通公民提供参加公共生活的机会，例如那些代表消费者意见和利益的部外公共组织，其许多委员都是普通公民。②

　　根据部外公共组织承担职能不同，可将其划分为执行性部外公共组织、商业性部外公共组织、规制性部外公共组织与咨询性部外公共组织。它们所承担的主要是一些新职能，但也有部分是承担以往政府部所履行的职能。咨询性部外公共组织由部长根据行政管理的实际需要而随时建立，负责为政策制定提供专家意见，没有独立法人身份，被看作英国政府的一个分支机构（emanations），只有很少一部分咨询性部外公共组织是根据国会立法设立的。其他类型的部外公共组织则大多是根据国会立

---

① OECD：Distributed Public Governance：Agencies, Authorities and other Government Bodies, 2002, p.37. 中译文参见经济合作与发展组织：《分散化的公共治理：代理机构、权力主体和其他政府实体》，国家发展和改革委员会事业单位改革研究课题组译，中信出版社2004年版，第37页。

② OECD：Distributed Public Governance：Agencies, Authorities and other Government Bodies, p.228. 中译文第266页。

法设立（有些根据王室特权设立），有法人地位，独立于英国政府。

（二）法国的独立行政当局①

在法国，独立行政当局（Independent Administrative Authoritie，AAIs）是法国行政组织中一种较新的形式，目前在法国尚不存在一个法律上的定义，一般指那些相对于部长具有较高的独立性，拥有建议与规制职能（而非执行职能）的组织。法国行政法院 2001 年度报告将独立行政当局界定为："独立于政府之外自负其责地为国家利益进行活动；并且为了适当地执行其任务，享有以完全自治的方法运作的保障，以确保其行动不受法院之外的其他主体的影响或制裁。"

法国的独立行政当局具有 3 个特点：（1）它是一种权威机构。法律赋予其作出单方面行为的权力，有权通过制定条例和作出行政处理等形式行使决策权。（2）它一般设在国家等公务法人内部，自身不具有法律人格。（3）它具有独立性。独立行政当局虽不具有法律人格，但不受其他国家机关的领导，其行为不受行政等级权的监督，对其自主权的唯一限制是它必须公开发布年度工作报告。

在法国传统的行政模式下，国家的行政组织终结于部长，各级行政组织要接受部长的指导与监督，独立行政当局因其相对于部长的较高独立性，构成了传统模式的例外。1978 年根据《数据保护法》设立的国家信息与公民自由委员会，是法国的第一个独立行政当局。如今在法国有 30 多个独立行政当局，其职权范围涉及媒体广播、对体育竞赛中使用违禁药品的打击以及证券监管等。

独立行政当局的创设及其职权由议会确定。但其预算被纳入与其活动领域相关的部门的预算中。尽管部长无权干涉独立行政当局的运作，但因为行政当局所需的经费数额要由相关部长向国会申请，这必然对其运作有所影响。

---

① Marine, *The Politics of quasi-autonomous organizations in France and Italy*(PSA annual conference, Leicester, 15—17 April 2003), p.19；潘小娟：《法国行政体制》，中国法制出版社 1997 年版，第 50 页以下。

（三）荷兰的独立公共组织

在荷兰，独立公共机构（Independent Public Bodies，IPD）是根据公法设立的、无需按层级向部长负责的组织。把公共行政任务交给不直接隶属于政府各部的组织，其动因在于这能更好地利用专业知识和增强其独立性等。1993 年荷兰有 190 个这样的组织，雇用了 130000 名雇员，它们的预算相当于中央政府总支出的 18%。这类组织所执行的公共任务主要是提供社会保障和社会保险，也包括国立大学和国家银行等。

（四）新西兰的独立皇家实体

在新西兰，如果某种公共职能的行使特别需要获得公众的信任，并且必须摆脱对政府现行政策的依赖，则为执行这种职能，一般会设立独立皇家实体（Independent Crown Entities，ICE）。独立皇家实体可以保证一项职能的行使免于外来干预，或者迎合政府的现行政策。独立皇家实体包括负责监督执行《商业法》和《公平贸易法》以促进公平竞争的商业委员会、选举委员会、广播标准局、交通事故调查委员会等。

三、执行署

（一）英国的执行署

执行署的大量出现，是英国政府组织具有深远影响的一个变化，甚至被称为自 1854 年以后最为彻底的一次变革。它源于 1988 年文官事务部呈交给首相的一份题为《改善政府管理：续阶》的报告。该报告认为，英国的文官系统（当时有超过 600000 名雇员）过于庞大且分工过细，导致无法由一个单位统筹管理，应探求管理政府事务的其他方式。报告建议，中央文官系统应当由一个相对较小的核心组成，只负责政策的制定，以减轻政治家的政治责任负担，提高决策的质量；在其外设置大量执行署，负责执行政策，对于事务执行享有较高的自主权，以提高执行的质量。这一建议被政府采纳。由于执行署是依照"续阶"计划设立的，一般被称为"续阶局署"（Next Steps Agency，NSA）。创建执行署的基础是政策制定和发展职能与执行和服务提供职能的区分，前者由政府部的核心部门负责，后者由执行署承担。在传统行政体制下，部长应当管理诸如福利署或护照办公室等所提供的主要政府服务，但这实际上是一个迷思（myth），因为部长并不具备相关的精力、知识与技能。但是，只要这种迷思继续存在，实际负责日常管理事务的公务员就不会获得开展工作所需要的权威，也不会对局署的绩效负责。"续阶"计划旨在明确部长和公务员各自的工作，并澄清迄今一直存在的混乱。部长负责制定政策、批准局署计划、设定目标和监督实施。主管公务员获得开展工作的自主权并负责完成工作。局署及其主管的表现应受到关键绩效指标的密切监控……局署的地位将带来许多私人部门中常见的机制。主要有：角色明确，管理自主权，授予决策权，以及让局署及其主管对结果负责。①

执行署的特征是：其一，其设置不需要议会法律根据，而属于内阁部长的组织权限。其二，设首席执行官总管政策执行。首席执行官（Chief Executive）是专业化的管理人员，通常从文官队伍之外招聘。首席执行官对部长负责，对机构目标的实现承担责任。② 其三，首席执行官根据"框架文件"（framework document）行使宽泛的管理权限。框架文件是首席执行官与部长的基本协定，但财政部经常也是一方当事人。框架文件有的长达数百页，③ 其中一般包括：当前与将来的合作目标；执行署的财政安排，包括预算与审计程序；执行署的人事政策；执行署绩效的评价标准等。框架协议每三年重审一次，但在此期间也可进行调整。框架文件有时被称为契约，但由于执行署不是独立的法律实体，因此这种框架文件最多属于"准契约"。当执行机构没有达到确定的绩效目标时，主管部的主要惩罚手段是降低首席执行官和高层管理者的绩效工资。④ 其

---

① OECD：Distributed Public Governance：Agencies，Authorities and other Government Bodies，2002，p.42. 中译文第 42 页。

② Anthony Wilfred Bradley and Keith David Ewing, *Constitutional and Administrative Law*, p.273.

③ 莱恩：《新公共管理》，赵成根等译，中国青年出版社 2004 年版，第 210 页。

④ 周志忍等：《当代国外行政改革比较研究》，国家行政学院出版社 1999 年版，第 103 页。

四，执行署所掌管的事务一般不涉及政策的制定和发展，而仅及于"操作性"（operational）事务，核心是对公民及其他政府部门提供优良的公共服务。其五，执行署一般具有准自治的地位，但并不是独立于其所母部之外的法律实体，其普通职员也属于英王雇员。利害关系人对执行署的行为不服申请司法审查，应以部而非执行署为被告。

目前英国有 100 余个执行署，包括驾驶员和机动车许可局、文官学院、国家度量衡实验室、监狱管理局等。执行署之间有时也存在很大的差异。例如，有些执行署对某种活动拥有垄断地位，而其他执行署则没有这一地位；一些执行署的财政自负盈亏，而其他执行署则依赖于部的资金支持；一些执行署执行规制职能，而其他执行署则主要关注提供服务；执行署的规模也有很大的差别，例如，国家度量衡实验室只有 45 名工作人员，而职业服务署则有 45000 名工作人员。这些差别对其执行署的实际运作具有重要影响。

执行署在实践中也遭遇一些难题，其中最主要的是如何保证议会对执行署的审查控制，并确保政府履行公共职能时应遵循的一般责任规则不被弱化。1995 年监狱管理局的局长因为数名重罪犯越狱而被内政部长免职。内政部长认为，他只就政策事项向议会负责，而监狱管理是执行和操作事项，因此他不就该事件向议会负责。这凸显了解决执行署责任问题的重要性。① 在布莱尔就任首相后，英国政府更为强调部提供战略性指导的职能。在 2000 年的《政府现代化计划》中，为部所设定的职能是：确立政策，协调规划，评估绩效；而局署的职能则是对所执行领域的成本与产出负责。

（二）法国的中央服务机构②

中央服务机构（The Service of National Scope，SCNS）在法国是一种新类型的公共组织，最早出现于 1997 年。创立中央服务机构的目的是由

---

① Wade & Forsyth, *Administrative Law*(8th edition)，Oxford University Press, pp.48-49.

② Marine, *The Politics of quasi-autonomous organizations in France and Italy*(PSA annual conference, Leicester,15-17 April 2003)，p.21.

其承担原来由部所掌管、而又不能由设在地方的国家行政服务机构执行的操作性（operational）任务。其与英国的"执行署"相似，都体现了将政策制定任务保留给部长及其内部司局而将操作性和执行性任务交给其他层次组织的理念。但是在法国并没有一个系统的政府机构"独立化"的计划，从而也不存在一个宏观的"局署化"改革方案，中央服务机构的建立大多是出于实用主义的目的。

创设中央服务机构的框架文件规定了其应承担的使命、预期达到的目标以及用以评价目标实现程度的工具等，这体现了目标导向的要求。中央服务机构的财政一般由国家预算提供，除非它们进行商业活动并且能够自给自足。它们对于财政事务拥有一定的自主权，但要服从部长的权威。然而，"部长权威"的范围并不明确，而且尽管框架文件与合同有点类似，但它毕竟不是合同，而只是一个"文件"（document），这导致中央服务机构的自主权（以及主管的责任）不是很明确。部长对于决定部内的服务哪些可由中央服务机构掌管有充分的自由，并且部长也可以在两种类型的中央服务机构中进行选择，一种自主性较大，以总理令的形式创建，直接隶属于部长，并被授予一定的权力；另一种则自主性较小，由司局长或处长领导，管理与财务方面的自主性依赖于部的需要。

中央服务机构与公务法人的界限不是很明确。有的中央服务机构具有公务法人的地位，但有些中央服务机构如博物馆与培训中心等，其所承担的任务以往都由公务法人承担。尽管法国审计法院认为将博物馆交由中央服务机构管理并不能减少经营管理的复杂程度，但政府仍然倾向于采取中央服务机构的形式。

（三）意大利的局署[1]

在意大利，局署（Agenzie）这种组织形式开始出现于20世纪90年代，其创设直接受到英国执行署的刺激。它们是为执行某些特定政策而单独设置的组织，由部长为履行一些具有较高技术要求的行政任务，而

---

[1] Marine, *The Politics of quasi-autonomous organizations in France and Italy* (PSA annual conference, Leicester, 15–17 April 2003), pp.23–24.

在部的普通组织之外设立。1999 年有关中央政府改革的一项法令正式确认了局署作为一种适用特别规则的特别类型公共组织的地位。其目标有：用一种更为合适的框架来利用专业人士；辨识"产出"的需要；控制"产出"质量；使得组织能够适应技术任务的需要。局署享有功能、组织和财务上的自主权，但仍应服从部的监督。

局署与公务法人的区别首先在于，公务法人使得公共行政变得过于分散，而局署则沿着集中化的方向发展。局署一般都是承担以往由政府部的某个下属部门所承担的任务，这样它们就易于保持对统一目标的关注以及与承担同一项目任务的其他部门的协作。局署与部之间的联系要比公务法人与部的联系更为紧密。局署的任务是开展技术性事务，而公务法人则不限于处理技术性事务。局署也并不需要拥有法律人格。

（四）荷兰的特别管理局

荷兰特别管理局（special regime agency）的设立，是 1980 年以后荷兰政府进行公共事务自主化改革的一个组成部分，到 2001 年 1 月荷兰有23 家特别管理局。特别管理局在法律上依然在部长所掌管的司的范围之内，并且在法律上向部长负责，但在执行事务方面拥有一定的自主权。其与独立公共组织的区别在于，这种自主化是内阁部内执行组织的自主化。实际上，特别管理局的引入是作为独立公共组织的一个内部替代，目标是在不弱化部的责任的前提下，建立具有相对自主性的执行组织。特别管理局的人事和财务管理规则与部内一般组织不同。对于特别管理局一般采取结果导向型管理，并与收入和支出管理相结合。其预算报告的内容是绩效和成本，对其进行监管的标准是绩效。特别管理局在招聘人员和决定员工数量等方面享有更大的自主权。[①]

在实行自主化改革后，虽然政策单位之间和特别管理局不再是简单的等级服从关系，前者不应干预后者的日常事务，但部长以及核心司仍

---

① OECD：Distributed Public Governance：Agencies, Authorities and other Government Bodies,2002,p.113.中译文第 129 页以下。

然要承担"远距离掌舵"的职责，仍需对特别管理局保持一定程度的控制。①

（五）日本的独立行政法人②

日本在国家行政改革过程中，为精简中央政府，促进行政效率，提高行政质量和透明度，根据政策制定与政策实施分离的理念，创设具有独立法律人格的"独立行政法人"，③ 将原由中央行政机关执行的事务或事业移转由其行使，使其成为中央政府的执行手臂。

独立行政法人改革的最初设想是借鉴撒切尔夫人担任英国首相时期所创设的"执行署"制度，但其后来的发展则与执行署制度存在较大的差别。日本的独立行政法人是具有独立法律人格的组织，其人员也未必是公务员，业务范围限于原本民间亦可执行的业务，排除了公权力行政活动和需大量处理的业务；而英国的执行机构是行政组织内部的实施部门，不具有法律人格，其人员仍然是公务员，其业务范围则并未限定于非权力行政活动，包括认许可或者检查鉴定等大量的定型业务等在内。因此有日本学者称独立行政法人为"改良型的特殊法人"和"日本型的执行署"。

1998 年的《中央省厅等改革基本法》第三十六条创设了独立行政法人制度。其中规定："从国民生活及社会经济安定等公共性观点，确实有必要实施的事务和事业，并且国家没有必要自己作为主体来直接地实施，

---

① 毛寿龙等：《西方政府的治道变革》，中国人民大学出版社 1998 年版，第 248 页以下。

② 蔡进良：《中央行政组织法变革之另一取向——日本独立行政法人制度之引介》，《月旦法学》第 83 号（2002 年 4 月），第 171 页以下。

③ "独立行政法人"一词，最早是由田中二郎所提出，泛指国家和地方公共团体以外具有公法人资格的各种特殊行政组织，他所作定义是："基于特别的法律根据，独立于作为行政主体之国家或地方公共团体，而由国家赋予其存在目的，成为特殊行政主体，在国家特别监督之下，遂行其存在目的之特定公共事务之公法人。"包括名称为"公社""公团""事业团""公共组合"（公共社团）、"地方公社"等组织。这种意义上的"独立行政法人"，是学理上用来对各种国家、地方公共团体以外的公法人加以概括的一种方便说法，并非一项法律组织或制度。而 1997 年的《独立行政法人通则法》则建立了一项实证法律制度，并且其内涵也与前不同。

但委托民间主体又有不实施之虞，或者有必要由一主体独占行使者，政府得创设独立行政法人制度，使其具备与该有成效和有效率实施相称得自律性、自发性和透明性。"1999 年制定的《独立行政法人通则法》（2001 年开始生效）又进一步将独立行政法人分为两类，一类是一般的独立行政法人，其界定与《中央省厅等改革基本法》第三十六条的规定大体相同；另一类是"特定独立行政法人"，是指其业务一旦停滞将会直接且显著地影响国民生活或社会经济安定、从而有必要对其负责人及职员赋予国家公务员身份的独立行政法人。

日本独立行政法人具有 3 个特点：（1）其所承担的事务仍属国家的事务。因此，已经移交民间的事务不是独立行政法人的事务。（2）这种国家事务关系到国民生活以及社会经济安定等公共性，但从提高效率角度考虑又不适合由国家自己实施，而委托民间执行又不妥当，或者该事务或业务有必要由一主体独占行使。根据日本行政改革会员的基本设想，关系国民生活以及社会经济安定等公共性、有必要保证实施的事务或事业包括：涉及对私人权利义务直接且强度限制的公权力行使；因其本来性质国家不得不以自己名义行使；直接关系到灾害等国家重大危机管理，而有必要在直接的国家责任下实施。（3）为使前述事务有效率且有成效地实施，独立行政法人必须具有自律性、自发性和透明性。

独立行政法人经登记成立，设"法人之长"一人及监事，由主管省厅首长任命；也可根据单行法设立其他负责人，由法人之长任命。法人之长代表独立行政法人，综理其业务；监事监察独立行政法人业务，在认为有必要时向法人之长或主管省厅首长提出意见。特定独立行政法人的负责人与职员为国家公务员，与一般国家公务员相似，但由于独立行政法人需要灵活处理事务，其法律地位也有一定的特殊性。特定独立行政法人以外的一般独立行政法人，其人员的相关事项由雇用契约约定，法律规定得较为简略。①

---

① 国家与地方团体这两种公法人本不属此承担行政任务的"其他"组织，但为了公法人概念的完整性，本节在此一并加以介绍。

第三节　公法人

一、公法人的概念

在大陆法系国家，在公私法区分的基础上，将法人区分为公法人与私法人。私法人根据私法设立，以从事私人事务为目的；而公法人则根据公法设立，以从事公共事务为目的。因此，公法人是根据公法设立、承担公共任务、具有完全权利能力的组织体。

在大陆法系国家行政法学中，在公法人之外还存在着行政主体的概念。行政主体是行政权在法律上的最终归属主体。在法国，行政主体和公法人二者是等同的，而在德国的行政主体的概念则略宽于公法人的概念，即行政主体除了包括公法人之外，还包括被授权人，但公法人仍然构成了行政主体最为主要的部分。我国行政法学界所运用的行政主体概念，是从能够以自己的名义对外作出行政行为、参与行政诉讼的角度界定的，不同于国外法学从法律上的最终归属主体的角度的界定。在外延上，我国的行政主体包括行政机关（而非国家等公法人）和被授权人（法律、法规授权的组织）。近年来我国一些学者对我国行政法学上的行政主体概念进行了批判和反思，主张引入大陆法系国家的行政主体概念，改变以行政机关为行政主体的做法。我们认为，对行政主体概念的现有理解在中国运用有年，对其加以改变的难度较大。至于这一理解局限性的克服，则可以通过引入公法人概念来加以解决。公法人不仅是一个法律技术概念，也承载着一定的价值观念，反映了经济社会的变迁。公法人一方面是国家行政任务扩张对公务分权和地方分权的需要，体现了地方自治和行业自治等价值理念，地方分权是将一定的行政事务交由具有独立法律人格的地方公共团体而非国家自身的机关来执行。地方团体是实行地方自治和国家垂直分权的产物。地方团体法律人格的获得，意味着国家与地方自治团体之间在事务管辖权（自治事务、团体委任事务和机关委任事务）以及监督方式、监督范围方面必须加以法定化。公务分权是将需要一定独立性的行政事务从国家、地方团体的一般行政任务中分离出来，成立专门的公法营造物法人或者身份团体（行业性公法社团）来承担。公法营造物法人的价值在于：增强现代行政的活力，弥补传统行政机关灵活性不够、官僚色彩过浓等缺陷。身份团体的价值则在于方便其自负其责地进行自我规制，实行自治。另一方面，公法人体现了公共行政改革的冲击。20 世纪 70 年代末期以后，随着福利国家的多种问题凸显，西方各国掀起了规制缓和和公共改革浪潮，其中一种方式就是在传统的国家法人和地方自治法人之外，新设或者直接由国家机关组织改制成一个新的独立法人，再由该新的独立法人执行国家任务。这被称为行政机关的"法人化"和"独立化"。

二、公法人的类型

公法人的具体类型，各国则有所不同，在德国这包括公法社团法人、公法财团法人和公共营造物法人（公务机构法人）；在法国则包括地方团体和公法营造物法人（公共机构）等。本节主要以德国法理为基础，介绍公法人的相关制度原理。①

1. 国家

从公法的角度看，国家是以一定领土之上的公民为成员所构成的公法社团法人。国家的统治权来自于人民的授予而非派生于其他组织，因此其统治权是原始的统治权，在与其他公法人的关系人具有特别的地位。

2. 公法社团法人

公法社团是指由国家高权设立，以社员为基础组成的公法组织，通常在国家的监督之下以高权的方式履行行政任务。公法社团与其他公法人相比具有如下特征：（1）社员团体。公法社团是由社员所组成的公法组织，而且社员必须参与社团事务的决定，公法社团作为社员或其选出

---

① ［德］哈特穆特·毛雷尔：《行政法学总论》，高家伟译，法律出版社 2000 年版，第 569 页以下。

的代表组成内部的组织体,在内部构造上有民主的要求。(2) 自治行政。自治行政是指在国家之下的行政主体以自己的名义,独立地、不受指示地履行概括的或法律规定的行政任务。公法社团为执行行政任务可以制定自治规章。

公法社团主要分为3类:(1) 地域团体。以在该地区居住的居民为其成员,主要是各类地方自治团体。(2) 身份团体。指由具有某种特定职业、身份,或有共同理念或利害关系的人,依据法律规定组成的公法社团。(3) 联合团体。指以公法人为成员组成的公法团体。

3. 公法营造物法人

公法营造物(或译公务机构,oeffentlich-rechtliche Anstalt)① 是行政法上特有的法律形态,是为持续履行某种特定的公共目的成立的一个结合人与物的组织体。在我国现行法上,没有公法营造物的明确概念,但所谓的事业单位在实质上与其大体相当。

公法营造物包括具有完全权利能力的公法营造物(公法营造物法人),具有限制权利能力的公法营造物和不具有权利能力的公共营造物。公法营造物法人有4个特点:(1) 公法营造物法人是非社团的组织体。公法营造物法人与公共社团的区别在于,公法营造物法人与使用存在者利用关系,使用者参与公法营造物法人任务执行的权利,仅为其组织目的下的客体而已,反之,公法社团则是一种成员关系,其是众多成员组

---

① 日本学者传统上将德文 oeffentlich Anstalt 译为"公共营造物",民国时期的我国行政法学界和目前我国台湾地区的学者也这样译。由于该中文译名易让人与物理上的(建筑物)概念相混淆,不能反映其为人与物的结合体的特征,有见物不见人之弊,因此陈新民主张将其译为公共机构。(参见陈新民:《行政法学总论》,三民书局1997年版,第108页) 而黄锦堂虽亦采纳传统译法,但同时又提出一新的译名,即特定目的的行政机构。(参见翁岳生编:《行政法》,中国法制出版社2002年版,第288页) 高家伟教授将 oeffentlich-rechtliche Anstalt 译为公法设施,与日本目前一些学者的译法相同。德国的 oef-fentlich Anstalt 概念与法国行政法中的l'etablissement public(公共机构,公务法人)概念大致相同。(参见王名扬:《法国行政法》,中国政法大学出版社1988年版,第120页)

成的组织体，组织的形成与运作，成员均具有实际的参与权。（2）公法营造物法人是服务性的机构，它不能取代正式作决策并发号施令的科层制行政机关，与作为其母体的行政机关间存在既独立又分工、既合作又对抗的关系。（3）公法营造物法人的主要目的在于提供特殊的服务，从而才须强调其为人与物的结合，其所提供的服务包罗甚广，包括科研、科技协助、教育、民生服务等。公法营造物法人的实质就是为特定目的而存在的行政机构。（4）公法营造物法人强调的是其与使用者间的关系。公法营造物法人与其使用者的关系不仅可为公法关系，亦可为私法关系。公法营造物法人的公共性是从组织上而言的，作为公法机构，其内部结构及其与设置主体间的关系应依公法判断，但从行为法上，虽其任务的执行大多采用公法的手段，但也常常运用私法方式提供服务，此时应遵循私法的规则。

4. 公法财团法人

公法财团是指国家或其他公法社团，为履行公共目的，依公法捐助财产而成立的组织体。公法财团的特征在于具有应为特定目的或受益人而使用的财产。公法财团与公法社团的区别在于其为财产的结合体，并无社员的存在，财团设立者并非财团的成员而立于财团之外，捐助者除非通过任命董事对财团运作加以实际的影响，在法律上没有权力用指令的形式拘束其运作。

公法财团与公法营造物的区别在于公法财团对设立者的依存关系不如公法营造物来得强。财团是依“财团处理”（属行政处理的一种）而设立，设立时即确定了其持续存在的目的，其捐助目的一经确定不得加以变更。而公法营造物则除目的其设立主体确定外，在人事安排上也受极大的影响。另外，公法营造物执行的任务，通常属于法律赋予公法营造物设立主体的任务，而公法财团所要达到的目的，通常不属财团设立者的任务范围。当财团是基于行政处理、特别法律成立时，其公法属性比较容易确定，但在其他情形下，就必须综合考虑该财团法人所追求的公共目的、是否拥有公权力的权限、与捐助设立的行政部门之间的联系等，来推导捐助设立者隐含的意思决定，确定其是否具有公法属性。

公法财团应受到的规范包括：财团财产必须加以特别管理，不得有所损耗，并应妥善经营以便不断获取孳息；财团财产的经营不得违反捐助者的捐助目的或财团的设立目的，在发生疑问时以财团的章程为准；公法财团机关的行政行为必须遵循行政程序法，人事管理应符合特别的人事法规，财务方面则必须遵循特别的会计和审计法规。

三、公法人与中国行政法

公法人与私法人的区分是建立在公私法区分的基础上的。从官方来看，我国目前尚未明确承认公私法的区分。但由于我国已经在民事诉讼之外建立了独立的行政诉讼体系，公私法的区分已经具有事实上的必要性。从学术上来看，我国法学学术的基本概念和体系均深受德国等大陆法系国家的影响，公私法的区分已经成为学术界的共识。中国区分公私法的现实意义在于，中国的国家与社会一直没有区分，社会被国家吞没，公私观念缺乏应有的界分，公私法区分视角的引入，有助于分析中国社会的现实问题，并揭示未来走向。

我国目前的法人概念和理论主要依据的是民法上的相关规定。根据我国现行《民法通则》的分类，法人分为企业法人和非企业法人，非企业法人又分为机关法人、事业单位法人和社会团体法人。但是从公法的角度来看，现有的法人规定和理论存在诸多缺陷。(1)基本概念存在不科学之处。例如，机关与法人本身是一对相反的概念：法人具有法律上的人格，而机关则意指法律人格的构成员，本身不具有法律人格，"机关法人"的概念不符合法律逻辑。在现有分类体系中也没有财团法人的位置。(2)现有的法人分类基本上沿袭了国家编制管理的规定，缺乏法律学的视角，对中国现实的解释力不足。我国的《国家赔偿法》将国家作为国家赔偿责任的主体，这里"国家"的法律含义是什么，需要法学上的解释。随着我国事业单位改革的推进，事业单位与行政机关、企业之间的界限存在相对化的趋势，例如出现了主要行使行政管理职能的事业单位和实行企业化管理的事业单位。现有的理论无法说明这些现象。(3)没有对公法人与私法人加以区分。公法人与私法人属于不同的法律领域，由于其产生途径、承担职能等方面的不同，应当给予不同种类的法律规制，服从不同类型的法律规则与原则。(4)我国的法人理论存在也未能正视中国转型期的现实，对于中国单位组织的现状与变革缺乏应有的关注。中国单位组织的基本性质是有中国特色的一种组织方式和管理工具，国家通过对单位组织的资源分配和权力赋予，分配其所掌握的资源、对个人与社会加以组织和管理。尽管从编制上看，单位组织有企业单位、事业单位和行政单位的区分，但所有的单位组织都行使着一定的行政任务，企事业单位实际上都成为行政单位的附属物，或者说特殊形式的行政单位。为适应中国社会经济状况的实际需要，借鉴域外公务分权和地方分权的经验，未来中国单位组织的变革，既涉及从"单位到法人"的变化，又涉及公法人与私法人的分离。

公法人与私法人属于不同的法律领域，由于其产生途径、承担职能等方面的不同，应当给予不同种类的法律规制，遵循不同类型的法律规则与原则。对每一类公法人，应研究其概念、特征、类型、适用领域、内部组织（包括与其成员的关系）、所承担的行政任务及其执行方式、与国家的关系等。

在公法人分类上，应结合德国和法国之所长，放弃其所短，将公法人区分为公法社团①、公务机构（公务法人）；公法社团包括地域性公法社团和行业性公法社团；公法机构则不包括地域性公务法人和专业性公务法人（与法国不同），而仅包括特定目的的行政组织。

公法人概念和类型等的研究，对于中国公共组织的变革具有重要意义。(1)厘清国家与公共组织之间的法律关系：部分公共组织作为国家内部的机关，部分公共组织则作为相对于国家独立存在的公法人。(2)重构中央政府与地方政府的关系，从地方自治的角度透视中国的中央与地方关系，明确地方公共团体的公法人地位。(3)为中国传统单位组织的变革提供理论基础。对于中国企事业单位，探讨赋予其公法人地位的价值。例如国有企业单位除作为私法上的公司运作以外，部分作为国家行政机

---

① 科层制的行政机关是国家这一公法人的机关（organ）。

关的内部机构，部分作为公务法人，事业单位除转变为行政机关、企业法人、财团法人、执行署等以外，也可改造为公务法人。公务法人独立履行法定任务和承担相应责任，同时必须遵守国家法律并接受国家的监督。公务法人在提供公共服务时可以在公法（行政法）或私法（民法）的利用关系之间进行选择，即所谓行为形式的选择自由，如果选择公法利用关系，则其活动应遵循行政行为和行政程序的法律规范，对其行为不服相对人可申请行政复议与行政诉讼；如果选择运用私法方式提供服务，则应遵循民法规则，发生纠纷时遵循民事争议解决途径。公务法人的治理结构主要有两部分组成，即决议机关和执行机关。决议机关为理事会，负责对重大问题的审议、决策，理事一般包括相关政府机构代表、雇员代表、用户代表、独立专家等。执行机关为主席或总经理，主要负责日常管理工作。(4)对于行业协会等社会团体加以准确定位。将社会团体区分为公法社团和民法社团，建构不同的法律制度。（详见后文第六节的讨论）

第四节　私法形式的行政组织

一、概述

在现代社会中，国家为执行行政任务，不仅设立公法组织，例如科层制的行政机关或者公法人，也依据私法的规定设立私法上的组织，例如公司与财团等。在民营化浪潮的冲击下，国家设立的单纯或主要以盈利为目的的商业组织大幅减少，但为了直接完成行政任务而设立私法组织，即所谓的"组织私法化"则方兴未艾，这是基于这种组织形式相比公法组织形式所存在的优势。整体而言，私法组织的设立与撤销比较自由，并且其运作要比公法组织具有更高的独立自主性，不受行政机关内部层层指挥监督体系的束缚，在预算、人事、会计、审计可以摆脱公法行政部门严苛的规定，从而具有更大的灵活性与效率性。私法组织具有

"除政治化"的效果，这对于扩展对外文化交流具有特别的意义。此外，当不同行政主体或者公权力主体与人民的利益纠结，需要一个固定的组织来从事协调任务时，私法的组织形态通常较为适宜，因为私法的前提是当事人间平等并立的关系，比较适合承担协调性的工作。①

并非所有国家投资设立的私法组织（社团或财团法人）都属于私法形式的"行政组织"，私法形式的行政组织这一概念仅指那些由国家设立、"直接"用以执行行政任务的私法组织。② 直接执行行政任务的要求，主要是为了将其与行政营利行为区别开来。③ 行政营利行为，指国家以私法的方式参与社会经济活动，其主要目的在于增加国库收入。国家从事此种行为的形态有两种，其一是国家或其他行政主体以内部机关或单位直接从事营利活动，另一是国家依特别法或公司法的规定，投资设立具有法人地位的企业或公司从事营利行为。行政营利行为也间接地服务于公共利益，但本身不构成行政任务。

二、法律形式的选择自由及其限制

在现代社会，公私领域截然分离的现象已成明日黄花，公法与私法、公共行政私人活动之间存在着错综复杂的关系。当代行政法学认为，除了少数情形外，行政主体为履行行政任务的目的在公法、私法的法律领域之间具有选择自由，即所谓"法律形式的选择自由"，这种选择自由包

---

① 参见李建良等：《行政法入门》（陈爱娥主笔），元照出版社2004年版，第202页。

② 黄锦堂将国家根据私法设立的组织均作为"私法方式之行政机构"，似有不当。见翁岳生编：《行政法》，中国法制出版社2002年版，第300页以下。

③ 行政营利行为与以私法方式直接实现行政任务，二者均属于非权力行政（私经济行政、国库行政），非权力行政的另一种形式是行政辅助行为，即行政机关以私法方式获得日常行政活动所需要的物质或人力。这种行政活动的特点在于，其并非直接达到行政目的，而是以间接的方式辅助行政目的的达成。行政活动需要各种各样的物质条件，包括办公用品、汽车、房地产等，这些均可以通过与私人签订私法契约的方式得到。私法契约虽不适用公务员的录用，但适用于聘用人员从事协助以及日常性事务，或与学术、技术有关的事务。

括组织形式与服务或利用关系两方面。如果行政主体选择公法的组织形式，则该公法组织还可以在采取公法还是私法的服务或利用关系之间加以选择，但一般而言，私法的组织形式只能配合私法的服务或利用关系，除非在例外情况下行政主体将个别的公权力授予其所设置的私法组织。法律领域的选择，同时也决定了该组织是直接受公法这种"特殊法"，包括宪法所规定的各种价值、原则的拘束，还是作为私法主体适用私法自治原则（当然基于公益的考量，这里的私法自治也必须在一定程度上受公法原则的限制）。

当然，行政主体的选择并非完全自由，而是受到限制：(1)当宪法对组织形态已作出规定时，行政主体当然不可抵触该宪法规定。(2)基于法律优越原则，行政主体不得违背法律对特定组织形态的规定。(3)攸关国家大政方针的任务不得移转于私权利主体，例如将中央政府或交通部转型为股份有限公司。(4)不能因行政组织私法化的结果，而完全泯灭"国家"与"社会"之间的界限。为了防止整个国家逐渐被私法化，甚至有学者要求，整个行政组织中，公法组织的部分不得低于50%。批评者认为，这种量化的要求，既缺乏法规范上的根据，也存在其计算上的困难。(5)民主性控制的要求必须确保。私法的组织形态最大的问题在于，有民主正当性的"母行政主体"对其控制相对减弱，间接地造成"子行政主体"与公民间的疏离。但这并不是说，一旦选择法律上独立于母行政主体的私法人组织形态，就会因为违反民主原则而违宪；"民主性控制的要求"是否得到确保，必须综合考量所有可能的控制手段之后，才能作出决定。① (6)以私法组织形式来直接完成行政任务，其所适用的领域受到很大的限制，一般只能适用于不干涉人民权利的服务行政领域，在需要以强制手段为后盾的行政领域，如秩序行政与租税行政，国家的高权不

---

① 陈爱娥：《行政主体、行政机关及公法人》，载台湾行政法学会编：《行政法争议问题研究》（上），五南图书出版公司2000年版，第253页。

能放弃，这种私法组织形式不具有正当性。①

三、对私法形式行政组织的法律控制

在现代法治国家中，一般说来，公法（宪法与行政法）规范对公法主体的控制与约束程度较高，因此存在行政主体"向私法逃遁"（Flucht in das Privatrecht）、通过私法形式规避公法控制的危险。为防止这种危险的发生，除了要对行政主体的法律形式选择自由加以限制外，更要加强行政在转换到私人领域活动所要遵循的原则。②

对私法形式行政组织的控制，首先涉及其活动是否以及如何仍应受公法诸原则，特别是基本权利的拘束。德国公法学界通说认为，私法形式行政组织的活动，虽然在形式上是国家立于私法主体的地位进行国库活动，但其目的为直接完成国家行政任务，实质为行政，因此应受基本权利的约束，尤其是平等原则的约束。③

对私法形式行政组织加以控制的第二种途径，是强化其设立主体（母体行政机关）的监督与控制。行政机关设立私法形式的行政组织，是为了更有效地完成行政任务，因此必须采取必要的控制手段，包括人事、财务上和行政监督上的控制，而非完全放任，让该组织完全根据私法自治原则来运作。这种控制也是民主原则的要求，以防止采行新形态的行政组织脱离人民的意志。Puettner 教授指出，作为母体的行政机关对其所投资设立的私法组织有"介入义务"（Die Einwirkungspflicht），也即母体行政机关必须善于运用人事任免、参与确定经营方针等权限来监督或指引该私法组织。④ 为防止行政主体过度干预私法形式行政组织的运作，影

---

① ［德］哈特穆特·毛雷尔：《行政法学总论》，高家伟译，法律出版社 2000 年版，第 37 页。

② 程明修：《行政私法》，《月旦法学教室》（2002 年创刊号），第 36 页。

③ 参见苏永钦：《宪法权利的民法效力》，《当代公法理论》，第 181—183 页；许宗力：《基本权利对国库行为之限制》，《法与国家权力》，月旦出版公司 1993 年版，第 70—71 页。

④ DVBl,1975,S.353ff，参见翁岳生编：《行政法》，第 305 页。

响其效率效能，监督应只限于"合法性监督"而不能及于"适当性的监督"。当然，关于"法"本身的宽严，立法者有较大范围的形成自由，可根据在特定情况下所要实现的目标作出设计。①

第五节　执行行政任务的私人

现代国家承担着广泛复杂的行政任务，为弥补科层制行政机关人手或设备的不足，充分利用私人的专业知识、创造性、技术和设施，国家经常将行政任务委由私人实施。澳大利亚学者 Aronson 认为，相对于现代经济的"混合经济"性质（国家与私人资本分担生产者的角色），现代国家实行的是一种"混合行政"（mixedadmin-istration）体制，在其中私人和公共机构共同进行公共管理、提供公共服务。② 私人参与公共行政有多样的形式，本节主要介绍两类主要的私人参与公共行政的形式，一类是根据法律或行政机关的授权行使公共权力；另一类是通过与行政机关签订私法契约等形式参与公共服务的提供，其中包括外包、特许经营和公私合作等。

一、公权力授予

（一）公权力授予私人的正当性——美国学者的论述③

美国学者 Lawrence 对授予私人以公权力（private delegation）的正当

---

① 陈仲嶙：《创设对政府捐助之财团法人的特殊监督法制——立法对政府捐助规划上的探讨》（2016/9/14），http://www.is-law.com/OurDocuments/AD0001CL.pdf。

② 关于"混合行政"一词，见 Mark Aronson，"A Public Lawyer's Response to Privatization and Outsourcing"in The Province of Administrative Law（Michael Taggarted，Oxford，UK：Hart Publishing，1997）。

③ 关于"混合行政"一词，见 Mark Aronson，"A Public Lawyer's Response to Privatization and Outsourcing"in The Province of Administrative Law（Michael Taggarted，Oxford，UK：Hart Publishing，1997）。

性进行了多方位的论证，包括：符合现代社会存在着多个权力中心的现实；使得直接受到行政决定影响的人能够介入决策过程，从而增强决定的质量及其可接受性；强化政府灵活回应新形势或者尝试新方法的能力；使得一些活动可以实现从私人职责向公共职责的有序转型；使政府可以利用自身无法直接拥有的专业知识；有利于节约公共资金。

1. 多元主义（Pluralism）

现代社会是一个多元社会，存在着众多的公共与私人的权力中心。私人团体行使重要的权力，被认为是现代社会体制的内在组成部分，例如大型公司拥有巨大的经济、政治和社会权力，有些私人团体行使着事实上的规制权力（regulatory powers）。这种多权力中心的状态被认为是现代体制的优势所在。托克维尔认为，志愿团体对于个人自由极为重要，有助于平衡政府潜在的僵化与狭隘倾向。① 达尔则指出，私人社团独立于政府统治这种等级体制之外，这有助于建立一个国家与社会共同调节的体制。② 还有人论证说，多元社会有助于扩大个人自我发展、自我表达、与他人建立亲密联系以及承担道德责任的机会。③ 因此，国家正式授予私人公权力，与现代社会的现实与价值并无矛盾。

2. 利益代表（Interest Representation）

正式代表程序以人口为基础，但在社会中还存在一些人数较少的团体。他们的经济、社会或伦理等利益要进入政治过程，需要利用正式代表之外的其他途径，其中之一就是直接参与政府的相关决定。通过对决定过程的参与，他们感觉到政府的决定体现了甚至直接来于其自身的行为规范，而非某个外部机构的强加，则决定的可接受性将因此而得到强化。将政府权力授予相关利益团体，是利益获得代表的一种有效形式。

---

① ［法］托克维尔：《论美国的民主》（下），董果良译，商务印书馆 1988 年版，第635 页以下。

② R.Dahl，Dilemmas of Pluralist Democracy 32—36(1982).

③ See McBride，Voluntary Association：The Basis of an Ideal Model，and the"Democratic" Failure，in Nomos XI：Voluntary Associations 202(J.Pennock & J.Chapmaneds.1969).

3. 私人机构的灵活性

不同形式的组织，在创新方面或灵活回应新观念与新形势的能力方面有所不同。政府机构欠缺这方面的能力，政府"不能靠自己的力量去维持和改进人们的思想与感情的交流……因为政府只会颁布严格的规章制度，只支持它所同意的感情与思想，而且人们总是很难辨别它的这种表示是忠告还是命令。"① 政府的运作必须符合常规性、可预测性与公平性的要求，这些因素可能造成政府的僵化，而私人组织则不存在这些约束，这就使得它们比政府机关更具有创新性和回应性，更能灵活地处理复杂的形势。科层制是导致政府僵化的重要原因。科层组织的规模、复杂性、对规则与程序的依赖以及决策的集权化，都弱化了其对创新观念和异常形势的回应能力。如果对于灵活应对新形势或者对创新具有特别的需求，则采取非科层制的组织形式可能更为适宜，例如小型的主要由志愿者构成的组织。尽管并非所有的私人团体都是非科层制的，但接受政府授权的私人团体一般要比公共团体科层制程度要低，从而作出这样的授权可能是有利的。例如，美国高等教育中采取的私人评估模式，就比欧洲的政府评估模式促进了高等教育更高的多样性。

4. 过渡阶段

传统观点认为，作为公共部门的政府则提供集体物品，私人部门提供非集体物品。② 然而，这种两个部门的划分模式并不精确，它忽视了第三部门，即私人非营利部门的存在。第三部门经常在公共部门之外提供集体物品。实际上，许多现在被确定由政府提供的集体物品，在政府介入之前都是由非营利部门提供的。在市场失灵变得十分严重并且政府尚

---

① [法] 托克维尔：《论美国的民主》（下），董果良译，商务印书馆 1988 年版，第 639 页。

② 如果团体中的一个人享用某物品则难于阻止其他人享用，这个物品就是集体物品，其范例是警察巡逻。如果人们都按自利行动，则物品可能就根本无法提供（导致市场失灵）或者可能以无效率的水准提供，这就是"搭便车"问题。政府的一个重要职能是克服集体物品提供中的"搭便车"问题，因为政府有权通过征税权强制性收取费用，从而提供集体物品。

未充分认识到填补漏洞之前，有一段过渡时期，非营利部门在此可以发挥重要作用。当政府开始考虑介入相关活动时，仍有必要利用已经有效运作的非政府组织，因为它们已经有了成熟的专业知识并且付出了前期成本，政府授予其公权力可能使得其运作更为有效。

5. 专业知识和技术

某些人员拥有为政府工作所需要的特定专业知识，但政府雇用他们的成本可能会过于昂贵，或者这些人员喜欢比政府机关更为宽松的工作环境，在这些情形下，将权力授予私人是政府利用这些人才的专业知识的一种明智的和实用的方法。

6. 成本

政府将权力授予私人往往比自己直接从事相关活动成本更低。事实上，对成本的考量有时使得授权成为政府执行某种活动唯一可行的方式。有美国学者认为，如果不将执行反虐待动物立法的权力授予爱护动物协会，那些立法可能会一直无法执行。有时，政治压力虽足以导致法律的制定颁布，但却不足以保证筹集到足够资金予以执行，此时授权私人执行相关法律就较为可取。

（二）比较法的考察

1. 德国的被授权人

在德国，被授权人（beliehene）① 是指以自己的名义行使国家法律，或经由法律授权以行政处理或行政契约的形式所授予（Beleihung）的公权力（高权）之私人（自然人或法人）。其在组织上为私法主体，但在功能上是行政主体。

---

① Beliehener 一词台湾学者多译为公权力受托人，但该词词根 beleihung 义为授权，且译为公权力受托人易与大陆行政法学中的行政委托相混淆。台湾学者李建良译为经授权行使国家高权之私人，较为贴切，但又过于烦琐。且其刻意区分高权与公权力，理由并不充分。（参见李建良：《因执行违规车辆拖掉及保管所生损害之国家赔偿责任——兼论委托私人行使公权力之态样与国家赔偿责任》，台湾《中兴法学》总第 38 期）

德国行政法上的被授权人有 4 个特征：（1）须由公法人对私人为之。公权力授予是公法人将其拥有的公权力及行政事务托付给私人行使。这与权限委任与权限委托等行政主体内部的权限移转不同，也与国家将其事务交由自治团体的委办有异。（2）被授予公权力，在授权范围内可以以高权方式执行行政任务。公权力授予的目的在于与被授权人建立公法上的法律关系，并使其如同行政机关对外行使公权力执行行政任务。这里的高权，既包括官方高权（威权），又包括单纯高权，如事实行为等。① 但基于法治国家的"制度法律保留"，国家不得将其全部权限皆授予私人，而仅可授予其中的一部分。② 被授权人的这一特征使其与"基于私法契约而独立从事公务之私人"区别开来。后者是指国家通过与私人签订预算私法契约（通常是承揽契约）的方式，将一定的行政任务委由私人办理，如私营建筑公司接受国家委托修筑高速公路，其特色在于该行政任务不具有高权色彩。（3）被授权人必须以自己名义独立完成行政任务。（4）授权须有法律依据。公权力授予虽可减轻国家行政机关的负担，但基于以下理由，仍须有法律的依据。第一，私人并无行政机关所具的民主正当性，从而公权力原则上只能由代表行政主体的行政机关行使，除非在特别情况下由代表民意的国会以法律的方式"同意"此委托。

---

① 德国有高权（hoheitliche）与公权力（oeffentliche Gewalt）的名词，前者为学术用语，后者为立法用语，含义基本相同。在 18、19 世纪时，高权的概念与统治权的概念是等同的，如拉班德认为国家的高权是指"国家对于人民个人之财产、自由、甚至于生命，毋庸获得其同意，得以强制之力，命彼等作为、不作为之处分之权能"。但自 1920 年后，高权概念渐已扩充，包括官方的高权行政（obrigkeitliche Hoheitsverwaltung）和单纯高权行政（schlichte Holietsverwaltung），前者指以命令、强制的手段活动，为统治权的作用，后者则指国家虽基于公法的规定履行其义务，但并不立于支配地位而是立于与人民平等的地位，以类似私法的方式，如公法契约等完成行政任务。（参见罗明通：《德国国家责任法上公权力概念之趋势》，载台湾《法学丛刊》总第 109 期；同作者《非权力行政之发展与公权力行为之判断基准》，《法学丛刊》总第 111 期。萨孟武：《政治学》，三民书局，第 52—54 页）

② 陈敏：《行政法总论》，自行，2007 年第 5 版，第 995 页。

第二，公权力授予涉及行政机关权限的变更，机关权限既由法律规定，其变更自然亦应有法律规定。第三，行政机关若以作成行政处理的方式授权私人行使公权力，则无异于加以私人以负担，依据法律保留原则，理应由法律规定，即使是以缔结公法契约的方式授予，因此授予行为尚涉及第三人的权益，因此同样应有法律规范作为基础。[1]

通过授权，在授权行政主体（主行政主体）和被授权人之间产生公法上的委任和信托关系，被授权人除有行使公权力的权利外，同时亦有行使的义务，未经授权主体同意，不得擅自停止执行，其执行并应尽到善意的忠诚义务。被授权人因执行行政任务而发生的费用，由授权行政主体承担，因此其对授权主体享有提供费用和返还垫款请求权。被授权人有接受授权人（法律）监督的义务。撤销之诉和其他行政法院的救济形式应直接以被授权人为被告。[2]

2. 法国

在法国，国家授权私人行使公权力的具体方式包括：法律或行政法规直接授权私人管理某种公务；行政机关在授权私人机构进行某种活动的同时，单方面规定后者必须提供某种公共服务；行政机关根据法律或法规的规定和有关的私人组织签订合同，授权后者进行管理。最后一种方式是最为经常的一种方式。

根据上述方式从事公务的私人管理机构可分为两类：其一，传统法律上的私人组织模式，主要指私人根据各种法律所组成的协会，例如：各省的猎人协会、职业联合会、全国制油业联合会和互助组织等；其二，法律特别设立用以管理公务的私人机构，这类组织没有确定的法律名称和类型。它们虽然管理某些公务，但由于不具备公务法人的性质，只能属于私人机构。例如：工业技术中心、癌症防治地区中心等。

在法国，私人管理公务的法律制度的基本原则，是私人的内部组织

---

[1]　许宗力：《行政机关若干基本问题之研究》，载于翁岳生主持：《行政程序法之研究》，台湾"经济建设委员会"，1990年，第248—249页。

[2]　参见陈敏：《行政法总论》，自行，2007年第5版，第1000—1003页。

和活动受私法支配和普通法员管辖，其对外所作行为与公务无关时，都是私法行为，但经过合法授权为实施公务而采取的单方面行为是行政行为。当受害人由于私人无力赔偿，或者由于行政机关监督方面的过失而追诉行政主体的诉讼也由行政法院管辖。①

3. 英国

在英国，关于授权的一般原则是，如果某一特定人被授予了裁量权，其必须自己行使该权力。法谚"被授权人不可以向他人再为授权"（delegatus non potest delegare）即体现了这一原则的要求。但这是一个具有灵活性的原则（principle）而不是硬性的规则（rule）②，"制定法所授予的裁量权只是被初步推定为不应被其他当局所行使，但这个推定可以被制定法的语言、范围和目标等所显示出来的相反意思推翻。"③要确定授权法明确授权之外的其他人是否能够接受授权，要依赖于制定法的整体脉络，要考虑规定内容的性质，以及被授权的个人或组织的类型等。

被授权的权力的性质对于授权的合法性尽管不是决定性的，但却非常重要。对于纯粹行政性的事务，特别是有关调查的事务，法院一般承认授权的合法性。但如果没有制定法的明确规定，法院一般不太愿意承认立法权的再授权。对于司法性权力，特别当其涉及个人自由或纪律处分的授权也同样如此。在 Barnard v. National Dock Labour Board 案④中，全国码头劳务委员会依法将包括纪律处分在内的部分权力授权给地方委员会，地方委员会又将该权力授权给码头经理，后者对原告作出了开除的处分。法院认为地方委员会的授权是非法的，并指出很少司法职能可以被授权。在随后的一个案件中贵族院也得出了相同的结论，但它同时也

---

① 王名扬：《法国行政法》，中国政法大学出版社1988年版，第505—506页。
② 关于原则和规则的区别，参见德沃金：《认真对待权利》，信春鹰、吴玉章译，中国大百科全书出版社1998年版，第40页以下。
③ John Willis, "Delegatus non potest delegare", (1943) 21 Can. B. r. 257, 259.
④ [1953] 2 Q. B. 18.

强调并不存在绝对的规则说司法或准司法的职能就可以被授权,具体判断的"黄金规则"是考虑整体的制定法脉络。[1]

二、私人参与公共服务的提供

(一)外包

外包(contracting out)是在有关传统公共服务的民营化最经常的方式之一。它是指行政机关与私人签订合同,由后者提供社会服务或行使公共职能。外包与出售政府资产形式的民营化一起构成了许多国家公共部门改革运动的核心。传统上,政府就广泛通过签订合同向私人购买办公用品和设备以及面向政府部门的辅助性服务,如今,和私人组织签订直接面向公众的服务合同,如垃圾收集、救护车服务、路灯维修、马路保养和多样化的社会服务,也成为一个普遍现象。例如政府保留设施和资产的所有权,而让私人企业去经营,涉及的领域包括供水、资源回收、垃圾处理、车辆维修、飞机场和医院等。外包与租赁的差别在于,私人不得将承包的资产用于自己的其他业务,而只能从事政府指定的业务经营并从政府获得相应的报酬。外包有利于提高生产率节约成本以及增强透明度。公共服务的合同外包并不意味着政府放弃责任,只不过是将具体事务的执行交由私人完成,而政府要负责监督,保证服务质量。

合同外包的有效实施需要一些前提条件,包括:工作任务要清楚地界定;存在几个潜在的竞争者,已经存在或可以创造并维持一种竞争气氛;政府能够监测承包商的工作;承包的条件和具体要求在合同文本中加以明确规定并能够保证落实。[2]

政府将其公共服务或其他行政职能外包带来了许多法律问题,例如,如何保证政府不通过外包的方式推卸其应承担的公共责任,对于私人承

---

[1] Vinev.National Dock Labour Board[1957]A.C.488.

[2] [美]萨瓦斯:《民营化与公私部门的伙伴关系》,周志忍等译,中国人民大学出版社2002年版,第78页。

包者的活动是否可以申请司法审查,① 是否存在一些不能外包的行政职能等等。②

(二) 特许经营

在特许经营中, 政府授权某一私人组织从事某种活动, 私人组织直接向公众出售其服务或产品。特许经营与外包的相同之处在于, 在两种形式中政府都是安排者, 而私人组织是生产者; 两者的区别在于对生产者支付方式的不同: 在合同外包安排下, 政府 (安排者) 向生产者支付费用, 而特许安排下消费者向生产者付费。特许经营方式特别适合于可收费物品的提供。特许经营有两种形式, 一种是场域的特许使用, 包括领空、街道、地下空间、电波波段等; 涉及公用事业、电信服务、港口、飞机场、道路、桥梁等领域; 另一种是租赁式特许, 即将政府设施、建筑物或土地租赁给私人从事商业活动。特许经营可分为排他性的特许与非排他性的特许。排他性的特许是指政府将垄断特权给予某一私营企业, 其在特定领域里提供特定服务, 通常要接受政府机构的价格规制; 相反, 在非排他性的特许, 经营者不具有垄断特权。③

与英美等国有关特许的法律制度尚在发展之中不同, 在法国, 有关公务的特许已经有了长期的历史, 其法律制度也较为成熟。公务的特许, 指行政主体和其他法律主体签订合同, 由后者以自己的经费和责任管理某种公务, 管理活动的费用和报酬均来自对使用人的收费, 盈亏由受特许人承担。公务特许最初仅适用于公共工程, 但现在除工商业公务之外, 行政公务, 如土地的整理与开发等也可纳入公务特许之列。公务特许合同是一种行政合同, 行政主体在其中享有一定的特权, 受特许人和行政主体之间关系履行特许合同的诉讼, 由行政法院管辖; 而特许公务的使

---

① 参见本章第一节。

② Jody Freeman, Private Parties, Public Functions and the New Administrative Law, 52 Administrative Law Review 813–58 (2000).

③ [美] 萨瓦斯: 《民营化与公私部门的伙伴关系》, 周志忍等译, 中国人民大学出版社 2002 年版, 第 81、130 页。

用人和第三者与受特许人之间所产生的诉讼属于私人之间的诉讼，由普通法院管辖；特许公务使用人和行政主体之间的诉讼，由行政法院管辖，这种诉讼发生的情形，主要是受特许人违反法规的规定或特许合同中具有法规性质的条款，使用人请求行政主体行使监督权遭到拒绝，以及因行政主体不行使监督权而给使用人造成损害时。①

（三）基础设施领域的公私合作②

公私合作是公民或第三部门参与公共服务的重要方式，其目的不仅是试图将民间"创业精神"及"成本效益分析"带入政府服务功能中，更重要的是邀请民间组织，基于"公民参与"和共同承担公共责任的自觉，与政府共同从事公共事务执行和公共建设工作。③ 公私合作（公私部门的伙伴关系，Public-Private Partnerships）这一术语包括三种不同的含义。(1) 指公共部门和私营部门共同进行生产和提供物品与服务的任何安排。包括合同承包、特许经营、补助等。(2) 指企业、社会组织和政府官员为了改善社会经济状况而进行的正式合作。在其中，企业超越了其在市场中的通常角色，介入学校、就业培训、市区复兴、城市再开发等领域；政府也不再限于征税员和传统市政服务提供者的角色，而是变成了不动产开发者、商业信贷者；宗教和非营利性组织的领袖则利用其道义号召力以及与社区的密切联系参与这种合作。(3) 指私人参与公共基础设施项目的建设与经营。这里在最后一层意义上使用这一术语。

私人部门参与基础设施的建设和经营，有 9 个优势：(1) 推动政府发展新的基础设施项目。以利润为导向的私人企业有直接的经济动力去开发新的建设项目，并在公众能够支付的价格水平上提供服务，满足公众的需求。(2) 民间投资者和有经验的商业借贷者的参与，有助于更好

---

① 王名扬：《法国行政法》，中国政法大学出版社 1988 年版，第 496 页。

② ［美］萨瓦斯：《民营化与公私部门的伙伴关系》，周志忍等译，中国人民大学出版社 2002 年版，第 105 页。

③ 江明修、郑胜分：《政府与第三部门协力关系：理论辩证与策略析探》，2002 年10 月 16 日，台湾政治大学政治经济研究室论文发表会。

地保证一个项目在技术上和财政上的可行性。（3）可以利用民间资本市场弥补政府资源的不足。（4）由于私人部门的运作灵活，不受政府采购法的限制和官僚规则的约束，因此，其建设速度一般更快，对于建设费用的使用往往也更有效，从而它们能够以较低的成本更好地满足公众需要。（5）私人部门对基础设施的经营一般也要比公共部门更为有效。（6）经营基础设施的私人部门成为政府的新的税收来源。（7）私人部门可以承担一些本来由公共部门承担的风险。（8）在开展项目的过程中，私人部门可以促进技术转让，并为政府部门培训人才。（9）私人部门的管理可以作为衡量类似项目效率的一个标尺，这最终有助于提高未来基础设施项目的公共管理绩效。

从各国的实践来看，基础设施领域的公私合作有 6 种主要的形式：（1）建设—经营—转让（Build-Operate-Transfer，BOT）。这是指在政府授予特许权的前提下，私人部门负责为基础设施进行融资并建设，在特定期限内拥有和经营这些基础设施（包括向用户收取费用），在期限届满后，基础设施的所有权就转让给政府部门。在新建基础设施领域，这是当前各国最为常见的公私合作形式。（2）建设—转让—经营（Build-Transfer-Operate，BTO）。这是指发展商负责为基础设施融资并建设，一旦建设完毕，该基础设施的所有权就转移给有关的政府部门，但该政府部门再以长期合约的形式将其外包给发展商经营，发展商可以通过向用户收费等商业方式，收回投资并取得合理回报。（3）租赁—建设—经营（Lease-Build-Operate，LBO）。这是指民营企业根据长期合约租赁现有基础设施，负责对其改造和扩建，其享有根据合约收回投资并取得合理回报的权利，同时必须向政府部门缴纳租金。（4）购买—建设—经营（Buy-Build-Operate，BBO）。这是指政府按照特许协议将现有的基础设施出售给私人部门，私人部门在改造和扩建这些基础设施后永久性地经营该基础设施。政府可以通过特许协议对基础设施服务的定价、进入、噪声、安全、质量以及将来的发展作出规定，实施政治控制。（5）建设—拥有—经营（Build-Own-Operate，BOO）。这是指开发商依据特许协议兴建基础设施，拥有其所有权并负责经营，开发商在基础设施服务的定价和运营方面要接受政府的各种规制。（6）私人融资创议（Private Finance Initiative，PFI）。这是指私人负责为医院或道路等公共工程融资并兴建，然后再出租给公共部门使用并收取租金。它的主要程序是：首先，政府确定投资项目和项目建设标准，由政府招标决定投资主体即私营部门，并与之签订合同；其次，私营部门对项目按合同要求进行设计、筹资、建设及运营；最后，政府按合同购买私营部门所提供的服务。政府由传统上作为基础建设的拥有者变为服务的采购者，有助于解决政府工程管理的低效率和政府资金的短缺问题。这是英国公共设施领域进行公私合作的一种典型形式。① 英国自 20 世纪 90 年代初期开始施行私人融资创议以来，截至 2003 年 4 月，累计已签约案件数达 569 件，签约总金额 526 亿英镑，其中交通建设案例占 37%。

三、私人参与行政任务实施的其他形式

（一）行政辅助人

在德国，行政辅助人或行政助手，是指私人作为行政机关行使公权力时的帮手，其并非如被授权人以自己的名义独立行使公权力，而是直接受行政机关的指挥命令从事活动，犹如行政机关的"延长之手"，如在发生交通事故时交通警察请求在场司机协助其维持交通秩序，对于行政辅助人行为的法律效果，直接归属于国家。

（二）有限的公法勤务关系

公务员关系是一种全面的身份关系和勤务关系，德国法上还存在仅限于个别行为的公法勤务关系，如大学中的教学受托人。教学受托人独立进行活动，因此不是纯粹的行政协助人。

（三）关于自愿服务的私人

某些私人，特别是公益慈善团体，虽然并无法律上的义务也经常自愿从事一些公益活动。私人从事的公益活动，尽管减轻了国家本应承担

---

① 弗林：《公共部门管理》，曾锡环等译，中国青年出版社 2004 年版，第 128 页。

的行政任务，但本身在原则上不构成公务或者行政任务。①

（四）关于自我规制的私人

1. 负义务的私人

对于某些原属国家行政任务的事项，法律也可以将其设定为私人的行为或给付义务，成为私人的公民义务，如道路沿线居民的道路清洁义务，维护重要财产的义务。在此情形私人仅有义务而无公权力，其并非承担行政任务。在德国，根据公害防治法的规定，工厂、电站等有义务指定一个或者数个公害防治代理人，负责执行本单位内部的与公害防治有关的法定任务。公害防治代理人及其他类似代理人的法律资格是一个有争议的问题，有人认为他们是被授权人。毛雷尔认为，公害防治代理人应是一种特殊形态的负义务的私人：设施经营者通过任命代理人的方式进行自我监督。

2. 行业性自我规制组织

在许多国家，一些民间的组织行使着对某个行业的规制职能，例如民间委员会行使产品认证权；贸易协会制定并执行实际上作为规制标准的行业规范；私人组织制定健康和安全标准，而这种标准甚至为行政机关所自动采纳。这类行业性自我规制组织，其职能原则上也不构成行政任务。②

第六节　中国行政任务的其他承担主体

在改革开放前，中国社会组织结构高度一元化，企业、事业单位和人民团体等与行政单位在组织与功能上没有质的差别，这些单位组织都可看作国家行政职能的承担主体。20世纪70年代末期开始的改革开放在很大程度上改变了这一社会结构，在国有的企事业单位和官办的人民团

---

① 参见本章第一节四。

② 参见本章第一节四。

体之外，出现了大量民间的组织。它们作为相对比较纯粹的私人组织，不承担国家行政职能，尽管随着 1990 年以后中国民营化改革的推进，许多民间组织也开始介入公共服务的提供和公共设施的建设，但其中的逻辑与改革开放前殊不相同，这是一种市场化（民营化）与多元化的逻辑，而非行政化与集权化的逻辑。但另一方面，对于国有企事业单位和官办社团，尽管有政企分开、政事分开的改革，仍然在很大程度上承担着行政职能，特别是一些具有垄断性地位的组织更是如此。对于这种现象进行简单的否定与批判并不可取，作为国家出资设立的企事业单位承担部分公共行政职能，并非不能接受；利用社团来承担行政职能也自有其合理之处。问题的关键在于，如何通过组织改造和制度变革，保证每一种公共职能能够由最适合的组织形式行使，并且维持职权与职责的平衡。

一、中国单位组织概况①

（一）改革前的中国单位组织

新中国成立后，在高度集中的再分配经济体制②的基础上，形成了一种总体性的社会结构，国家垄断着绝大部分的重要稀缺资源，在很大程

---

① 单位组织与单位体制是近年来国内外研究中国社会结构及其转型问题的学者的一个热点问题，其研究成果深入地分析了中国经济社会政治结构，对于中国行政法学研究具有重要的启发意义，中国行政法学理应利用和转化这些研究成果，增强对中国行政法问题的解释能力，提升本学科的学术品质。（参见张树义：《中国社会结构变迁的法学透视——行政法学视角分析》，中国政法大学出版社 2002 年版）

② 卡尔·波兰尼将人类的经济生产方式概括为三种类型，即市场经济、再分配经济和互惠经济。市场经济的特征是，生产者与消费者建立横向联系，联系桥梁是价格和货币。再分配经济的特征是，生产者与消费者没有横向联系，所有生产者都纳入经济管理的"中央"指挥下的纵向网络，产品和生产盈余自下而上交给中央，中央按照纵向网络中的权力关系从上而下地对产品和剩余进行再分配。互惠经济的特征是，虽然生产者与消费者可以直接见面，但价格和货币并不是中介，代之而起的是信任和礼物。（参见边燕杰主编：《市场转型和社会分层——美国社会学者分析中国》，三联书店 2002 年版，第 16 页）

度上吞并了社会，已经没有一个相对自主的社会的存在。国家建立了一个严密的组织系统以执行国家的意志，形成国家—单位—个人这一纵向调控体系。在其中，单位依赖于国家而存在，个人依附于单位并间接地依附于国家；国家控制着单位组织，单位控制着个人。① 各种单位都在一定程度上行使行政职能，其运作逻辑也几乎完全是行政化的。"国家不仅仅意味着通常意义上的行政机构，而且将所有的社会组织或者社会团体形式都包括到国家行政机构的范畴中"。② 尽管在编制管理、具体职能和经费来源上，③ 有企业单位、事业范围和行政单位的区分，但所有的单位组织都只是从属于国家的"单位"而已，并且企事业单位实际上成为行政单位的附属物，或者说是特殊形式的行政单位。单位以及作为准单位组织的人民公社都具有国家的派出机构或代理机构的地位，是国家统治机器的组成部分，担负着国家的责任，拥有国家所赋予的权力，代表国家占有与分配社会资源，并对个人与社会加以组织和控制。单位作为国家权力系统的一级组织，要完成执行上级交给的任务，执行上级的指令，承担着本应由国家承担的社会保障职能和社会秩序维持职能。④

中国的单位与准单位组织包括5个种类⑤：（1）机关单位。指党政机关，包括立法、行政、司法和军队组织。（2）事业单位。指那些不直接从事生产，而是从事教科文卫及社会福利等服务型活动的机构。事业单位具有两个特点：一是以脑力劳动为主体、以知识产品为主要劳动成果的知识密集型组织，其成员多由专业技术人员（知识分子）构成，并具

---

① 刘建军：《单位中国——社会调控体系重构中的个人、组织与国家》，天津人民出版社2000年版，第106页以下。

② 李路路、李汉林：《中国的单位组织：资源、权力与交换》，浙江人民出版社2000年版，第17页。

③ 行政和事业单位的资金来源是财政拨款，而企业单位的资金来源是上缴利润和税收以后的留成和国家的拨款。

④ 杨晓民、周翼虎：《中国单位制度》，中国经济出版社1999年版，第60页以下。

⑤ 关于"单位"的范围，参见李猛、周飞舟、李康：《单位：制度化组织的内部机制》，《中国社会科学季刊》（香港）1996年秋季卷总第16期。

有干部身份；二是强烈的行政属性。事业单位有不同的行政级别，国家依靠事业单位的行政等级确立输入资源的标准和规则。绝大多数事业单位不具有企业的再生产能力，其经费来源均依赖于国家的行政拨款，而其又不像行政单位一样掌握权力资源，因此其依附性最为严重。（3）企业单位。指由行政部门领导、从事具体物质生产的、为国家直接创造利润和积累资金的组织。企业单位有两个明显的特征：一是政企不分，经济决策权、经济经营权和人事决策权都完全集中于政府部门，政府直接管理和经营国有资产，对经济活动进行全面的指令性计划管理。二是具有社会稳定和经济发展的多重目标，为国家赢利并非唯一的组织目标。直到 20 世纪 80 年代中期，日本经济学家小宫隆太郎还曾作出"中国不存在企业，或者几乎不存在企业"的论断。（4）人民团体。指名义上由人民群众自发组织的群体，包括共青团、妇联以及各种民主党派等。这些团体被授予各种相应的行政级别和待遇，通常在管理上不被视作一个独立的门类，而被划归到机关事业单位管理的范畴。（5）农村人民公社。从国家对人民公社的控制来看，并不比前述的单位组织薄弱，但国家对公社成员所承担的责任要比单位成员小得多，例如国家不承担其社会保障功能。从这个意义上，可以将农村人民公社作为一种准单位组织。

（二）改革对中国单位组织的影响

20 世纪 70 年代末期以后，随着中国以市场化为取向的改革的推进，中国的社会结构发生了重大变化。从微观来看，一方面，民营企业、三资企业以及在一定意义上的集体企业等的发展壮大，民办非企业单位、市场取向的行业协会等的出现，人民公社的解体和农村家庭联产承包责任制的推行等，使得以往的单位或准单位体制范围发生了很大的变化。另一方面，在国有部门，包括国有企业、事业单位、官办型行业协会中，通过扩大国营（有）企业自主权，国有企业的股份制改造，实行政企分开、政事分开改革，确实导致国有单位自主权在一定程度上的扩大。单位承担的社会调控职能很多转移到单位之外，出现了单位化调控体系和社会化调控体系这种"二元结构"。

尽管通过改革，在国家与单位的关系上，以及个人与单位的关系上，单位体制都在一定程度上被突破，但不应对此评价过高，单位体制在中国社会中仍然占据极为重要的地位。国家仍控制着中国社会中最为重要的资源，单位这种行政化体制仍是中国城市社会中主要的组织形式，国家—单位—个人的链条关系依然是中国社会调控体系的主体性构成要素。从单位的功能来看，20世纪80年代以后，福利单位化的规模有增无减，单位福利开支迅速上升。单位办社会的结构不但没有因经济体制改革而得以改观，反而呈现日趋膨胀的趋势。第三产业的单位化经营在市场化的过程中并没有被根治，只不过又采取了另外一种形式，就是从原来的单位内部的行政化经营转向单位外部的市场化经营。经营组织尽管大都采取自负盈亏的形式，但在资产、人事等方面都隶属于原单位。因此从这个角度而言，中国的国有组织在结构、功能和地位等方面仍然保留着改革前单位组织的根本特征。[1]

二、国有企业单位

中国的国有企业改革已经进行了二十余年，先后经历了放权让利、利润包干、利改税、企业所有权与经营权相分离、转换企业经营机制、推行企业承包制和租赁制、国有企业公司制改造、股份制等多个阶段，中共十四届三中全会明确了国有企业改革的方向是建立"产权清晰、权责明确、政企分开、管理科学"的现代企业制度。但到目前为止，国企改革尚难称取得成功。一方面，国有企业的经营受到政府直接或间接地干预，企业经营目标多元化、政企不分、以政代企的格局并没有从根本上改观，只是表现形式与手段发生了变化。另一方面，国有企业也从国家那里获得了很大程度上的保护。国有企业在股票上市、土地使用权的获得、进出口、银行贷款等方面享有民营企业无法获得的特权。由于国有企业的运营效率普遍不如民营企业，为了维护国有企业的既得利益，国家的法规政策对民营经济在金融、电信等高利润经济领域的发展予以

---

[1] 李路路、李汉林：《中国的单位组织：资源、权力与交换》，浙江人民出版社2000年版，第32页以下。

限制。

从目前来看，大多数国有企业仍然保留着传统单位体制的主要特征，在组织与职能上有着行政化的色彩，而一些特殊类型的国有企业，突出显示了我国国有企业作为行政任务承担者的性质。（1）行政性公司。行政性公司是指以公司为组织形式，既从事经营活动，又承担某一方面行政管理职能。行政性公司大多是在政府转变职能、进行机构改革的过程中由原政府主管部门转变或改建而成，是政府职能转变和机构改革的特殊产物。例如，中国船舶总公司、中国石化总公司和中国纺织工业总公司等。行政性公司与一般的企业单位不同，它兼有行政组织和经济组织双重身份。（2）享有专营权的国有企业。国家专营或指定专营是指国家以法律的形式明确规定某种商品的生产、买卖有国家设立或制定的机构专营。被赋予特殊的生产、买卖经营权的企业即成为垄断企业，其他的企业无权与之竞争。在我国，在烟草、食盐、化肥、农药、农膜等行业实行专营。（3）存在进入壁垒的行业中的国有企业。国家通过对某些行业设置障碍以消除或削弱该行业内的竞争。与国家专营的情形不同，实行行业壁垒并不一概地阻止企业对某一行业的进入，而只是对这种进入施加不同程度的限制。我国所实行的行业壁垒与原有的经济体制存在着历史的联系。在经济体制改革以后，原有的垄断被不断地打破，随之而来的是国家通过设置行业壁垒而阻止在某些行业中出现其认为不必要的竞争。比较典型的行业包括外贸、金融、通信、交通等，投资者若要进入这些行业必须通过政府的特别许可或审批。

关于中国国有企业的改革，首先应当明确的是，完全用民营企业的组织与功能原理来衡量国有企业是不合适的。国家出于公共利益的要求、运用公共财政所设立的国有企业，要求其承担一定的公共职能、受到国家更为严密的控制甚至在法定范围内享受一定的特权，这些都可能有其内在的合理性。考虑到中国计划经济的许多遗留物，中国国有企业改革的首要任务要缩小国有企业的活动领域，在保证社会公正的基础上进行民营化改革，但是无论如何改革，中国国有企业都不可能消失。因此，必须探讨适合国有企业的组织类型。对于国家进行政策判断以后，认为应当保留国有企业的领域，应当注意国有企业组织类型的选择，以适应不同经济领域对国有企业的功能、独立性、内部组织构造等的不同需求。

为确定国有企业的组织类型，应当对国家通过国有企业所追求的目标进行梳理。从各国来看，国家设立国有企业主要是为实现两个目标，一个就是营利，增加国库收入（当然最终目标还是为了社会福利等公共利益）；另一个就是直接执行行政任务（德国的所谓行政私法），作为履行公务的一种手段。对于以直接执行行政任务为目的的国有企业，比较适当的组织形式有两种，一是行政机关或其内部单位；二是公法人（公务机构）。这两类组织都属于公法组织，但前者的独立性较低，受国家的控制程度较高，后者则具有较大的独立性，受国家的控制程度低。而对于主要以营利为目的的国有企业，则适合采取商业公司的组织形式，由国家根据公司法设立，必须遵守经济活动的一般规则。现在中国国有企业统一按照《公司法》进行国有化改造，没有考虑到不同功能国有企业的区别，其结果淡化了商业公司的性质，这是下一步国有企业改革应当避免的问题。当然，即使采取商业公司的组织形式，在某些情形下也有可能直接承担行政任务，对于这种活动应要求其遵循公务的基本原则。2015 年发布的中共中央、国务院对外公布《关于深化国有企业改革的指导意见》，提出要"根据国有资本的战略定位和发展目标，结合不同国有企业在经济社会发展中的作用、现状和发展需要，将国有企业分为商业类和公益类。通过界定功能、划分类别，实行分类改革、分类发展、分类监管、分类定责、分类考核"。这符合国有企业分类改革的方向，但其中对于公益类国企可以采取的组织形式尚待进一步确定。

三、事业单位

在新中国形成的传统中，"事业"特指"没有生产收入""所需经费由国库支出"的社会工作，而"事业单位"则是指没有生产收入、经费由国家开支、不实行经济核算、提供非物质生产和劳务服务的社会组织，主要包括科学、教育、文化、卫生和体育等部门和单位，例如学校、医院、研究机构、演艺团体等。确定事业单位的标准主要有：（1）活动性质和目的。即事业单位是"为国家创造和改善生活条件，从事为国民经济、人民文化生活、促进社会福利等项服务活动，不是以为国家积累资金为目的"的组织（1984年全国编制工作会议《关于国务院各部门直属事业单位编制管理试行办法(讨论稿)》）。（2）行业领域。即从事教育、科学、文化、卫生等活动。（3）经费来源与管理方式。即由国家机关举办或者其他组织利用国有资产举办，并且不进行经济核算。在改革前这几个标准基本上是统一的，可以保证其与企业单位、行政单位的明确区分。

改革开放以后，前述的各项标志之间出现了脱节，这导致事业单位的范围非常混乱。一些人仍然沿袭传统的按照行业来划分的方法，即将教科文卫行业的国有单位一律称为事业单位，但这些领域的事业单位有些由于进行（或者应当进行）企业法人登记，而在法律上已经退出了事业单位的行列，而有的事业单位，虽然没有进行企业法人登记，但由于采取企业化的管理方式，事实上已经与企业没有区别。

国家全额拨款、不进行经济核算也已不再是事业单位所共有的一个特征。传统上的事业单位，其经费全部由政府拨给，其业务如果取得收入也由政府统一调配。后来经过改革，形成了事业单位的三种拨款方式：全额拨款、差额拨款、自收自支。根据财政部1989年1月发布的《关于事业单位财务管理的若干规定》，对此作了详细规定。对于没有稳定的经常性义务收入或收入较少的事业单位，实行全额拨款；对于有一定数量的稳定的经常性业务收入，但还不足以解决本单位的经常性支出，需要财政补助的事业单位，实行差额拨款；对于有稳定的经常性收入，可以解决本单位的经常性支出，但尚不具备进行企业管理条件的事业单位，实行自收自支，其单位的事业性质不变，职工的工资、福利、奖励等均执行国家对事业单位的有关规定。在1997年发布的《事业单位财务规则》中，相关规则又有所改变。根据新的规则，国家对事业单位实行核收定支、定额或者定项补助、超支不补节余留用的预算管理办法。定额或者定项补助根据事业特点、事业发展计划、事业单位收支状况以及国家财政政策和财力可能确定。定额或者定项补助可以为零。就其实质而言，与原来的管理方式是一致的，例如补助为零实际上就是原来的自收自支的事业单位。

实践中还出现了一些与行政机关行使相同行政职权、但却被定性为事业单位的机构，典型的有证监会、保监会和银监会，将这样的单位界定事业单位，主要是出于政治上的考虑，即在形式上缩小国家行政机关和公务员的队伍，从而体现行政改革的成果。尽管其行使的行政职能与一般的行政机关相同，但由于被定性为事业单位，其职工的工资、福利、奖励等适用的规则就与一般的行政机关有所不同。

在事业单位概念问题上应当注意的一个问题是，由于改革后出现了民办的非营利组织，其职能与传统的国办事业单位相同，在一段时间中，人们将其称为民办事业单位，但 1998 年国务院制定发布了《民办非企业单位登记管理暂行条例》①，用"民办非企业单位"取代了"民办事业单位"的名称，从而将事业单位的概念保留给了国有的事业单位。

20 世纪 80 年代中期以后，中央政府有关部门和许多地方政府对事业单位进行的以放权让利为核心的微观体制改革，在一定程度上改善了事业单位的财务状况和职工收入，调动了事业单位及其职工的积极性，缓解了各级政府的相关财政压力。但是，这一改革也存在比较突出的问题：（1）放权过度，约束不足。对事业单位的业务活动自主权下放过度，事业单位的业务活动内容与方式过分自由，既无明确的前期计划审核，也无有效的事后绩效评估，导致许多活动偏离了国家和公众需要。（2）市场化过度。在事业单位改革的过程中，把事业单位视为与企业单位等同的"经济人"，事业单位从"行政化"变为"企业化"，降低了公共服务的质量。造成这种现象的重要原因是国家出于缓解财政压力允许事

---

① 根据该条例第二条的规定，民办非企业单位是指企业事业单位、社会团体和其他社会力量以及公民个人利用非国有资产举办的，从事非营利性社会服务活动的社会组织。

业单位创收，而对于创收活动的内容、收入比例以及用途几乎没有任何限制，创收收入大量转化为员工收入和福利，这使得原本应当承担公益职能的事业单位全面趋利化，突出机构和个人利益目标，忽视、背离甚至损害社会公益目标，很多基础性、公益性活动事实上被抛弃。

《中共中央国务院关于分类推进事业单位改革的指导意见》（2011 年 3 月 23 日）提出，要在 2020 年建立起功能明确、治理完善、运行高效、监管有力的事业单位管理体制和运行机制，形成基本服务优先、供给水平适度、布局结构合理、服务公平公正的中国特色公益服务体系。在清理规范基础上，按照社会功能将现有事业单位划分为承担行政职能、从事生产经营活动和从事公益服务三个类别。对承担行政职能的，逐步将其行政职能划归行政机构或转为行政机构；对从事生产经营活动的，逐步将其转为企业；对从事公益服务的，继续将其保留在事业单位序列、强化其公益属性。今后，不再批准设立承担行政职能的事业单位和从事生产经营活动的事业单位。对从事公益服务的事业单位，根据职责任务、服务对象和资源配置方式等情况，细分为两类：承担义务教育、基础性科研、公共文化、公共卫生及基层的基本医疗服务等基本公益服务，不能或不宜由市场配置资源的，划入公益一类；承担高等教育、非营利医疗等公益服务，可部分由市场配置资源的，划入公益二类。

目前对事业单位改革的研究，在法学领域主要是从民法角度加以研究，但尽管根据我国现行的法律规定事业单位是民法上的法人，但从公法角度而言，它们实际上是国家行政职能的承担者。对于事业单位的法律规制应主要是一个行政法学问题，正如我国民法通则将行政机关规定为机关法人，但对行政机关的研究（包括其组织、活动与监督等）应主要由行政法学来研究一样。从行政法学的角度来看，中国事业单位的进一步改革需要解决两个层次的问题：确定国家应当承担哪些公共职能，以划定国家与市场、社会的界限。一是划清国家与市场的界限。我国目前事业单位承担了大量应由营利性市场主体来提供的非公益性服务与产品，这其中既有一些是计划经济时代的遗留物，但也不乏近年来基于各种因素而设立的新机构。大量非公益型机构充斥于事业单位之中，使得国家财政负担过重，无力发展那些真正具有社会公益性的社会事业。不仅如此，这些机构利用与营利性市场主体完全不同的地位和特殊条件参与竞争，造成了经济社会秩序的混乱。因此对于承担这类职能的事业单位，应当通过民营化改革，使其转变为普通的企业或民办非企业，从而回归民间。二是划清国家与社会的界限。并非所有涉及公共利益的职能都应由国家承担，国家通过应当鼓励和促进公益型非政府组织（NGO）的发育，充分利用民间资源，而不必完全利用自己的组织和人员。某些事业单位所承担的职能如果可以由民间组织来承担，这类组织国家可以撤销，转由民间组织承担，但国家应当依法对民间组织的活动加以规制，并通过税收优惠、财政补贴等方式促进其健康发展。明确哪些职能应由事业单位来承担。这一问题首先涉及事业单位的组织特征。如前所述，中国目前按照编制管理划入事业单位的组织，范围庞杂，组织和管理方式多样，应当对事业单位的概念加以重构，使其成为一类具有自身特色和确定范围、从而能够建构与其相适应的一套法律制度的公共组织。我们认为，应将中国事业单位定性为以提供公共服务为目的、根据公法或特别法规定具有相对独立性的行政组织，具体组织形态可以分为执行署与公务法人两类组织。执行署则仍处在国家机关内部，通过准合同的形式与行政机关签订服务合同，确立绩效标准。而公务法人具有自己的法律人格，独立性较高。

四、社会团体

（一）社会团体概述

社会团体和事业单位一样是中国所特有的概念。在改革开放前，社会团体主要是指人民团体，改革开放后，除了人民团体以外还出现了行业协会等其他社会团体。根据1998年颁布的《社会团体登记管理条例》第二条的规定，社会团体指由公民或者单位自愿组成，为实现会员共同意愿，按照其章程开展活动的非营利性社会组织。一般将社会团体简称为社团，但这容易与作为财团法人对称的"社团法人"相混淆。①

社会团体有 3 个特征：（1）社会团体由多数会员组成。仅仅一个人是无法组成社会团体的。根据《社会团体登记管理条例》的规定，社会团体必须有 50 个以上的个人会员，或者 30 个以上的单位会员，或者在既有个人会员又有单位会员时会员总数有 50 个以上。②（2）社会团体由会员自主管理。这体现在社会团体的章程由会员大会制定、修改，社会团体的会员大会是决定社会团体重大事务的最高权力机关。（3）社会团体的宗旨是非营利性的目的。《社会团体登记管理条例》第四条第二款规定："社会团体不得从事营利性经济活动。"这是社会团体与企业相区别的一个主要特征。但这并不意味着社会团体不能进行任何收费或者可以赚取利润的活动，只是表示社会团体取得的财产不能够分配给会员。社会团体因其活动取得的财产必须用于其目的事业。

在社会团体的管理体制上，国务院于 1989 年颁布的《社会团体登记管理条例》，正式确立了"分级登记、双重管理"的模式，即由各级民政部门主管社会团体的登记管理工作，但每个社会团体还受业务主管单位管理。此后，根据《社会团体登记管理条例》所确定的职权，民政部颁布了大量的行政规章和其他行政规定，其他部委作为相关社会团体的业务主管部门，大多也颁布了有关的行政规定。1988 年以后国务院颁布的

---

① 依据《民法通则》的分类，法人分为企业法人和非企业法人，非企业法人又分为机关法人、事业单位法人和社会团体法人。《民法通则》中所规定的社会团体法人，与传统民法学分类中的"社团法人"不同。社团法人是与财团法人相对应的概念，社团法人是以人为基础成立的法人，如股份公司和各类社会团体等；财团法人是以财产为基础成立的法人，如基金会等。由于"社团法人"在民法理论上有特定的意义，不应将其作为"社会团体法人"的简称。从未来发展来看，社会团体的概念可能将消亡，取而代之的是社团与基金会（财团）等概念。

② 基金会虽然在我国被认为属于社会团体，但却没有会员，因此这是一种特殊的社会团体。从国外来看，基金会一般属于社团之外的财团，这是因为社团与财团在性质上有较大的差异，应当适用不同的制度规则。我国未来法制的发展也应当将基金会从社会团体中分离出去，纳入独立的财团概念当中。本部分对社会团体的介绍，除特别指明外，一般不包括基金会在内。

行政法规和民政部等部委颁布的规章，构成了我国目前社会团体法律制度的主体。1998 年 10 月，国务院颁布了新的《社会团体登记管理条例》，这是目前关于社会团体最重要的法律。由于目前的社会团体立法主要是行政立法，所以其内容绝大多数是行政管理方面的，涉及其他方面的较少。除了关于一般社会团体的法规、规章等外，还有一些特别法律规定某些特殊社会团体的设立、职能、组织等问题。例如，基金会（《基金会登记管理办法》）、外国商会（《外国商会管理暂行规定》）、工会（《工会法》）、律师协会（《律师法》）、红十字会（《红十字会法》）、消费者协会（《消费者权益保护法》）、注册会计师协会（《注册会计师法》）等。

（二）社会团体的分类

可以根据不同的标准对社会团体加以分类。（1）根据社会团体活动性质的不同，可以分为学术性社会团体、行业性社会团体、专业性社会团体与联合性社会团体。民政部在《关于〈社会团体登记管理条例〉有关问题的通知》（1989 年 12 月 30 日）中规定，社会团体主要分为学术性社会团体、行业性社会团体、专业性社会团体与联合性社会团体四类。（2）根据社会团体法律地位的不同，可以将社会团体分为有法人资格的社会团体与没有法人资格的社会团体。按照《社会团体登记管理条例》第三条第二款和第十六条的规定，社会团体必须取得法人资格，但根据第三条第三款第三项的规定："机关、团体、企业事业单位内部经本单位批准成立、在本单位内部活动的团体"，可以不按照《社会团体登记管理条例》的规定登记。实践中大量存在的学生社团就属于这种社会团体。（3）根据社会团体的官方化程度的不同，可以将社会团体分为官办社会团体、半官办社会团体和民办社会团体三种类型。这是一种学术研究上的分类，其区分的标准主要是组织的形成过程、社会团体主要领导的产生、社会团体主要领导的身份和经费来源。① 由于这种分类对于中国社会

---

① 严格说来，称各种官办的社会团体为"社会团体"是不准确的，它们实际上属于"国家"组织或者"准国家"的组织。概念的混乱导致将两类不同性质的组织熔为一炉并进行相同的法律规制，这是中国社会团体法律制度需要改进的。

团体的改革意义重大，下文以行业协会为例对这一分类加以具体分析。①

1. 官办行业协会

官办行业协会也可称为"自上而下型"行业协会。这类行业协会大多是在机构改革过程中组建起来的，具有"整体转制、合署办公、一套人马、两块牌子"等特点，很大程度上是部门管理体制的变形和延续。政府在鼓励行业协会发展时，更多的是强调行业协会对政府的辅助职能，如 1999 年国家经贸委印发的《关于加快培育和发展工商领域协会的若干意见（试行）》中所规定的行业协会职能有一半以上是为国家服务的，在一定程度上表明了政府对这类行业协会的定位。在实际操作中，政府希望行业协会作为行政管理的辅助工具，并通过部分转移其原有职能，使自己对行业管理的权力得到"合法"延伸。政府之所以要创办这类行业协会，主要动力有二：一是重新建立国家对经济的宏观控制能力，尤其是对非国有经济部分的控制力；二是安置机构改革中的分流人员，这一动力更为直接。政府希望通过建立大量的行业协会，减轻人员分流的压力，并建立一套新的、有效的行业管理体制。官办行业协会作为主管单位的附庸，多从政府角度出发考虑问题，活动也多采用行政手段。

目前官办行业协会可以分为两类，一类由于承担较多的行政职能，如由过去的很多工业管理部门改制而成的行业协会，由于手中掌握的权力和资源比较多，运作比较顺畅。另一类则覆盖面窄，所做工作还停留在宣传、开会、执行政策、收取会费层面上，没有真正起到行业治理作用，还出现了兼职严重、收费困难、公信度差、难以吸收人才等恶性循环状况。②

2. 民间行业协会

民间行业协会也可称为"市场内生型"行业协会。这类行业协会大多分布于私营经济发达、市场竞争激烈的地区，如浙江（尤其是温州）

---

① 主要参考贾西津等：《转型时期的行业协会——角色、功能与管理体制》，社会科学文献出版社 2004 年版，第 124 页。

② 贾西津等：《转型时期的行业协会——角色、功能与管理体制》，社会科学文献出版社 2004 年版，第 7 页。

和广东等地。这类行业协会是由企业自发组成的，是企业为减少交易成本而达成的一系列契约安排。基于维护市场秩序而产生的行业协会，首要的功能是打击假冒伪劣，制止不正当竞争，协助政府整顿市场。后来还发展为收集提供市场信息，组织技术培训和国际交流等，应对外国政府的反倾销指控等。这类行业协会与政府既有合作也有矛盾。一方面抱怨政府管得过死，另一方面也希望政府能赋予其更多的管理职能。这类行业协会的危险在于：可能从事损害社会福利的行为，如企业价格共谋，实行排他性措施以限制竞争，受大企业控制等等。①

3. 半官方行业协会

半官方行业协会也可称为"中间型"行业协会。这类协会的组建既不是自上而下的政府行为，也并非完全自发，而是在政府的引导和推动下，激发民间组建行业协会的热情，由企业自主组建，政府给予一定的扶持。它以满足会员的需求为导向，这与"市场内生型"行业协会基本相同。但它和政府力量紧密联系，又与"市场内生型"行业协会不同。行业协会希望借助政府的力量制定各种市场规范，建立一种有利于代表会员利益的市场秩序，完成只靠行业协会自律所不能完成的任务；而政府则有利用行业协会进行经济调控与监管的需求，两者在这里找到了结合点。它在政府引导与行业自主之间寻求一种微妙的平衡。由于政府的扶持，中间型行业协会的组建要比"市场内生型"行业协会容易，受到的制度约束也较弱。

目前学术界对于中国社会团体体制的批评，大多是从多元主义的立场出发，主张应当强化社会团体的民间性、社会性。② 由于民间组织具有

---

① 郑鹏程：《行政垄断的法律控制研究》，北京大学出版社 2003 年版，第 39 页。

② 2015 年 7 月中共中央办公厅、国务院办公厅印发《行业协会商会与行政机关脱钩总体方案》，对行业协会商会改革，要求坚持社会化、市场化改革方向，围绕使市场在资源配置中起决定性作用和更好地发挥政府作用，改革传统的行政化管理方式，按照去行政化的要求，切断行政机关和行业协会商会之间的利益链条，建立新型管理体制和运行机制，促进和引导行业协会商会自主运行、有序竞争、优化发展。

独立性强、效率高等优点，这种观点有其合理之处。但考虑到中国的国家传统，纯粹的民间组织也存在正当性不足、认同程度低等问题，将社会团体完全改造为民间团体，是一项极为艰巨的任务。

我们认为，应当考虑从法团主义的立场出发①，借鉴国外经验，引入公法社团的概念，以社会团体的官方化程度将中国的社会团体区分为公法社团法人（简称公法社团）与民法非营利性社团法人，也即将目前的官办行业协会和小部分半官方行业协会改造为公法社团，而将民间行业协会与大部分半官方行业协会改造为民法非营利性社团法人。公法社团由国家公权力设立，以社员为基础组成的公法组织，在国家的监督之下行使行政职权。公法社团作为公法人，执行国家间接行政任务，在组织构造、与国家和成员的关系上等与民法社团法人不同。（1）组织构造。公法社团是由社员组成的公法组织，而且社员必须参与社团事务的决定，公法社团作为社员或其选出的代表组成内部的组织体，在内部构造上有民主的要求。（2）设立。公法社团由国家公权力行为设立，可以是国家的法律，也可以是主管行政机关的行政处理决定等。成员的加入通常具有强制性。（3）权力。公法社团对其任务的执行，可以制定自治章程。所谓的自治权首先是指在自治行政内制定具有法律拘束力的自治章程而言，此与私法自治强调个人法律上的自由意志不同。应赋予公法社团强制收费的权力，以确保其有固定的财政收入，从而获得长期稳定的发展。公法社团对会员享有惩戒权，常见的惩戒包括告诫、罚款、取消会员代表资格、暂停被选举权等，各种惩戒中最严重的是取消会员代表资格。（4）公法社团作为公法人，相对于国家的行政机关具有较高的独立性，可以不受指示地履行权力或法律规定的行政任务。但相对于民间社团，公法社团应受国家更多的监督和控制，这是为了与公法人所获得的权力和法律上的特殊地位相平衡，当然，这种监督一般仅涉及合法性监督。

应当指出，并非所有行业协会等都是公法社团。在同一个行业可能出现公法协会和私法协会并存的局面，其成员可能部分重合。一般说

---

① 关于法团主义，参见张静：《法团主义》，中国社会科学出版社1998年版。

来，公法性质的行业协会都由国家立法机关或者主管国家机关负责成立并进行合法性监督，有时采取强制性会员身份，并且依法行使收费、许可、认证、处罚等公权力；而私法协会则由同业人员按照自愿的原则组成，没有公权力，处罚权按照合同约定或者章程的规定行使。另外，国家也可以通过法律或者由行政机关授权私法社团执行一定的行政任务。

五、基层群众性自治团体

（一）概述

基层群众性自治团体，包括农村或城市社区内的居民所组成的群众团体，在我国就是指村民委员会与居民委员会所属区域的群众自治团体。基层群众性自治团体与基层群众性自治组织的概念是不同的。① 基层群众性自治组织在我国主要是指村民委员会和居民委员会，是基层群众性自治团体为行使其自治权而设立的组织机构。我国法律对基层群众性自治团体并未作直接规定，而是通过对具体行使其自治职能的基层群众性自治组织来间接予以规定的。我国《宪法》第一百一十一条第一款规定："城市和农村按居民居住地区设立的居民委员会或者村民委员会是基层群众性自治组织，居民委员会、村民委员会的主任、副主任和委员由居民选举。居民委员会、村民委员会同基层政权的关系由法律规定。"《村民委员会组织法》第二条第一款规定："村民委员会是村民自我管理、自我教育、自我服务的基层群众性自治组织，实行民主选举、民主决策、民主管理、民主监督。"以及《城市居民委员会组织法》第二条第一款规定："居民委员会是居民自我管理、自我教育、自我服务的基层群众性自治组织。"

---

① 例如，"村"作为一个由居住在该地域内的村民所共同组成的社会团体对其地域范围内的事务拥有自治权，而村民委员会只是其行使自治权的一个机构。如果不作此理解，就无法理解"村民"自治的本质，也无法理解村民大会、村民代表大会等组织的地位和作用。

（二）对基层群众性自治团体性质的讨论

目前行政法学教科书一般不涉及这一类组织，即使有涉及，也是将其视为法律法规授权组织的一个形式，我们认为，中国基层群众性自治组织作为地方自治团体，体现了地方自治和地方分权的原则，具有地域性公法社团的地位。[①] 通说认为，基层群众性自治团体具有社会性的特点。这是指基层群众性自治团体属于一种社会组织，而不属于国家政权机构的组成部分，基层群众性自治组织的实践意义主要体现为国家还权与社会、还权与民，将基层的事务放手给社会进行自主管理。社会性也表示基层群众性自治团体的职权基础在于社区成员的广泛参与和支持，而不是国家强制力。但是我们认为，从《村民委员会组织法》以及其他相关法律、法规、规章等规定所赋予村（居）民自治团体的实际地位，特别是从其职权来看，这种对群众性的理解尽管可能符合立法愿意，但并不符合相关法律制度的现实，从体系解释的角度是不合适的，而是应当将其界定为国家间接行政的一种组织形式，村（居）民自治团体是一种地域性公法社团。[②] 以下以村民自治团体为例加以探讨。

1. 村民委员会所承担的任务是公共行政职能，包括秩序行政与服务行政。根据《村民委员会组织法》的规定，村民委员会的职能主要有两个方面：（1）依法管理村民集体所有的土地和其他财产（《村民委员会组

[①] 我国学术界承认的地方自治团体还有民族区域团体和特别行政区，而对于其他地方政府的法律地位，我国公法学界很少从地方自治团体的角度加以讨论。在处理中央与地方关系问题上，我国宪法所确立的原则是在保证中央的统一领导下，发挥地方的积极性和主动性，这完全可以解释为对地方自治的肯认。（许崇德先生持同一观点。他认为，"我国的地方制度的实质是一种地方自治制度，不过我们在习惯上没有这样去称呼它，按照我们的理论，统称为民主集中制。"载于其所主编：《中国宪法》，中国人民大学出版社 1996 年修订版，第 244 页以下。）至于地方政府同时要向中央人民政府（国务院）负责并报告工作的制度，可以解释为是地方向中央"出借行政机关"。

[②] 因此严格来说，群众性自治团体这一概念是有缺陷的，不能准确反映这类组织的实际性质。

织法》第五条第三款）。这包括两种情况，一种是以集体财产所有权人的
名义进行民事活动，如代表村集体与村民签订土地承包合同以及对外处
分集体财产；另一种是对村民实行经济管理，这集中体现在村委会的财
政权上：经村民会议或者村民代表会议讨论决定村委会，向村民收取集
体提留以及其他一些必要的款项，分配有关集体收入等。（2）作为农村
社区的管理者，维护社会秩序，提供公共产品（《村民委员会组织法》第
二、五、六条）。具体而言包括职能：依法调解民事纠纷，协助维护本村
的治安，组织实施本村建设规划，兴修水利、道路等基础设施，指导村
民建设住宅，兴办和管理本村的公共事务和公益事业等。《村民委员会组
织法》没有授予村委会处罚权，但在实践中为管理公共事务，村委会享
有一定处罚权，可以依照村规民约对违规者进行一定限度的处罚。这也
得到有关官员和一些学者的支持。① 此外，村民委员会还要受政府委托实
施一些行政行为，主要是"催粮派款，刮宫流产"，以及审批宅基地，开
具结婚登记所需证明等。《村民委员会组织法》第二十条规定村民会议可
以制定村民自治章程和村规民约，使得村民"自我管理、自我监督与自
我服务"的抽象自治权力实现了具体化和制度化。

2. 村民委员会制度建设是适应国家治理需要，作为基层政权建设的
一个重要环节来对待的。在人民公社解体后，国家在财政上无力负担农
村的庞大机构，需要对农村社会进行再组织，寻求适合新形势下管理农
村的方式。一系列中央文件的主题也是从加强"基层政权建设"和"农
村基层组织建设"的角度来看待村民委员会的建设问题。1989 年民政部
《全国基层政权建设工作座谈会会议纪要》指出，"当前部分地区村委会
处于瘫痪、半瘫痪状态，危及农村经济发展，影响农村稳定，带来严重
危害，已成为农村基层组织建设的一个突出问题，如不及时整顿，就会

① 如王振耀、白益华主编的《乡镇政权与村委会建设》中写道："要建立村规民约
的适当处罚方法，以保证村规民约的严肃性……处罚的形式一般有批评教育，公
开检讨，参加法制或村规民约学习班，赔偿损失，罚款等。"（《乡镇政权与村委
会建设》，中国社会出版社 1996 年版，第 153 页）

危害我国政权的肌体，造成严重的后果"。1995 年《关于进一步加强村民委员会建设工作的通知》再次指出，少数村民委员会软弱涣散甚至瘫痪的问题，必须认真加以解决，"否则，不仅难以完成新时期党在农村的历史任务，而且将严重削弱甚至动摇党在农村的工作基础"。1998 年中共中央办公厅、国务院办公厅《关于在农村普遍实行村务公开和民主管理制度的通知》指出，在全国农村普遍实行村务公开的目的是"推进农村基层民主建设，密切党群干群关系，促进农村的改革、发展和稳定"。从上可见，国家从来没有把村民委员会看作是一个民间的组织，而是从国家任务的分担、行政分权、民主政治发展的角度出发，尽管其中存在着将自治组织工具化的危险。在村民委员会制度全面推广以前，在很多地区采取的是乡镇政府派出村公所或设管理区的方式来实施行政管理，从这一事实可以发现，法律只不过是把原来许多属于行政机关的职能授予了村委会。①

3. 村民自治团体以地域为基础，对其所辖区域承担普遍性的行政任务。村民并不能以自身的意思表示加入或退出村民自治组织，考虑到中国现实中的户籍制度、迁徙自由没有宪法和法律上的保障，村民的自由和财产与一个村民自治组织联系紧密。

由上可见，不能从私法自治的角度来理解村民自治团体的自治性。这种自治是一种公法上的自治，所依据的是垂直分权和自治行政原理，根据该原理，中央与地方对行政事务管理权限加以分配，公民有自主管理地方事务的权利。基层群众性自治团体的性质并不是一个民间组织或社会组织，而是一种特殊类型的公共行政组织，也即地域性公法社团。

（三）基层群众性自治团体的相关法律问题

在明确基层群众性自治团体的法律性质以后，就可以从公法社团的角度对目前我国基础群众性自治团体中的相关问题进行探讨。（1）关于

① 章永乐、杨旭：《村民自治与个体权利救济——论村民委员会在行政诉讼中的被告地位》，载沈岿编：《谁还在行使权力》，清华大学出版社 2003 年版，第 234 页。

自治团体所承担的公共管理与公共服务职能，具有公法属性，因此而产生的争议应属行政案件。（2）自治组织承担的职能，有些属于自治事务，其法律效果归属自治团体；有些属于国家（包括上级政府）委办的事务，在此范围内自治组织是国家的机关，其法律效果归属于国家，发生问题应由国家承担责任。为了保障自治团体的自治属性，应保障自治组织主要从事自治事务，而不能像现在一样，主要从事国家委办事务，实际成为政府的派出机构，为此，一方面国家的职能应当缩减，不应包揽自治团体的自治事务，对于自治事务应由自治团体自己决定是否以及如何行使；另一方面将本应自己承担的事务不应一概委托自治团体。另外，国家委办村民委员会承担国家事务，是在借用自治团体的组织与人员，因此应当给予一定的补贴。（3）国家对于自治团体的委办事务，可以进行指挥命令，进行合法性与适当性监督；对于自治事务，只能进行指导，没有指挥命令权，其监督职能及于合法性而不能及于适当性。（4）自治团体是一个独立的公法人，拥有自己的财产，在法律规定的范围内对地方行政拥有决策权，并承担由此产生的权利、义务和责任。它对于乡镇干预其自治权的行为，有权通过向司法机关提起行政诉讼的方式来维护自己的自治权利。

六、中国行政任务承担主体的概念重构

（一）我国行政法学界的观点

我国学者目前对行政任务承担主体的分析，主要是基于行政主体与行政委托等概念。

1. 行政主体

我国行政法学教科书对行政主体的典型表述是："行政主体是指依法享有国家行政权力，以自己名义实施行政管理活动，并独立承担由此而产生的责任的组织。"① 在上述定义基础上，学者将我国行政主体分为职权性行政主体与授权性行政主体两大类。（1）职权性行政主体。凡行政

———————————

① 王连昌主编：《行政法学》，中国政法大学出版社1992年修订版，第35页。

职权随组织的成立而自然形成，无须经其他组织授予的管理主体，是职权性行政主体。① 职权性行政主体的法律地位直接来自宪法与组织法的规定，而非单行法的授权。职权性行政主体主要是各级国家行政机关。（2）授权性行政主体。授权性行政主体是指拥有行政职权，但其行政职权并不因组织的成立而形成，而来自于单行法授权的组织②，也被称为"法律、法规授权的组织"或"被授权组织"。一般认为，授权性行政主体的特点是：第一，它与行政机关不同，其只有在行使法律、法规授权的行政任务时才能成为行政主体，承担相应的法律责任。在非行使法律、法规授权的行政任务时，则不是行政主体，而或者是一般的民事主体，享有民事权利，承担民事义务；或者只是行政机关的内部机构或者派出机构，没有独立的主体地位。第二，其所行使的是特定的行政任务，而不是一般的行政任务，其所能行使的行政权的范围很窄，仅限于法律、法规的特别规定。而正式的行政机关行使国家的一般行政管理职能，不限于某种具体领域或者某种具体事项。第三，其行使的职能为具体法律、法规所授而非行政组织法所授，且具体法律、法规对相应组织的授权通常有一定期限，通常限于办理某一具体行政事务，该行政事务完成，相应授权结束；而行政组织法对行政机关的授权具有相对稳定性，只要该行政机关存在，就一直行使该职能。③

我国学术界目前对授权行政主体的概念，存在如下争论：（1）关于个人是否可以作为被授权人。目前多数学者认为，只有组织才可以作为被授权人，但也有学者认为，不仅组织可以作为被授权人，公民个人也

---

① 胡建淼：《行政法学》，法律出版社 1998 年版，第 148 页。

② 胡建淼：《行政法学》，法律出版社 1998 年版，第 148 页。

③ 被授权组织的概念为司法实务所承认，例如在田永诉北京科技大学拒绝颁发毕业证、学位证一案中，北京市海淀区人民法院认为："在我国目前情况下，某些事业单位、社会团体，虽然不具有行政机关的资格，但是法律赋予它们行使一定的行政管理职权。这些单位、团体与管理相对人之间不存在平等的民事关系，而是特殊的行政管理关系。它们之间因管理行为而发生争议，不是民事诉讼，而是行政诉讼。"人民法院在此案中肯定了学校等组织在特定情况下的行政诉讼被告地位。

可以作为被授权人，并举出海船上的船长等为例证。（2）关于行政授权的概念。有学者将授权分为两类，除了法律、法规授权外，还有"行政授权"，即行政机关根据法律规定的授权。行政授权既不是指法律、法规对行政权力的设定，也不是指行政机关对行政权力的委托，而是指行政主体（授权人）在法律、法规许可条件下，通过合法的程序和形式，将自己行政职权的全部和部分转让给有关组织（被授权人），后者据此以自己的名义行使该职权，并承受该职权行为效果的法律制度。① （3）关于行政机关的内部机构或者派出机构是否可以作为被授权人。部分学者认为，授权行政主体包括获得单行法授权的行政机关内部机构或派出机构，另外的学者则认为，授权主体只包括私人组织。（4）关于规章授权的组织是否为行政主体。在行政管理实践中，规章已对一些组织进行授权。但按照行政法学界过去的流行观点，规章授权的组织是不具有行政主体资格的。因为对规章授权的组织，我国 1989 年《行政诉讼法》并未将其列入行政诉讼被告的种类之中，这意味着规章授权的组织还不能独立承担行政法上的法律责任。2000 年《最高人民法院关于执行〈中华人民共和国行政诉讼法〉若干问题的解释》第二十条第二款规定："行政机关的内设机构或者派出机构在没有法律、法规或者规章授权的情况下，以自己的名义作出具体行政行为，当事人不服提起诉讼的，应当以该行政机关为被告。"这一司法解释的规定，从反面表达了在有规章授权的情况下，被授权的机构或组织则具有行政诉讼被告的地位，能独立承担行政法上的法律责任。2014 年修改后的《行政诉讼法》第二条第二款明确承认了规章授权。② 但是这并不意味着规章授权一定是合法的，是否合法要根据具体情况，例如所授权力的性质、被授予权力组织的性质等综合加

---

① 胡建淼主编：《行政法教程》，法律出版社 1996 年版，第 76 页以下。

② 袁杰主编：《中华人民共和国行政诉讼法解读》，中国法制出版社 2014 年版，第 9 页。《行政诉讼法》第二条规定："公民、法人或者其他组织认为行政机关和行政机关工作人员的行政行为侵犯其合法权益，有权依照本法向人民法院提起诉讼。本款所称行政行为，包括法律、法规、规章授权的组织作出的行政行为。"

以判断。从我国《行政处罚法》《行政许可法》和《行政强制法》等的立法精神来看，规章不能授权社会组织实施增加行政相对人义务、限制行政相对人权利的行政行为，但授益性的行政行为和服务行为，规章一般可以授权。（5）关于社会公行政的概念问题。近年来有学者提出，行政主体的概念除了行政机关、法律法规授权以外，还应包括非政府公共组织。非政府公共组织是指非政府、非企业、非营利性的组织，它们依照组织章程、规约等进行自治管理、行使自治权的组织。这种自治权属于一种公权力，这类组织进行的管理活动不属于国家行政，但属于社会公行政，是行政任务社会化、国家向社会分权的产物。非政府公共组织包括社区组织（居民委员会和村民委员会）、行业组织（行业协会和专业协会）和公共事业单位等。[1]

2. 受行政机关委托的组织

（1）概念

受行政机关委托的组织，简称受委托组织，是指受行政机关委托行使一定行政任务的非国家机关的组织。这种组织的特征是：第一，它使一定的行政任务是基于行政机关的委托，而不是基于法律法规的授权，因此，其行使职能时只能以委托行政机关的名义，而不能以自己的名义进行，所产生的法律责任也要由委托的行政机关承担。第二，它只能根据行政机关的委托行使特定的行政任务，而不是行使一般的行政任务。所谓"特定的行政任务"，指受行政机关委托其行使的，并且依据法理是行政机关可以委托其他组织行使的某种行政任务。之所以强调"行政机关可以委托其他组织行使的"是因为某些行政任务只能由行政机关自己行使而不得委托他人行使，如行政立法对行政相对人实施限制人身自由的行政处罚等。第三，它是基于行政机关的委托，而非基于法律、法规的授权行使行政任务。因此，受委托组织以行政机关的名义行使行政任务，其对外行使行政任务的法律后果由委托的机关承担。如《行政处罚

---

[1]　石佑启：《论公共行政与行政法学范式转换》，北京大学出版社 2003 年版，第 168 页。

法》第十八条第一款规定，委托行政机关对受委托的组织实施行政处罚的行为应当负责监督，并对该行为的后果承担法律责任。受委托组织在委托范围内。以委托行政机关的名义实施行政处罚；不得再委托其他任何组织或者个人实施行政处罚。

（2）条件

现行法律没有规定受委托组织的统一条件，只是在一些单行法律中对此有所规定。比较典型的是《行政处罚法》，该法第十八条第一款规定："行政机关依照法律、法规或者规章的规定，可以在其法定权限内委托符合本法第十九条规定条件的组织实施行政处罚。行政机关不得委托其他组织或者个人实施行政处罚。"第十九条规定："受委托组织必须符合以下条件：（一）依法成立的管理公共事务的事业组织；（二）具有熟悉有关法律、法规、规章和业务的工作人员；（三）对违法行为需要进行技术检查或者技术鉴定的，应当有条件组织进行相应的技术检查或者技术鉴定。"由于行政处罚对相对人的权益具有严重的不利影响，所以行政处罚法对受委托组织的条件规定得比较严格，对接受委托承担其他行政任务的组织的条件就没有这么严格。

（3）法律地位

受委托的组织必须在委托的职权范围内，以委托的行政机关的名义行使行政职权，履行行政职责，其后果由委托的行政机关承担。对于受委托组织实施的具体行政行为不服申请行政复议或提起行政诉讼，应以委托的行政机关作为被申请人或被告。受委托的组织还应当接受委托的行政机关的监督和指导。

（二）我国行政任务承担主体的概念重构

我国行政法学上对行政任务承担主体的概念体系，比较简单粗糙，不能反映现实中行政任务承担主体类型的多样性，也未能为我国行政组织法的变革提供理论支持。授权行政主体概念的提出，主要目标是为了解决某些组织在行政诉讼中的被告问题，因此它尽管触及了行政任务承担主体多元化这样一个行政现实，但却由于专注于行政诉讼的角度而未能将问题的研究推向深入。授权行政主体的概念也混淆了组织因国家根据单行法授权而拥有的行政职能和该组织存在本身所内在的职能。例如我国的公办大学和官办社会团体，国家设立这类组织的本来任务就是执行行政任务（可能是干预行政，也可能是服务行政），只是在组织形式上与行政机关有所不同，从授权的角度将其与行政机关作区分，并未把握问题的实质。不仅如此，由于我国法制尚不健全，这类实际上行使行政任务的组织所承担的一些行政职能可能并没有法律、法规的依据，而只是根据党和政府的政策与不成文的惯例，仅因其没有法律、法规依据而不视其为行政任务的承担主体，实际上导致了国家监督特别是司法监督的缺位。新近学者所提出的社会公行政的概念，认识到法律、法规授权组织概念的缺陷，但将一些组织章程等看作公权力来源是有问题的。实际上从他们所列举的事业单位和官办社会团体来看，其权力来源还是国家的授予，将其看作"社会主体"是不合适的。我们也无法接受这样的观念，即民间组织可以纯粹根据自己的章程来行使公共权力。在对行政委托的研究上，基本上停留在对基本概念的探讨而不涉及具体类型的分析，未能将公私合作等行政管理的新发展纳入进来，视野比较狭窄。我们现在的概念体系，也缺乏对本土现象的深入把握。与行政任务承担主体间相关联的重要本土现象是单位体制。在新中国成立后所形成的单位体制下，国有企业、事业单位和官办社会团体、行政单位等缺乏功能分化，每一个组织都行使多种功能，其中包括行政任务。行政法学应当研究中国单位体制及其变革与行政任务承担主体的关联。

我们认为，对于我国行政任务承担主体概念体系的重构，应包括如下内容。

1. 保持对公私法区分相对性认识的前提下，承认公私法的划分，引入公法人的概念。

2. 关于局署，包括独立署与执行署。我国目前在中央政府设立的一些监督管理委员会，其实际行使行政职能，但将其定性为事业单位，不伦不类。由于其发挥行业规制的职能，借鉴国外的经验，应当将其建构为具有相对独立性的行政机关，即独立署。目前的一些普通行政机关，为增强其独立性，也可以改造为独立署。对于一些履行执行性、操作性、研究性事务的行政机构或者事业单位等，则可改造为执行署。

3. 关于私法形式的行政组织。我国的大量事业单位与企业单位，其承担的是行政任务，只不过是以私法组织形式出现，应当将其放在行政任务承认主体多元化这一宏观背景下对其分析，在保证其私人组织效率的同时，强化国家的监督职责；另外也要探求对于相关行政任务的执行采取公法组织形式的可行性。

4. 关于执行行政任务的私人。我国行政法学上的授权行政主体，大体相当于德国法上的"被授权人"，应将其界定为受法律、法规、规章授权或者由行政机关依法授权行使行政权力的私人，包括私人组织与私自然人。在行政委托问题上，应加强对公共服务的外包、特许经营、基础设施领域的公私合作等的研究。

应当注意的是，我国目前的国家行政机关仍然在很多方面表现出非理性化的色彩，在机构的设置、相互关系的协调及其运作上，都未能满足科层制对法制化、程序化、非人格化与民主控制的要求。因此，我们在顺应新公共管理发展的潮流，倡导公务组织的多样性、灵活性的同时，仍须强化传统行政组织的科层色彩，国家也不应将民营化、多元化等作为推卸自己所应当承担的行政任务的借口。

第十一章

国有财产、公物与公营造物

肖泽晟　　南京大学法学博士，南京大学法学院教授，江苏圣典律师事务所兼职律师。主要研究方向为宪法和行政法。曾主持"公物法研究""公共资源特许利益的限制与保障"两项国家社科基金课题，主持教育部人文社科项目"殡葬管理法研究"等其他横向和纵向课题多项。发表论文《墓地上的宪法权利》《行政案件起诉期限的起算》等40余篇，出版专著数部，主要有《公物法研究》《宪法学——关于人权保障与权力控制的学说》。

在我国，国有财产的范围很广，不仅包括国有土地、国有自然资源，也包括国有文物、国有的房屋和公共设施、财政资金、收缴的罚没物品、国家发行的货币等其他国有财产，还包括国家对国有企业的股权。在这些财产中，有些将直接服务于公众，有些则服务于国库利益最大化，还有些则两种目的都有；有些可以转让、出租或者抵押，有些则不可以；对有些财产而言，国家可以行使完整的占有、使用、收益和处分的权能，对另一些财产而言，国家只具有部分权能；有些财产受到公法调整，有些财产则受到私法调整。众所周知，政府要实现行政目的，不仅需要"人"的手段，也需要"物"的手段，如消防设备、政府办公大楼、道路、桥梁、学校、公园、博物馆、图书馆、机场、铁路等。在给付行政中，政府对"物"的手段的依赖尤其明显。那么，是否所有国有财产都要服务于行政目的呢？是什么原因导致不同的国有财产具有不同的特征？不同财产的存在目的有什么不同？这类财产上的利益如果可以分配给私人，那么应当如何进行公平分配？如何保护公物的公共用途免受干扰或侵害？这些问题恰好是本章需要从行政组织法的角度着重加以解决的。

第一节　国有财产

我国《宪法》第九条第一款规定："矿藏、水流、森林、山岭、草原、荒地、滩涂等自然资源，都属于国家所有，即全民所有；由法律规定属于集体所有的森林和山岭、草原、荒地、滩涂除外。"《宪法》第十条第一款、第二款规定："城市的土地属于国家所有。农村和城市郊区的土地，除由法律规定属于国家所有的以外，属于集体所有；宅基地和自留地、自留山，也属于集体所有。"显然，这种意义上的国有，只是一种抽象意义上的国有，国有财产的范围和用途并没有具体化，因而需要按照一定的法律程序使之具体化，才能具有对抗他人的效力。再者，这样的国有背后的目的是什么，单从这两个条文中也看不出来，相反需要联系国家实行生产资料的社会主义公有制的目的以及国家举办公用事业和保障公民基本权利的条款并加以解释后才能得以明确。

一、宪法意义上的国家所有权

从体系解释的角度并结合宪法总纲和基本权利条款的规定看，宪法意义上的国家所有权相对于社会主义目的而言只是手段，是为确保政府履行消灭剥削、维护社会公平和保障公民基本权利实现的义务而赋予政府代表国家对国有土地、自然资源、财产上的利益进行合理分配的资格，是一种体现平等主义的义务性所有权、抽象所有权和私法类型的权力，政府原则上不享有收益权。政府只是这里的名义所有权人，真正的所有权人和受益人是全体国民。根据对我国宪法文本的解读，政府有义务优先将国有土地、自然资源和财产用于公共财产、公用事业建设和公民基本权利的保障，政府并无随意处置这类国有财产的权力。① 这种义务主要表现在以下五个方面。

一是政府代表国家行使国家所有权时必须遵守符合社会主义目的的原则。政府代表国家行使所有权而采取的任何行动都应当体现公共意志，必须是为了消灭剥削、维护社会公平这一社会主义目的所必要。按照人民代表大会制度的要求，全国人大及其常委会不仅有义务按照全体国民的公共意志，制定法律，并就代表国家行使所有权的主体应当负有的义务和这些义务的实现方式加以具体规定，而且要禁止这些主体利用对国有财产的控制权向公众索取财富，以确保国有财产真正服务于维护社会公平、保障人权的公共利益目的。

二是应优先将国有的土地和自然资源用于公用事业、公共财产建设，从而为所有公民基本权利的实现提供共同的物质基础。离开了公共设施或者公共财产的自由利用，穷人的言论自由等基本权利就无从实现。

---

① 参见肖泽晟：《宪法意义上的国家所有权》，《法学》2014 年第 5 期。

三是应优先将国有土地、自然资源和财产用于保障单个公民基本权利的实现，确保国家对单个公民的社会保障水平远高于资本主义国家。公民的幸福或者公民基本权利的实现不仅依赖于其本人，也需要一定的物质条件作为保障。如果政府不允许河流附近居民为日常生活之用从河流中零星取水，不向沿海渔民免费提供一定面积的养殖用海，公民的生存权就将面临严重的威胁；如果国家不能采取措施为单个公民提供适宜生存所需要的住宅，为单个公民提供死后安身之所，公民的基本人权就难以实现。因此，政府有义务优先安排足够的土地和自然资源用于满足单个公民基本权利实现的需要，有义务将从国有土地和自然资源中获得的收入（实际上为地租）用于确保对单个公民的社会保障水平远高于资本主义国家。

四是在对国有土地、自然资源和财产上的利益进行分配时，必须遵循平等原则和合理原则，以确保国有土地、自然资源和财产得到合理使用或者开发利用，或将其用于同时满足不同世代人们的生存需要，或将其作为生产资料用于国有经济的发展，间接服务于公共利益。平等原则要求政府在对利益进行初始分配时，应当尽可能用于建设保障所有人基本权利得以实现的公用事业和公共财产，并尽可能平等地为单个公民基本权利的实现提供物质保障。合理原则要求政府在代表国家规划土地和自然资源的用途时，不仅要合理协调不同公共利益之间的冲突，让其最大化地服务于公共利益和公民基本权利的保障，而且要防治公害，"要保护具有学术价值的自然形态，要将地域的历史作为景观加以保护，并以合理的规划理念，控制土地的利用，从而将美丽的大自然传给后世，这才是国家的文化行政事业，是培养国民文化的理念。"①

五是负责对国有土地、自然资源和财产上的利益进行分配的主体以及对其进行开发利用的主体应受到基本权利条款的约束，接受公众的监

----

① ［日］宫本宪一：《环境经济学》，朴玉译，生活·读书·新知三联书店 2004 年版，第 223—224 页。

督，如主动接受公民的批评并予回应。按照政府行为理论，① 不管对国有土地和自然资源上的利益进行分配的主体是否属于法律授权的主体，也不管对国有土地和自然资源进行开发利用的主体是否为私企业，这些主体的行为都是由政府控制的行为，应视为政府行为，受到基本权利条款的约束。例如，由政府或其机构管理的公园、海滩、高尔夫球场等公共设施，就必须在平等的基础上对所有人开放。一个租赁国有财产并运营公共设施的"私人"在某种意义上也是国有财产所有者的工具，是政府的下属部门，因而承租人的行为就可能视同政府行为受到宪法的约束。②

综上所述，宪法之所以将大量土地和自然资源交给国家所有，是为了实现社会主义目的，消灭剥削，维护社会公平，使每个公民获得赖以生存所需要的物质基础，无需仰仗政府赐予甘泉和雨露。因此，政府代表国家行使国家所有权时，有义务优先将国有土地、自然资源、生产资料用于保障人权和公民基本权利的实现，然后再按照合理原则与平等原则对其他国有土地和自然资源上的利益进行初始分配，政府并无权利随意转让以及利用国有财产向百姓索取财富。

二、国有财产用途的确定

宪法意义上的国家所有权行使的结果将使得国有财产的范围和用途得以确立，并使相应的国有财产分别成为国有公物与国家私产。将国有财产区分为国有公物和国家私产分别进行管理，是世界许多国家的共同经验。如意大利、西班牙、智利等国家的民法典明确将全民财产划分为两部分，一部分为公共或全民使用的财产，另一部分为国家私有或国库财产。这些国家的民法典都有一章（或节）"按照物与主体关系或物之归

---

① 按照这一理论，如果私人行为属于履行政府的传统专属权，则该行为就是政府行为；如果政府在相当程度上卷入了私人行为，那么该私人行为就可以转化为政府行为；当法院对法律的适用是一种积极行为时，其行为也是政府行为，都应当受到宪法以及基本权利条款的约束。See Thomas P.Lewis,The Meaning of State Action,60 Colum.L.Rev.1083(1960)。

② See Thomas P.Lewis,The Meaning of State Action,60 Colum.L.Rev.1083,1099(1960).

属对物进行分类"，尽管他们的分类不尽一致，但基本上都可区分出国有
公物和国家私产。① 如《智利共和国民法典》第 589 条规定："国有财产
的使用权属于国家的全体居民，例如街道、广场、桥梁、道路、近海及
其海滩，为公用国有财产或公共财产。""其使用一般不属于居民的国有
财产，称国家私产或国库财产。"也有国家未在民法典中对国有和公有加
以区分，如日本、德国等。但这些国家也通过变通的路径以达到区分国
有财产的效果。如日本《国有财产法》根据国有财产是否直接供国家目
的使用、对其进行管理及处置时所引用的法规间的差异，把国有财产分
为行政财产（直接用于公用目的，尽量排除私法干扰）与普通财产（不
能被直接用于特定的行政目的，普遍适用私法）。② 我国台湾地区"国有
财产法"第 2 条规定："国家依据法律规定，或基于权力行使，或由于预
算支出，或由于接受捐赠所取得之财产，为国有财产。凡不属于私有或
地方所有之财产，除法律另有规定外，均应视为国有财产。"

在我国大陆，宪法意义上的国有财产所有权应当如何行使，并如何
强制其遵守宪法所施加的各种限制，并无专门的法律作出规定。目前我
国国有财产的用途在很大程度上是通过相应的规划来完成的。《土地管理
法》《城乡规划法》《海域使用管理法》《公路法》《铁路法》《旅游法》
等众多法律都对土地利用规划、城乡规划、海域功能区划等作出了规定，
从而对土地和自然资源是否服务于公共用途以及服务于何种具体的公共

---

① 高富平：《物权法原论》（上），中国法制出版社 2001 年版，第 264 页。
② 参见［日］大冢芳司：《日本国有财产之法律制度与现状》，黄仲阳编译，经济科
学出版社 1991 年版。日本《国有财产法》第二条规定："本法中国有财产，是指
下列各项由国家负担而成为国有的财产或者依法令规定或捐赠而成为国有的财产：
1. 不动产；2. 船舶、浮标、浮栈、浮船坞和飞机；3. 前二号所列的不动产及动
产的从物；4. 地上权、地役权、矿业权和其他相当的权利；5. 专利权、著作权、
商标权、实用新型专利权和其他相当的权利；6. 股票（包括散股）、公司债券
（包括依特别法设立的法人发行的债券）、新股认购权证券、地方债证券、投资信
托或贷款信托的受益证券、外国人或外国法人发行的证券中相当于上述所列者以
及因出资获得的权利。但国家运用资金或公积金及与此相当的目的而临时取得所
有权者除外。"

用途作出初步的安排。

三、行政法意义上的国有公物与民法意义上的国家私产

在国有财产的用途确定之后，国有财产就将因为用途的不同而分别归入行政法意义上的国有公物和民法意义上的国家私产。这两类财产的具体区别见下表。

	行政法意义上的国有公物	民法意义上的国家私产
用处	直接服务于公共用途	获得收入
权利类别	每个公民个人的使用权	法人财产权
使用上的排他性与否	非排他性	排他性
能否成为物权法上国家物权的客体	不可以	可以
存在的目的	维护公平,确保每个公民最低限度的自由和自主	提高效率,实现国库收入最大化
政府的角色	作为行政管理者,仲裁或调解使用者之间的利益冲突,维护使用秩序	作为民事主体,行使法人财产权
所有权内容上受到的限制	不得转让,不得为私人设立民法上的物权,不因时效而取得,不受相邻权的限制,不得成为强制执行的标的	可以转让,可以为私人设立民法上的物权,受相邻权的限制,可以成为强制执行的标的

在宪法上将国有财产区分为行政法意义上的国有公物与民法意义上的国家私产，并分别进行管理，其现实意义极其重大：一是为我国《国家私产法》和《公物法》的制定提供宪法依据。二是有利于使宪法关于"社会主义的公共财产神圣不可侵犯"的规定从口号变为现实。三是有利于实现公平与效率的合理权衡。四是通过确认个人对国有公物的非排他性使用权，限制了政府利用国有公物获得收入的冲动。五是有利于保障每个公民最低限度的自由和自主免受市场或大规模社会分工的侵犯，促进我国目前福利制度的改革朝着运用国有财产去保障公民基本权利的方向进行。

当然，国有公物与国家私产的划分是相对的。有些国有财产在现实生活中，完全可能基于公共利益需要和经济效益的考虑，成为既具有国有公物性质又具有国家私产性质的混合财产，既服务于公共用途，又服务于国库收入最大化的目的。

四、国家私产的利益分配机制

收入权能是国家私产的首要属性，因此实现国家私产的保值增值是这类财产存在的根本目的。与此对应，为发挥国家私产的最大利用价值，在对那些可以进入市场流通的国家私产进行利益分配时，就应引入竞争机制。不过，这种利益分配机制依然应遵循以下基本规则。

第一，分配国家私产不能由行政机关进行，而只能交给代表国家行使民法意义上的所有权职能的隶属于全国人大的机构负责（建议国务院国资委不再隶属于国务院而是直接隶属于全国人大常委会）。因为一旦行使行政权的行政机关同时行使分配国家私产的职能，就与国家私产的分配存在经济上的联系，就容易导致行政权的滥用。

第二，国家在分配农村集体土地下的矿产资源等自然资源上的利益之前，应当先由行政机关按照正当程序对自然资源国家所有权与农村集体土地所有权的冲突作出公正处理，必须兼顾对农村集体土地所有者的利益的保护，而非以集体利益无条件服从公共利益为由廉价征收集体土地用于开发利用自然资源。原则上行政机关在裁决前，应由农村集体土地所有者与矿产资源等自然资源的所有者进行协商，将自然资源的部分开发收益归集体经济组织所有。只有在长时间协商不成时，才由法定的行政机关进行裁决：或作出禁止开发利用自然资源的裁决，或作出准予开发利用自然资源但矿产资源所有者对土地所有者给予充分补偿的裁决。只有这样，才能避免出现总是自然资源开采地附近的老百姓倒霉、土地无法复垦以及环境遭到严重破坏的怪现象。

第三，国家私产应当优先交给国有企业进行经营管理。我国《宪法》第七条明确规定："国有经济，即社会主义全民所有制经济，是国民经济中的主导力量。国家保障国有经济的巩固和发展。"国家私产作为生产资料交给国家所有的目的是为了消灭剥削，维护社会公平，一旦交给私人开发利用，私人就可能利用这种生产资料"剥削"他人，而将其交给国有企业进行经营管理，则所获收益最终回到国有企业职工和人民手中，不存在剥削的问题。这也是宪法规定国家保障国有经济的巩固和发展的目的所在。因此，将国家私产优先交给国有企业进行经营管理，是宪法对国家所有权所施加的限制。至于交给哪个国有企业来经营管理，则必须采取招标拍卖等公平竞争机制。只有在不适宜交给国有企业经营管理的情况下，国家私产才能交给私人去经营管理。

第四，经营国家私产的国有企业在内部治理模式上不能照搬现行《公司法》的规定，相反必须参照美国行政性公司和韩国公企业的治理结构，建立特有的国有企业董事的任免和监督机制，以确保国有企业的董事能够真正对一定区域的人大或者人民负责。目前我国国有企业的董事基本由各级国资委或党的组织部门委派，并非真正的出资人，不向人大负责，也不向人民负责，只向委派他的机构负责，国有企业的经营好坏与董事的利益没有多大联系，再加上目前的国有企业实行公司化改造之后，职工代表大会不再是国有企业的权力机关，因此，这样的国有企业已经完全脱离于人民群众的监督和控制之下，很难有效防止国有企业内部的腐败。为此，应当按照民主的方式选派董事到国有企业任职；对于国有企业的经营管理情况，除涉及国家秘密、商业秘密的，都应当向社会公众公开，接受社会公众监督；经营国家私产所获收益，应当按照法律的规定在政府、国有企业董事和国有企业职工之间进行公平合理分配。

第五，能否把国家私产交给非国有企业包括外资企业去经营管理，必须受到国家安全和产业安全的限制。基于国家对宏观经济的调控能力和产业安全的考虑，国家私产并不以收入权能为唯一追求，一旦涉及关乎国计民生的资源、能源、国防、科技等产业，就应当以国家利益和公共利益的保护为准则，不得使这部分国家私产和其他私产一样进入毫无限制的自由流通领域。2003 年，福建产权交易中心组织福建瑞德股份有限公司股份转让①，7920万股（占总股本比例为98.8764%）进行公开招标转让②。该公司主营的是水力发电和供电，净资产为1.1478亿元，后来通过竞争的方式以2.18亿元人民币出售给某民营企业。所有的媒体都赞扬此次国有资产转让非常成功，但是很少有人关注到这是一个能源企业。能源企业是否可以私有化？私有化之后国家是否还对其有所限制（例如不允许将股权转让给外资主体）？事实上，产业安全关系着一国经济的稳定。国有企业（政府公司）在资本主义国家之所以有其一席之地，正是基于国家安全和产业安全的考虑。我们必须明确一个基本观念，即：是竞争带来效率，并非私有化带来效率，更非国际化带来效率。2005年至2007年历时三年的美国凯雷收购"徐工"案，③之所以引来各方争议，就是经验教训之一。像"徐工"这样的工程机械领头企业在改制过程当中被外资绝对控股，达到85%的控股，是否会威胁到中国的产业安全？尽管美国凯雷收购"徐工"最终以失败告终，但给我们敲响了一个警钟：国有企业的改革要慎重，政府应推动国有资本向关系国家安全和国家经济命脉的重要行业和关键领域集中，增强国有经济控制力。

第六，将国家财产交给非国有企业去经营管理，需要确立公平的市场定价机制和严格的内部控制机制。由于政府在国家私产经营管理权的流转中扮演着管理者的角色，因此也面临类似公司管理层人员损害股东利益的可能。在美国凯雷收购"徐工"案中，一大焦点在于凯雷试图用20亿元人民币收购"年销售额170亿元、资产超过100亿元"的"徐工"，这是不是国有资产的贱卖？这份协议之所以能够达成，明显存在着资产定价上的巨大差异，虽然没有明显证据显示此间存在"钱权交易"，但国有财产在市场流转中没有被科学定价这一事实是确凿的，湖南"三

---

① 郑康萱：《企业产权进场交易国有资产保值增值——福建瑞德公司股权转让案例介绍》，《产权导刊》2003年第5期。

② 其中，国有股7255.9077万股（占总股本比例为90.5856%）、法人股664.0923万股（占总股本比例为8.2908%）。

③ 马韬：《凯雷收购徐工案谢幕》，http://www.infzm.com/content/8003，2014年11月2日登录。

一重工"不允许参加竞买的事实是确凿的。因此，建立一个统一而有权威的国有企业资产定价和交易机制就显得非常必要。就目前国家私产的管理而言，缺陷在于代理环节过多，因而需要建立严格的内部决策和监督制约机制，才能避免国有资产的流失。

第七，从出让、出售、租赁国家私产以及利用国家私产投资获得的收益不能全部用于政府的吃饭财政，必须将其中的一定比例用于改善民生。相关收益及其使用情况应当向全社会公开，接受全国人大常委会的监督和审计机关的审计。

当然，对于以收益为目的具体经营国家私产的国有企业即经营性的公共企业应当如何经营和管理，建议国家制定专门的法律或者结合每个国有企业的特殊性制定专门的章程去加以规范。考虑到这一问题属于公企业法研究的对象，故不在这里讨论。

第二节　公物概述

对于不可作为个人所有权客体的物，罗马法将其定性为公共物即不可有物，是为公共目的而使用的财产。这些财产被分为三类：一是供人类共同享用而不限于罗马市民享用的共有物，如空气、阳光、海洋等；二是由全体罗马市民共同享有的公有物，如河川、公路、牧场等；三是由市民团体拥有的公用物，如戏院、斗兽场等①。上述物都不能被看作任何一个人的财产，它们应当为某一社会中的所有成员共同享有。将政府管理的财产区分为公物和私物，是法国、德国、日本、泰国、伊朗、墨西哥等国的共同做法。例如法国法律把行政主体的财产区分为公物（也称为公产）和私物（也称为私产），使前者受行政法的支配和行政法院管

---

① ［古罗马］查士丁尼：《法学总论——法学阶梯》，张企泰译，商务印书馆1989年版，第49页。

辖,后者受私法支配和普通法院管辖。① 尽管公物与私物的分类具有一定的相对性,但法国等国的做法由于有效地保障了公众自由、平等、安全、免费(或低费)利用公物的权利,提高了公物的利用效率,因而对世界各国的财产管理制度产生了深远影响,并使公物法成为大陆法系国家行政法的重要组成部分。

公物一般指的是处于行政主体支配之下的直接服务于公共利益的财产,主要包括公众直接使用的财产(称为"公众用公物或共用公物")以及供行政主体执行公务之用的财产(称为"公务用公物,或行政用公物、行政财产"),因而与我国的公有财产概念截然不同。我国的公有财产包括集体所有的财产与全民所有的财产。尽管对全民所有的财产进行支配的主体主要是行政主体,但是这些财产中的很大一部分仍然属于私物的范畴,例如经营性的国有资产、一经利用就消耗掉了的石油、天然气等自然资源,因此公有财产中只有部分财产属于公物。尽管许多国家的民法典都对公物有所规定②,但由公物的公用目的所决定,公物所有权

---

① 王名扬:《法国行政法》,中国政法大学出版社 1988 年版,第 301 页。

② 例如泰国民商法典《财产法通则》第 130 条规定:"公共物,包括为国家利益或公共利益之用的各种国有财产。具体有:(1)废弃的土地,抛弃的土地,或根据土地法规定恢复国家所有的土地;(2)具有公共用途的公众财产,如滩涂、水道、公路以及湖泊;(3)具有特殊用途的国家财产,如堡垒或其他军用建筑物,政府官厅、军舰、武器以及军火。"这实际上就是对公物范围的描述。伊朗民法典第 25 条规定:"为公共利益而使用的下列财产,如桥梁、商场、旅店、水库、学校,以及公众可自由出入的场所,任何私人不得侵占。以上规定同样适用于公用的人造地下水道和水井。""为公共服务或福利之用的政府财产,如防御工程、堡垒、壕沟、军事土地工程、兵工厂、武器、储备、军舰、政府的建筑物及其设备、电话线、博物馆、公共图书馆、有历史意义的纪念碑及其类似物。简而言之,无论是动产还是不动产,只要是为公共事务或国家利益而由政府使用的财产,都不能为私人所有。"这说明伊朗也同样通过描述的方式区分了一类与私人财产不同的财产,即公物,并指出了它的不可转让性。《墨西哥民法典》在第 76 条还明确区分了公有财产与公物,即"公有财产,分为公用财产,为公共事务之用的财产以及具有私有性质的政府财产。"

已不再是民法意义上的所有权。这正如奥里乌所说："如果说公产是所有权标的，那么这种所有权尽管具有财产属性，却不得保留私产的全部特点，这是一种必须依赖于国家力量的行政所有权，它的特点是由事物的公共用途决定的，使得行政主体有义务将其保管并用于公用，因此只有在公共利益的最高要素出发的情况下，才可以改变其设定的用途。"① 在进入现代社会以后，公物这种行政所有权的运作在社会生活中发挥着越来越重要的作用，在行政组织法上已经被认为具有与公务员一样的重要性，即公物是作为行政的物的手段而存在，因而与作为行政的人的手段而存在的公务员相对应。离开了物的手段，不仅行政效率将受到严重影响，行政的目的难以达成，而且广大公众的基本人权因缺少公物这种物质基础的保障而面临无法实现的尴尬困境，因此本章专门针对公物的有关问题展开讨论。

公物法在大陆法系国家是一个很久就有的法律范畴，但在内容上至今还缺乏系统的界定。不仅公物法本身还缺少一个清楚的"内部轮廓"，即对它的组成部分还没有一种普遍认同的分类，而且它与其他法律范畴的关系，特别是在整个行政法体系中的地位还没有完全解释清楚。对于这些不确定因素，一方面可作这样的解释，即存在一些领域，比如公路法和水法，已经由法律明确加以规范，而公物法绝大部分是基于不成文的规则，是在学理和司法中发展起来的原则②；另一方面，要为公物范围确立普遍适用的标准，其主要难度在于，很难为完全不相同的对象（财产）确立一个集合概念。根据大多数学者的意见，以下这些物体应认定为公物或至少与公物接近：街道、道路、广场、河流（天然的或人工的、地面上的或地下的）、绿化设施或体育设施、儿童游乐场、大学和学校、医院或护养院、铁路、地铁和有轨电车、电信设施、邮政设施和广播设施、各种类型的行政大楼、港口、公园、堤坝、剧院、寺庙、图书馆、

---

① ［法］莫里斯·奥里乌：《行政法与公法精要》，龚觅等译，辽海出版社、春风文艺出版社1999年版，第845页。

② 王名扬：《法国行政法》，中国政法大学出版社1988年版，第21页。

博物馆等。从这种示范性的描述中，我们可以抽象出公物的大致含义及其特点。

一、公物的概念及其构成要件

如果从上述所列财产的特点来看，公物是指这样的物品，或者服务于行政活动（比如办公大楼）或者是供公众无需许可（比如街道、道路、广场）或根据特定的许可（比如学校、高等学府）使用。这些物有一个共同的特点，即它们的目的都是直接服务于公众利益。也正是为了实现公物的这种公共功能，公物的法律地位主要被打上了公法的烙印。

是否把一项财产归入公物法的范畴，主要决定于两个关键性的因素：一是是否承载（直接的）共同利益功能；二是是否适用公法规则。这种公法规则最典型的表现是公物"不可转让且不受时效约束"①。根据这一原则，对于公众事实上共同使用的财产，虽然涉及公共利益，但这并不能充分说明一项财产的公法地位。除非习惯法能够成为我国行政法的渊源，否则这种财产还需要以法律规定的行政行为来使其具有公法上的地位，即由行政主体对财产作出开始公用的意思表示（学理上也称为"公物的命名"）。这种开始公用的意思表示确定了公物的用途，同时也限制了所有权人的所有权能。因此，一项财产构成公物必须具备实体要件和程序要件：实体要件是承载共同利益功能和适用公法规则；程序要件是行政主体从形式上作出供公用的意思表示以及该财产实际被投入使用。单有实体要件，而无程序要件，不能充分解释公物的法律地位。

二、公物的分类

公物可以根据不同的标准作出不同的分类。

（一）行政用公物和公众用公物

根据利用人的地位的不同可将公物分为行政用公物（或行政财产，

---

① ［法］莫里斯·奥里乌：《行政法与公法精要》，龚觅等译，辽海出版社、春风文艺出版社1999年版，第830页。

或公务用公物）和公众用公物。

　　属于对外使用的后一种公物又包括自由使用的公物、许可使用的公物以及特别使用的公物。属于自由使用的公物首先是公共街道、道路和广场等，因为它们在公共使用目的的范围内可供任何人自由使用而不需要特别许可。水流作为航道使用时属于自由使用的公物，但在水资源贫乏的地区，水流往往涉及较为重要的计划用水的一面，特别是引水和排污，此时就需要许可或批准，因而属于许可使用的公物。对水流的自由使用一般只局限于不重要的使用。许可使用的公物有一个特点，就是它们不是像自由使用的公物一样不要许可就可供公众或特定范围内的人使用，相反的，需要公物管理者的许可，例如对学校和幼儿园财产的利用，就必须经过许可。许可使用的公物既包括公营造物（指学校、医院等由人与物组合而成的组织体，其成立目的主要是为了实现某种特定的事业）所属公物，也包括其他不具有公法人地位的非企业性单位提供的供公众使用的财产，比如墓地、运动场、公园、公法基金等。

　　行政用公物主要由公权力主体自己使用，以服务于公共目的，完成公共任务。属于此种范围的公物，既包括办公大楼等不动产，也包括动产，比如警察局和军队的装备。行政用公物与其他公物的区别在于前者针对的是内部用途，尽管它也经常地供公民使用（如对外办公时间内公民对行政大楼的利用）。

　　要注意的是，服务于寺庙使用的财产也属于公物，尽管寺庙在我国的法律地位并不明确，但由于这些财产或者属于历史文化遗产，或者由信徒赞助、国家和社会资助所形成，因此这些财产也必须在符合寺庙设置目的的范围内使用。

（二）其他分类

　　以公物所有权的归属为标准，可将公物区分为公有公物与私有公物。凡是所有权归属于国家或集体者，为公有公物；凡是所有权归属于私人而由政府依法或依契约取得使用权者，为私有公物，例如政府租赁之办公大楼。此外，还可能存在所有权为国家与私人共有的公物。公有公物又可分为国有公物（即全民所有公物）或集体公物。以公物的所有者是否与公物的管理者一致，可将公物区分为自有公物和他有公物。行政机关自己建设的行政大楼为自有公物，从私人那里租赁的行政大楼以及被列为文化遗产但由私人所有的明清古建筑等是他有公物。以公物是否可以成为交易的标的为标准，可以将公物区分为融通公物与非融通公物。凡所有权可以移转于私人、可以买卖的公物，为融通公物，此时公物具有私人财产的性质。反之，所有权在性质上不得为个人所有、不得买卖或转让的公物，为非融通公物，例如河流、山川、自然文化遗产等。由公物的公共用途所决定，大多数公物为非融通公物。

以公物的利用是否征收使用费为标准，可将公物区分为不征收使用费的公物和征收使用费的公物。不收费的道路、桥梁、公园等为不收费公物，收费的公路、公园、图书馆等为收费公物。

以公物实体的存在是否需要人工加工为标准，可将公物区分为自然公物与人工公物。凡是依照其原有自然状态不需要人力加工或兴建就可供公用之物，为自然公物，例如湖海、河川、沙滩、草地、原始森林公园等就是。凡是需经人工建造或兴建方可供公用之物，为人工公物，例如行政机关办公大楼、车辆以及各种公共设施等。在公有公物中，大多数公物皆为人工公物。

以使用上是否允许私用为标准，可将公物区分为专供公用公物和附带私用公物。凡只能用于公共目的而不能附带地供私人目的使用的公物，为专供公用公物，例如军事设施、行政机关的办公室等。凡在供公用的同时，附带许可供私人目的使用的公物，称为附带私用公物，例如在公共设施上允许私人摆摊设点进行营利活动。

三、公物的外延

确定公物外延的目的在于把公物与不属于公物的财产区分开来。首先，事实上供公众利用的私人财产只是事实上的公物，不是公物法上的公物，典型的例子是私人街道、私人森林道路、私人公园、博物馆或其他设施①。根据前述公物的定义，尽管它事实上供公众利用，但并没有可说明其法律地位的行政主体的意思表示，因而财产的所有权人随时可以排除财产的普遍使用。其次，不属于公物法规范对象的财政财产，由于并不直接服务于社会公共利益，而是通过扩大财产和为公共预算获取收益而间接地服务于公益，如经营性的国有资产，因而财政财产涉及的是私法行政，即所谓的国库行政的对象，因而不是本章所讲的公物。属于这类财产的物既包括没有被作为公共用途的不动产，也包括国家出于收益原因进行的投资，例如把属于国家的场所进行私法上的租赁，比如把行政大楼的地下室租给饭店店主或者因为盖了新楼而把多余的行政大楼出租给个人等。在大陆法系国家，学者们普遍认为财政财产与私人财产一样，在市场经济条件下应由民法调整，因而把财政财产从行政法体系中脱离出来。

与此相对应，虽然事实上的"公物"并不是公物法规范的对象，然而在道路交通法的意义上来说，事实上的"公物"却是公共的，必须遵循交通管理规则。同时，有些财产可能要承担一种普遍性的社会义务，例如在一定范围内供公众自由使用。这样的物例如集体所有的林地，尽管承担一种忍耐义务，但因缺少一个可说明该物之法律地位的意思表示，因而公众对集体所有的林地的利用本身难以证明其必须受公物法约束。

公物与私物的界限历来是相对的，随着社会的发展和进步，过去未能纳入公物范围的私物、曾经不具有财产价值的有体物以及人们没有意

---

① 我国不少地方也开始出现私人博物馆，2001年北京市制定并实施的《北京市博物馆管理条例》甚至明确鼓励公民、法人兴办私立博物馆。尽管这一规定与《中华人民共和国文物保护法》的规定存在抵触，但是在目前国立博物馆技术落后、经费紧张的情况下，发挥私人的力量来保护文物将成为我们的最佳选择，没有必要禁止。国家完全可以扩大收藏出土文物的博物馆范围，使一部分私立博物馆也可以替国家代管和保藏出土文物，从而使同样作为公益性事业的私立博物馆也拥有保护重要文物的权利。至于私人博物馆是否应受公物法调整，取决于行政机关是否在其上作出供公用的意思表示。

识到的无体物，都可能逐步纳入到公物法调整的范围。我们认为，公物的范围可以从以下三个方面来描述。

一是作为传统公物的有体物，包括动产与不动产等在内。在法国与日本的传统行政法上，"公物，是指国家或公共团体直接为了公共目的而提供使用的有体物。"① 因此，传统公物的范围一直只是限于有体物，而不包括无体物（如无限电波、空气）。基于公共用途的考虑，我们既可以把有体物的组成部分看作独立的公物，例如在私人地基上建立的交通指挥设备，也可以把独立的物群当作公法上统一的公物来对待，例如图书馆的书、带有其他设施的公路以及由几块地基组成的公共广场等。

二是随着现代经济的发展与科学技术的进步而需要纳入公物范畴的新型公物，如行政信息、无线电波、因特网、环境等。是否将无体物作为公物，取决于归类的意义，因为归类的目的在于寻求某类事物共同的规律。如果无体物（例如电视信号）具有公物的典型特征，那么就应将其归入公物的范畴。长期以来，大陆法系国家的学者都普遍认为公物只能是有体物，现在已经基本上放弃了这种观念，例如德国学者就普遍放弃了德国民法典第 90 条所要求的实体特征，而把领空、开放型海洋（在海岸线范围内）以及电流等列入了公物的范畴。同时，德国的一些法律规定也显示出，即使是非实体性的物也应纳入公物的范围内，例如根据《德国长途公路法》第 1 条第 4 款的规定，公路上方的空间也属于交通道路的组成部分，因而被置于公共用途之下。②

三是因传统财产概念的扩张而相应应予以扩张的公物，例如全民所有的知识产权（即公共知识产品）、经营许可证（如驾驶证）、公共职位、国家科研项目等具有财产价值的公权利。将具有财产价值的权利视同财产，以获得宪法和法律的保护，是德国与美国等西方发达国家出现的一

---

① ［日］盐野宏：《行政法》，杨建顺译，法律出版社 1999 年版，第 742 页。

② Wilfried Erbguth/Joachim Becher. Allgemeines Verwaltungsrecht (Teil2) , Verlag W. Kohlhammer, 2Au-flage 1987, s.17.

种新现象。以德国为例，德国基本法所保障的财产权的范围①是逐步扩张的。如果按照历史发展阶段来对德国基本法所保障的财产权加以分类，则其财产权可分为三代：第一代是传统的防御性权利，主要是防止国家对动产、不动产、知识产权的侵犯；第二代是20世纪以来出现的劳工福利以及集体谈判权；第三代则是当代出现的分享权，即公正分享自然资源、国民产值，并在健康的环境下和平生存的权利。因而德国基本法保障财产权的重点已经从过去的"负向防御性权利转移到正向的福利和分享权利——例如廉价住房和免费教育权"。② 20世纪70年代以前，美国宪法所保障的财产也仅包括财产法通常定义的不动产、动产和金钱或证券，但是20世纪70年代发生的程序性"革命"则迅速确立了基于福利社会基础上的"新财产"概念，大大扩充了宪法保障的财产范围，社会福利、经营许可和公共职位原来仅仅属于政府授予的优惠，现在都已经纳入宪法保障的财产的范围。③ 尽管在公物理论中应予以扩张的公物的范围会引起很多争论④，但将全民所有的知识产权这类具有财产价值的权利视同公物，并使其受制于公物管理的规则，则完全有必要⑤。

---

① 在宪法出现之前，尽管财产权是由民法典来定义的，但是随着宪法的制定及其实施，宪法上的财产权观念逐渐发生变化，并进而影响到对民法典财产权条款的解释。

② 张千帆：《西方宪政体系》（下），中国政法大学出版社2001年版，第332页。

③ 张千帆：《西方宪政体系》（上），中国政法大学出版社2000年版，第224页。

④ 我们认为，如果将经营执照与公共职位视为公物，那么对公众的利用就只能采取类似于学校与幼儿园一样的许可利用的方式。

⑤ 公共场所的壁画，作为公共艺术作品，"最能尽社会的责任"（鲁迅语），尽管可能依附于国家的私产甚至依附于私人财产，例如燕京饭店的壁画《智慧之光》、建国饭店《长江万里图》、首都机场《泼水节·生命的赞歌》、湖北晴川饭店《赤壁之战》等，尽管依附于私产，但与收藏在公共官邸内的绘画不同，它们属于大众的文化遗产，具有不可逆性、非人工再造性、不可重现性、不能轻易改变其原有形态等特点，因而应纳入公物范畴，就如同对待自然文化遗产一样，给予比一般公物更好的保护。首都机场的壁画因首都机场的装修而变得凶多吉少（见2003年4月24日《南方周末》），已经说明了将壁画纳入公物范畴的必要性。

四、公物的地位与作用

(一) 公物的地位

一项财产成为公物后，是否仍然只能是权利的标的，而不能视为一个独立的机构，一个法律上拟制的"人"？法国学者认为，公物作为一个独立机构的概念具有相当大的可能性①。我们认为，尽管就其表现形式（即财产）而言，公物是权利的标的，但在大多数情况下，我们只能将公物和公务员作为行政机构的要素（此时公物成为行政的物质基础，与公务员作为行政的人的基础相对应）来理解，因而公物只是一种基于公共目的而由行政机构支配的财产，但这并不排除在某些情况下，例如在公众用公物的某些领域，把公物理解为本身就自然存在的一个"机构"，是由财产、公用权与利用人三要素组成的一个组织体，一个类似于"国家"的法律上虚拟的"人"。例如，国务院于1994年颁布的《宗教活动场所管理条例》第一条规定："为了保护正常的宗教活动，维护宗教活动场所的合法权益，有利于对宗教活动场所的管理，根据宪法，制定本条例。"由此规定来看，宗教活动场所即开展宗教活动的寺院、宫观、清真寺、教堂及其他固定处所，如同"人"一样，也享有合法权益，因而成为法律主体。此时的宗教场所就是一个"机构"。行政机关只是这个"人"的代理人，代表其行使权利和履行义务。② 财产的公用权属于全体利用人而不是行政机关。行政机关或者公物管理机关最多只能对该"机构"的财产享有信托所有权（例如《宗教活动场所管理条例》第八条规定，宗教活动场所的财产和收入由该场所的管理组织管理和使用），接受利用人群体的委托对财产进行管理，对该"机构"的财产具有最终控制权力的是

---

① 参见［法］莫里斯·奥里乌：《行政法与公法精要》，龚觅等译，辽海出版社、春风文艺出版社1999年版，第829页。

② 《宗教活动场所管理条例》第十七条规定："违反本条例规定，侵犯宗教活动场所合法权益，由县级以上人民政府宗教事务部门提请同级人民政府责令停止侵权活动，造成经济损失的，应当依法赔偿损失。"

利用人这样的"消费者"。此时，公物在公共用途范围内有点类似于"消费者所有的合作社"（只不过这个合作社的成员是不确定的）：行政机关或公物管理机关成为该"合作社"事务的代理人和执行人，而决策机关可以认为是利用人代表大会。围绕财产的公共使用目的而形成的规则，可以看作是公物这个"机构"的"章程"，对"机构"的财产进行管理和利用的行为都必须遵守这个"章程"。

按照大陆法系国家的公物理论，一项财产成为公物（尤其是公有公物）后，只要公物目的未被废除，为保护公物的公共使用使命，作为公物的财产原则上就不可转让，不得在公物上为私人利益设立民法上的物权关系，不得因时效而取得其所有权，① 也不能成为强制执行的标的。墨西哥民法典第 768 条、第 770 条对此有明确规定："公用财产，不得转让，也不因时效而消灭。在法律规定的范围内，所有公民都可以进行利用，如果没有特殊或特别法的许可，不得进行专门利用。""联邦政府、州政府或者自治政府，对为公共事务之用的财产和具有私有性质的政府财产，拥有完全的所有权，但前一财产不得转让，不得因时效消灭，只要它一直供公共事务之用。"由于对公物的转让往往会损害到公物成立或设置目的的实现，因此，与私物相比，除非法律有特别规定，公物原则上不能转让。这一原则在日本《国有财产法》中也得到了认可："不得以出租、交换、出售、转让、信托或者出资为目的在行政财产上设定私权。但是对于作为行政财产的土地，在不妨碍其用途和目的的限度内，国家把土地出借给地方公共团体或由政令确立的法人以及建筑物的区分所有人，或者为供地方公共团体或者由政令规定的法人经营的铁道、道路及政令规定的其他设施之用而设定地上权时，不在此限。"② 我国在有关公物的立法上基本上采纳了这一思路，例如《国务院办公厅关于加强风景名胜区保护管理工作的通知》中指出："风景名胜资源属国家所有，必须依法保护。各地区、各部门不得以任何名义和方式出让或变相出让风景

① 王名扬：《法国行政法》，中国政法大学出版社 1988 年版，第 334—337 页。

② 参见日本《国有财产法》第十八条第一款的规定。

名胜资源及其景区土地。"类似这样的规定在我国的法规规章以及规范性文件中虽然比较多，但由于其法律效力较低，因而难以有效拘束各级行政机关①。由于公物不可转让，因此，私人也就不得因时效而取得作为公物的财产的所有权，公物也不得成为法院强制执行的标的。这在许多国家的法律中都有明确规定，例如根据《德国行政法院法》关于"针对公共当局的执行"的规定，"执行不得以完成公共利益不可缺少的物或其让与将有损公共利益的物为标的。"② 因此，基于公共利益的考虑，德国法律基本上禁止私有公物成为强制执行的标的。即使在那些能够将私有公物作为强制执行标的的国家，公物的所有权允许通过扣押、拍卖等方式发生移转，但只要公物的成立目的未被废除，它仍然具有公物的性质，应继续供行政目的之用。

（二）公物的作用

有人曾经说过："缺少物质基础保障的自由权，对贫穷人来说只不过是画饼充饥。""近代立宪主义型市民宪法中以自由权为中心的人权保障，对以工人为中心的民众来说，甚至意味着保障失业的自由、饿死的自由、平均寿命的低下。吃不上饭的人在现实中不可能成为享有人权的主体。"③ 这句话恰好指出了现代社会保障公民受益权（对应于国家的积极作为义务）的重要性，国家一旦忽视对公民受益权的保障，许多人的自由权就只能是画饼充饥而已。日本学者大须贺明在其《生存权论》一书中指出，

---

① 根据 2002 年 4 月 23 日《北京青年报》报道，四川新希望集团（为国内首富刘永好所有）与广西阳朔县政府签订协议，花 10 亿元"买断"桂林山水最优秀的景点。这种转让风景名胜的做法将带来一系列法律上的问题，并可能给社会带来灾难性的后果，例如将风景名胜区的土地用于兴建别墅必然给桂林山水的景观带来严重损害，并导致环境污染。对桂林山水无任何所有权的县政府转让桂林山水的行为，其法律后果是什么？此外，桂林山水这种攸关子孙后代利益的无价之宝是否只值 10 亿元？将来谁对桂林的未来负责？类似的问题都亟待解决。

② 《德国行政法院法》第 170 条第 3 款。

③ ［日］杉原泰雄：《宪法的历史——比较宪法学新论》，吕昶等译，社会科学文献出版社 2000 年版，第 118 页。

国家为公众提供公物在内的基础设施，对于保障公民生存权而言具有基础性作用①。确实，随着工业化的推进，供给行政已经成为满足公民个人日常生活需要的基础性条件，无论是水、电、气的供给，还是国家设置医院、保健所等卫生设施以维护公民健康、保持公共卫生，设置学校、图书馆、职业培训场所等设施以促进公民个人的成长与发展，提供交通、通讯方面的基础设施以扩大公民的社会活动范围，都是为了保障生存权、受教育权、劳动权在内的社会权的实现。因此，公物作为国家保障所有公民受益权的最重要手段之一，对于确保每个人过上有尊严的生活发挥了重要作用。

第一，在私人财产上设置公物，对于保障他人尤其是贫困人群的基本人权的实现具有重要意义。在新近西方国家的公物管理理论中，在私人所有的财产上设置公物已经成为人类文明进步的一道新亮点：公物并不当然地否定私人的所有权，在私人财产上可以通过行政行为和合同等方式设置公物，此即为私有公物，当其所有权发生转移时，并不丧失其作为公物的法的地位。② 即使在美国这个没有公法与私法划分传统的国家，其最高法院也在判例中指出："当私有财产用于公共用途时，就应该服从公共规则的管理，要受到公共利益的影响。"③ 在社会生活中，公有财产私用，私有财产公用的现象并不少见。我们过分关注于所有制是"公"还是"私"，并不能保证公有财产服务于所有人的目的最终一定能得以实现，但只要我们建立了类似于大陆法系国家的公物管理制度，则不管财产属于公有抑或私有，也不管财产数额有多大，我们都可以使这些财产充分地为公共目的服务，从而提高公民尤其是贫困人群享有基本人权的水平。

---

① [日] 大须贺明：《生存权论》，林浩译，法律出版社 2001 年版，第 57—58 页。

② [日] 盐野宏：《行政法》，杨建顺译，法律出版社 1999 年版，第 755 页。

③ [美] 乔治·A.斯蒂纳、约翰·F.斯蒂纳：《企业、政府与社会》，张志强译，华夏出版社 2002 年版，第 288 页。

第二，大多数的公物作为一种公益物品，具有经济价值，能用以弥补市场缺陷、保障市场主体的经济活动自由。我国在1993年的宪法修正案中已经明确规定"国家实行社会主义市场经济"，尽管至今尚没有对"社会主义市场经济"作出过任何权威解释，但是无论我国实行的是何种市场经济，我们都将面临一个因外部效应所引发的、私人不愿意提供公益物品而致公益物品短缺的问题。因此，由政府向社会提供制约个人经济活动自由得以实现的公共设施（这些公共设施大多具有公物的性质），就成为政府的当然职责，例如要保障贫困地区的经济得以发展，国家就必须改善这一地区在通信、交通等方面的公共设施。我们很难想象，一个没有一条公路的封闭的山区会很富裕，以及这里的农民能够享有充分的经济活动自由。

第三，公有财产中的公物尤其是土地以及依附于土地的公物，是社会主义公有制最坚强的后盾，因而为公民平等权的实现提供了重要物质保障。公物尽管具有经济价值，但更重要的是它本身所蕴含的非经济价值，例如国家自然文化遗产除了有一定的经济价值外，还具有社会、文化等方面的价值，如反映中华民族的文化、历史以及中华民族的凝聚力等，这些价值不是经济价值所能代替的。在我国，尽管将财产设定为公有的目的因财产性质的不同而有所不同，但制宪者最初却主要是考虑到公有制相比私有制而言更有可能保障所有公民基本人权的实现，尤其是有利于消除人与人之间的不平等与不合理的差别以维护每个人的尊严。以土地为例，土地不仅是我们这一时代的人的共有财产，也是子孙后代与我们共同分享的财产。它作为一种稀缺资源，是无价的，因而只要土地是公有的，我国的公有制的主体地位就不会受到动摇。我们每个人通过对依附于这一财产上的公物如教育设施、医疗设施、公园、图书馆之利用，就可事实上平等地享受到受教育权、休息权、基本医疗保健权、文化活动的自由等社会、文化方面的基本人权（我们认为，即使是乞丐，对于国家所有的公物，也应当平等地享有免费利用的权利，例如一生中应有权去某个国家公园旅游一次），从而使每个人从公物中得到看得见的好处，真正体会到社会主义公有制的优越性。

第四，宪法所确认的公民基本人权之保障程度与行政效率的高低是成正比的。公物作为行政组织的重要组成部分，与公务员一样，决定着行政效率的高低，并进而决定公民基本人权的保障程度。随着社会的发展与人们相互之间联系的增加，越来越多的公众用公物已经成为公众日常生活不可缺少的一部分，如公路、桥梁、公共厕所、学校、图书馆、公共交通工具、下水道等。如果没有这些公物作为物质基础，公民连最基本的生存都将面临严重的困难，更不用说去享有充分的人权了。这类公物能否得到最大化地利用，本身就属于行政效率的问题，与公民人权保障的程度密切相关。对于行政用公物来说，如同没有消防设备的消防部门是不可想象的一样，没有公物作为行政的物质手段，行政活动就无法进行或者难以顺利进行，行政服务于公民基本权利的目的也就很难实现。

第五，公物对于提高人们生活水平具有重要意义。很多人常常把工资收入的增加等同于生活水平的提高，其实完全是一种错误的看法。如果国家能够提供更多的公物例如公园供民众免费或低费使用，或者降低现有公物的使用收费标准，即使工资收入不见增加，民众的生活水平实际上也在提高，这本身就意味着民众收入的增加和福利的增长，且这种增长对所有人都是一视同仁的。因此，公物对于实现社会的分配公平，提高人们生活的质量，确保所有的公民尤其是社会生活中的弱势群体过上有尊严的生活具有重要意义。①

五、公物的成立和废止

由于行政用公物（也称"行政财产"）属于行政机关内部使用的财产，因而其成立与运作基本上属于行政组织法的问题。鉴于一般公物法上所讲的公物主要是指公众用公物，因此本部分重点介绍的是公众用公物的成立与废止问题。

---

① 参见肖泽晟：《公物在中国人权保障中的作用》，《南京大学学报》（社会科学版）2003 年第 3 期。

一种财产要成为公物，具有公物的法律地位，不仅要求该财产事实上已经存在或被生产了出来，而且必须供公共使用。比如某地方政府让一个建筑商修建一条街道，且事实上供交通使用，但这并不能说明这条街道已经成为一条公共街道。只有当行政主体在法律上作出了将该物供公共使用（例如何种类型的公共交通）的意思表示时，该物才具有公物的法律地位。所以，街道要成为公物，除了修建街道和供公众利用外，还需要有主权意思表示，表明街道已由行政主体决定用于公共交通以及何种类型的交通。只要有一项条件——无论是法律上的还是事实上的——得不到满足，公物就不能成立。

（一）事实上的成立

就人工公物而言，公物成立要件的事实性的一面包括两个前后相连的阶段，即物的形体设置与事实上投入使用（自然公物不需要设置）。这一阶段首先是实际上的建设行为，如将街道、公共游泳池、行政大楼建好。但是，即使这项工作已经完成（即完全达到了技术上的要求），也并不能说明该项财产可以自动供平民使用，相反只能通过事实上投入使用的方式才能让平民利用。一方面主管行政主体要确定建造工作已完成，另一方面要宣布开始使用。投入使用可明确表示（比如在公路上剪彩、在媒体上宣布开放新的办公大楼），也可默示（比如公职人员搬入新的行政大楼并接着在办公期间对外开放）。行政主体宣布物被投入使用，并不是行政处理决定，因为它宣布的只是利用的事实因素而非利用权限。

（二）开始公用的意思表示

行政主体作出的开始公用的意思表示，属于法律行为。它不仅确定了物应该服务的公共目的，也同时使物受到特别的公法利用规章的约束。

意思表示的类型和方式及其法律性质和法律形式，随所涉及公物的类型的不同而不同。就自然公物而言，一般情况下只要公物之形体可供公众一般利用即可，而不需要为人工设置，也不需要行政主体作出开始公用的意思表示。但就某些自然状态之财政公物，如山林湖泊要成为公物，则需要行政主体作出开始公用之意思表示。尚未开发并供一般人利用的山区尽管属于集体所有但却不是公物。就人工公物而言，其成立需要开始公用的意思表示为要件。

开始公用的意思表示既可以依抽象的法律规定而作出，例如城市绿线范围内的公共绿地、防护绿地、生产绿地、居住区绿地、单位附属绿地、道路绿地、风景林地等财产之法律地位就是直接由 2002 年颁布的《城市绿线管理办法》所确定，也可以以具体行政行为的方式作出，例如南京长江大桥落成举行通车典礼时由地方政府领导剪彩。依法律规定作出的意思表示，是指公物的法律地位直接由法律规定加以解释说明，而不需要通过具体行政行为来确定。这里的法律规定既可以来源于议会的立法，也可以来源于法规命令、条例，以及不成文法中的习惯法。例如，海滩基于它的自然特性是公物，其公共用途就来自于习惯法。再如，长期的习惯利用可以推定公用意思表示行为的存在。台湾地区"最高法院"在"大法官会议解释"1985 年第 400 号关于"既成道路公用地役权"的立法理由书中指出："公用地役关系系私有土地而具有公共用物性质之法律关系，与民法上地役权概念有间，久为我国法制所承认，既成道路成立公用地役关系首先须为不特定之公众通行所必要，而非仅为通行之便利或省时；其次，于公众通行之初，土地所有权人并无阻止之情势；其三，须经历之年代久远，而未曾中断，所谓年代久远，虽不必限定其期限，但仍应以时日长久，一般人无复记忆其确实之起始，仅能知其梗概（例如始于日据时期、八七水灾等）为必要。"①

当然，开始公用的意思表示也可以通过其他法律行为例如契约行为（包括行政契约与民事契约）来作出，例如公民与行政机关签订公用负担契约，使公民将自己的财产捐赠为公物，或者行政机关租赁或购买私人财产，以民事契约而使私人财产成为公物。此外，"法律事实"也可成为开始公用的意思表示的一种形式，例如高速公路管理局将路障予以拆除等。

在上述几种开始公用的意思表示的方式中，通过具体行政行为所为

---

① 《大法官会议解释汇编》，三民书局 1999 年版，第 437 页。

的意思表示是实践中用来表明物的公共性质的最经常、最重要的方式。不仅行政用公物的大部分对象需要行政主体依行政职权作出开始公用的意思表示，而且公共街道、道路、广场等公众用公物更需要主管行政主体依职权作出开始公用的意思表示。

一般而言，行政主体的意思表示原则上应当是要式的，且应当公开通告，只在例外情况下才可不公开。有部分学者认为，意思表示行为并没有直接说明人的法律关系，特别是没有直接创设潜在利用者的权利义务（即"主观公权利"），它只是确定了物的性质，即它的公法地位，因而有关第三人的权利义务需要由具体的法律法规来明确。

（三）开始公用的意思表示之法律后果

由于行政主体在对物作出公用的意思表示前，该物仍然属于私法财产，而行政主体一旦作出开始公用的意思表示，就产生了一项对物的公共权力，一系列涉及人的法律关系就得以明确，所以怎样处理好私法所有权和对物的公共权力的关系，就成为公物法首先要解决的理论课题。我们认为，这项公共权力可以在公法役权的意义上理解为对物所施加的限制性的物权。与公物的公法用途相对应，在公共目的的范围内，公共役权与物主的私法所有权重叠并且排挤私法所有权，因而原则上不允许在公物上设定私权。

基于私法所有权和公共役权的同时存在，德国学者提出了公物的二元结构理论。根据这一理论，过去一直使用的名称"变更了的私有财产"以及关于公法优先权的观念，都表明相对于民法所有权而言公共役权（在特定用途范围内）优先的重要观点。这种二元论的理解与绝大多数法律法规的规定是一致的，例如根据《德国公路法》的规定，只要还没有购得场地，行政主体就必须保证所有权人已经同意设置公物并同意行政主体作出开始公用的意思表示。这在《中华人民共和国公路法》第十九条中也有明确规定："国家鼓励专用公路用于社会公共运输。专用公路主要用于社会公共运输时，由专用公路的主管单位申请，或者由有关方面申请，专用公路的主管单位同意，并经省、自治区、直辖市人民政府交通主管部门批准，可以改划为省道、县道或者乡道。"① 相应的还可以得出这样的结论，即对于法律规定的特别利用（公物设置目的以外的公物利用），尽管必须同所有权人签订民事合同，但民事合同的内容不得限制共同利用。这种情形也同样适用于以 BOT 等方式兴建的道路，道路所有人的权限在公共使用范围内受到较强的限制，因而所有权人只能享有较低的"对财产的剩余控制"权。公共役权与持续存在的私法所有权之间的二元论，带来了实体上与程序上的特殊法律后果。

1. 所有者的支配权受限制

由于财产继续适用私法规定，因此财产的所有者享有支配权，财产就可以成为民事法律行为的对象，例如用于出售、租赁或抵押。但由公共役权的优先性所决定，哪里公共使用开始，哪里就是私法控制权以及它的运用的界限。所以，对于他有公物来说，所有权人就不得在公物上采取有损于公物之公共使用目的的行为，例如在个人所有的公路上允许第三人喂养绵羊。只要财产的公用目的没有被废除，私人对财产所享有的支配权就要受到限制，而不能适用民法的规定，例如一般不得转让，不得因时效而取得，不得在公物上为私人利益设立民法上的物权（注意行政主体允许私人利用公物，是行政法上的关系，因而不适用公物不能转让的原则）等。即使允许公物在废除公共使用的使命前可以转让，这种转让也要受到限制，条件是受让人必须同时接受公共使用使命作为受让财产的一种役权。同样，即使公物的占有者或利用人利用公物的行为给所有权人带来了损害，如果这种利用仍然在公用意思表示的范围之内，那么所有权人也不能根据民法的规定要求损害赔偿。

2. 善意取得受到限制

即使公物的私法所有权可以通过无权利人的购买（只要转让人是物的直接占有人）或因时效经过而取得，但所有权无论辗转于谁之手，都不能影响到负担于该财产上的公共役权。私人既不能因为继续占有而取

---

① 专用公路是指由企业或者其他单位建设、养护、管理，专为或者主要为本企业或者本单位提供运输服务的道路。

得对公物的全部所有权，也不能因为继续占有而在公物上取得所有权以外的其他物权，仅在默示公用废止行为得以成立的情况下，有些国家的判例才承认私人可以根据时效而取得所有权①。由于物的公共用途凌驾于私法所有权之上，所以善意取得人的利益必须让位于物的公共使用目的。例如，行政主体租用的办公大楼被所有权人转让，那么虽然产生了第三人的善意取得，但是鉴于物的公共用途不是没有负担的，因此，公物利用人可继续对第三人所有的公物采取符合公用意思表示的利用措施。

如果第三人善意取得的财产是动产，那么公物管理机关可以要求返还。由于公物管理机关与善意第三人不存在行政隶属关系，而采取具体行政行为的方式责令第三人返还善意取得的动产缺少法律依据，所以返还请求权最后只能通过向法院起诉来实现。在通常的情况下，由于公物的转让可能不利于物的公共用途，因而损害了公共安全，此时公物管理机关完全可以请求有关维护公共安全的行政机关以命令形式收回被转让的公物②。

3. 对物的损害可能导致私法的和公法的赔偿请求权并存

在公物受到破损的情况下，可能同时产生私法的和公法的赔偿请求权。私人物主可以根据民法规定要求私法赔偿，公物管理机关因物的公共用途受到损害也有公法赔偿请求权。例如，湖南省某乡镇的民宅多为明清古建筑，被联合国确定为世界历史文化遗产后，根据我国有关法律的规定，当地居民作为民宅的所有权人就不得随意改建房屋。当第三人破坏了这种属于文化遗产的民宅的结构时，不仅民宅的所有权人有权要求第三人赔偿（纠纷可通过民事诉讼途径解决），公共役权人（一般由行政主体代表）也享有对第三人的公法损害赔偿请求权。行政主体可以责

---

① ［日］盐野宏：《行政法》，杨建顺译，法律出版社1999年版，第757页。

② 此种观点也遭到部分德国学者的怀疑，认为另选警察和秩序法来达到要求善意第三人返还财产的目的会导致可怕的后果，即发布秩序命令会掏空联邦宪法法院对公物管理机关所采取的限制性的措施，使得公物管理机关无权作出的具体行政行为（即德国行政法上的行政处分）可以通过秩序法间接地达到。见 Wilfried Erbguth/Joachim Becher.Allgemeines Verwaltungsrecht.s.14。

令侵权人赔偿对公共利益造成的相应损失，侵权人对赔偿数额不服，可依法申请复议或者提起行政诉讼。这种索赔权可称作"侵权法平衡原则的具体化"，因而构成了一种新型的权利，对这种权利必须给予特殊保护。不过，公共使用范围内的正当利用所必然引起的损害，例如因正常交通对街道造成的磨损或损害，不产生索赔请求权。目前《中华人民共和国公路法》等法律主要以罚款取代侵权人对公共利益造成的损害赔偿，因而所谓罚款事实上是包括了"赔偿"的罚款，而《中华人民共和国公路法》第八十六条规定的民事责任实为私法损害赔偿责任①。这种单纯采取私法赔偿请求权而忽视公法赔偿请求权保障的立法思路，模糊了处罚与赔偿的界限，不利于降低维护公共利益的成本，保障公物本来目的的实现。

4. 有关因公物引发的争议存在两种救济途径

如果当事人之间因公物而发生纠纷（包括损害赔偿纠纷），则有两种救济途径：一是通过民事诉讼途径，二是通过行政诉讼途径（即法律途径的二元论）。到底适用什么样的救济途径，取决于争议的性质。基本的原则是：如果争议的是关于私人物主剩余权限的支配，则人民法院民事审判庭享有管辖权；如果涉及的是公物的用途问题，则应当由行政审判庭进行裁判；如果涉及的是私法和公法相互间的权限范围，则主要通过行政诉讼途径来解决②。

5. 缺少私法所有权人的同意并不导致公物"命名"无效的后果

在他有公物的情况下，行政主体在作出公用意思表示行为（即"命名"）时就必须事先取得所有权人的同意。如果没有取得私法所有权人

---

① 其他有关公物方面的法律法规也作出了类似规定，例如《上海市公园管理条例》第二十九条规定："违反本条例第二十三条第一款规定的，由市或者区、县园林管理部门给予教育制止，责令其改正；造成损失的，应当赔偿。""违反本条例第二十三条第二款禁止行为之一的，由市或者区、县园林管理部门责令其改正；造成损失的，应当赔偿，并可处赔偿费一至二倍的罚款；违反《中华人民共和国治安管理条例》的，由公安部门给予处罚；构成犯罪的，依法追究刑事责任。"

② 参见 Wilfried Erbguth/Joachim Becher.Allgemeines Verwaltungsrecht.s.16。

的同意,那么行政主体对物的命名是无效的(就像行政主体在无行为能力的情况下实施的行为一样)还是由于缺少私法所有权人的同意而属于可撤销的行为,就会使公物法律地位产生的效果出现不确定状态。行政行为的撤销针对的是一般违法的行政行为,而行政行为的无效针对的是明显或严重违法的行政行为,两者所产生的后果截然不同。大多数学者认为,缺少所有权人的私法同意也不会导致命名无效的后果。实际生活中,如果认为未经私法所有权人之同意而进行的命名无效,则其结果往往会与公共利益的要求相违背,例如在缺少所有权人同意或所有权人的同意属于无效的情况下,对物的支配因不受公法的限制而损害公共利益,比如把街道挖掉以便重新在上面种植萝卜。因此,基于公共利益的考虑,即使行政主体未经所有权人的同意,或者所有权人的同意表示无效,或者所有权人撤回自己所作出的同意表示,也只是导致行政主体命名行为的违法,而不是无效。例如,西北某县一农民承包大片荒地贷款植树造林,在树木成材后,政府将该片林木划归"三北防护林",因而根据有关法规、规章的规定,该农民就不得再砍伐自己种植的林木。但农民要求政府征收却被拒绝,要求经济补偿又无明确法律根据(但可以2004年宪法修正案公益征收条款为依据)。很明显,政府在未经该农民同意的情况下就在其财产上进行公物命名,属于违法的行政行为。此时,该农民作为林木的所有权人,有权在规定的诉讼时效内通过向法院提起行政诉讼(即撤销具体行政行为的诉讼)来达到撤销公用意思表示行为的目的。当然,行政机关在此期间为实现公共利益目的,一般会通过购买或征收的方式来阻止所有权人诉讼的成功。

(四) 废止和改变公用意思表示

公物法律地位的结束或者说公用目的的废除,与公物的成立一样,主要来源于两个方面的原因:一是作为公物的财产因客观原因而事实上被毁灭,比如桥梁被洪水冲走;二是行政主体废止公用的意思表示。

废止公用意思表示是指完全地结束物的公法性质,而改变公用意思表示则指部分地结束物的公法性质。有关开始公用的意思表示所适用的规则可以相应的适用于废止和改变公用的意思表示。

废止公用意思表示在公物法上往往伴随着"回收"。回收的法律后果是，作为公物的财产被转化为财政财产，例如新道路的建成使得原有的道路失去交通上的意义，即可称为原有公路的回收。如果物的公法地位没有完全被取消，那就是部分回收。以部分回收的方式所作的对公用意思表示的改变，对于在城市建立步行区具有很重要的现实意义。当某城市道路被确立为步行街，并受到绝对保障而禁止卡车通行时，原有道路的公用意思表示就由供车辆和行人通行之用而改变为仅供行人通行之用。在步行街对汽车通行施加限制，不是临时性的防御危险的措施，相反是对汽车通行的持续性限制。其主要目的不是为了保护行人免受汽车交通的危险，而是为了塑造市区内的国民经济，减少废气、噪音和汽车对市内商业环境的干扰，提高步行街附近店主的营业额，因此步行街的建立可以认为是道路法上的部分回收。

六、公物权

如果宪法意义上的某项财产基于公共利益需要而被某种特定使用或地役所约束，并使得所有权人在公用使用设定的存续期内不能享有其所有权的全部权能，那么实际上就已经存在一种优先于所有权并排挤所有权的公共权力，我们称其为公物权，或者行政法意义上的物权。

（一）公物权是一种公法上的权利或权力

"公权力是以国家名义表达的、具有法律上优势效力的意志"①，而个人针对公权力的权利则可称为主体在公法上的权利。例如，同时有助于个人利益与公共利益实现的权利，如选举权、市场准入许可请求权、行政征收补偿请求权等，就是公民为自身利益而对公权力所具有的控制权，因而是相对于公权力的公权利。那么，公物权是一种公权力还是公法上的权利呢？我们认为，根据公物的二元论，公物权首先是一种限制私法所有权的一种公权力，它不仅意味着公物管理机关代表国家行使这项权力时相对于私法所有权人而言具有法律上的优势效力，而且相对于

---

① ［德］奥托·梅耶：《德国行政法》，刘飞译，商务印书馆2002年版，第112页。

公物利用人而言也具有法律上的优势效力。其次，这种公物权可经分解后成为利用人的公权利与公物管理机关的公义务与公权力。

根据西方国家的公共信托理论，空气、阳光、河流、海洋、湖泊、公园、道路等与大自然密切联系的公物，应当由全体国民来享受其利益，因为这是大自然对人类的恩赐，能否可以对其加以利用不应与个人的经济地位有任何联系。因此，将它们作为私所有权的对象是不明智的，恰好相反，它们应当是所有国民的"公共财产"，任何个人都可以自由地加以利用。但由于这种资源的稀缺性，为合理支配和保护这类公物，确保每个人都同等地享有大自然给人类带来的利益，防止任何组织和个人对其进行任意地占有和支配而损害他人利益，共有人就不得不委托公物管理机构来对公物进行管理。从这个意义上讲，公物管理机关对公物进行管理的权力就可以看作一种信托所有权（只不过，在行政财产中，公物管理机构同时又具有利用人的法律地位）。

至于这种信托所有权是否是一种公所有权或行政所有权，在法国学者与日本学者中存在广泛的争议。① 我们认为，国家的许多财产并不一定直接服务于公共利益，一概认可国家的所有权是公所有权，难以解释国家的公物与私物为什么要适用不同的法律规则的问题，因此，采取类似德国的二元结构理论反而更有利于说明国家对自有的公物既享有私法所有权但又要受公物的公用目的限制这一问题。在这里，限制国家私法所有权的仍然是公物权。不过要注意的是，公物权与公物管理权不同。公物管理权和利用者的利用权都由公物权派生：利用者对公物的利用权是公物公用目的的体现，其范围与公物的私法所有权被"排挤"的范围基本相同；而公物管理权则是在公用目的范围内为实现公物设置之本来目的而对公物加以建设、维护以及对公物的使用加以管理的一种概括性权力。两者的关系是：从消极的角度看，利用者的利用权是公物管理权不

---

① 参见［日］盐野宏：《行政法》，杨建顺译，法律出版社 1999 年版，第 761 页；［法］莫里斯·奥里乌：《行政法与公法精要》（下），龚觅等译，辽海出版社、春风文艺出版社 1999 年版，第 987 页。

得逾越的界限，是对公物管理权的限制；而从积极的角度看，公物管理权存在的目的就是维护正常的利用秩序、保障利用者的利用权利，防止私法所有权人、利用人的行为违背公用目的。

（二）公物权是一种连带权利

连带权利是指基于人与人的连带关系而产生的同时有益于某个个体及其所在群体的权利。这一概念的提出是对传统的集体权利（理论上一般将自治权、发展权与环境权定性为集体权利）观念进行反思的结果。确认公物权是一种集体权利的目的，旨在通过社会的合作与努力，消除阻碍个人发展和彻底实现所有公民愿望的严重障碍（例如，在多数情况下个人不愿意将自己控制的财产如自己投资兴建的道路无偿地提供公共使用，就属于这样的障碍），确保所有人都"无差别"地享受社会进步和生产力发展带来的好处，从而使每个人都能够过上有尊严的、自由的生活。但集体权利的确认仅仅表明的是政府不得侵犯群体应当享有的基本权利，以及不得以保护个体权利为由而损害集体权利，因而它并不能解决在资源稀缺的情况下，政府应当如何处理个体利益与集体利益激烈冲突的问题。而连带权利就是为了解决集体权利和个人权利冲突而产生的一个概念，是对两者冲突进行平衡的结果。确认连带权利的目的在于，在有助于促进个人权利和自由的范围内承认集体权利的存在，同时又防止集体权利成为个人自由的威胁。这种连带权利的典型例子是自治权、发展权、环境权等。公物权也是这样的一种连带权利。

（三）公物权的客体是一种公益物品或准公益物品：公物

公益物品最显著的特点是非竞争性（即特种资源是由许多人共同消费的）以及非排他性（将资源的效用扩展于他人的成本为零，因而无法排除他人共享，或者要将他人排除在外，成本太高）或不可分性。然而，完全满足上述两个特点的纯粹公益物品并不多（例如国防、治安、治理空气污染等）。相反，比较多的是既非纯粹的公益物品也非纯粹的私益物品，而是介于两者之间的具有双重性质的物品，有些经济学家称之为"准公益物品"。它可以分为两类：一类是俱乐部物品，例如收费公路、图书馆等，其本身具有非排他性和非竞争性，但对其利用达到一定程度（即出现拥挤效应时）时，这些特点就会消失，进而出现排他性和竞争性的特点。另一类是公共池塘资源，例如公墓、黄河水资源、福利房等，都是非排他的，但消费时具有竞争性。公物，作为公物权的客体，无论是公众用公物还是行政财产，由其公共用途所决定，在消费时都具有较大程度的非竞争性和非排他性的特点，因而具有公益物品或准公益物品的性质。

（四）公物权的享有主体既可以是个人，也可以是集体

有学者在研究国际法上的自决权时说过，权利的享有者与权利的受益者是不同的：权利的受益者不一定享有该权利，但权利的享有者必须是该权利的直接受益者。[①] 同理，公物权的受益对象既包括个人也包括集体，但公物权的享有主体则可以只是集体，可以既是个人也是集体，特殊情况下甚至可以只是个人。根据现代公物理论，利用人对公物的利用，已经不再只是一种反射利益，而可能同时具有权利的性质。此时，公物权不仅表现为公用目的范围内的公物管理机关行使国家（或利用人群体）委托的公物管理权，也表现为利用人对公物的利用权等权利。因此，我们认为，为保障利用人群体的权益不受侵犯的同时保障每个利用人的权益，从而使群体权利（即公物管理机关行使的公物管理权）真正服务于个体权利，防止公物的设置与管理机关滥用利用人群体所委托的权力，不仅应明确公物权与公物的私法所有权的界限，并在公物管理机关与公物利用人之间合理地分配公物权，而且应明确利用人在公物的设置、管理与废除过程中应当享有的权利。

（五）公物权受侵害时的救济具有特殊性

当公物权受到公物管理机关行为的侵害时，对其救济应当采取特殊方式：一是公物管理机关的作为或不作为损害到具体利用人的公物权时，利用人可通过提起行政复议和行政诉讼获得救济；二是公物管理机

---

① 白桂梅：《国际法上的自决》，中国华侨出版社 1999 年版，第 91 页。

关的作为或不作为并没有侵犯到个体在法律上享有的权利，而是因为侵犯了利用人群体的公物权而间接影响到其利益，则应允许该群体中的个体提起公益诉讼（或无需授权即可代替群体进行诉讼），以间接维护自己的个人利益。例如，当宗教场所的公物权受到宗教事务管理部门行为侵犯时，应允许利用宗教场所进行宗教活动的个人有向法院提起公益诉讼的权利。

七、公物的二元产权结构

人类社会所控制的财产多种多样。基于法律制度的不同安排，不同财产上可能有着不同的权利内容，并可能由不同的权利主体所享有。例如，对于某些财产而言，占有、使用、收益和处分的权能既可能由一个主体所享有，也可能由不同的主体分享，而对于另一些财产而言，可能基于保护某种特定利益的考虑，只有占有和使用的部分权能存在，而禁止对其进行收益或处分。[1] 公物上的产权也同样可以作出类似之安排，如公物的所有权名义上归国家、集体或者个人，但其使用权则属于公众，而公物的收益和处分权则受到限制或者禁止。

早在 19 世纪，美国的法学家就已经将可航水域中的利益区分为三种类型：（1）公共权利，即一般大众的权利。（2）王室或政府为公共安全和福利管理资源的权力。（3）私人权利。[2] 根据公共权利理论，[3] 公共信托资源中的权利具有双重性质：一方面，公众有权使用和享有土地和水域—信托物—进行诸如商业、航行、捕捞、游泳等活动，即所谓的公共权利；另一方面，既然美国 1/3 以上的公共信托财产是由私人控制而非公众控制，那么私人财产权利也可以存在于这样的土地和水域，即所谓

---

[1] 肖泽晟：《公物法研究》，法律出版社 2009 年版，第 370 页。

[2] See Richard J.Lazarus, Changing Conceptions of Property and Sovereigntyin Natural Resources:Questioning the Public Trust Doctrine,71 Iowa L.Rev.631,636(1986).

[3] 该理论是美国公共信托理论的雏形，美国公共信托理论就是在该理论基础上发展起来的。

的私权利。① 这就是说，在公园、河流、湖泊、湿地等公共信托资源上可以存在公共权利（即公共地役权）和私权利两种不同性质的权利。有学者还指出，对于一切有价值的财产的法律权利，从逻辑上讲，或者是共用财产（communal property），每个人对其都有同样的使用权，任何人都不能排除他人使用，也不能对其加以转让；或者是私人财产（private property），单个个人对其享有排他性的财产权利；或者是集体财产（collective property），某些政治组织有权对其加以转让、排他性使用、定义所许可的用途、规定进入条件；或者是由前面三个因素中的一个或几个来确定的变量。② 这进一步表明，排他性的财产权利与不特定公众享有的非排他性的财产权可以共存于一物之上。

从德国的公物理论看，行政主体将私有财产（如私有古宅）命名为公物的行为，就等于是在私有财产上设立公共地役权。其法律后果是，古宅所有者的财产所有权受到限制，他只能够在不损害公物保护或保存目的的范围内保留私法财产权，即只能行使"剩余财产权利"。这就是说，行政主体对命名为文化遗产的古宅的权利，只在供公众使用的范围内才存在。例如，行政主体可以要求古宅的原始所有者不得改变房屋的结构、颜色和形状，不得改建，且有义务对其加以维修，而"公产成立以前的权利只在不妨碍公共使用目的的范围内继续存在，对于不能存在的部分，可由行政主体给予补偿"；③ 对于可以继续存在的部分，如居住的权利，则依然由古宅的所有者行使。这表明私有公物包含了公共地役权和私法财产权并存的二元产权结构，前者由政府代表社会公众行使，后者则由私人行使。

① See David L.Callies and J.David Breemer,Selected Legal and Policy Trends in Takings Law：Background Principles,Custom and Public Trust "Exceptions" and(MIS)Use of Investment-Backed Exceptions,36Val.U.L.Rev.339,355(2002).
② See Lloyd R.Cohen,The Public Trust Doctrine：An Economic Perspective,29 Cal.W.l.Rev.239,241(1992-1993).
③ 王名扬：《法国行政法》，中国政法大学出版社1988年版，第336页。

同理，即使国有或集体所有的公物，也存在类似的结构：一是对公物的公共地役权，即在公物的公共用途范围内，由行政主体或者公众对公物加以役使的权利（或权力），一般授权行政主体来行使；二是在不损害公物本来目的的前提下，原始所有者依然保有"剩余财产权利"，① 可以为追求自身利益最大化而对公物进行商业开发或在其权利范围内为私人设立私法上的物权。由此可见，公物上的权利束，不仅包括私法财产权，也包括公共地役权，而从公共地役权又可以衍生出行政机关的公物管理权以及公众按公物的本来公共用途对公物加以使用的权利。

由于公共地役权的设立本来就是用来排挤私法所有权的，因此行政主体对公物的公共地役权理当优先于私法所有权，并排挤私法所有权。英国学者 L.M.海勒在 1787 年专门撰文指出，保护和维持公众的捕捞及航行地役权是国王的特定义务，国王对作为私有权客体的海岸予以转让时，应当服从公共权利，且只能在国王的潮间域范围内实行转让。② 这包含有两层意思：一是属于国王所有的公物必须服从于公共权利，因而不能同一般人那样在转让公物时妨害公共利用。二是国王虽然可以自由转让作为公物的财产，然而由于该财产烙上了供公众使用的使命，因此，受让人的私权利应当服从于公共权利（即公共地役权）。

由上可见，公物所有权不是单纯的公法权利或私法权利，而是包含公法权利与私法权利两种不同性质的权利在内的混合所有权。前者称为公共地役权或公共役权，服务于特定公共利益，由作为公法物主的行政主体或公众行使，属于克里斯特曼所说控制所有权③的范围，保障的是行政机关执行公务所必要的资源的控制权或者每个公民最低限度的自由和自主所必需的资源的控制权，使其免受市场或者大规模社会分工的侵犯。

---

① 在中国，如果这里的原始所有者属于国家，则"剩余财产权利"可以由国务院国资委代表国家行使。

② 吕忠梅：《环境权的民法保护理论构造——对两大法系环境权理论的比较》，载吴汉东：《私法研究》，中国政法大学出版社 2002 年版，第 152 页。

③ 参见［美］克里斯特曼：《财产的神话——走向平等主义的所有权理论》，张绍宗译，广西师范大学出版社 2004 年版，第 222、297、298 页。

后者则服务于私法物主的私人利益，属于追求收入最大化的收入所有权的范围，由作为私法物主的原始财产所有者行使，而且在与公物的公共目的不一致的范围内，公共地役权优先于私法权利并排挤私法权利。也就是说，作为私法物主，在财产被设定为公用以后，就只能行使对公物的"剩余财产权"，且这一权利往往是不稳定的、非既得的权利，只在不损害公物本来公共用途的范围内才存在。明确公物的私法所有权和公物管理权的上述界限，是防止公物私产化，避免利用有偿使用制度消解通过公物实现社会凝聚与公正的通道、增加民生成本、降低官民互信①的必然选择。当然，公物的私法所有权受到排挤的程度将随财产性质的不同而有所不同。

第三节　公物的设置

一、公物的来源

公物来源的不同，直接影响到公物设置的程序以及利用者所享有的权利，并可能导致法律对其规制上的区别，因此对公物的来源作一总结是必要的。总体而言，公物主要来源于以下几个方面。

一是基于法律、法规规定而属于全民所有的财产以及自然资源。京杭大运河、故宫和长城系法律规定属于全民所有的财产。自然资源虽然大多属于国家所有，但在将其提供公用之前，并不是公物。这类自然资源主要是《宪法》第九条规定的矿藏、水流、森林、山岭、草原、荒地、滩涂、领空、海洋等。这类财产具有代际性。它们不只是本时代的人们的共同财产，也是将来世代的人的财产，因而对这类财产的保护具有一些特殊性。

---

① 参见张力：《公物的私产化及其法律控制》，《湖南师范大学学报》（社会科学版）2013 年第 1 期。

二是依法通过征收而形成的国有财产，例如对集体土地的征收，行政税收与行政收费。自人类进入现代福利国家以后，行政收费与行政征税已经成为公物最主要的来源。

根据宪法的规定，公民履行纳税义务，其目的就是通过给国家机器的正常运转提供物质基础，而从政府那里获得有关基本权利和自由的保护，并享受国家提供的各种福利。具体而言，行政税收主要具有以下几个方面的功能：（1）维持国家机构的运转，包括提供国家公务人员工资与相应的福利，提供公务人员执行公务所必需的物质条件。（2）进行收入再分配，以维护社会公平。随着经济的发展，社会中总是有一些人无法通过自己的努力改变自己的生存环境与条件，因而需要国家给予扶助，例如给予年老、体弱、丧失劳动能力的人以物质帮助。这不仅是人权保障的基本要求，也是维护社会稳定的基本需要。（3）调节经济，协调经济的运行。现代市场经济是国家有限干预下的法治经济，国家要有效影响经济运行，保持经济总量的基本平衡，促进经济结构优化，引导国民经济持续、稳定、健康发展，已经离不开财政税收手段。没有国家的宏观调控，社会资源将难以得到最有效的配置。（4）提供公民基本权利和自由得以实现所需要的公共设施。例如保障受教育权实现的各类学校，保障生存权得以实现的医院、卫生防疫站，保障自由权得以实现所需要的公路、道路、桥梁、铁路、码头等公共设施。从行政税收的第一项和第四项功能可以看出，税收中的很大一部分都应当转化为公物。从这个意义上讲，尽管行政税收是行政行为法的重要研究对象，但税收是否供公共之用即按照公共财政政策进行使用，则应当成为行政组织法的重要研究对象。

在中国的现实条件下，一方面由于行政机关往往向特定的人提供特定的服务，或者由于资源利用的排他性特点而只能让特定的人从国有财产中受益，此时收费就成为平衡受益人与未受益人之间利益关系的主要手段。另一方面由资源的稀缺性所决定，如果所有人都来利用某种资源将导致出现拥挤效应时，国家也往往向利用人收取适当费用以防止出现拥挤效应。因此，行政收费也成为国家财政的重要来源，并进而成为公物的重要来源。应该说，我国目前的行政收费无论是在范围和程序还是最终用途上都没有受到有效控制，行政收费的泛滥已经成为阻碍市场经济建立的"顽症"，借许可进行收费的现象还普遍存在。究其原因，主要是机构臃肿、人员膨胀的问题没有解决，行政收费并未受到与税收一样的法律控制。从理论上讲，行政收费必须遵循两大原则：（1）受益者付费的原则，即只能向特定的受益人（而不是普遍的受益人）收费；（2）补偿性原则，即收取的费用只能用于补偿成本支出即可，而不能包括利润。所收取的费用应当归入国家财政，并视同税收对待。对于依法向公有公共设施的利用人征收使用费的，使用费也应当用于建设更多的公共设施并专项管理或者将其纳入国家财政。毫无疑问，从行政组织法上来规范行政"规费"向公物的转化过程，对于实现行政收费法治化具有重要意义。

三是通过行政处罚和刑罚等手段将公民、组织所有的财产无偿转移为国家所有。比较典型的是行政处罚中的罚款和没收财物的处罚，以及刑罚中的罚金与没收财产，都使得国家无偿地从私人手中获得财产。这种财产应当成为公物的重要来源，例如可将"腐败楼"的拍卖所得用于公物建设。遗憾的是，我国尽管每年通过行政处罚和刑罚手段从私人手中无偿获得的国有财产数额比较庞大，但由于制度不健全，这类财产最终很少被用于公物的建设之中，相反主要用于各级国家机关的吃饭财政上。

四是国家通过行使自然资源及经营性的国有财产所有权中的收益权而获得的收益，例如国家出让土地使用权而收取的土地使用出让金、国家经营企业而获得的收益等。这些收益应当纳入国家财政的范围，并使之成为公物的重要来源。在计划经济条件下，我国对国有企业所有权中的收益权的行使很大一部分是通过国有企业兴办公益性的学校、医院等社会事务来间接完成的。而在市场经济条件下，为维护市场主体之间的公平竞争，取消企业办社会的做法尽管是一种必然趋势，但国家也应当切实行使国有企业出资人职能，确保经营性国有资产收益最大化，并将此种收益逐步转化为公物。从这个意义上讲，新成立的国务院国资委之主要职能就应当是如何管理好经营性的7万多亿元国有资产。

二、公物的设置方式

公物事实上的成立是通过公物的设置来完成。除自然公物不需要设置以外，人工公物的存在需要一个设置过程。设置的方式根据设置主体的不同可区分为三类。

（一）公共当局自己兴建（MAKE）

在计划经济条件下，采取由公共当局自己建设的方式设置公物比较频繁。尤其是大型水库、公路的建设，很多都是在公共当局的领导和组织下通过征用农村劳动力来完成的。可以说，自新中国成立以后至20世纪80年代初期，我国所设置的大多数公物，都是采取此种方式。只是随着联产承包体制的改革，这种方式越来越难以适应经济体制改革的需要而逐步被淘汰。

（二）政府采购（BUY）

这是随着经济体制改革和市场经济的逐步建立而广泛采取的一种方式。根据《政府采购法》第二条第一款的规定，政府采购是指各级国家机关、事业单位和团体组织，使用财政性资金以合同方式有偿取得货物、工程和服务（限于依法制定的集中采购目录以内的或者采购限额标准以上的货物、工程和服务）的行为。这里的货物和工程基本上属于国家机关执行公务所需要的物质条件（即行政财产）或者直接为公众提供使用的公众用公物。无论政府是以购买、租赁还是委托建设公物的方式获得对货物或工程的使用权，都属于《政府采购法》所说的政府采购。

政府采购行为的性质一直是理论上争论的焦点。我们认为，政府采购实际上是行政组织法上的一种行为。长期以来，人们比较重视行政行为法意义上的行政行为（如行政处罚、行政许可）和行政救济法意义上的行为（例如行政诉讼），而行政组织法上的行为却一直为学者所忽视。事实上，行政组织法上的行为同样是大量存在的，例如，政府设立行政机关的行为，政府雇用公务员的行为，解决政府机构之间冲突的行为，对公务员的奖惩、任免行为，机构的合并或分立行为，行政委托行为，上级对下级所作行政决定的审批行为等。笔者将行政组织法上的行为定性为：为确保行政效率和行政的统一性而进行的处理机构与机构、机构与组成人员、公务员与公务员、机构（人）与公物、公物与公物（这里的公物为广义上的公物）之间关系的行为。传统理论一般视上述行为为内部行为，并将行政法的研究重点全部集中在外部行政行为上（但行政组织法上的行为不一定就不能是外部行政行为，内部行政行为与行政组织法上的行为是两个不同概念）。个中原因也许是，与内部行政行为不同，对外部行政行为的规范，需要考虑到对处于弱者地位的被管理者的基本权利保护问题，"控权"理所当然就成为外部行政行为法的主要内核，故而对行政组织法的全面、系统研究也就未引起学界重视。直到前几年，在应松年等教授的强烈呼吁下，行政组织法（但主要是围绕行政主体理论而展开）的研究才引起学界部分学者的响应。这里要注意的是，纳入行政组织法视野的行政行为不限于内部人事行政行为，还应包括物事行政行为①。物事行政行为的合理性并非只是行政机关内部管理的问题，而不受法律控制（当然与外部行政行为相比，内部行政行为的裁量范围要大得多）。相反，它应属行政组织法的调控范围，必须将其作为行政组织法意义上的行为加以研究，因为对行政组织法上的行政行为的规范与行政目标的确立以及行政效率的高低、纳税人的负担息息相关。与通常意义上的行政行为法重在通过直接控制行政权以实现维护被管理者合法权益的目的相比，行政组织法重在通过促进行政效率的提高，以间接达到维护公共利益、减轻纳税人负担的目的。行政组织法意义上的行为，一般不直接给外部行政管理相对人设定权利或义务，相反，这些管理和控制公务员（以及公务员集体）和公物的行为一般只对外部行政管

---

① 人事行政行为与物事行政行为是德国、中国台湾地区学者经常使用的一个概念。前者是行政行为直接对被管理者的权益产生影响（行为直接指向的对象是人或机构），而后者则通过对物的处置而对人或机构的权利产生间接影响，行为直接指向的对象是物。对物事行政行为的性质、特点、范围和程序等问题，国内目前还没有学者去进行深刻研究。

理相对人所能获得的总利益产生间接影响，因而属于内部行政行为的情况居多。政府采购就属于行政组织法上的物事行政行为，因为作为行政活动的前提条件是：无论是行政机关还是由法律、法规明确赋予相应行政职权的组织，都是由作为行政的人的手段而存在的公务员和作为行政的物的手段而存在的公物所组成。二者缺一，公务将无法或无法有效实施，例如消防队员如果没有消防车辆等设备，那么保护人民生命、财产安全的目的就会成为泡影。因此，世界上任何一个政府，如果缺少人的手段，政府就必须用纳税人的钱以竞争的方式向社会录用公务员，并签订公务员雇用合同；如果缺少行政的物（这种物可能是用于行政机关进行行政管理，或者直接为社会公众免费、安全、平等使用）的手段，政府同样要以竞争的方式向社会购买或者租赁。因此，政府采购实际上是确保行政组织灵活和有效运转而进行的一种后备行政行为[1]，是一种与人事行政行为相对称的物事行政行为。

实行制度化的政府采购之根本目的，乃通过贯彻公开透明原则、公平竞争原则、公正原则和诚实信用原则，以提高政府采购效率（用最小的钱去获得物美价廉的公物），防止大规模的政府采购所带来的负面问题，包括政府采购可能产生的一系列腐败现象以及破坏公平竞争的市场秩序的问题。正是考虑到这一因素，国有企业的采购不宜适用《政府采购法》的规定，只有国家机关（包括司法机关、人大、党组织在内）和事业单位以及其他使用财政性资金的社会团体进行的采购，才有必要受《政府采购法》的拘束。但对工程的采购，无论采购人是国家机关、事业单位，还是国有企业，都应适用《招标投标法》的规定。

（三）公私合作兴建

由政府向社会公众提供公物属于经济行政法的一项重要内容。但"国家不一定要亲自完成全部与经济行政有联系的任务。公共行政的承担者除了公法法人之外，还有那些有权独立履行某些个别的国家职权的私

---

① 关于政府采购的公法性质，可参见肖泽晟：《论政府采购的性质》，《南京大学法律评论》1999 年秋季号。

法自然人或私法法人（受委托人）。"① 政府将部分职权委托给私法法人的委托行政是一种传统的组织形式，委托的目的是"为了分散公共行政管理，减轻公法法人的负担，利用私人的首创精神、对局部的控制能力、行政管理的潜力、资金、技术等方面的专门知识。"② 不过，在绝大多数情况下，是国家机关根本没有能力履行（往往由于财政和管理技术方面的原因无法自己规划和出资修建急需的公物）而不得不将全部或部分权限委托给私法法人。这种委托行政是分权的一种重要形式，一般采取公共—私人合作伙伴关系的法律形式。政府以 BOT 方式设置公物就是一个典型例子。

以 BOT 方式设置公物（主要限于不动产公物），是指政府授予民间投资者以特许经营权，由民间负责募集资金来建设，在公物建成之后，在特许经营期限内通过向公物利用人收取一定的费用，以收回投资和获取一定的利润回报，在设置及管理公物过程中由政府给予一定协助及优惠条件，民间机构（即经特许从事公物建设事业的 BOT 项目公司）在规定的营运期限届满后，将该公物所有权无偿转移给政府。在我国 BOT 的实际运用中，BOT 还出现了多种变异形式，主要有：

（1）BOOT（Build-Own-Operate-Transfer），即公物建成后所有权归项目公司所有。

（2）BTO（Build-Transfer-Operate），即公物建成后，政府先偿还建设费用，取得所有权，再由项目公司经营一定年限。

（3）BOO（Build-Own-Operate），即项目公司拥有所有权而无须转让。

（4）ROT（Renovate-Operate-Transfer）：重整、经营、转让模式。此种模式仅适用于已建成但陈旧的公物改造项目。

（5）TOT/POT（Transfer/Purchase-Operate-Transfer）：购买、经营、

---

① ［德］罗尔夫·斯特博：《德国经济行政法》，苏颖霞、陈少康译，中国政法大学出版社 1999 年版，第 283 页。

② ［德］罗尔夫·斯特博：《德国经济行政法》，苏颖霞、陈少康译，中国政法大学出版社 1999 年版，第 283 页。

转让模式，即政府出售已经建成的公物例如公路，由投资者购买公物的股权和特许经营权，又称为逆向 BOT。

（6）BOOST（Build-Own-Operate-Subsidy-Transfer）：建设、拥有、经营、（政府）补贴、转让模式。

（7）BLT（Build-Lease-Transfer）：建设、租赁、转让模式，即项目建成以后，以一定租金出租给政府经营，授权期限届满，再转让给政府。

（8）OMT（Operate-Management-Transfer）：建设、管理、转让模式。

（9）BOLT：建设、拥有、租赁、转让模式。①

在以上述的 BOT 及其各种变异方式设置公物时，由于国家皆以特许经营权作为与私人合作的资本，因而与政府采购以国家财政性资金作为获得公物的资本明显不同。这种区别决定了对以 BOT 等方式设置的公物进行管理和使用时必须遵循一些特殊规则。

三、公物的设置程序

公物的设置本身属于一种公共权力的行使（无论是财政资金的使用还是特许经营权的授予都是一种公共权力）。行使这种权力的程序是否正当，将严重影响纳税人的负担，影响公物的质量以及市场主体的法律地位，因此，为保障各方利益，规范公物设置的程序是完全必要的。然而，有关公物设置程序的问题至今未能引起行政法学者们的足够重视。以下仅从公物设置计划的确定程序以及计划实施的程序两个方面来简要说明公物的设置程序。

（一）公物设置计划的确定程序

公物设置计划的确定程序一般由各国的《行政程序法》加以规定，例如德国的行政计划确定程序就规定在《德国行政程序法》第 72 条至第 78 条。

就我国动产公物的设置而言，计划程序一般包括两个步骤：一是有

---

① 浙江省法学会：《BOT 法学理论与实务》，中央文献出版社 2003 年版，第 11—12 页。

关行政机关编制设置计划。二是报上级有关行政机关批准。根据我国《政府采购法》第三十三条的规定，负有编制部门预算职责的部门在编制下一财政年度部门预算时，应当将该财政年度政府采购的项目及资金预算列出，报本级财政部门汇总。部门预算的审批，按预算管理权限和程序进行。至于如何编制采购计划，采购计划编制完成后是否要广泛征求意见，甚至举行听证会，政府采购法未作出任何规定。

对于不动产公物的设置，一般要制定公共工程建设计划，有关的计划程序大多散见于各单行法中。以下以公路建设计划为例说明公物设置计划的确定程序。

公物建设计划的确定是公物管理程序（一般包括制订计划、置办材料、建设、开始公用的意思表示、使用等步骤）的第一步。只有在公物建设计划确定以后，承担公物建设义务的单位才能动工修建，并在公物修建好后由行政主体作出公用的意思表示。是否需要设置公物，取决于社会公共利益的实际需要。考虑到计划决策的错误不仅可能浪费国家财政资金，也可能给人民带来灾难性的结果，例如中国目前部分存在的"政绩工程"，不仅劳民伤财，也给公民的生命、财产安全带来了严重威胁，因此制约计划权力的行使应当是公物法的一项重要任务。根据行政学上关于行政效益的计算公式（行政效益=行政目标×行政效率），计划决策目标的错误往往意味着行政目标为负值，此时效率越高，对社会带来的危害越大，因此为保障行政计划的科学性与民主性，公物建设计划的确定程序中应当确保公众尤其是公物利用人的有效参与。公物建设计划是通过不同层次的计划逐步落实的，例如公路的计划就包括从宏观的规划到有关单个公路的类型和线路走向的详细计划。第一步即所谓的"公路规划"。这种"公路规划"涉及总体公路网的财政和时间安排，而且需要与城市建设发展规划和其他方式的交通运输发展规划相协调，一般由各级交通主管部门在各自的管辖范围内确定。由于这种规划具有较强的政策性，因而各国一般不确认个人对计划制定机关的此种行为享有诉权。这对于那些具有法律效力的规划例如国道规划更是如此。即使在那些实行宪政的国家，对这类规划提出宪法诉讼也基本上不可能，因为公路规划的抽象内容并没有对未来公路的类型和线路的走向作出任何陈述。与此相对应，在涉及单个公路行车路线的层面上存在着个人不服计划时可获得法院司法保护的可能性。

单个公路计划属于公路计划的最后一个环节，这一阶段可分为关于行车路线（包括关于公路的起点和终点、路段特征、用地安排在内）的预备性决定和计划的最终确定。从理论上讲，行政机关就公路的起点和终点、大致路线走向以及公路类型和概况、与其他公路网的连接所作的决定，应当被定性为行政机关内部的有约束性的预备性行政行为。根据行政诉讼法上的成熟原则（由于行政机关的这一决定可能发生变更，还不属于确定的最终能够对公民的权利义务产生影响的行为），应该排除公众对这一行为享有诉权。法院的审查大多局限于对行政机关的计划确定行为进行事后监督，一般通过撤销计划决定来保护公众利益。也有人认为，单个公路计划的准备和实施是不可分的。它们是一个分阶段进行的程序的组成部分。这个程序的特征就是一个不断具体化的过程。行政机关的准备性决定预先确定而且至少在事实上限制了后面的计划确定程序的决定余地。尽管行政机关的前述预备性行政决定只是准备性的措施，但鉴于大致的路线走向同时也是终结性的措施，因此它应被定性为具体行政行为。基于路线走向的暂时性，一般只有制定城市建设发展规划和其他方式的交通运输发展规划的行政机构享有撤销请求权，只要它们质疑的是路线走向的决定没有考虑到它们制定的规划，就可以请求单个公路计划制定机关的上一级机关予以撤销。而个人的法律地位只是在例外情况下才可能涉及，比如因地形原因而使行政机关的预备性决定预先确定了不可更改的路线走向时，个人才可以享有起诉权。

计划确定程序的结束不仅为公路的实际兴建提供了依据，也为必要的土地征收和房屋拆迁提供了根据。然而，《中华人民共和国公路法》至今未对计划确定程序作出规定。参照国外经验，计划确定程序一般可分为三个阶段：（1）计划确定的开始。一般由负责公路建设的机关提议，并制定第一个计划草案。（2）举行听证。由拟订计划的机关在合理期限内（一般为1个月）对此计划进行解释，目的是确保程序参与者可以在规定的合理期限内向听证机关提出异议。属于程序参与者的可以是有关的地方各级行政机关，以及权益受到计划影响的组织和个人。程序参与者要对提出的异议进行讨论。设立计划听证程序的目的，除了保障提出计划的行政机关获得广泛的信息外，主要是为了让权益受到计划影响的人可以在计划确定程序结束前对计划的内容产生实质性影响，以便尽早地保护他们的利益。（3）确定计划的决议。确定计划的决议从公路修建机关方面结束了计划确定程序，同时对所提出的异议作出了确定性的结论。计划一经确定，对外就确定了计划的法律效力，因而也就确定了将来要修建的公路的进程，包括一系列必要的措施例如土地的征用等。考虑到计划的确定对于权益受计划影响的人来说具有对外的规范效果，因此确定计划的决议属于外部具体行政行为。利害关系人可提起撤销之诉来反对这一计划。但"每个私人仅得就计划确定决议涉及其自身权利的部分提起诉讼；针对整个计划起诉，仅在相对人的权利如被'剔除'不予考虑，整个计划就难以实施或要作出重大变更的情况下，方予以接纳。"① 在这里，享有起诉权的人限于那些自身的权利受到侵害的团体和个人。在诉讼程序中，对计划裁量权行使的限制主要表现在以下几方面：一是具体计划之必要性（包括是否遵守行政法的一般原则以及有关公路计划的指导性原则）；二是是否合理权衡所触及的公共利益和私人利益；三是是否考虑了相关的因素，例如是否基于公共利益或为保障相邻地产的利用而采取保护措施，例如噪音防护措施。计划确定的决议可能因异议及诉讼时效的届满而变得不可撤销，此时的计划具有与取消抵押品之赎回权一样的效果，因而不再支持任何关于放弃计划、排除或改变路线的请求。接下来进入计划实施阶段的土地征用程序。不动产公物修建机

---

① ［德］平特纳：《德国普通行政法》，朱林译，中国政法大学出版社1999年版，第161页。

关首先要依据《土地管理法》的规定对公物计划所要求的土地实施征用。公物修建机关在取得土地后，开始对公物的形体进行建设或委托他人进行建设，在完工后由行政主体对该不动产作出公用意思表示并投入使用。

（二）计划实施程序

由于设置公物的方式不同，公物计划的实施程序也就必然存在差异。因此，以下以《政府采购法》和《招标投标法》规定的政府采购程序来说明公物设置计划的实施程序。

由于政府也是一个经济人，政府官员追求自身利益最大化的结果是，政府官员的利益内化为政府的利益，因而政府机构的行为目标之一必然是追求预算的最大化，增加公共开支（从官员角度看，节约开支是一种公共财富，只是使纳税人受益，而不会直接给官员带来收入的增加），其突出表现是政府行为决策与社会公共利益的巨大差异。为避免这种差异的出现，确保政府的采购活动符合社会公共利益的要求，法律就必须对政府采购行为加以控制，使政府采购合同的签订和履行受到包括公物利用人或使用者在内的广泛的监督。在《政府采购法》实施之前，供需双方在政府采购中暴露的问题层出不穷，例如供应方时而偷工减料或串标，或骗取中标，从而制造出了许许多多的"豆腐渣"工程，带来了很多的质量问题；而需方则使用议价浮滥，或规避招标，或绑票。此外，双方勾结的传闻也屡见不鲜，更有甚者，"关系标"和"领导标"泛滥，使得招标采购流于形式。这些现象固然有当前中国大陆特有的政治、经济或社会结构的背景，但欠缺透明、平等竞争的政府采购法律制度，没有加强对政府采购权（自由裁量权很大）行使的程序控制不能不说是其关键原因。因此，为了与政府采购协定相衔接，政府采购立法的重点就应该是，针对政府采购设计严格的程序，规定有关防止贪污、绑票等舞弊行为的措施，以促进公平和竞争，增加政府采购的公开度，加强对采购主体的行政监督和社会监督，降低政府采购过程中的监管成本，提高采购效率。从这一意义上讲，《政府采购法》就应当是"政府采购程序法"。

那么，政府采购为什么应受立法约束，并遵守竞争、不歧视以及透明的程序，而不能像私人一样可以根据契约自由自行选择交易相对人呢？我们认为这主要有以下几个方面的原因：一是政府采购资金取之于民，政府所花费的是纳税人的钱。在国外，政府采购称之为"国库行政"，因此，为求价廉物美，避免徇私和浪费，应遵循竞争原则，不允许采购主体随意选择交易相对人。二是在社会主义公有制下，政府采购金额往往庞大，甚至可能是诸如铁路设备、气象设备、基础设施的唯一买者，采购得标与否，影响供应厂商经济利益甚大，在采购过程中是否受到平等待遇，涉及人民的平等权，甚至生存权和发展权，有关招标程序瑕疵的争议，也与公民的诉权和基本权利有关。三是公有制下的政府采购往往成为实现给付行政目的的手段，因此，政府采购应受其目的的约束。

根据《政府采购法》的规定，政府采购计划的实施程序大体可以包括以下几个步骤。

（1）依法确定采购方式。根据《政府采购法》的规定，政府采购的方式主要有公开招标、邀请招标、竞争性谈判、单一来源采购、询价以及国务院政府采购监督管理部门认定的其他采购方式。其中公开招标是政府采购的主要方式。

（2）确定成交供应商。采购方式不同，确立成交供应商的程序也不相同，对此，《政府采购法》第三十三条至第四十四条有具体规定。以公开招标程序为例，首先，招标人应当根据招标项目的特点和需要编制招标文件。招标文件应当包括招标项目的技术要求、对投标人资格审查的标准、投标报价要求和评标标准等所有实质性要求和条件以及拟签订合同的主要条款。其次，应当发布招标公告，招标公告应当载明招标人的名称和地址，招标项目的性质、数量、实施地点和时间以及获取招标文件的办法等事项。再次，投标人的投标，即投标人应当在招标文件要求提交投标文件的截止时间前，将投标文件送达投标地点。招标人收到投标文件后，应当签收保存，不得开启。最后，依法通过开标、评标与决标程序确定成交供应商。

（3）签订政府采购合同，即在成交供应商确定以后，由采购人与成交供应商签订书面的采购合同，明确双方的权利和义务。采购合同自签订之日起七个工作日内，采购人应当将合同副本报送有关国家机关备案。

（4）履行合同，即由成交供应商提供公物，而采购人提供相应的对价。

（5）验收与监督。政府采购合同履行完毕以后，采购人或者其委托的采购代理机构应当组织对供应商履约的验收。对于大型或者复杂的政府采购项目，还应当邀请国家认可的质量检测机构参加验收工作。

《政府采购法》除了赋予政府采购监督管理部门以监督权以及竞争厂商以质疑与投诉的权利外，并没有赋予公物使用人以相应的监督权，没有赋予公物使用人参与验收的权利，而且采购人对竞争厂商提出的质疑应当如何处理、政府采购监督管理部门对竞争厂商的投诉应当如何处理，该法都没有具体规定。这些问题的存在，在很大程度上使得竞争厂商和公物使用者的利益根本得不到保障。众所周知，权利应当赋予最关心和最了解该事物的人。我国大多数学者在研究如何监督政府采购的问题时，总是把注意力集中于政府采购实体的主管机关（包括财政部门）和检察机关（政府采购公益诉讼中的原告），因而视这些国家机关为最关心政府采购的"人"。《政府采购法》的制定最终也采取了这种思路。然而，这些国家机关及其工作人员不仅有其自身的利益（"国家机关当然代表全体人民利益"的抽象假设难以成立，国家机关在任何时候都只可能代表大部分人或部分人的利益），其与采购实体之间存在严重的信息不对称的问题，而且其监督手段也主要限于对政府采购中的不法交易行为实施有限的几种罚则，因而不可能有效遏制不法厂商对国有财政公产的觊觎，并从厂商的不法得利中获得有效赔偿。相反，在政府采购中，最关心和最了解政府采购过程是否合法、是否公正的人是未中标的供应厂商（本应得标的厂商却未能得标，将严重影响该厂商的经济利益以及在市场中的竞争地位）以及采购标的的使用人，因此，为确保财政公产的最有效使用，监督政府采购的权利就应当赋予竞争厂商和采购标的使用人。竞争厂商和采购标的使用人有权对政府采购主体的违法行为提出异议，必要时应有权向法院提起行政诉讼（当然也可以向复议机关申请行政复议），这种诉讼并非美国政府采购法上的第三人代位诉讼①，竞争厂商和采购标的的使用人并不仅限于作为私检察官代替国家进行诉讼，相反，这种诉讼还视竞争厂商为不法政府采购的直接受害人，视采购标的的使用者为政府采购的潜在受害人，从而为竞争厂商的监督权、参与权、平等权等基本权利以及公物利用人的利用权的实现提供了保障手段，表明了竞争厂商和采购标的使用者在我国政府采购过程中特有的纳税人和主人翁地位，已经不是简单意义上借助私人力量以提高监管效率的一种手段（即这种诉讼机制不限于增加不法行为发掘与起诉的概率，提高不法行为人的损失，从而促进政府对厂商不当得利的求偿与吓阻作用）。

第四节　公物的利用

若公物已经作出了与它的用途相对应的公用意思表示，并且事实上已经提供使用，那么公众或由公众组成的单个团体就可以对其加以利用。

一、公物利用概述

有关公物利用的分类在理论上甚为混乱，例如台湾学者根据公物利

---

① 第三人代位诉讼，又称"窝里反"代位诉讼，是美国 1986 年修订通过的联邦防制不实请求法（False Claims Act）所确立的最引人感兴趣及影响最深远的地方，是一种用于防制承办政府采购或委办计划之厂商以不实手法获取不当利益之独特机制。在这种机制下，私人或团体依法得以政府之名义，并为自己的利益，以对政府为不法行为之法人或个人为被告，代位政府提起的告发诉讼，在胜诉或经和解后，取得政府受偿金一定比率之报酬请求权利。（参见尹章华、刘家荧：《美国政府采购法制第三人代位诉讼之研究——我国政府采购防制厂商不当得利之建议》，《法学丛刊》第 171 期）

用权的来源不同，将公物区分为一般利用、许可利用（又包括限制利用与许可利用）、特许利用、习惯利用、私法利用①。事实上，私法利用是与公法利用相对应的，且诚如日本学者所说，与自由利用相对应的许可利用与特许利用之间的区别也是不明确的②。此外，"一般"应当是与"特别"相对应的。因此，这里有必要借鉴国外与我国台湾地区的分类，根据不同的标准，依逻辑关系对公物利用作出如下不同的划分。

（一）自由利用与许可利用

对公物的利用，可根据供公众利用的方式不同，即物是直接提供给公众利用还是要依赖于公物管理机关的事前允许，将其区分为自由利用与许可利用。前者是指在不妨害他人利用的情况下，任何人无需许可就可以符合公物设置目的的方式加以利用，例如对领空、国家建设的免费公路、免费公园的利用。后者是指在物的公共用途范围内公众对该物的利用需要公物管理机关事前的——明确的或默示的——许可，例如对学校教学设施的利用，公众对行政财产的利用。公物的本质应当是供公众自由利用，但在资源有限的情况下，为平衡利用人之间的利益冲突，维护利用秩序，以实现公物设置目的，公物管理机关不得不对公物的利用加以普遍限制或禁止，并对利用人的利用实行许可制，从而解除对申请人的限制或禁止。有学者认为，广义的许可利用除一般意义上的许可利用外，还包括限制利用。限制利用是公物管理机关为防止公物受不当的利用或者为了增进公物的利用效益，凭借其公物权力而限制特定人对公物的利用，例如为缓解城市市中心的交通拥挤状况，对经过市中心而未载满 3 人的出租车收取一定的费用。但对利用人进行的普遍性限制不属于许可利用。许可利用与特许利用稍有区别。特许利用是指公物管理机关在特定的公物上为特定人设定公法上的利用权，而使其可以继续、独占地排除他人利用，例如取水许可、在公路下方安装煤气管道的许可。

---

① 参见翁岳生编：《行政法》（上），中国法制出版社 2002 年版，第 477—482 页。
② ［日］盐野宏：《行政法》，杨建顺译，法律出版社 1999 年版，第 775 页。

（二）普通利用与特别利用

根据使用者是否按照公物设置目的进行使用，可将公物的利用区分为普通利用（又称一般利用、公共利用，或"朴素"利用）与特别利用。前者是指符合公物设置目的的利用，例如在道路上通行、在河川上航行。后者是指超出公共用途范围的利用，例如在天安门广场举行商品展销活动。许可利用中既存在普通利用，例如取水许可，又存在特别利用，例如许可在道路上建立书报亭。普通利用又可分为抽象的普通利用与具体的普通利用。以公路为例，公路法为保障交通目的的实现，保障任何人对公路的利用不妨碍他人对公路的平等利用，往往对利用公物的方式等加以限制。德国学者将这种基于道路交通目的的利用，称为抽象的普通利用，例如将步行街供行人步行之用。对于符合交通主管部门制定的道路交通管理规则的利用，则被称为具体的普通利用。这种具体的普通利用明确了一个交通参与者考虑到其他众多的交通参与者同时在使用公路上时应该如何行动的问题。因此，即使某人以 100 公里/小时的速度驶过一个居民点，这也不是特别利用，相反是在交通目的的范围内的一般利用，尽管事实上这是不允许的。

当然，普通利用与特别利用在实践中仍然存在区分上的困难和疑问。以道路的利用为例，一位司机在公路上驾驶着装饰有广告招贴画的汽车，虽然对外来说似乎是"向前移动"的交通行为，但主观上他追求的目的不是与交通有关的目的，而是商业目的。此时司机对公路的利用属于普通利用还是特别利用呢？要解释这类问题，有必要将"为了交通"的特征分解为客观方面的和主观方面的特征。客观方面的特征涉及的是对外的可认出的行为，主观方面的特征是根据所要追求的目的来确定。两者可能一致，也可能分离。当两者分离时，应根据哪个特征来决定其利用属于普通利用还是特别利用，在大陆法系国家的理论与实务上尚无定论。比较多的意见认为，如果客观上对外就已缺少交通行为，那么其利用就不是自由利用，而是特别利用。在公路上存放或搭建物品，特别是建筑材料，以及广告栏、货摊（还有商业性广告）等，由于这些行为在客观外在表现上缺少与交通的联系，所以它们是需要许可的特别利用。要注意的是，这里有必要从广义上来理解"交通"的概念。如果某人将他自己使用的汽车停放在路边，以后（即使是几天以后）再用，这还不是需要许可的特别利用。对于是否属于普通利用的判断，起主要作用的是客观上参与交通的可能性。公路法应当以此为出发点，在对公路的普通利用中赋予"流动"交通优先于"静止"交通的权利。如果客观上有针对向前移动的行为，而主观上缺少交通的目的，一般认为这不是普通利用。因此，为商业广告目的而行驶，让步行者在步行街以走动的方式散发商业广告等利用都不是普通利用。

（三）公共利用与独占利用

根据公众同时使用公物的人数的不同，可将公物的利用区分为集体的公共利用与个人的独占利用。前者是指由一般公众共同使用，不需指出姓名，例如在免费公园或广场上散步；后者指由特定的人独占使用公物的一部分，例如公墓中的坟墓、菜市场中的菜摊等。① 但在特定的情况下，两者的区分可能存在困难，例如取水许可（一般认定为属于公共利用）。

（四）公法利用与私法利用

以形成公物利用关系的法律行为的性质不同，可将公物利用区分为公法利用与私法利用。利用人基于公法或公法许可、公法合同等而进行的利用，属于公法利用。公物本来具有公共性，因而是否可成立私法上的利用关系，一直存有争议。我们认为，在一定的范围内对公物进行私法利用有其正当性。按照公物的二元结构理论，对于不影响公物设置目的的实现因而只需要公物所有权人同意的利用，属于私法利用，例如在不妨害公共利用的情况下，在车站、码头、公园内设立餐厅、商店或刊登商业广告等，就属于私法利用，因而只需公物所有权人的同意。私法利用关系的成立、消灭及其效力问题一般依照私法而定。不过由于其与公物的公共利用存在密切关系，故依各国通说，尽管可以成立私法利用，

---

① 参见王名扬：《法国行政法》，中国政法大学出版社1988年版，第340页。

但也要使其受到一般行政法原理的约束，例如必须遵守平等原则不得对利用人实行差别待遇；必须遵循比例原则，不得过度占用公物而损害公物的公共使用目的。

上述几种分类是可以相互结合的。无需许可的利用肯定属于普通利用，而许可利用既可以是普通利用，也可以是独占利用。至于独占利用，则既可以是一般利用，也可以是特别利用。就一般情形而言，自由利用大多为普通利用。

考虑到对不同种类的公物之利用存在不同的利用规则，因此本节首先介绍公众用公物的利用类型（即公共利用与独占利用），并在公共利用中对自由利用与许可利用的规则分别加以介绍，然后介绍我国的非企业性单位所属公物和行政机关用公物的有关利用规则。

二、公众用公物的利用（之一）：公共利用中的自由利用

公共利用是与独占利用相对称的概念。是否需要许可、是否必须免费并不是公共利用的本质特征①。一方面，实际生活中存在不少免费的许可利用物，比如体育场、学校；另一方面，公物管理机关即使依法向公共利用中的利用者收费，这种收费也不一定对物的公共利用功能产生影响，例如较低的收费并不足以排除每个人对物的直接利用。在公共利用中，自由利用是其最主要的形式。自由利用指的是公物由一般公众无需许可地加以使用，且一般不需指出姓名。

（一）自由利用的基本规则

自由利用必定是公共利用，属于一般利用的范畴。它意味着公众不需许可即可对公物加以利用。公众可以自由加以利用的公物主要限于公众用公物。在公众用公物的公共用途范围内，利用人对公物进行自由利用遵循三大原则。

一是自由使用的原则。之所以为公众提供无需许可即可加以利用的

---

① 当然，根据社会主义这一立国原则或者基于社会福利国家的考虑，对于自由利用一般应免收费用。

公物，其目的在于保障宪法确立的公民自由的实现。从人权保障的角度看，由政府提供充足的自由利用公物，已经成为现代政府义不容辞的责任。正是由于这一原因，为保障信仰自由的实现，就必须允许信徒无需许可就可自由进入寺庙并祈祷；为保障公众的来往自由（人身自由的表现），就必须允许公众无需许可就可对道路加以利用；为保障言论自由的实现，在大街和公园发表言论必须事先获得许可的法令就应当是无效的①。当然，如同宪法确立的自由不是绝对的自由一样，公众对自由利用公物的利用并非不受任何限制。首先，公物的利用必须符合公物设定的公共目的，例如道路是供交通之用的，如果将道路做农贸市场之用就不符合道路公物的目的。其次，对公物的利用必须遵循公物管理规则。不管这种规则是法律、法规的规定，还是公物管理机关制定的，只要它不违背公物设置的公共目的，利用人就必须遵守。例如，即使没有法律依据，公物管理机关为保障公物设置目的的实现，在不与法律、法规相抵触的情况下，也可以规定停车的地区、时间，限制某类车辆通行的时间和路线等。

　　二是免费或低费使用的原则。向利用公物的利用人收费，将对公物的自由利用构成严重障碍。例如，在自由利用的公路上设卡收费的做法不仅将排除一些利用人的利用、影响车辆的通行，间接产生许可的效果，而且将在收费人员身上花费一笔可观的行政支出，因此，我国公路法原则上禁止在公路上收取车辆通行费（但由县级以上地方人民政府交通主管部门利用贷款或者向企业、个人集资建成的公路以及由国内外经济组织依法受让此种收费公路收费权的公路，由国内外经济组织依法投资建成的公路除外）。实践中，我国基本上没有遵循公物免费使用的这一原则，无论是对公立医院的利用，还是对公立学校、公园、博物馆等的利用，由于收费手段的使用，对这些设施的利用已经越来越成为只有有钱人才能享有的特权。为保障青少年学生的基本权利的实现，我国目前的

---

① 见美国 1939 年"公园街头许可案"，参见张千帆：《西方宪政体系》（上册），中
　国政法大学出版社 2004 年版，第 549 页。

政策已经明确指出:"由国家和省、自治区、直辖市有关部门命名的'爱国主义教育基地''青少年科技教育基地''德育基地'等场馆、设施,要低费或积极创造条件免费向青少年学生开放。全国各级革命博物馆、纪念馆、陈列馆、展览馆、革命烈士陵园等单位,要执行《中共中央办公厅、国务院办公厅关于转发〈中央宣传部、国家教委、民政部、文化部、国家文物局、共青团中央关于加强革命文物工作的意见〉的通知》(中办发〔1998〕2号)精神,对中小学校师生有组织的参观活动实行免费,对普通高等学校师生有组织的参观活动可实行免费或半价优惠。地方各级党委和人民政府,中央和国家机关各有关部门要制定具体政策、措施,对上述活动予以保障。""其他各类博物馆、纪念馆、科技馆、文化馆(站)、体育场(馆)、影剧院、工人文化宫(俱乐部)等公共文化设施和企事业单位、社会团体所属的文化体育设施及校外教育设施,必须坚持公益性原则,增加向青少年学生开放的时间,节假日免费或低费向青少年学生开放。"① 从上述规定可以看出,我国对公物的使用将逐步实行免费或低费使用的原则。2013年开始实施的《旅游法》也确立了这一原则,明确规定公益性公园应逐步向旅游者免费开放。当然免费只是原则,在例外情况下,例如为防止出现拥挤效应,为确保投资者收回投资等,也可以向利用人收取适当费用。

三是平等使用的原则。这一原则是公民在法律面前一律平等原则在公物管理领域中的体现。它要求以同一方式自由利用公物的利用人,应得到公物管理机关的同等对待,不得对相同情况的使用者给予不同的待遇。例如,张家界公园关于张家界市本地人免费、附近的吉首和常德市市民实行优惠票价100元、其他地方的公民收取全额门票248元的门票收费政策就违反了平等使用原则。当然,合理的差别并不构成对平等原则的违反,公物管理机关可以区分不同的事实情况而对不同的利用人加以区别对待,例如可以禁止载重汽车在某些道路或某些时间通行。

① 见2003年6月3日《中共中央办公厅、国务院办公厅关于加强青少年学生活动场所建设和管理工作的通知》。

（二）自由利用的法律特征

关于自由利用的法律特征如何，长期以来就存在争议。观点的变化主要表现在公众对公众用公物的自由利用过去属于反射利益，而现在被认定为公众享有对公物的一般利用权利。这一观点的转变在大陆法系国家具有特殊的意义，因为起诉人基于自由利用受损害而向行政法院提出诉讼的前提条件是他必须对公物享有利用权利，否则他没有起诉权。例如，如果公路附近的居民要对公路管理机关长期封锁毗连其地产的公路的行为起诉，那么他必须在主体上享有对公路的利用权。但这种对公物的自由利用究属何种权利，目前学者们意见并不一致，主要有平等权构成论、自由权构成论、诉讼利益扩大论与信托理论四种观点。[1]　日本《自治法》所采纳的是平等利用权构成理论[2]。目前比较有说服力的观点是将自由利用区分为依赖利用与事实利用。当废止某种公物将导致利用者的基本生活面临困境时，利用人就对公物形成一种依赖关系，例如通向山区之唯一公路大桥被洪水冲走，山区人民的对外交流就将面临困难。此种利用就叫依赖利用。从人权保障的要求看，对公物所形成的一种依赖利用状态可称为"利用权"或"法律上值得保护的利益"，利用人享有相应的起诉权。对于一般并无依赖关系的自由利用，就称为事实利用。对于这种事实利用，利用人是否对该公物加以利用，不影响其基本生活权利的行使，此时利用人不享有起诉权。

因此，到了现代社会，公民对公众用公物的利用，已经不再是行政主体的一种恩赐，相反在很多情况下已经成为利用者的一项权利。公物的设置、管理与废止也不再由公物管理机关自由裁量。不过，从我国现行法律法规来看，我们还得不出公众有要求设置自由利用公物的权利。换句话说，个人相对于行政主体而言，没有权利要求建设类似公路一样的公物并向公众开放使用。[3]　这也许与宪法规定的社会、经济、文化权利

---

[1]　翁岳生编：《行政法》，中国法制出版社2002年版，第485—487页。

[2]　[日] 盐野宏：《行政法》，杨建顺译，法律出版社1999年版，第670页。

[3]　参见 [德] 平特纳：《德国普通行政法》，朱林译，中国政法大学出版社1999年版，第167页。

的性质有关。行政主体是否设置公物，考虑的仅仅是公共利益的需要，例如是否铺设道路所考虑的是一般的公共交通需要，即是否需要提供畅通的交通线。因此，在道路这种自由利用公物的问题上，个人对公物的自由利用权，原则上限于个人在符合公路用途以及遵守交通管理部门规章的范围内，有权要求对公物进行自由利用，而不包括对自由利用公物的设置和维护享有个人的主体可起诉权。

当然，特定情况下也可以通过对宪法的解释来确定个人可能具有对有关自由利用公物的设置与维护决定享有起诉权。如果一个国家的宪法为公物管理机关设定了一项义务，即：为保障个人的行动自由，国家必须为公民提供四通八达的道路和广场等基础设施，那么就应认定宪法本身赋予了利害关系人有提起诉讼的主体资格[1]。比如，因国家机关将公路网大量私有化而与宪法对基本权利的保障要求相矛盾时，则因具体的"回收"（即废止公用的意思表示）而受影响的人可以把"回收"当作对基本权利的损害而有权提起撤销之诉。

（三）公物附近居民的增强利用权

德国行政法院在涉及公路使用的一个判决中指出：公路附近居民的这种特殊利用，包括保障公路附近居民有合适的进出公路的入口和出口，或者驾车驶向公路或脱离公路（包括横穿人行道）以及使公路所依附的土地能自由吸收空气、光线和阳光等，都是公路附近居民对公路进行的超出一般利用的"增强"利用。[2] 增强利用权是相对一般利用者利用公物的权利而言的，它是公物附近居民基于日常生活和工作需要而依法享有的可以超出一般利用范围和程度利用公物的权利。例如，在1929年德国的一个案件中，人行道旁从事丝绸生意的经营者在人行道上打出灯光

---

[1] 笔者认为，即使对于城市规划这类严重影响公物设置计划的行为，如果侵犯到宪法保障的基本权利和自由，例如城市规划中没有为城市居民保留足够的广场、公园、教育文化体育设施等所需要的用地，没有为城市居民提供足够宽敞的人行道路，而严重影响市民的日常生活，那么城市居民应当有权提起宪法权利诉讼。

[2] Wilfried Erbguth/Joachim Becher.Allgemeines Verwaltungsrecht.s.37-45.

广告，而作为人行道的管理者要求经营者清除该广告并要求其为此支付费用，经营者认为管理者没有权限提出此种要求。法院最终以经营者作为公物沿线居民享有对公物的增强利用权为由支持了经营者的主张。① 此项权利在法国被称为公物便利权，即公物对相邻不动产所负担的义务，是一种行政法上的权利，包括进入权、眺望权、排水权等，② 是一般使用者并不享有的权利。

　　当然，公物附近居民的增强利用权只在合理利用的范围内才存在，其具体内容需根据公物类型、当地利用习惯、依赖利用的范围、增强利用的必要性等因素进行综合判断后予以确定。例如，河流附近居民（沿河岸土地所有者）所享有的对水体的权利，就包括进入的权利、建设码头的权利、维持河流的水流动的权利、合理使用的权利、对一定程度的水质的权利③，而公路沿线居民则享有不得因道路被废止、采取禁止通行措施等而妨碍其与外界往来的权利，在道路确需被废止或部分道路确需降级（即道路的某些部分不再在交通系统中发挥作用）时，对被废止或降级的部分享有优先购买权④，以及要求有关当事人确保其采光、通风等权利。附近居民在空间上与公物的联系愈紧密，其享有的增强利用权越多。如果公物附近居民对公物进行的某种利用属于习惯利用，且与公物的本来公共用途不存在严重冲突，就应将其归入增强利用权保护的范围。例如，在不影响公路正常交通的情况下，如果道路沿线居民为了自家建

① 参见［日］大桥洋一：《行政法学的结构性变革》，吕艳滨译，中国人民大学出版社 2008 年版，第 208—209 页。

② 参见王名扬：《法国行政法》，中国政法大学出版社 1988 年版，第 332 页。

③ Jan G. Laitos and Joseph P. Tomain, Energy and Natural Resources Law in a Nutshell, West Group, 1992, p.360.

④ 道路沿线居民应享有优先购买权的理由有三：一是公共道路一旦被废弃，沿线居民享有的交通便利就会失去，其地产就将与道路隔绝。二是道路所占土地原来可能就是沿线居民地产的一部分。三是从耕作的角度讲，把土地分成过多的小块是不利的，相反，把不再使用的道路并入相邻土地比再形成新的土地更有利。（参见［法］莫里斯·奥里乌：《行政法与公法精要》，龚觅等译，辽海出版社、春风文艺出版社 1999 年版，第 859 页）

房而将砂石临时堆放于公路旁或者利用公路临时卸货已成为当地习惯，原则上就应将其归入增强利用的范围。如果某种利用不属于习惯利用，但是属于依赖利用，例如居住在河边的村民从河中取水用于灌溉自家承包的农田，就属于依赖利用，因而应归入增强利用权的范围。再如，为保障公路附近居民的日常生活，公路管理者就应为其留有合适的进出公路的入口和出口，使他们能够驾车驶向公路或脱离公路（包括横穿人行道），并保障公路所依附的土地能自由吸收空气、光线和阳光等。① 另外，如果某种利用既不属于习惯利用，也不属于依赖利用，那么在确定是否将该种利用纳入增强利用权保护范围时，还应根据平等原则考虑公物附近居民是否承担了一般利用人所没有承担的特殊义务。也就是说，按照平等原则，谁对公物的设置及其营运承担的义务越多，谁就应对公物享有更多的权利作为补偿。②

公物附近居民的这种"增强"的利用权受到行政主体作出的回收公物等决定的侵犯时，居民有权向法院起诉获得救济。③ 但公物附近居民享有原告资格并不意味着他们能阻止对公物的回收。因为原告资格只是表明，公物附近的居民对变更或废止公用的意思表示可以通过诉讼途径（提起撤销之诉）加以反对，即公物附近居民有诉讼权，但这绝不意味着诉讼一定会成功，相反可能因为值得保护的公共利益的需要，公物附近居民的利益必须让位于公共利益，因而无法阻止公物的回收。在此种情形下，公物附近的居民只能根据征收原则或特别损害补偿原则的要求享有补偿请求权。不过，在特定的情况下，公物附近居民也可能通过诉讼来阻止行政主体对公物的回收，例如如果回收限制了公物附近居民利用

---

① Wilfried Erbguth/Joachim Becher. Allgemeines Verwaltungsrecht (Teil2). Verlag W. Kohlhammer, 1987, s.37-45.

② 参见肖泽晟：《论公物附近居民增强利用权的确立与保障》，《法商研究》2010年第2期。

③ 参见王名扬：《法国行政法》，中国政法大学出版社1988年版，第333页。这里要注意的是，当公路附近居民增强的利用权受到私人侵害时，只能采取向法院提起民事诉讼的途径获得救济。

其土地的核心权利，例如以不可弥补的方式损害了附近居民使用他们不动产的可能性，或者完全排除了他们对空气、光线和太阳的接受，那么公物附近居民的撤销之诉就是成立的。

鉴于现行法律基本没有规范增强利用权，国家应在相关立法中确认公物利用习惯是公物法的渊源，在公物立法上确认增强利用权并给予特别保护，尤其应当为其提供必要的程序保障与事后救济途径，如授权地方政府代表公物附近居民主张增强利用权的资格等。[1]

（四）对自由利用的普遍限制：公物保护与利用的规则

利用人对公众用公物的自由利用，并不是绝对的自由，相反要受到公物管理规则的普遍限制。为了保护公物的物质完整，保护公物不被损害和侵占（因而需要制定公物保护规则），为了维护公物利用的正常秩序，保障每个利用人的平等权及其他基本权利和自由的实现（因而需要制定公物利用规则），公物管理机关有权在公物设置目的所必要的范围内依法制定有关公物保护与利用的规则。这些规则限制了利用人的自由利用，使利用人不得采取妨害他人利用或损害公物的物质完整等违背公物设置目的的利用方法。

三、公众用公物的利用（之二）：公共利用中的许可利用

公众用公物设置的本来目的是供公众自由使用，以实现某种行政任务，但是公物还可以有其他用途。此时，将公物用于公物本来用途以外的其他用途时，就可能损害到公物本来目的的实现或损害到其他公共利益，此时就不能由利用人自由加以利用，相反要经过许可，例如公园门票[2]、排污许可等。

---

[1] 参见肖泽晟：《论公物附近居民增强利用权的确立与保障》，《法商研究》2010年第2期。

[2] 在我国，公园的门票已经成为许可利用公园的凭证，而且大多以金钱的给付作为许可的标准。这与公众用公物的免费利用原则是不相符的。

（一）许可利用

当对"公共设施的利用会给社会公共秩序造成障碍时，为了防止这种事情的发生，或为了加强公共设施的管理，特别是确保其利用秩序，以达到其设置目的，有时一般禁止对公共设施的利用，并对其利用实行许可制，由行政机关作出许可的处分，将此称为许可使用。"① 这里的公共设施包括公众用公物。这种对公众用公物的使用，先实行普遍性的禁止，然后基于相对人申请予以许可而解除禁止的行为，与独占使用特许不同。在日本行政法上，前者意味着对自由的恢复；后者意味着对相对人权利的赋予②。

对于利用人的许可申请是否予以批准，不能取决于领导人个人的好恶。公物是作为保障公民基本权利的物质基础而存在的，因此作为公物的管理机关必须为所有人的利益服务，其行为必须符合宪法规定的公民基本权利保障的要求，才不至于违背公物设置之本来目的。按照宪法平等权保障的要求，对于公物来说，所有人有得到许可和使用的平等权利。但为了防止某些人的利用会对公共秩序带来损害，或为了保障公物设置目的的有效实现，规定适当的许可条件来限制公物的利用却是必要的，例如公共游泳场所限制不会游泳者、患传染病者以及干扰机构业务的人进入，就不能认为是违反平等原则；在高等学校资源稀缺的情况下，对高校的利用可预先要求申请者达到一定的受教育水平，不能认为违反平等原则；对于特定的设备只允许特定的人使用，比如儿童游乐场只供儿童利用，医院只供患者利用等，不能认为违反平等原则。因此，公物管理机关在确定许可标准时，必须考虑到公民的基本权利，不得歧视男性或女性，不得以是否具有某一协会会员的资格等来作为许可标准。③

---

① ［日］室井力编：《日本现代行政法》，吴微译，中国政法大学出版社1995年版，第406页。

② 参见［日］盐野宏：《行政法》，杨建顺译，法律出版社1999年版，第775页。

③ 参见［德］平特纳：《德国普通行政法》，朱林译，中国政法大学出版社1999年版，第165—166页。

（二）公物附近居民对公物的"增强"利用不需要许可

关于超出一般利用的公物附近居民的"增强"利用的法律性质，在学理上一直是有争议的。例如，道路附近居民对于在自己地产前的公路上的增强的利用是否需要许可，这些居民没有获得许可是否也有权在他们的地产前存放建筑材料，或者在人行道上搭建脚手架，或者通过贴广告使别人注意他们的商店？无论是司法上还是学理上，越来越多的观点认为公物附近居民一直对公物享有增强的利用权，其权利范围主要取决于当地的习惯以及需要"增强的利用"的必要性，尤其是与宪法基本权利条款之间的联系；这种"增强的利用"在法律上属于无需许可的公共利用；只不过相对于所谓的"朴素"的公共利用而言，有必要采用"增强的公共利用"这一名称，以区分两者在权利根据和利用强度上的差别。①

大陆法系国家司法判例某种利用是否属于增强的利用而无需许可所采取的基本原则是，一方面从有利于公物附近居民日常生活的角度对公物的本来目的作出宽泛的解释；另一方面，考虑公物附近居民的这种"增强"利用是否对适当利用土地财产是必要的。在必要性和习惯的范围内，公路附近居民可以无需许可就可为自己的企业搭建指示牌、广告牌等，可以在自己的房子前装车和卸货、修建自行车架和安装窗户遮篷，在公路上临时存放建筑材料和搭建建筑机器、建筑栅栏和脚手架，在适当范围内对街道进行商业利用等，都属于公路附近居民的增强的利用。然而，在公路旁边张贴外来广告和为悬挂招牌而做的广告，在公共街道上设置自动售货机以及在咖啡馆和餐馆前摆放桌椅等，由于超出了适当地利用公物附近的地产所必要的限度，因而不属于公物附近居民的"增强"利用而需要许可。

---

① 反对的观点可能认为公路附近居民的增强的利用和共同利用有本质的区别，因为它不供每个人使用。这种观点事实上是站不住脚的，因为每个人都有成为公路附近居民的潜在可能性，就像行人对步行街的利用属于共同利用而不属于"特别的步行者的利用"一样。

（三）基于政治或宗教目的而进行的活动与许可利用

基于政治目的而利用公物可能与公物设置的本来目的并不相符，但这种利用是否需要事先获得公物管理机关的许可呢？例如，在公路上散发传单，在公共场所张贴竞选广告或其他宣扬某种特定社会政治观点的广告等是否需要许可，中外的做法并不一致。美国最高法院罗伯茨法官在1939年的"公园街头许可案"的判决中指出："不论大街和公园的所有权归谁，它们有史以来一直是为了公共使用的委托而被占有，且自古以来就一直被用于集会、公民之间交流思想和讨论公共问题的目的。大街和公共场所的这种使用自古以来就是公民自由的优惠、豁免权和权利的一部分。为了交流对国家问题的观点而使用大街和公园的特权可以为了所有人的利益而受到规制，但它不得以规制为名而受到剥夺。"① 由于此种类型的利用涉及对宪法基本权利的保障，例如对公民言论自由、宗教信仰自由和通信自由的保障，所以越来越多的人认为这类利用属于不需要许可的共同利用②。这也是美国公共论坛原则（public forum doctrine）的基本观点。我们认为，尽管从我国的《集会游行示威法》等法律的规定来看，这类活动中有一些被认为是需要许可的特别利用③，但按照宪法基本权利条款的精神来理解，利用公物进行具有政治目的的活动，例如为推动关于社会政治问题的讨论而在公路上分发传单、在各地张贴广告或者向乘客呼吁，原则上应当属于无需许可的共同利用。

与对宪法基本权利条款的扩张解释一致，不仅出于政治或宗教目的的利用属于共同利用，出于其他正当目的例如纯粹私人问题的讨论而利

---

① 张千帆：《西方宪政体系》（上册），中国政法大学出版社2004年版，第549页。

② 在德国，关于公民在公路上进行政治宣传的性质有三种观点：一是虽然它缺少主观的向前移动的目的，似乎应归入特别利用，但由于基本法第5条基本权利的重要意义，这种利用不需要许可；二是由于基本权利的重要性，行政机关在决定颁发要求特别许可的申请时没有自由裁量权（或裁量权缩减为零）；三是根据言论自由的意义，采取许可程序是不合理也是不必要的，公民最多履行报告意义就足够了。见 Wilfried Erbguth/Joachim Becher.Allgemeines Verwaltungsrecht.s.43。

③ 见《集会游行示威法》第八条、第九条的规定。

用公物，如在步行区的道路上弹吉他，公众一起在公路上溜冰等，都应当属于无需许可的共同利用。与此相反，主要是为了商业目的而临时利用公路如分发商业广告的行为，就超出了无需许可的利用权的范围，因而需要许可。但如果是为了商业目的而在公路上使用固定的物品比如搭建广告台、使用麦克风或张贴海报，那么就不是共同利用，而是下面所说的需要许可的独占利用。

四、公众用公物的利用（之三）：独占利用

就公众用公物而言，"普通"的利用人可以在公共用途范围内使用公物，而不需要特别的许可。然而公物还可以有其他的用途。以公路为例，不仅在典型的交通线路上，即使在人行道上也可设立花摊等摊位，此时的利用就不符合交通目的。相应的，还有移走公路下方的供应管道（没有利用公路）或者在公路上方架设轨道，都超出了公共利用功能，所以利用者没有权利自由加以利用，相反这涉及的是需要许可或同意的特别利用，例如《中华人民共和国公路法》第四十五条规定："跨越、穿越公路修建桥梁、渡槽或者架设、埋设管线等设施的，以及在公路用地范围内架设、埋设管线、电缆等设施的，应当事先经有关交通主管部门同意，影响交通安全的，还须征得有关公安机关的同意……"。

（一）普通独占利用

独占利用包括普通的独占利用和特别的独占利用。前者是指公物的设置目的本来就是供公众个别的使用，例如对公墓的利用、对菜市场菜摊的利用即属普通的独占利用。后者是指公物的设置目的本来是供公众直接自由利用，但例外地设定独占利用的情况。由于普通独占利用本身并不违背公物目的，因而属于一般利用的范畴，不能完全适用特别独占利用的规则。普通独占利用与自由利用相比，具有两个方面的特殊利用规则：一是此种利用必须事先得到许可，并缴纳一定费用，因而不适用公众用公物的自由利用与免费利用的规则。受资源的稀缺性所限制，这种利用不可能满足所有人的要求，因而平等利用的原则因为收费手段的采用而只能具有相对性。二是由于这种使用完全符合公物的用途，因而

公物管理机关只能规定独占使用的条件，而不具有自由拒绝或终止独占利用的权力。以下专门就特别的独占利用中的有关规则加以阐述。

（二）特别独占利用

由于特别独占利用不属于一般利用与自由利用的范畴，因而与自由利用存在本质的区别：（1）这种利用既然属于超出公物目的的使用，是例外的使用，因而不适用自由利用的规则。利用者必须首先从公物管理机关获得许可，并取得独占利用权后方能利用。这种独占利用权利不是利用人的既得权利，公物管理机关不仅可以自由决定是否给予独占利用权，也可以随时废除独占利用许可，因而独占利用者完全处于一种不稳定的法律状态。（2）这种利用不能适用免费利用的原则，公物管理机关必须向利用者征收一定费用方可平衡利用人与未利用人之间的利用关系，也只有向其征缴一定费用才符合有效配置公共资源的原则，并避免图利特定人而造成市场主体之间的不公平地位。（3）这种利用只能由特定人单独利用，因而不适用平等利用的规则。

1. 特别独占利用许可

这种许可是指公物管理机关在不违背公物的公共使用目的的情况下，单方面允许私人例外地单独占用公物的一部分，可分为固定的特别独占许可与临时的特别独占许可。前者如《中华人民共和国公路法》第四十五条的规定，即"跨越、穿越公路修建桥梁、渡槽或者架设、埋设管线等设施的，以及在公路用地范围内架设、埋设管线、电缆等设施的，应当事先经有关交通主管部门同意，影响交通安全的，还须征得有关公安机关的同意……"；后者如在道路上临时堆放建筑材料、在人行道上也可设立卖花的摊子、在步行街上开车等。在法国，固定使用许可与临时使用许可还有一个区别是：固定使用的许可权和相应的收费权由公物的所有者或经营者行使；临时使用的许可权和相应的收费权则由享有公物警察权（即以维护公物利用秩序为目的）的行政主体行使。①

特别独占使用许可的条件在法无明文规定时，可由公物管理机关单

---

① 参见王名扬：《法国行政法》，中国政法大学出版社 1988 年版，第 346 页。

方面决定。公物管理机关可以根据公共利益的需要，规定各种各样的条件，甚至可以要求其履行一些本来应由公物管理机关履行的义务，例如遵循公务的基本原则，保证公物利用的连续性，对一切人提供服务的平等性等。公物管理机关在是否授予许可的问题上享有较大的自由裁量权，可以基于公物保管、公共卫生、公物利用秩序等公共利益上的理由而拒绝许可，也可以基于公共利益的需要撤销或废止这种许可。但这种裁量权的行使不得违背公物的公共使用目的和公物的保管规则，不得妨害第三人的权利。

与特别独占利用许可相关的问题是向利用人收取的特别独占使用许可费的法律性质。在实践中，这种缴费义务有时被认为是特别独占利用许可的附款即附负担，有时又作为一个独立的行政行为（行政征收）来对待。这种费用过去曾认为属于租金性质，现在基本上被认为具有间接税或规费的性质。[1]

2. 公物管理机关与利用人签订特别独占利用特许合同

这种合同是一种行政合同，必须以公物管理机关与利用人之间的意思表示一致为前提。在这类合同中，公物管理机关有权单方面变更合同的内容。双方的权利义务只能针对公物的一部分。就特许独占利用人而言，具有使用公物的权利，可因公物管理机关单方面解除合同而享有损害补偿请求权，在合同规定的权利受到公物管理机关侵害时享有赔偿请求权，在由于不可预见的情况导致合同的履行对独占利用人产生灾难性的损失时，有要求损害补偿的权利；其义务由合同和法律加以规定，主要是缴纳特许独占使用费[2]。有时合同的内容并不是双方协商的结果，而是由利用人接受公物管理机关所规定的条件，这种合同称为附和合同。当一个具体行为是属于合同还是属于单方面的行政行为难以确定时，应当通过分析当事人的意思和行为的内容来确定。一般来说，根据合同而进行的独占利用，利用人享有某些最低限度的保障，例如限制解除的条

---

[1]　参见王名扬：《法国行政法》，中国政法大学出版社 1988 年版，第 347 页。

[2]　参见王名扬：《法国行政法》，中国政法大学出版社 1988 年版，第 349—351 页。

件，或规定解除合同时的补偿权利等。

（三）公法许可与私法同意

无论是普通的独占利用许可，还是特别的独占利用许可，都需要公物管理机关或公物所有人的许可或同意，但是在我国并没有对何时需要公法许可与何时需要私法同意（即民事许可）加以严格的区分。

根据公物的二元结构理论，对公物享有控制权的实际上有两个物主：公物管理机关和私法所有权人。需要许可的特别利用必须获得其控制范围受到影响的物主的同意。因此，只要特别利用涉及公共役权的范围，那么利用人就必须获得公物管理机关的公法许可方能对公物加以利用。只要涉及民法控制权（对公物的"剩余财产权"），民法财产所有人的私法同意就是必要的。根据这一原则，不同情形下的特别利用所需要的许可和同意就有所不同：（1）在特别利用超出共同利用并且会影响共同利用时，（只）需要公法特别利用许可（即行政许可）。例如对公路的特别利用影响到共同利用时，就需要公路建设任务承受人的公法利用许可。（2）不会影响共同利用的特别利用，（只）需要私法同意（即民事许可）。对公物的特别利用是否需要公法许可，必须根据利用的抽象类型来判断，而不是根据具体的个案来决定。据此，问题的焦点是对所谓的公物、它的附属设施和辅助设备的表面利用是否需要公法许可。以公路的利用为例，一般而言，在公路上设立货摊或广告架，铺设轨道，举行体育活动，比如自行车比赛，以及为大企业提供通往国有高速公路的通道等，因为影响到共同利用，因而是需要公法许可的特别利用。而在公路下面，对公路体深处的利用，以及对一般的公路上空（从公路上五米起）的利用和类似的情况就不是对共同利用的影响，所以只需要私法所有权人的同意。由于有些特别利用对共同利用的影响是暂时性的或影响很小，因而可忽略不计，利用人只需要获得私法同意即可，例如在公路下方铺设用于公共供应的管道、安装伸向上空的广告撑架、砍伐公路上的树木等。基于以上分析，《中华人民共和国公路法》第五十六条规定的"批准"的性质就应根据特别利用对共同利用的影响大小来决定。如果在建筑控制区内埋设管线、电缆等设施并不影响到公路的畅通或者对公路的共同利用影响极其微小的，交通主管部门的批准实际上应当视为私法同意而不是特别利用许可。① 在我国，对公路的特别利用许可是由交通主管部门或公路管理机构颁发的，这意味着公路的法律地位一直延伸到对共同利用有影响的特别利用，鉴于我国公路管理机关一般同时代行公路的所有权能，此时特别利用人无需再去取得财产所有人的私法同意。如果特别利用需要获得私法同意，则特别利用人需要和私法财产所有人签订所谓的使用合同。

公法上的许可和私法上的同意存在以下区别：（1）性质不同，前者为行政行为，后者为民事行为。（2）在颁发许可时，公法物主可要求收费；而对于私法同意，私法物主只能要求私法补偿。（3）对于作为自由裁量行政行为的公法许可而言，公法物主必须遵循自由裁量权行使的有关规定，而对私人的同意没有这些限制。在公法许可中，自由裁量权在某些情况下可依法缩减为零，公物管理机关不得拒绝申请人的利用申请，比如在竞争性选举过程中，基于对宪法上选举权的保障，公法物主必须允许各政党设立广告架，允许候选人张贴竞选海报等②。而私法同意的界限只是不违反"善良风俗"。

当然，对于需要许可或同意的特别利用，如果特别利用人没有取得必要的许可和同意，那么其后果是：（1）在需要私法同意的情况下，例如在公路下面铺设供应管道时，公路所有人有权根据民法通则行使排除妨害请求权或在公路被非法占有时享有返还请求权。如果存在占有的情况，无论是恶意占有还是无偿善意占有，所有权人都有权请求占有人返还因占有所获收益。（2）如果是需要公法许可的特别利用，那么物主有权通过行政命令来制止利用人对公物的特别利用。由于未经许可的特别

---

① 《中华人民共和国公路法》第五十六条第一款规定："除公路防护、养护需要的以外，禁止在公路两侧的建筑控制区内修建建筑物和地面构筑物；需要在建筑控制区内埋设管线、电缆等设施的，应当事先经县级以上地方人民政府交通主管部门批准。"

② 在 2003 年 3 月深圳等地基层人大代表选举过程中，曾出现过有关单位拒绝竞选人张贴竞选海报的做法。见《南方周末》2003 年 5 月 29 日。

利用往往对公共安全构成威胁，违反许可义务往往同时意味着违反公物利用管理规则，所以公物管理机关往往可以对未经许可的特别利用人采取罚款等行政处罚措施。此外，不管是对于已经发生的还是尚未发生的需要公法许可的特别利用，只要公物管理机关容忍了利用人对公物的特别利用，公物管理机关就可根据收费的一般原则向利用人征收使用费。例如，《城市道路管理条例》第三十七条第一款规定："占用或者挖掘由市政工程行政主管部门管理的城市道路的，应当向市政工程行政主管部门交纳城市道路占用费或者城市道路挖掘修复费。"

（四）特别独占利用权的特点

在独占利用需要公法许可的情况下，公物管理机关应认真权衡特别利用申请人的利益与公物不可转让性原则之间的关系，避免许可的颁发违背确立公物不可转让性原则的目的。确立公物不可转让性原则的目的在于将公物"置于私有商业领域之外，进而避免对公产的转让或在其上设立民法上的物权，但它并不反对特定的行政性商业，也不排除只有行政管理价值的转让或物权设定。"① 因此，在公物上设定的特许权原则上必须具有临时性、可撤销性和可赎回性的特点，方不与公物的不可转让性原则的要求相抵触。

如果公物管理者同时行使私法所有权，那么除非特别利用将损害公物的本来目的，公物管理者必须同意利用人的特别利用。由公物管理者承担此种义务的原因是：（1）具有垄断地位的公物管理者必须遵守"善良风俗"条款；（2）国家资产的使用应受基本权利的限制；（3）公物管理者不得以拒绝私法同意来规避颁布对利用人有利的公法许可。

五、对非企业性单位所属公物的利用

根据《事业单位登记管理暂行条例》第二条以及《民办非企业单位

---

① [法]莫里斯·奥里乌：《行政法与公法精要》，龚觅等译，辽海出版社、春风文艺出版社1999年版，第881页。

登记管理暂行条例》第二条的规定，非企业性单位①是指国家为了社会公益目的，由国家机关举办或者其他组织利用国有资产举办的，从事教育、科技、文化、卫生等活动的社会服务组织（即事业单位），以及企业事业单位、社会团体和其他社会力量以及公民个人利用非国有资产举办的，从事非营利性社会服务活动的社会组织（民办非企业单位）。这类单位是承担国家给付行政任务的重要主体，尤其是事业单位，对于保障宪法确立的社会、经济、文化等方面的基本权利和自由的实现起着重要的作用。而这些单位要完成各自领域的给付行政任务，往往离不开公物这种物质手段。

非企业性单位所属公物，也可称为特许利用物，是指这样的物体，它们属于国家机构、事业单位或其他非企业性单位，不是专门供其内部使用（因而与行政财产不同），而是允许公民根据公法许可进行利用，且这种利用符合这个机构的物权法的公用意思表示②，比如用于公共教育的高等学校的图书馆就属于这类公物。如果机构的组织和许可是公法的，而对其财产的利用尽管可能是基于私法利用关系进行的，同样也存在这种意义上的公物。

由上述定义可见，特许利用物的法律范畴和公营造物虽然名称相似，但不是一回事。它们像两个相互交叉却不重合的圆。在特许利用物中涉及的只是物的利用问题，而公营造物法的应用范围除了对物的利用外，还包括那些从行政机关系统中分离出来的作为管理单位的组织整体，例如各级政府的编制管理机构。一方面，特许利用公物既包括"技术"意义上的公法机构（例如由物的整体所组成的机构）或公共机构的组成部分，而且也包括其他机构、法人团体和财团的物。另一方面，不一定所有属于公法机构或公共机构的物都是特许利用物。是否属于特许利用物，

---

① "单位"是具有中国本土特色的词汇，其真实的意义相当于"机构"。因此，我们认为以事业性机构、非营利性机构或非营利性组织等来取代目前的一些概念，有利于与国际接轨。

② 企业性单位也可能存在特许利用物，如公共汽车公司的公共汽车。

取决于公用意思表示的范围。只有当这一意思表示所产生的公共役权负载于整个物（包括各单个组成部分）上，作为其组成部分的物才能明确认定为公物。

一个非企业性单位的哪些物上负载有公共役权，在具体情况下可能很难确定。一方面由于属于非企业性单位的物是否负载有公共役权，必须根据该单位章程的规定（或对整体物的公用意思表示）来确定，其公共性的强弱受其公共任务等多种因素的影响。另一方面由于属于非企业性单位的物的数量经常是很大的，它们与物的整体（即组织）的联系，有的紧密，有的松散。一般认为，纯粹是私法组织的单位没有公物的成分，因为这里缺少一个公用的意思表示来证明公共役权负载于整体物上及各个组成部分，当然也不能对纯粹私法组织的单位的物（例如一个巨型商业公司的花园）产生公法上的许可请求权。而只要是公法组织的单位，则一般认为机构物的法律地位不依赖于其利用关系是公法的还是私法的。关键的问题是，对整体物的公用意思表示在多大程度上包含了它的单个组成部分。尽管在具体情况下需要对有关该机构组织法中的物权条款进行解释，但一般而言，在整体物的公共性较强的情况下，公共役权也施加于单个的组成部分。

为发挥非企业性单位所属公物的利用效能，保障公民的平等利用权，特许利用公物的公用意思表示也必须予以公开。尽管对整体物的公用意思表示包括了对单位所属单个物的公用意思表示，对内不需要公开的意思表示行为，但一切国家行为必须具有明确性和可辨认性的法治国家原则，要求每一个非企业性单位对外都要有明显的客观上可证明的意思行为，以证明各单个的物体具有公共联系，即对外清楚地表明各个物已被置于公共用途之下。

与公众用公物一样，在非企业性单位所属公物的公共使用范围内，也要区分一般利用和特别利用。一般而言，一般利用是指对所有利用人都适用的符合公用意思表示的共同利用，例如高校学生对该校所属图书馆的利用。特别利用是指对非企业性单位所属公物的使用超出了公用意思表示限制的利用形式。这首先体现在利用方式超出了公共用途，比如在学校的体育室里进行选举活动。要注意的是，即使在公共用途内的利用形式也可能是特别利用，比如利用者不属于规定的利用人（如大学的旁听者）。对非企业性单位所属公物的增强的利用如果影响了其他人的共同利用，也属于特别利用，例如某些社团对公共游泳池的增强的利用，同意在公墓中建设相对于一般利用（一排排的墓，使用期限为 30 年）而言的优先墓或家庭墓（40—50 年）等。

考虑到非企业性单位对特别利用予以许可或同意的类型和方式多种多样，在缺少特别法律规定的情况下，非企业性单位对机构物的控制往往比对其他公物的控制具有更大的自由，例如在许可的内容上可以设定时间、期限，也可以撤销已颁发的许可，在形式上也有选择的自由。许可除了采取一步许可或批准的形式（通过行政处分或私法的租赁合同）外，还可以采取两阶段形式，即先是公法批准（许可），然后是签订私法上的利用合同。不过，特别利用人并无请求非企业性单位颁布许可的权利，是否就特别利用申请颁发许可，属于非企业性单位的裁量权。不过，在行使裁量权时必须考虑颁发许可是否会对公共利用和公物的正常功能产生负面影响。由于非企业性单位所属公物的其他问题将在公营造物部分予以讨论，因此这里不予赘述。

六、对行政财产的利用

行政用公物（或行政财产）和其他公物的区别在于，行政用公物的公共用途是直接供行政主体使用。共同利用物（属于一般公物）、特别利用物（属于一般公物）和非企业性单位所属公物都是供公民使用的，而行政用公物是服务于行政主体内部的利用。即使平民可以利用它们（比如在市政府上班时间内去拜访），也不是像在其他公物法中一样，第三人享有当然的公法利用权。公民对行政财产的利用，只是个人通过和行政主体的接触而要求他们履行行政职责这种一般权利的具体化。因此，要对行政财产拥有长期的利用权，就只有通过其所有人和有兴趣对其加以利用的人签订民事合同才能达到。

典型的行政用公物是行政大楼，包括附属财产以及可移动的实物性行政工具。这些都是行政机关在解决行政事务时要使用到的公物，例如行政车辆、公安和消防部门的技术装备等。不过，我们无需对行政用公物和其他公物作主体上的区分，因为管理公共利用、许可利用和独占利用的机关也同样需要管理用来完成行政任务所需要的行政用公物，例如负责属于共同利用的公路的建设、维护和管理的公路管理机构一般有自己的办公大楼、自己的车辆和其他的设备，以便履行公路法赋予它的职责。

根据公物的二元结构理论，如果行政机关执行公务所需要的财产是通过私法手段获得的，例如对行政大楼的利用是基于和私人所有人的租赁关系，则所有人必须忍耐在公共用途内对大楼进行的利用。如果私法合同有错误，或已由所有权人按规定予以解除，此时所有权人原则上只具有要求行政机关作出废止公用意思表示的权利。只要行政机关对办公大楼的符合公用意思表示的利用不能得到其他保证，法律往往不赋予所有权人以返还请求权。

在行政财产的利用中有一个特殊问题需要讨论，即行政主体和拜访人之间的关系应根据什么法律来确定，或者说目的外使用关系的法律性质是什么。当行政大楼的门卫在驱赶或强行驱逐申诉人或其他人时，这个问题就显得尤其重要，因为行政大楼本来是供内部使用的，这些人可能不是出于解决行政事务的原因而是其他原因需要利用行政大楼。此时，多数学者主张对这种目的外使用行政财产的行为需要许可。至于这种许可的性质，目前还存在一些争议。日本大多数学者将目的外使用许可解释为具有处分性，因而应适用行政行为的有关规范。① 德国的学者则采取具体问题具体分析的态度，认为既不能将目的外使用许可截然定性为公法关系，也不能截然将其定性为私法关系。从理论上讲，这里有必要区分拜访人的干扰行为（即目的外使用行为）是否与办公大楼的公法用途相关。如果拜访人的行为与其公法用途有关，例如在市政府禁止明显前来申诉的人入内时，由于行政主体对行政用公物享有控制权，因此

① ［日］盐野宏：《行政法》，杨建顺译，法律出版社1999年版，第778页。

行政机关拒绝许可的根据是公法房屋不受侵害权。这种权利维护的是行政机关在空间上的必要活动范围，在大陆法系国家，被认为是从行政机关对行政用公物的隶属管辖权或任务管辖权推导出来的一项不成为的附属权利。出于比例原则的考虑，行政主体禁止拜访人入内（可以通过具体行政行为来达成这一目的）往往要受到时间上的限制。如果拜访人的行为与行政机关的任务或行政活动的作用无关，或者仅仅是为了进行私人交易而利用大楼，则禁止入内的禁令的法律根据不在公法中，而应依据民法上的私人住宅不受侵犯权。此时，行政主体可对与公共用途没有关系的拜访人的干扰行为提起民事诉讼，要求排除妨害，赔偿损失。至于大楼是否属于行政主体的财产或是否通过租赁而来则并不重要，因为承租人也有住宅不受侵犯权。不过对行政主体而言，其法律地位要受宪法基本权利条款的约束。这在我国将来实行宪法司法化以后要引起特别注意。

七、公物的设置与管理瑕疵

如果因为公物的设置或者管理有瑕疵而给使用者带来损害，那么国家就要承担赔偿责任。这已经是德国、日本和我国台湾地区的共同做法。但是，这种责任是民事赔偿责任还是行政赔偿责任，何谓承担国家赔偿责任要件之一的"公物的设置与管理瑕疵"，在理论上是有争议的。

在日本，行政机关承担的行政赔偿责任被区分为行为责任（依据是日本《国家赔偿法》第一条）与状态责任（依据是日本《国家赔偿法》第二条）。例如，若手枪本身有缺陷，警察使用时走火导致损害，则承担的是状态责任；如果手枪没有任何物理缺陷，但是被盗而被坏人使用导致损害，则承担的是警察保管不善的行为责任。日本《国家赔偿法》第二条规定："因道路、江河及其他公共设施的设置或管理有瑕疵，给他人造成损害的，国家或公共团体承担赔偿责任。"公共设施的设置或管理是公法关系中的管理关系，而日本的判例指出，这里的公共设施舍去了人的要素，着眼于物的要素，因而指的就是公物。① 同时，判例还指出，主要为公共利益而实施的活动是公法行为，不产生私法上的损害赔偿责任；道路工程是行政行为，只要法令没有特别规定，就不产生私法上的责任。② 据此，因公物的设置与管理瑕疵而带来损害的赔偿责任在日本被归入国家赔偿责任中的状态责任的范畴。我国也有学者指出公有公共设施致害应当承担的是国家赔偿责任而非民事赔偿责任，认为适用民法规定处理公有公共设施设置或管理瑕疵致害的赔偿责任，既不符合处理公法关系的原则，也不利于保护受害者的合法权益。③

这里的公物既可以是不动产，也可以是动产，例如公立学校的网球裁判台；可以是人工公物，也可以是自然公物，例如江河以及开放给公众使用的海滨、沼泽等；既可以是自有公物，也可以是他有公物，甚至是事实上的公物。

这里的设置或管理瑕疵，是指公物"缺失一般应有的安全性，该安全性的缺失是指构成公物的物理设施本身存在物理的、外形的缺陷或不完备，有可能给他人生命、身体或财产带来损失，还指因该公物的设置、管理者的不恰当管理行为而有可能产生上述损害。"④ 由于对于自然公物不存在"设置"的概念，只有在人工公物中，设置瑕疵与管理瑕疵的关系才成为问题。一般情况下，公物设置者和管理者是一致的，所以区分设置瑕疵和管理瑕疵没有实际意义。在两者不一致的情况下，如果有设置瑕疵，而管理者不管，则构成管理瑕疵；如果管理者给予了充分的注意，也没能发现该瑕疵，则被认为是设置瑕疵，而非管理瑕疵。一般而言，当管理有瑕疵时，为方便受害人主张损害赔偿，宜由管理费用承担

① 参见 [日] 宇贺克一：《国家补偿法》，肖军译，中国政法大学出版社 2014 年版，第 211 页。

② 参见 [日] 宇贺克一：《国家补偿法》，肖军译，中国政法大学出版社 2014 年版，第 205 页。

③ 参见马怀德：《公有公共设施致害的国家赔偿》，《法学研究》2000 年第 2 期。

④ [日] 宇贺克一：《国家补偿法》，肖军译，中国政法大学出版社 2014 年版，第 222 页。

者承担责任，而不由设置费用承担者承担责任。关于瑕疵，一般的定义是"公物通常欠缺应有的安全性"，具体有义务违反说、客观说、设施瑕疵说三种认定方式。

1. 义务违反说建立在大量判例基础上，认为这里的瑕疵是指设置者或管理者客观上违反了损害避免义务。按照这一观点，在道路欠缺通常应有的安全性时，道路管理者懈怠"道路禁止通行"这一损害避免义务就将构成道路的管理瑕疵，从而有利于抑制损害，扩大被害人的救济范围。这一观点能够对现行日本判例作出有力的说明。法院在一个判例中指出，"工程标识板、路障、红灯柱倒在路上，是道路安全上的缺陷"，"是在夜间且因事故发生前的其他车辆所引起，道路管理者不可能毫无延迟地将道路恢复至原状，让其处于安全良好状态"，因而否定了道路管理者有瑕疵。① 从这一意义上讲，南京机场高速公路案②中法院判决认定江苏省南京机场高速公路管理处存在管理瑕疵因而必须赔偿副业公司损失是错误的。

2. 客观说认为这里的瑕疵并非设施的瑕疵，而是指公物在"设置或管理"上有瑕疵，因而只有在公物的缺陷起因于"设置或管理"的不完善时，瑕疵才被认可。该说与义务违反说一样，都将"公共设施"的管理行为要素作为瑕疵的判断要素，不过客观说必须考虑设置或管理行为的适当性。

---

① 参见［日］宇贺克一：《国家补偿法》，肖军译，中国政法大学出版社 2014 年版，第 227 页。

② 该案案情是某副业公司驾驶员驾车在南京机场高速公路上突然发现过往车辆失落的防雨布，因避让不及造成 1 死 3 伤。交警认定司机与乘车人都无违章行为，双方调解后副业公司赔偿了 17.5918 万元。副业公司为处理此次事故共开支 23.1129 万元，起诉到法院要求高速公路管理处赔偿。高速公路管理处虽然举证证明其已按路政管理制度履行了巡查义务，但两级法院依然认为高速公路管理处疏于巡查，判决高速公路管理处承担赔偿责任。（参见《江宁县东山镇副业公司与江苏省南京机场高速公路管理处损害赔偿纠纷上诉案》，载《最高人民法院公报》2000 年第 1 期）

3. 设施瑕疵说认为这里的瑕疵仅仅指的是物的缺陷，即公物本身是否欠缺通常应具有的安全性。这种观点建立在将赔偿责任区分为行为责任和状态责任的基础之上，认为因公物设置或管理瑕疵产生的责任属于状态责任而非行为责任，据此批评义务违反说无视这一区别。按照这一观点，道路部分毁损导致事故发生，不用判断其管理状况就可以认定有瑕疵，而因大坝操作失误带来损害的责任就不作为状态责任而是作为行为责任对待。

不管采取哪一种学说，只要瑕疵成为责任要件，那就不要求公物具有绝对的安全性，而只要具备通常应有的安全性就足矣，如道路上长时间无障碍物的状态是通常应具有的安全性。但是，要理解这里的"通常"要件，必须考虑多种因素。日本法院在一个判例中称，判断是否存在"设置或管理"的瑕疵，应当根据具体情况综合考虑公物的结构、用法、周边环境以及使用状况等因素。①

首先是人的要素。毕竟对公物的管理包含了人的要素在内，因而应当在可能的范围内吸纳人的要素，而不能仅考虑物的瑕疵。

第一是对于公物管理者"懈怠安全保障"的认定，要综合考虑被侵害法益的重要性、危险预见可能性的存在、损害结果避免可能性的存在以及期待可能性的存在等因素。法院在南京机场高速公路案的判决中就忽视了高速公路管理处预见损失发生的可能性这一关键因素。②

第二是公物的通常用法。在使用公物发生事故的情形中，对公物的使用是否属于通常使用而非异常使用，将成为重要考虑因素。例如，学生挥动作为公立中学物品的地图棒，打伤其他学生眼睛并致其失明时，认为这种使用属于通常使用而非异常使用，因而认定对地图棒的管理存在瑕疵。

第三是是否存在不可抗力。因为不可抗力的存在而缺失预见可能性、

---

① 参见〔日〕宇贺克一：《国家补偿法》，肖军译，中国政法大学出版社2014年版，第234页。

② 参见肖泽晟：《公物法研究》，法律出版社2009年版，第285页。

缺失结果避免可能性时，公物管理者对使用公物产生的损害不承担责任。对于按照异常用法而导致的损害，因为不具有期待公物管理者对这样的使用采取安全措施的可能性，就应当作为无瑕疵来处理。

第四是公物的类型。是人工公物（如道路）还是自然公物（如江河），影响着瑕疵判断标准的高低。对于人工公物，人们期待公物管理者采取高水平的安全对策，因而瑕疵容易被认定；对于自然公物，因为处于自然状态中，经常伴随着危险，因而人们期待公物管理者提供的安全保障水平就比较低，因而瑕疵就不容易被认定。

第五是被害人避免危险的可能性。如果被害人是成人，通过自己的注意就可以避免损害，就没有安全对策上的期待可能性，瑕疵就不容易被肯定；如果是幼儿或儿童，就很难期待通过自己的判断来避免危险，对公物管理者采取安全对策的期待可能性就增加，瑕疵就比较容易被肯定。

第六是瑕疵被认可后的社会影响。如果认可了道路管理瑕疵，可能导致公物管理者为防止火灾而用水泥覆盖道路坡面，但结果却损害了自然景观；如果要求校园管理者对包含幼儿在内的市民全面承担责任，那么很可能导致校园不对普通市民开放，使城市幼儿被迫在危险道路上玩耍的结果。

第七是预算方面的考虑。如果认定瑕疵将大幅度增加公物管理者的预算，而这种预算不可能实现或者说因具体预算措施的不足而无法采取"从社会资源配置角度看很有必要"的安全对策时，就不宜认定存在瑕疵。当然，财政制约的因素会因公物是人工公物还是自然公物而有所不同。对于人工公物而言，即使宏观上因预算不充分而不能实施令人期待的安全对策，也不能成为否定瑕疵的理由；反过来，在作为自然公物的江河中，宏观的预算制约就应被纳入瑕疵判断之中。

当然，认定作为人工公物的道路管理瑕疵与认定作为自然公物的江河的管理瑕疵，在具体考虑的因素上会有很大不同。例如，在发生道路事故确认是否存在道路管理瑕疵时，就要区分是使用人损害还是第三人损害，区分使用人是高速车辆驾驶员、电动自行车驾驶员还是行人，必须考虑道路的速度限制、交通流量、道路事故发生的具体位置和自然条件（如有无浓雾、大雪）、事故发生的时间（是白天还是夜间、坠落物和障碍物掉落的时间与事故发生之间的时间差）、道路维护和巡视的内部标准是否达到通常应有的安全性、道路管理者是否针对道路斜面滚下的落石和沙土等设置了护栏等设施以及是否采取了禁止道路通行等避免损害的对策等因素。① 在发生水害事故确认是否存在江河管理瑕疵时，判断江河是否具有通常应有的安全性，是指在该江河所处地形、地质等自然条件下，含工作物在内的整体是否具备了安全结构，面对通常所具备的洪水，可以让洪水安全往下流，不给堤内居民造成洪水灾害，在个案中应综合考虑过去发生水害的规模、发生频率、发生原因、损害性质、降雨状况、流域地形及其他自然条件、土地利用状况及其他社会条件、有无整修紧急性及紧急性程度等各种情形后，参照江河管理特质的财政的、技术的、社会的各种制约下的同种、同规模江河管理的一般水平与社会普遍观念来判断是否安全。

第五节　公营造物

一、公营造物概述

公营造物法和行政机关组织法涉及的是国家任务的履行，涉及为实现特定国家任务的（行政）单位的组织和利用问题。没有物质工具作为保障，这些单位将无法完成规定的任务，所以行政机关与公营造物都占有公物。由于行政机关占用的公物即行政用公物主要是对公物的内部使用，前面已经述及，因此这里重点介绍国家为实现特定的行政任务而专门设置的组织中的公物，即作为公营造物组成部分的公物。

---

① 参见 [日] 宇贺克一：《国家补偿法》，肖军译，中国政法大学出版社 2014 年版，第 242—252 页。

（一）公营造物的含义

根据奥托·迈耶的定义，公营造物（Anstalt）被理解为"人与物的结合，由公共行政主体掌握，持续性地服务于特定的公共目的"。① 这一古典定义由于过于强调由行政主体直接掌握，因而不仅难以在公营造物和公共机构以及私法组织形式之间作出区分，也使公营造物的运作欠缺间接国家行政的色彩。公营造物必须基于人与物的结合，方可持续地为公众提供某种特定服务，因而与单纯的公物不同。作为公营造物组成要素中的物，大多数是公物，但也存在一般不直接供公众利用的物。

中国台湾地区学者针对上述缺陷，特对公营造物作如下定义："行政主体为达成公共行政上之特定目的，将人与物作功能上之结合，以制定法规作为组织之依据所设置之组织体，与公众或特定人间发生法律上之利用关系。"②

行政组织可分为直接的和间接的国家行政。直接国家行政组织指的是组织上隶属于有管辖权的公共权力主体的国家机器。然而，行政任务在某种程度上也可由不属于行政机关系统中的组织形式来完成。这些组织形式在大陆法系国家一般称为法人团体、财团、公营造物或公法机构。公营造物作为间接国家行政的组织形式，是指用来履行行政主体自己的或法律赋予它的公共任务的行政单位，例如文化馆就是文化行政主管部门为履行自己的行政任务而设置的公营造物。行政法上公营造物的概念特征可归纳为以下几点。

1. 公营造物是人与物的组合体

公营造物作为行政的一种组织形式，既不是单纯由人员组成之社会团体，也不是单纯供公众利用的公物，而是人与物在功能上的结合。公营造物中的人与物两要素之间是一种密不可分的有机结合关系，缺少任何一种要素，公营造物的设置目的将无法实现。例如，学校向学生提供教育教学服务，就必须有教师作为人的手段，以及有教室、教学设备等

---

① Otte Mayer, Deutsches Verwaltungsrecht, 1.Bd., 3.Autflag, 1934, s.268.

② 吴庚：《行政法之理论与实用》，三民书局2000年版，第171页。

物质基础作为物的手段。离开任何一种手段，学校之功能将大为减损，甚至毫无功能可言。尽管道路、公园等供公众使用的公物，在通常情况下也有管理人员来维护其正常功能，不过此时只要有物的因素也可以实现公物之本来目的，因而道路、公园等不是公营造物。

2. 公营造物是专门为实现特定行政目的而持续或长期设置之人与物的组合体

公营造物的设置目的是一种特定的行政目的，例如学校的设置是为一定区域的居民提供教育设施，提高他们的文化程度；监狱的设置是为了改造和教育犯人；戒毒所的设置是为了消除吸毒者的毒瘾、防止吸毒者采取伤害自己身心健康的吸毒行为。大多数公营造物之设置目的实际上属于给付行政目的，即通过公民或居民对公营造物的利用，增加公民的公共福利，实现国家对公民提供生存照顾的任务。由公营造物设置目的的特殊性所决定，公营造物的设置、管理与利用要受到公法约束。

3. 公营造物是行政主体所设置的人与物的组合体

随着社会所面临问题的复杂化与多样化，行政机关为达到行政目的所采取的行政手段也随之日趋多样化和复杂化。设置公营造物是行政机关为专门实现某种特定的行政目的而采用的一种手段。尽管行政机关本身也是人与物的组合体，各级人民政府职能部门的设置要报上级人民政府批准，但由于行政机关（尤其是各级人民政府）是根据宪法和行政机关组织法而设置，其执行公务所需要的物直接或间接来自国家财政预算，因而行政机关不是公营造物。行政机关除采取公营造物这种手段达成行政任务以外，也可以委托私人来完成行政任务，但此时受委托人即使具有"人与物的组合体"的特点，因其并非行政主体所设置，所以也不属于公营造物范畴。近年来，公立医院、公立学校民营化的做法已经不在少数，此时物的要素为行政主体所设置，但人的要素则为私人，因而其法律地位就出现了争议。但为防止行政机关的行政"遁入私法"，规避应当承担的责任，却仍有必要将其解释为公营造物。另有一种情形是这几年出现的私有公营造物，例如私立学校、私立博物馆等，在这里，尽管人的要素与物的要素都由私人设置，但由于在该组织体上设置了供公共使用的使命，似也有必要参照公物的二元结构理论，将其解释为公营造物为妥（但其设置目的为纯粹营利目的的除外）。

4. 公营造物与利用人之间的社会关系称为公营造物利用关系，是有关公营造物法重点规范的对象

公营造物与利用人之间法律关系之内容乃根据公营造物之特定目的来确定，且这种法律关系的产生、变更和消灭与公民的基本权利尤其是社会权的保障息息相关（例如在公营造物许可利用的情况下，可能向利用人征收使用费，而影响到穷人的社会权的实现），因而公营造物与利用人之间的社会关系应当成为公营造物法重点规范的对象。我们可将这种社会关系称为公营造物利用关系。

（二）公营造物与其他组织形式的区分

1. 公营造物与公共设施

在德国，公共设施一般认为包括公共机构与公物。前者指为公共目的而设置的人力与物力，如学校、医院、博物馆、铁路、邮政、广播等，而后者是指共同利用公物与行政用公物。① 在日本，公共设施与公营造物的概念基本相同，指的是行政主体供公共使用的人与物的设施的总体，如学校、医院、保健所、戒毒所等②，它们是给付行政范围内生存保障的重要组织形式。日本《地方自治法》第二百四十四条对公共设施下的定义是：公共设施是指普通地方公共团体以增进居民的福利为目的而设立的供居民利用的设施。但仔细追究起来，日本的"公共设施"实际上是为取代传统的公营造物概念、统一术语而主要在教学上使用的一个概念（法律上也存在使用"公共设施"的例子），既包括公众用公物（道路、公园以及政令规定的提供公共使用的设施，如下水道、绿化地、广场等），也包括公营造物，甚至狭义的公企业（设置目的主要不是增加财政

---

① ［德］平特纳：《德国普通行政法》，朱林译，中国政法大学出版社1999年版，第163—164页。

② 杨建顺：《日本行政法通论》，中国法制出版社1998年版，第330页。

收入）也被纳入公共设施的范畴之中，但不包括与特别权力关系有关的监狱等公营造物①。这一概念与德国的公共设施的概念略有不同。

从我国的具体情况以及法律目前对"设施"一词的规定来看，我国《宪法》在第十九条、第二十一条、第四十三条分别提到"教育设施""医疗卫生设施""劳动者休息和休养的设施"，这些设施都是国家为保障所有公民社会权而设置的公共设施，属于《宪法》第九十九条的"公共事业"的范畴，是给付行政的最重要的物质基础，强调的是物的要素。因此，可对"公共设施"作如下定义：公共设施是指国家为发展各种公共事业而由国家或社会团体提供公共使用的物或人与物的组织体。由前面所述公营造物的特征可以看出，公共设施的概念一方面比公营造物的概念宽泛，另一方面又要比其狭小。公营造物的根本特征是有自己独立的组织，这本身不属于设施的概念要件。属于公共设施的可以是一个个能够利用的物或物的整体，比较多地强调物的要素。公营造物强调供继续利用，而公共设施可以是一次性的非继续性利用，因此公共汽车、电车、医疗设施等属于公共设施，但不属于公营造物。另外相对于公营造物的概念，公共设施的概念以它的（对外的）可利用性为前提。在公营造物中存在一般不供公民利用的物，而公共设施的天性就是供公众使用（只不过大多需要事先许可而已）。据此，公法上对外可利用的公营造物同时也是公共设施。然而，公共设施还包括从行政机关系统中分离出来但组织上不独立的中性媒质（比如运动场）。这种意义上的公共设施可以由私法上的法人经营（如发电站）。与公营造物不同的是，法律形式和主体的不同对于设施的"公共性"来说并不重要。公共设施的典型例子有水闸、公园、运动场、排水设备、人民大会堂、堡垒、防洪大堤、水库等。

2. 公营造物与其他组织

公营造物与国库行政中的私法组织不同。由国家依民法或公司法设置的私法人（即德国、我国台湾地区行政法所说之公企业或公营事业）

---

① ［日］室井力编：《日本现代行政法》，吴微译，中国政法大学出版社1995年版，第399—400页。

从事的是私经济活动，原则上受私法规范，因而不属于公营造物之范畴。公企业主要是从行政手段上来讲的，包含有在市场经济条件下从事企业活动而有盈亏甚至追求利润目的在内的意义，而公营造物则是着眼于静态的有体物而构建的概念，偏重于公共行政目的的达成，因而公营造物法被定位于行政组织法，而公企业法被放入行政法分论之中。公企业的利用关系与公营造物的利用关系至少存在以下三个方面的区别①：（1）公企业的利用关系一般含有"等价交换"的对待给付性质，而公营造物的利用关系即使也有对价，一般也非等价交换，而是具有"规费"的性质。例如我国学生目前缴纳的学费事实上就是学校向利用人征收的一种"规费"。（2）公企业在市场经济条件下一般必须导入成本概念，并以追求利润最大化为目的，而公营造物则着重于行政目的的实现，除极少数例外情况外，应将其定位于非企业性单位，不以追求利润为目的，甚至不能引入收支相抵的财政制度（否则，会严重影响行政目的的达成）。（3）公营造物存在许多依法律"强制利用"的情况，例如义务教育即是，而垄断性的公企业尽管事实上产生了强制居民利用的效果，但终究非法律上的强制。

公营造物和公法法人团体的区别是，公营造物的构建是非会员性的。法人团体的意思表示由它的成员来完成，而公营造物的意思表示则由公营造物的主体来完成。与公营造物相反，公法法人团体是典型的行政组织形式，往往被授予特定的行业自治权，如商会、医生协会、律师协会、会计师协会（实行行业自治）等。公营造物没有参与意思形成的会员，而只有利用人。

公共捐助财产与公营造物的首要区别是，捐赠者（相似于公营造物的主体）的影响限于组织行为，这种行为决定了财产的用途和目的。捐赠者不会像公营造物主体一样对机构活动产生经常性的影响。捐助财产意思的形成是通过它的董事会来完成的。另外与公营造物相反，捐赠财产所涉及的是为履行无私的任务而进行的纯粹财产转移，属于"法律上独立的财产"。

---

① 翁岳生编：《行政法》，中国法制出版社2002年版，第428页。

(三) 公营造物的类型

公营造物的多样性与国家任务的多样性是一致的。在法律上需要研究的是公营造物主体的不同类型及公营造物权利能力范围的不同。

按照德国通说，公营造物可根据其独立性的大小分为完全权利能力、部分权利能力和无权利能力的公营造物：(1) 完全权利能力的公营造物，即有自己制定规章的权力和一定的自治权的公法法人，例如作为事业单位的专利局。不管是对内还是对外，也不管是对设置公营造物的主体还是对第三人，公营造物在行为法、责任法还是财产法方面都是作为独立的行政单位，以自己的名义行为，因而是一个行政主体。(2) 部分权利能力的公营造物。它不是公法法人，只在特定的领域内享有权利能力，并且仅仅在此范围内是行政主体，在其他领域，公营造物的机关和公务人员是另一个行政主体的组成部分，例如国立大学①。(3) 无权利能力的公营造物。它虽然有自己的名称，具有组织上的独立性，但是在对外关系上只是某个行政主体的组成部分，是该行政主体的功能之一，因而此种公营造物在法律上不具有行政主体的资格，不能同公营造物所属的行政主体区别开来，例如文化馆、博物馆、美术馆、医院、戒毒所等 (如果公共设施缺少独立的组织，那么公共设施从一开始就没有权利能力)。

当然，公营造物还可以区分为具有垄断性质的公营造物和不具有垄断性质的公营造物。前者如专利局、邮局等，后者如医院或诊所。对于法律上具有垄断性的公营造物而言，它不仅产生禁止私人经营这种事业的效果，而且也事实上使居民对其利用具有强制性，因此，就这类设施

---

① 在德国，大学是被视为具有部分权利能力的公营造物的。但多数国家的大学因有规章制定权，因而也可认为是具有完全权利能力的公营造物。根据日本最高法院1977 年 3 月 15 日的一个判决中称："无论大学是公立还是私立，它是以教育学生和研究学术为目的的教育研究设施，为了实现它的设置目的，对有关必要的各种事项，即使法令无特别规定时，大学具有自律的包括性的权力，可以校规等予以规定和实施。" (见 [日] 室井力编：《日本现代行政法》，吴微译，中国政法大学出版社 1995 年版，第 452 页)

的设置与管理，以及公民对其利用而言，需要制定其他公营造物所没有的特别法来予以规范。

我们还可以根据公营造物目的的不同，将公营造物区分为：（1）以增进公民精神上利益为目的的公营造物，如供教学用的医院、图书馆。（2）以增进公民身体上的利益为目的的公营造物，如防疫站、公立医院。（3）以增进公民经济上的利益为目的的公营造物，例如农村的农贸市场、城市的菜市场等。（4）以社会救济为目的的公营造物，如养老院、孤儿院、戒毒所。① 这种分类类似于日本根据公共设施所提供服务内容不同而进行的分类，即将公共设施分为社会福利设施、医疗卫生设施（如医院、下水道、卫生防疫站）、学校教育设施、供给事业设施（如上水道、交通事业）、社会教育设施（如体育馆、美术馆、博物馆）等②。

还有学者根据公营造物性质的不同，将公营造物区分为：（1）服务性公营造物，如邮局、机场、铁路等。（2）文教性公营造物，如公立学校、文化馆、图书馆、博物馆、纪念堂等。（3）保育性公营造物，如公立医院、养老院、孤儿院、戒毒所等。（4）民俗性公营造物，如殡仪馆、寺庙等。（5）营业性公营造物，如公有菜市场、商品批发市场等。③

（四）公营造物的成立、管理与废除

1. 公营造物的成立

与公物类似，公营造物的成立需要实体要件和程序要件都得到满足。实体要件是指物的设置和人的指定。以大学为例，除了校舍及其他一切供教学、研究用的设备外，还需要任命或聘用教学员工方可事实上为学生提供教学服务。物的设置一般由行政主体来完成，人的设置一般可通过类似公务员的任命方式或者采取民事合同的方式来完成（在公营造物成立以后，物的设置与人的变更往往委托有行政主体资格的公营造物自

---

① 参见翁岳生编：《行政法》，中国法制出版社 2002 年版，第 429 页。

② 参见［日］室井力编：《日本现代行政法》，吴微译，中国政法大学出版社 1995 年版，第 401 页。

③ 参见吴庚：《行政法之理论与实用》，三民书局 2000 年版，第 172 页。

己来完成)。程序要件是指行政主体必须作出开始公用的意思表示。为使公营造物或公共设施可具体地为公民或居民利用,需要行政主体表明其旨意。这种意思表示可以是基于法律、法规或规章(包括公营造物自治规章以及公法协议在内),也可以是基于行政行为;可以以默示方式或明示方式作出,例如监狱落成并开始供犯人服刑就是以默示方式作出的开始公用的意思表示。一般说来,公营造物开始公用的意思表示必须以合适的方式公开(例如在日报上),尤其是对于向公众开放的公营造物来说要公开。公营造物开始公共的意思表示意味着公营造物的用途得以确定。

2. 公营造物的管理

公营造物的管理是指设置主体为实现公营造物的特定设置目的、确保其以完好的状态正常地继续供公共使用而进行的一切活动。公营造物管理机关的管理职责主要表现在两个方面:一是对物的要素的维持和保全(包括新建、修缮、改造、增修等);二是保障公营造物处于良好的利用状态,例如审查利用人的利用资格、征收利用费、许可特别利用等。这种管理行为在法律上可以表现为纯粹的事实行为,例如设备的修缮、改建与扩建以及障碍的清除等;也可以是法律行为,例如对利用的许可或准许、征收使用费、制定有关对物的利用规则等。

公营造物管理权不是单纯的对财产的管理,而是一种概括性的支配权力,只要采取的措施(包括采取限制利用者权利和自由的措施)有助于促进公民的福利,且符合比例原则,则这种权力的行使就是合法正当的。这种管理权只限于对"物的管理"及"事务的管理",而不包括对作为营造物组成部分的"人"进行的行政监督。

公营造物(或公共设施)管理权与公营造物(或公共设施)警察权不同。前者是指为使公物合乎利用目的,而对不符合资格的利用者加以拒绝,以及对公物进行维护和增进的权力,例如修缮道路、许可特别利用等;后者指的是针对合乎利用资格之人采取不当方法加以利用的行为进行干预的权力,其目的在于维持社会公共的安全和秩序,例如对学生损坏图书馆图书的行为进行干预。

3. 公营造物的废除

公营造物可因设置目的的完成或其他公益上的理由而被废除或废止，原则上应由设置主体以某种方式来表明公用意思表示已被废止，例外的情况下也可因实物的消灭而推定公用意思表示的废除。废除公用的意思表示应当公开。其程序应与开始公用的意思表示的程序相对应，例如学校的成立需要经过行政机关许可的，学校的废除也应经行政机关的许可。除此之外，由于废除公用的意思表示还必须照顾使用者的既存利益，尤其是个别公营造物的废除将给使用者带来难以恢复的损害或者严重影响使用者的基本生活时，应当遵循更为特别的程序，给予利益受严重影响的人以法律上排除这种影响的可能性，例如在作出废除决定前确保利害关系人的参与、听取其意见或举行听证会，允许其对废除公用的意思表示提起行政诉讼等。我们认为，在大力推行行政民主化的今天，行政主体原则上不得自由废除公营造物。

二、对公营造物的利用

公营造物利用关系的形成可能基于两种原因：一是因强制利用而形成的利用关系。行政主体为保障营造物设置目的的实现，以维持并增进公益，往往有强制公民利用某种营造物的情况，例如强制接受义务教育的儿童入学、垃圾处理设施的强制使用、强制吸毒者去戒毒所戒毒等。由于这种强制利用构成对公民权利和自由的限制，因此应当适用法律保留原则。二是因非强制性利用而形成的利用关系。大多数情况下，公营造物利用关系都是基于利用人的非强制性利用而形成的，且这种非强制性利用往往要经过公营造物管理机关的许可，双方的权利义务往往以公法合同或民事合同的形式来确定。

至于公营造物利用关系之法律性质如何，至今仍存有争议。问题的根源在于它们相对于利用人来说可能部分是公法，可能部分是私法，有时又是以两者结合的准许形式出现，例如涉及对水、电、气、交通工具、学校、医院、戒毒所、博物馆等设施的利用，有时是基于民法合同支付对价，有时是基于公法许可要征收使用费。一般而言，公营造物利用关系大多属于"行政债务关系"①,可通过公法许可或公法合同来设立,例如学校关系、刑罚执行关系、广播电视利用关系等就是这种行政债务关系,但在法律没有规定必须采取公法利用关系的情况下,公营造物管理机关也可选择私法利用关系。

(一) 利用许可

一般而言,如果公营造物是根据私法例如根据公司法来组织的,则许可的性质是民事许可,且采取民事合同的形式。此时公营造物管理机关原则上有缔约自由。不过对于垄断性质的公营造物,可根据民法之善良风俗条款,推导出公营造物管理机关有许可义务。此外,鉴于私法组织形式的公营造物的公众性,公营造物管理机关仍然必须遵守有关行政私法的原则。如果公营造物是根据公法组织的,则许可是公法上的行为。只要法律或公营造物规章没有作出其他规定,公营造物管理机关有权选择行政合同或行政行为的形式(包括明确的或默示的行为,如被学校接纳)授予利用者利用权。

如果公营造物管理机关对一般可以颁发许可的情况或者应当缔结行政合同的情况加以拒绝(并产生争议),那么公营造物管理机关拒绝颁发许可或缔结行政合同的行为是行政处分(相当于我国的行政处理决定)。被拒绝的人可以对该拒绝行为不服提起行政诉讼(即履行法定职责之诉)。如果利用人不是针对该拒绝行为起诉,而是要求法院确认他享有利用公营造物的权利,那么可向法院提起确认之诉(我国行政诉讼法尚未确立这种诉讼形式)。相反,如果申请人已获得了利用许可,但还是被拒绝利用,则这种情况下可以向法院提起诉讼,要求法院责令公营造物管理机关履行利用许可决定给自己确定的义务。

利用许可主要是采取行政处分的形式,一般以申请人提出利用许可申请为前提,但这并不要求申请人必须具有完全的行为能力,即使利用人"没有权利能力或完全的行为能力",也依然享有利用公营造物的权

---

① [德] 平特纳:《德国普通行政法》,朱林译,中国政法大学出版社1999年版,第165页。

利。在强制利用的情况下，例如在刑罚执行关系中，犯人对监狱的利用不需要申请，此时监狱管理机关应对这种依职权的强制利用说明理由。在其他特别的情况下可能基于某种特殊情况的发生，公营造物利用许可也不需以申请为前提，例如把失去知觉的人送到医院。对于许可申请，只要法律没有作其他规定，行政机关一般可以裁量决定是否颁发许可。但在某些特殊情况下，例如对生存具有重要性或必要性的诸如学校、医院等公营造物的利用许可，公营造物管理机关的裁量可能缩减为零。

（二）公法形式的利用

公营造物管理机关一般可以选择公法形式的利用关系，也可以选择私法形式的利用关系。如采取公法形式，则主要通过公营造物利用规则来规范利用关系。

1. 公营造物利用规则（Benutzungsordnung）

在实践中，公营造物利用规则和公营造物规章（或章程）往往一起发布，但在大陆法系的公物理论上，两者则是完全不同的两个概念。公营造物规章具有类似行政机关组织法的性质，主要规定两方面的内容：一是公营造物的目的、分类和公营造物主体；二是公营造物的机构、机构的管理者及其管辖权。而公营造物利用规则是为保障正常的利用秩序尤其是维护第三人的利益而对单个利用人利用公营造物的行为所作的限制性规定。

公营造物利用规则本身构成对公营造物管理机关管理权的一种限制。为贯彻宪法确立的平等原则，保障宪法确立的各项国家任务的完成，公营造物管理机关所采取的任何措施都不能背离公营造物利用规则，因为颁布利用规则的目的在于通过平等对待第三人的利用、预先规定形成机构裁量的行政行为，以保障公营造物设置目的的有效达成。只有根据利用规则行事，公营造物管理机关的裁量行为才可能在实际行政活动中受到相应约束，偏离利用规则就违反了宪法，侵犯了宪法所保障的基本权利和自由，所以，宪法的某些条款作为对外法律规范可以用来监督和制约纯粹行政内部的利用规则[①]。

[①]　参见 Wilfried Erbguth/Joachim Becher.Allgemeines Verwaltungsrecht（Teil2），s.85。

　　问题是，当公营造物利用规则违法或违宪时，它是否应当接受法院的监督？众所周知，颁布公营造物利用规则的授权基础或者是各种单行的法律规定，例如高校校规的制定来源于高等教育法授予的办学自主权，或者在无法律规定时，公营造物利用规则的制定（包括利用规则的内容与形式）来源于为实现法定公营造物目的而具有的公营造物权力。这似乎从形式上说明了公营造物规则的合法性，但公营造物利用规则不管其是否具有法律规范的性质，按照法治国家原则的要求，其制定毕竟不得违背合法建立的公营造物之设置目的，在公营造物关系中所采取的特别措施，尤其是限制利用人的权利和自由，或给利用人施加某种负担时，必须是实现法定的公营造物目的所必要，必须符合更高级别的行政法律规范的规定，遵循法律保留原则、比例原则、平等原则等行政法的一般原则。例如，国家图书馆将读者的阅读地点（在阅览室或家里）、阅读内容和阅读书籍的语言文本与其国籍、户口所在地、职务、职称、学历甚至工作单位所在地等身份特征联系起来，从而使不同等级的读者享有不同的权利。① 这种做法就明显违反平等原则。根据我国的国情，对这种利用规则不服，可以考虑两种救济途径：一是在利用人对公营造物机关拒绝颁发许可的行为不服申请行政复议时，由复议机关一并对公营造物利用规则的合法性进行审查并作出处理；二是修改行政诉讼法，允许利用人直接针对公营造物利用规则向法院申请司法审查。如果公营造物利用规则的具体条款不在法律规定的公营造物用途的范围内，则应自始无效。

　　2. 利用人的权利和义务

　　对公营造物的利用构成了公营造物管理机关和利用人之间的特别关系。在这一关系中，单个利用人不仅要承担义务，也享有相应权利。权利和义务的范围由公营造物的类型和相应利用规则的内容来决定。

　　利用人的权利主要是利用权与赔偿请求权。首先，公营造物利用人有权要求利用公营造物所供给的服务、设施、设备或物品。与利用人的利用权相对应，公营造物机关就负有相应的义务。公营造物管理机关在

---

① 姜朋：《国家图书馆的读者也分等?》，《南方周末》2003 年 5 月 8 日。

无法定正当事由（包括合法的利用规则所规定的理由）时，不得拒绝向公民颁发利用许可。利用人获得许可后，对公营造物之单个设施的利用就不需要其他的许可。要注意的是，利用人只有权接受公营造物所提供的服务，而无权要求提供自己所希望的特定服务，例如公众有接受广播电视台所安排的节目的权利，但却没有权利要求播放特定的节目。当然广播电视台也不能在宣布一个节目以后，又取消这个节目。公营造物设置与管理机关基于其公营造物权力，还应当承担一些辅助义务，例如遵守法律规定的义务，在裁量决定的范围内保护利用人人身和财产安全的义务等。即使公营造物利用关系采取私法形式，也不允许完全"遁入私法"，而依然要受公法原理和原则的限制，例如基于平等原则的要求，公营造物机关不得采取不合理之差别待遇。如果公营造物机关违反了上述义务，或利用人的上述利用权受侵犯，或出现给付障碍（例如因供水设施主体的严重过失而致不正常供水给利用人带来损害），那么利用人就享有相应的赔偿请求权①。按照我国目前的做法，可根据民法通则的相应规定要求公营造物设置者或管理者承担赔偿责任。

利用人的义务主要是服从公营造物管理权、遵守公营造物利用规则的规定、缴纳规定的费用。利用人负有如此广泛的义务，并不是因为利用人踏进了一种"特别的权力关系"，而是因为在特定的公营造物中，法律上的结合和因此产生的义务因为公营造物设置的特别目的而变得更加广泛和强烈，在学校利用关系和刑罚执行关系中尤其如此。按照传统的特别权力关系理论，公营造物利用规则是公营造物管理机关单方面制定的，不需要取得法律的授权。但这必然导致利用人处于弱势地位。为保障利用者的人权，特别权力关系理论已被逐步废除而代之以基本权利保留的法治主义理论。即使承认制定不经法律明确授权的利用规则（例如校规）的必要性，除了公营造物的设置目的在性质上不适宜由利用人参与（例如监狱）外，应允许公营造物的继续利用者（如学生）在不妨碍

---

① 参见［德］平特纳：《德国普通行政法》，朱林译，中国政法大学出版社1999年版，第153—155页。

公营造物设置目的的范围内,有机会以民主方式参与利用规则的制定。缴纳费用的义务必须由法律明确规定或有法律依据,而不能由公营造物机关任意规定。对于原则上涉及利用人法律地位的义务,例如招生录取的标准、开除学籍的条件、责令退学的条件、是否征收学费等,必须通过法律规范的形式(而非利用规则的形式)来设定。对于其他义务的设定,即使为实现公营造物之特定目的的需要,也应符合比例原则。在公营造物利用规则就所涉及的个案没有作出规定,或根本没有颁布公营造物利用规则时,公营造物管理机关也可以基于公营造物权力而以个案规定(即具体行政行为)的形式来确定利用人负有义务。但此类个案规定也同样要受到公营造物用途、合理性和比例原则的限制。

当利用人能履行义务而拒绝履行时,公营造物管理机关可以依法采取强制措施强制其履行义务,也可申请法院采取强制措施。如果取得了法律的授权,公营造物管理机关还可以对不履行义务的人处以罚款,甚至追究其刑事责任。例如,美国宾夕法尼亚现年 24 岁的女青年特丽莎于 2000 年 9 月从一家公共图书馆借了 3 本书,迟迟不还。图书馆通知特丽莎借书逾期不还将被罚款 120 美元,但居无定所的特丽莎对此置之不理,图书馆以盗窃罪将她告上法庭,特丽莎因拒绝出庭应诉而被关进监狱。根据美国图书馆管理规则,借书逾期 3 个月不还且被罚款超过 50 美元以上,可作为刑事案件处理。①

3. 一般利用和特别利用

利用人对公营造物的利用尽管属于许可利用,但也可将其区分为一般利用和特别利用。一般利用是指适用于所有利用人的符合公用意思表示的共同利用。特别利用是指超出一般用途的利用,即明显超出了一般利用的利用和(或)明显影响了其他人正常利用的利用。例如,为教授利用大学图书馆提供特殊的权利,在市公共游泳池为游泳者协会安排特殊的游泳时间,以及对大企业的水电利用作出特殊安排等,就属于特别利用。广义上的特别利用还包括利用人不属于公营造物用途所指向的人

① 见《参考消息》2002 年 4 月 14 日。

对公营造物的利用，例如想要到监狱里拍电影的电影公司对监狱的利用就属于特别利用。超出公营造物特定用途的利用也是广义的特别利用，例如在学校里举行商品展销会。由于特别利用影响到共同利用功能，因此对特别利用还必须经过特许。只要法无明文规定，公营造物管理机关可选择行政处分（这是特别利用的典型情况）、行政合同和私法协议的形式授予利用人特别利用许可。

4. 对利用人的法律保护

在公营造物利用关系范围内，如果公营造物管理机关下发的命令涉及利用人作为享有自己权利的人格主体的法律地位，则这一命令属于可诉的行政处理行为。对于仅适用于一般运行流程的措施，例如在学校自主办学权范围内采取的措施，是纯粹的内部行政措施，不属于行政诉讼受案范围。要区分内部行政措施与行政处理决定，关键是要区分基本关系和公营造物运行关系。

属于基本关系的措施就是那些行政处理决定，包括拒绝许可或事后取消许可、收取使用费和采取行政强制措施等。因这些措施而形成的关系称为公营造物基本关系。在学校关系中升级或留级一般被认为具有行政处理行为的性质，因而属于基本关系。相反，作为行政内部措施的主要是作业的布置、教学内容的选择、上课地点与作息时间的安排、学习期间的评分与考核以及成绩单的分数或毕业证书的分数。不过就后者而言，鉴于分数对进入大学的意义（招收限额专业），因而出现了区分基本关系与运行关系的困难。同样，鉴于分数对获得毕业证、学位证的意义，若大学对每门课程规定有期中或期末考试，则对考试通过与否的决定也被视作行政处理决定。如果利用人对基本关系中的负担性措施不服，一般应提起撤销之诉；如果要求公营造物管理机关作出一个授益性的行政行为，则应提起履行法定职责之诉。利用人对运行关系中的措施不服，无权提起行政诉讼。只有当公营造物机关采取的内部措施损害到了利用人的基本权利时，方可通过行政诉讼获得救济。

5. 利用关系的终止

授益性的公营造物利用关系主要由公营造物管理机关以取消许可的

方式来终止。

如果排除利用人的继续利用对于保障公营造物的正常运行是必要的，那么也可通过排除方式来终止利用关系。负担性的公营造物利用关系一般随承受负担的利用人的离去而终止，例如接受戒毒的人从戒毒所中出来。

导致公营造物利用关系终止的情形还有：（1）期限的届满，例如附有期限的利用关系随期限的届满而终止；（2）利用人的死亡可以导致利用关系的终止，尤其是在高度人格化的利用关系例如刑罚执行关系中；（3）公营造物利用关系也可随公营造物的法定解散而终止。

（三）私法形式的利用

公营造物利用关系可以是私法形式的利用关系，但必须遵循行政私法的一般原则。在利用人利用公营造物的权利是通过私法合同设定的情况下，公营造物机关尽管有缔约自由，但根据民法的善良风俗条款，其缔约自由要受到缔约强制的限制。在私法形式的利用关系中，利用人缴纳的费用已不具有"规费"的性质，而是公营造物管理机关根据合同内容所收取的约定对价。

三、干扰抗辩

（一）对妨害公营造物运行的行为的排除

若公营造物的运行受到的是外界的干扰，公营造物管理机关不能以公营造物权力来排除干扰，因为公营造物权力只是证明在公营造物领域内公营造物管理机关有权采取必要的措施。除非法律有特别的干涉授权，公营造物管理机关一般只能求助于警察，由警察来依法排除妨害。

对公营造物内部出现的干扰其正常运行的行为，应当根据公营造物的不同组织形式来寻求不同的抗辩理由。（1）如果其组织形式是私法的，公营造物管理机关可以通过民法的住宅权来进行对抗。（2）如果其组织形式是公法的，则要看有关法律是否有关于驱逐利用人的特殊规定，例如高等教育法是否有关于学生因采取妨害学校正常教学秩序的行为而予以开除的规定。如果法律无明确规定，那么是否可以驱逐利用人又可区分两种情形：一是相对于进行干扰的利用人而言，可用公营造物权力来支持驱逐利用人的理由，但公营造物管理机关不能基于公营造物权力随意采取驱逐利用人的措施，相反必须使所采取的措施保持在公营造物用途范围内，必须符合比例原则，必须保护利用人的基本权利。如果高校大学生只是在个别情况下对知识传授的方式进行了强烈的批评，并因此干扰了上课的进行，那么考虑到受教育权是宪法保障的基本权利，因而也不能据此就驱逐学生。如果这种干扰是持续性的，情况就会有所不同。二是相对于利用人以外的第三人不能采取以公营造物权力为理由的措施，因为公营造物权力只是针对公营造物的利用人的。若公营造物的拜访人干扰了公营造物的正常运行，则适用在行政财产中相应的原则。

这里要说明的是，拜访人对公营造物的拜访只在极少数情况下是符合其用途的，因为公营造物的任务是通过许可利用以实现特定的供给利用目的，而不是用于拜访。因此，大多数学者认为公营造物的运行在受到拜访人干扰时，可根据私人住宅权来禁止其入内。当然在特殊情况下，比如游客在大学图书馆举止粗鲁，也可以适用其他的理由。另外要注意的是，如果干扰公营造物运行的人同时是利用人，而不是拜访人，那么公营造物管理机关必须根据公营造物权力而不是以住宅权的方式来排除妨害。

（二）对受公营造物运行影响的第三人的保护

第三人与公营造物利用人的法律地位毕竟不同，原则上第三人对公营造物合法和合目的的运行没有抗辩权，也就是说负有忍耐义务。例如，在与公众生活息息相关的公营造物的运行中，可能根据法规和规章的特别规定而对毗连的第三人的不动产规定一些特别的义务，即"行政役权"[1]。因此，即使公营造物的运行对第三人的妨害超出了一般所能容忍的限度，第三人也只能要求公营造物机关给予相应的金钱补偿而不能要求排除妨害。从大陆法系国家的司法判例来看，相对于对公众有重要意

---

[1]　参见王名扬：《法国行政法》，中国政法大学出版社1988年版，第330页。

义的公营造物的运行需要，第三人的个人利益往往要退居次要地位，因而第三人可能要负有一定的忍耐义务，例如在飞机场附近一定的区域内，不动产第三人必须允许架设信号标志，必须忍受规定标准以下的噪音。这种忍耐义务排除了第三人请求排除妨害的权利。但第三人承担上述忍耐义务应当以第三人参与了公共设施运行之前的计划确定以及批准程序为前提。第三人的权益尤其是财产权应当受到正当法律程序的保障，否则让第三人承担上述忍耐义务将构成违反宪法规定的财产权保障的精神。此外，不能把特别法规定的忍耐义务的适用范围扩展到所有因对公众有重要性的公营造物的运行而造成的损害上，否则同样将构成违宪。

第六节　公物法

一、公物法的概念和地位

公物法是有关公物的设置、管理与利用的法律规范的总称。公物法所调整的对象是行政主体在设置与管理公物以及公民利用公物的过程中所形成的各种社会关系。这种社会关系受到公物法调整的结果，即为公物法律关系。公物法律关系包括公物设置法律关系、公物管理法律关系与公物利用法律关系。公物法律关系主体不仅包括行政主体和利用人，而且包括受公物影响的利害关系人，例如公物的私法所有权人、公物附近的居民等。公物法律关系的内容为公物法律关系主体所享有的权利和义务。公物法律关系的客体是公物，主要是公众用公物、公营造物公物和行政财产。

关于公物法在行政法上的地位，可以从以下几个方面来认识。

1. 行政组织法（尤其是公物法与公务员法之关系）

鉴于公物是行政主体达成行政目的所不可缺少的物质手段，与作为人的手段的公务员相对应，因此理所当然应为行政组织法的重要一环，其地位与公务员法相当。这是日本、中国台湾地区绝大多数行政法学者目前的基本态度。

2. 给付行政法

给付行政是指通过公共设施、公共企业等进行的社会、经济、文化性服务的提供，通过社会保障、公共扶助等进行的生活保护、保障，以及资金的交付、助成等，即通过授益性活动，积极地提高、增进国民福利的公行政活动。[①] 而供给行政作为给付行政的重要内容之一，就是通过公众用公物、公共设施、公共企业等的设置和经营来给公众提供日常的公共服务。因此，就有关调整公众用公物和公共设施中的公物之设置、管理与利用关系的法律而言，公物法属于给付行政法。[②]

3. 经济行政法

由于许多公物的设置，例如公路干线、水路、机场、铁路网的建设，废物的处理，能源与水的供应，信息与电信方面的基础设施的完善，本身意味着全国性、区域性或地方性的经济基础设施开发，是农业经济向工业经济转化的一个必要条件。不仅如此，公物的设置本身耗费国家大量的财政资金或者是对国家特许经营权的转让，因而成为市场经济条件下政府对经济进行宏观调控的重要手段。再者，公物的设置实际上都是通过政府采购、BOT、BOO 等方式完成的，这必然给参与到公物设置过程中来的厂商带来可观的经济利益，政府的活动如果不能平等对待所有的市场主体，就必然会破坏市场的公平竞争秩序，因而需要对政府这一方面的经济活动进行法律规制。因此，就公物的设置活动而言，公物法放入经济行政法中加以研究，也有一定的必要性。

4. 环境法

首先，由于公物的存在及其利用，对公物周围的环境产生负面影响，

[①] ［日］成田赖民、荒秀、南博方等编：《现代行政法》，有斐阁 1982 年版，第 251—252 页；转引自杨建顺：《日本行政法通论》，中国法制出版社 1998 年版，第 329 页。

[②] 参见［韩］金东熙：《行政法Ⅱ》，赵峰译，中国人民大学出版社 2008 年版，第 189 页。

包括噪音、大气污染与水污染等，过去很少进入公物法的视野，因此有学者主张将对环境的考虑作为公物管理的重要一环来考虑，同时为更好地解决公物与环境的问题，还应当将公物法作为环境法的一环来论述①。其次，在不少日本学者看来，许多公物都是属于环境范畴的。"对于人类长期构筑起来的社会性环境，即像道路、港湾和桥梁之类生活必不可缺的要素，或者人类在历史上构筑起来的文化遗产等，作为能够广泛地丰富人类生活的资源，也是有价值的；在如此之意义上，它们也应包含于这个'环境'之中。"② 再次，从某种意义上讲，环境也可以视同一种公物，使公众对环境的利用遵循公物利用的规则。事实上，我国的《水法》《自然保护区条例》等法律法规本身就是环境法的一部分。因此，就公众用公物法而言，将其放在环境法的框架下加以研究也是合适的。

5. 人权保障法

公民要具体行使宪法确认的基本权利和自由，例如言论自由、人身自由、游行与示威自由、经济活动自由、生存权、受教育权等，都离不开对公物尤其是公众用公物的利用，例如道路的通行权就是对人身自由的保障或人身自由的体现。因此，公物已经成为保障所有公民基本人权、提高所有公民基本生活水平、维护社会公平所不可或缺的重要物质基础。长期以来，公众对公物的共同利用被认为是一种反射利益，然而到了人权保障日益成为世界各国政府首要任务的今天，公众对公物的共同利用就不应只是一种反射利益，相反可能是一种权利，尤其是行政主体废止公物的公用目的或者对公物的使用进行收费（包括提高收费标准）而对公民的日常生活或日常业务产生严重障碍的情况下，利用者有权向人民法院提起行政诉讼获得救济。之所以赋予利用人以行政诉讼原告资格，有条件地确认公民对公众用公务的利用是一种主观权利，主要是因为行政主体所采取的措施往往给公民行使宪法的基本权利和自由带来障碍。

① ［日］盐野宏：《行政法》，杨建顺译，法律出版社1999年版，第766—767页。

② 参见［日］大须贺明编：《生存权》（文献选集日本宪法第7卷），林浩译，三省堂1977年版，第205页。

正是从人权保障的角度出发，公物法一般要求行政主体对公民利用公众用公物的活动进行管理时，必须遵循三项原则，即自由利用、免费利用和平等利用的原则。① 因此，公物法应视为人权保障法。尤其是在中国公民对多数公物尚不能免费使用的情况下，在公物管理机构正大肆通过向公物利用人收费的方式聚敛钱财的情况下，更有必要将公物法纳入人权保障法中加以研究。

6. 公共设施法

作为德国行政法上的一个概念，公共设施包括公共机构（例如学校、医院、博物馆等公营造物）和公物（包括免费供公众使用的公众用物和为确定目的而供使用的行政财产）。② 日本的公共设施也是行政法教学上使用的一个概念，主要是为了取代传统的公营造物概念而出现的，不仅包括公众用公物，也包括公营造物以及狭义的公企业。我国台湾地区也有将公物法放入公共设施法中加以研究者，认为公共设施法包括公物法、公营造物法、公企业法和公用负担法。③ 因此，在公共设施法的框架下来研究公物法，不失为一种重要的研究思路。

二、公物法的基本原则

任何一部法律的制定，都要确立该法律的基本原则，以便为该法的执行、解释与适用提供一个基本的指导思想，弥补该法的漏洞与不足。

（一）不得违背公物设置之本来目的的原则

不同类型的公物，其设置目的有别。公物，无论是公众用公物、行政财产，还是公营造物公物甚至私人所有的公共设施，其特定目的都是由行政主体作出的开始公用的意思表示确定的。这种特定目的确定了公物的公共用途，也明确了公物管理权力的权限范围以及私法所有权人的

---

① 王名扬：《法国行政法》，中国政法大学出版社1988年版，第343页。
② ［德］平特纳：《德国普通行政法》，朱林译，中国政法大学出版社1999年版，第164页。
③ 翁岳生编：《行政法》，中国法制出版社2002年版，第470页。

"剩余财产权"的权限。对于公物管理机关实施的一切行为，无论是许可特别利用、就公众用公物的一部分签订特别独占使用合同、征收使用费，还是采取其他限制利用人权利和自由的措施，都不得损害公物设置之本来目的的实现。公物管理机关行使权力，不能妨碍使用者符合公物目的的使用，对于普通使用不得任意拒绝，也就是没有自由裁量权力。但对于特别使用是否允许以及许可的条件如何，公物管理机关可以根据公物设置之目的进行自由裁量。此外，公物利用人不得采取任何损害公物设置之本来目的的利用措施，"剩余财产权"人行使其对公物的"剩余财产权"，也只能限于不损害公物设置之本来目的的范围内。不得违背公物设置之本来目的的原则，完全可以称为公物法的"帝王条款"。

（二）平等原则（禁止歧视待遇）

将某种财产设定为公物，就是为了实现社会的公平和正义，确保公众对该项财产的利用不因公民的性别、职业、家庭出身、文化程度、宗教信仰、财产状况等而有所区别。尤其是对国家所有的公物来说，如果个人或一部分人不能对其加以利用或者不能从中得到好处，他们的基本权利和自由的实现就将面临严重的障碍，例如城市考生上大学的分数线低于农村考生上大学的分数线就是对农村考生的歧视，公共浴场的管理者规定某天只对女性开放就构成对男性的歧视。再如公物利用费的收取标准一旦过高，穷人就可能无法对公物加以利用，其实质就是对穷人实行一种变相歧视，从而使得道路、公园、公立学校和公立医院等公共设施变成只有有钱人才能利用的"特权人的设施"，穷人或弱势人群的受教育权、基本医疗保健权等基本权利就将成为空中楼阁。正因为如此，各国无不在公物法上确立平等原则，例如日本《地方自治法》第二百四十四条规定："普通公共地方团体只要没有正当的理由不得拒绝居民利用公共设施。普通地方公共团体就居民利用公共设施一事不得采取不当的歧视性措施。"因此，为规范有关公物的设置、管理与利用行为，防止公物的设置与管理机关对不同的人实行差别待遇，避免人为地破坏市场主体之间的公平竞争秩序，就应确立平等原则为公物法的基本原则。

（三）利益权衡原则

狭义的利益权衡原则指的是比例原则，包括适当性、必要性和均衡性三个子原则。比例原则，作为行政法的基本原则，同样应适用于公物的设置与管理领域。不仅公物管理机关为维护公共利益、确保公物目的的实现而采取限制利用人的权利和自由的措施，必须遵守这一原则，而且公物设置机关在决定是否用纳税人的钱来设置公物以及设置怎样的公物、采取怎样的设置方式与程序时也必须遵守这一原则，必须权衡所追求的目的确实能够带来的利益以及所花费的成本（包括所耗费用的多少、对周围居民利益的负面影响等）之间是否相称。广义的利益权衡原则则要求公物管理机关在作出任何一项决定前必须合理权衡各种相互冲突的利益和矛盾，要求在设置、管理和废止公物的过程中必须全面考虑方方面面的影响，例如行政机关在决定是否设置一种公物时，应当考虑设置这种公物的花费是多少？这笔钱在整个公共支出中占有多少？这笔钱是否有更好或更迫切的用途？有无可能通过吸引民间资金来设置这一公物从而减少纳税人的支出？本地方同种类公物被公民利用的程度如何？如果决定由政府来设置这种公物，则短期利益和长期利益、短期的负面影响和长期的负面影响各是什么，等等。

（四）法律保留原则

法律保留原则是依法行政原则在公物管理领域的具体体现。这一原则要求，公物管理机关采取任何限制利用人权利和自由的措施或者所采取的授益性措施可能损害到他人的公平竞争权时，例如征收使用费、对利用申请拒绝发放许可、对违反公物管理规则的人进行处罚、特许某人对公物的独占利用而不收取使用费等，都必须有法律依据，取得法律的授权，否则无效。

（五）保障利用人合法权益的原则

这一原则是宪法的基本人权保障原则在公物法中的具体体现。由于公物不仅是行政的物质基础，更是公民的人身自由、言论、集会、游行、示威、宗教信仰自由以及受教育权等基本权利和自由得以实现的物质保障，因此我们不仅必须在公物法上确认每个利用人对公物应当享有的基本权利，以防止行政机关滥用全体利用人委托的权力，而且在制度建设上，必须严格控制公物的设置所需要的费用，确保公物的质量，完善公物的设置程序，保障公众的广泛参与，明确利用许可存在的范围、利用许可的条件和标准，严格控制收费的范围、标准及其用途，完善有关公物利用的许可与限制的程序，严格公物管理机关的法律责任，加大立法机关、司法机关和社会公众对公物设置与管理机关的行为的监督力度。

三、我国制定《公物管理基本法》的必要性①

我国由于没有一套成熟的公物理论来为公物方面的立法提供指导，因而有关公物的立法完全采取分散立法的模式，且重点关注的是如何保护道路、桥梁、水、环境、文化遗产等公物，例如《公路法》《水法》《野生动物保护法》《森林法》《幼儿园管理条例》等。这些法律法规存在的一个共同问题是，公物的一般规则没有得到体现，很少有关于公物设置、管理和利用过程中利用人应当享有的基本权利的规定，很少有控制公物管理权力滥用的条款。同时，在公园、图书馆、博物馆、学校财产、以 BOT 方式建设的公路等公物领域，我们还没有相应的法律来规范。由于缺少整体的思路来规范我国公物的设置、管理与利用行为，因而公物在实际生活中并未能有效发挥其保障公民基本人权的作用。个中原因主要表现在以下几个方面。

第一，在公物的设置问题上，突出表现在政府采购公物的过程中，公物利用人并无权利参与和对其行为进行监督，以致"豆腐渣"工程泛滥，给人们的生命、财产带来了严重威胁。众所周知的 1998 年九江防洪大堤在洪峰到来时不堪一击以及重庆綦江虹桥的垮塌就是公物设置问题上的典型例子。尽管我国的《政府采购法》已经出台，但并没有赋予与公物有利害关系的公众或使用公物的行政机关以应有的权利。从行政用公物的设置来看，政府机关建起了一座座富丽堂皇的高楼大厦，同时又

---

① 参见肖泽晟：《公物在中国人权保障中的作用》，《南京大学学报》2003 年第 3 期。

把不少房屋用于商业性活动，与民争利，从而破坏了市场的公平竞争秩序，损害了公民的经济活动自由。其原因恐怕除了当前缺少严格的公共财政预算约束之外，纳税人无权参与并监督政府设置行政用公物的行为也是一个重要原因。

第二，在公物管理方面，公物管理机关职权职责不清以及渎职的现象还很普遍。内蒙古丰镇二中教学楼垮塌致 21 位学生死亡的惨案，就根源于学校忽视对教学楼安全的管理。在广阔的农村，每逢赶集的那一天，公路常常成为当地居民的集贸市场，尽管这种侵权行为严重阻碍了车辆的通行但却无人问津，已经成为一种见怪不怪的现象。此外，我们经常在媒体上看到以下一些现象：学校变成了养鸽场，以致临开学时学生不知道去哪里上学①；影响城市环境的城市"牛皮癣"问题极其严重；地下水道的井盖超出地面一段距离因无人设置警戒标志而致多人伤亡；国家花费 200 万元建成的从玉泉院上华山的新路，因有关部门既没有设置标志，也没有在地图上标明路线，以致成了当地某些人收买路钱的场所等等。

第三，在对公物的利用方面，公物利用人的基本权利往往得不到保障。例如，法律法规明确禁止利用车站、码头等公共场所的公厕收取使用费的，一些地方和部门之所以屡禁不止，就是因为现有制度难以有效保护利用人的利益。对于那些以 BOT 等方式建成的基础设施来说，尽管经营者可以向利用人收取一定的使用费，但往往因收费标准过高（尽管这种收费标准经过了行政机关的批准）而致公物不能得到充分的利用，

---

① 根据 2001 年 8 月 17 日《潇湘晨报》报道，黑龙江呼兰县康金镇金井村小学被村委会暗中抵债而变成"闲人免进"的私人养鸽场，校长前去理论被以"擅闯民宅"之由打伤入院。原来，村里为还高息债务，经上一任村委会集体决定，已经以 8 万元的价格将小学出卖给金天宝等三人，且房屋买卖契约上有原康金镇有关领导所作的"原则同意"的批示（不过事后镇有关主管领导却矢口否认），现任村委会对此束手无策。临近开学了，师生们一遍又一遍地来到学校门前，呆呆地站在门口而不能入内，也不知到哪里去上学，因为如今的校舍已被金天宝等人变成了私人的鸽舍。

从而使原来设置该公物的目的（例如缓解公物利用拥挤的状况）难以实现。在许可利用公物的领域，对于公物管理机关拒绝申请人利用公物的，目前申请人尚无公正的救济手段，有时甚至连起诉公物管理机关的权利都没有，例如被学校拒绝录取的学生目前仍然无法以学校为被告提起行政诉讼。

第四，公物管理机关为了保障每个利用人能够自由、平等与安全地利用公物，就必须对那些破坏公物利用秩序（例如采取损害他人利用公物的利用措施）的人进行制裁，但由于没有法律依据，公物管理机关采取的罚款等制裁措施就必定会违反《行政处罚法》等法律的规定。公物管理机关一旦成为被告，就会处于非常尴尬的境地。因此，法律一方面必须授予公物管理机关以必要的制裁权力，另一方面又必须对这种权力加以控制以防止其被滥用。

以上问题的存在，不仅在很大程度上削弱了公物在人权保障方面的作用，也使公物管理权成为我国公民人权面临的一种新威胁。笔者认为，解决这些问题的根本方法只能是，加强对中国公物管理理论的研究，并借鉴大陆法系国家的公物管理经验，尽快制定出《公物管理基本法》，以规范和控制公物的设置、管理与利用行为。以规范公物利用收费问题为例，根据公物的一般理论，对一般利用（即一般公众不需许可即可利用的情形）公物，公物管理机关只能在两种情形下可以收费：一是为了平衡受益人和未受益人之间的利益关系；二是为了防止对公物的利用出现拥挤效应，而且这种收费不得以营利为目的。所收取的费用，原则上也只能用于建设更多的公物之用，而不得用于其他目的。之所以对公物的利用采取不向利用人收费（例如美国等国家的公立图书馆都是免费开放）的策略，是因为采取收费的策略是低效的。为发挥公物的最大利用效益，就必须保护每个公民享有最基本的免费利用权，使公民成为公物的真正所有者。我们完全可以向每个公民发放最基本的免费利用公物的凭证（每个公民每年限于使用几次），对于超出这一凭证规定次数以外的利用，公物管理机关应当根据"防止出现拥挤效应"的原则或"收取管理成本"的原则收取费用（但不得谋利）。只有经过有关机关特许的，方可以按照

746

市价收取费用。对于为确保私人收回公物建设投资而允许收费的，收费标准的制定以及收费期限的确定也必须合理权衡投资者与公物利用人的利益。为保护分散的未经组织起来的公众利益，收费标准的确定应当事前举行听证会。只有这样，作为公有财产的公物才可实实在在为每个人（包括乞丐）带来可见的利益和权利，公有制的优越性才能得到充分发挥。全国一些大城市陆续免费开放一些公园的做法，终于使每个人看到了公物给自己带来的利益，应该说是一个良好的开端。但是，单靠各个部门、各个地方自发的行动并不能够尽快让本应属于每个公民的公物权回归到公民身上，因此，为更好地保障中国公民尤其是弱势人群的人权，对公物的设置、管理与利用行为采取法律规制的策略应当是我们的最好选择。